CABINET

DE

M. LOUIS FOULD

EXEMPLAIRE N°

Cet ouvrage a été imprimé à trois cents exemplaires, numérotés de 1 à 300.

—

Les planches des exemplaires numérotés de 1 à 10
sont tirées sur papier de Chine.

DESCRIPTION

DES

ANTIQUITÉS

ET OBJETS D'ART

COMPOSANT

LE

CABINET DE M. LOUIS FOULD

PAR

A. CHABOUILLET

Conservateur Sous-Directeur du département des Médailles et Antiques de la Bibliothèque impériale

PARIS

J. CLAYE, IMPRIMEUR-LIBRAIRE

RUE SAINT-BENOIT 7

M DCCC LXI

Lorſque M. Louis Fould conçut le projet de cet ouvrage, il n'était préoccupé que du déſir de ſervir les intérêts de la ſcience en faiſant connaître un grand nombre de monuments inédits & ne ſongeait pas à augmenter la valeur de ſon Cabinet; on ne s'étonnera donc pas qu'on ſe ſoit décidé à en publier le catalogue après & malgré la diſperſion des objets qui le compoſaient. Une mort prématurée n'a pas permis à M. Louis Fould de voir paraître ce livre, mais au moins il aura été exécuté & terminé d'après ſes inſpirations & ſuivant le plan qu'il en avait tracé.

La deſcription de tant d'objets appartenant à des contrées, à des époques & à des claſſes différentes aurait exigé une univerſalité de connaiſſances à laquelle je ne prétends pas. Il importait cependant que le texte fût digne des lecteurs auxquels il s'adreſſe & répondît autant que poſſible aux intentions de l'amateur diſtingué qui m'avait prié de le rédiger; afin d'obtenir ce réſultat, je n'héſitai pas, lorſque je dus traiter des ſujets étrangers à mes études ſpéciales, à recourir aux lumières & à l'expérience de ſavants dont l'amitié m'eſt acquiſe; je ne fais donc que remplir un devoir de reconnaiſſance en offrant ici mes ſincères remerciements à MM. J. de Witte, Staniſlas Julien, Léopold Deliſle, Riocreux, Jules Labarte & Albert Way, que je n'ai jamais conſultés ſans profit.

Qu'il me ſoit permis encore de témoigner de ma gratitude envers deux autres amis, M. Charles Schefer, profeſſeur de perſan à l'École impériale des langues orientales, & M. Théodule Devéria, conſervateur adjoint du Muſée Égyptien du Louvre. Ces ſavants orientaliſtes ne ſe ſont pas bornés à me donner des avis, ils ont bien voulu ſe faire mes collaborateurs : le premier a traduit toutes les inſcriptions arabes ou perſanes de cet ouvrage, & je dois au ſecond l'interprétation des légendes hiéroglyphiques.

En terminant, je ne puis oublier un dernier nom, celui de M. Amédée Varin, qui s'eſt chargé de la partie pittoreſque de l'ouvrage. Secondé par M. Eugène Varin, ſon frère, cet artiſte s'eſt acquitté de ſa tâche avec un talent dont la reproduction du Faune de la villa Adriana eſt un remarquable ſpécimen. M. Amédée Varin a habilement ſurmonté les difficultés que préſentait le ſtyle noble & gracieux de ce chef-d'œuvre, qui reſtera dans le Muſée du Louvre comme un témoignage durable du goût éclairé de M. Louis Fould, auquel on doit de poſſéder en France ce précieux monument de l'art antique.

A. CHABOUILLET.

Mars 1861.

DIVISIONS DE L'OUVRAGE

TABLE ALPHABÉTIQUE

TABLE ALPHABÉTIQUE

ADDITIONS ET CORRECTIONS

Page 3, colonne 1, n° 10, ligne 2, *au lieu de* c'est le n° 10 *lisez :* c'est peut-être le n° 36.

Page 3, ligne 14 du n° 13, *au lieu de* Nel-t'ef-u, *lisez :* Neb-t'ef-u.

Page 4, colonne 1, ligne 1, *au lieu de* Te-ouef-amen, *lisez :* To-oueh-amen.

Page 4, colonne 2, ligne 2, — — — —

Page 4, colonne 2, ligne 3 du n° 21, *au lieu de* Te-ouef-amen, *lisez :* Te-oueh-amen.

Page 5, colonne 1, ligne 2 des n°s 67 et 68, *au lieu de* Saufla, *lisez :* sauf la.

Page 7, colonne 2, ligne 3, *au lieu de* cercueils de momies, *lisez :* tombeaux.

Page 8, colonne 1, ligne 2 du n° 177, *au lieu de* Mant-em-hâ, *lisez :* Mout-em-hâ.

— — ligne 3 du n° 185, *au lieu de* Ensa-Mant, *lisez :* Ensa-Mont.

Page 9, colonne 1, lignes 2 et 3 du n° 225, *au lieu de* une table, *lisez :* d'un filet.

Page 10, colonne 2, ligne 1 du n° 278, *au lieu de* Chousou-Men, *lisez :* Chonsou-Men.

Page 10, colonne 2, ligne 2 du n° 282, *au lieu de* Amn'-A'nh's, *lisez :* Amn-A'nh's

Page 10, colonne 2, ligne 3 du n° 284, *au lieu de* Chousou, *lisez :* Chonsou.

— — ligne 2 du n° 289, *au lieu de* Pehou, *lisez :* Pohou.

Page 32, colonne 1, ligne 23, ajouter à la fin de l'article consacré au n° 874 : Le buste de César cité comme conservé du temps de Mongez au château de Saint-Cloud, et qui ornait naguère l'un des salons de cette résidence impériale, a été récemment placé dans les galeries publiques du Musée du Louvre par ordre de l'Empereur.

Page 35, ligne 7, *au lieu de* Farnèse, *lisez :* Farnese.

Page 36, n° 902, *au lieu de* Cornaline-Onyx à 3 couches : *lisez :* Cornaline-onyx à 3 couches.

Page 37, dernière ligne du n° 911, *au lieu de* cumposition, *lisez :* composition.

Page 42, ligne 14 du n° 961, *au lieu de* est le *Corpus*, *lisez :* se trouve dans le corpus.

Page 43, ligne 9 du n° 962, *après* certaines inscriptions, *supprimez le reste de la phrase et ajoutez :* trouvées il y a quelques années à Rome, dans un bras du cimetière de Prétextat et qui ont été publiées et expliquées par le R. P. Garrucci dans un savant opusculo intitulé : *Tre sepolcri con pitture ed iscrizioni appartenenti alle superstizioni pagane del Bacco Sabazio e del persidico Mitra, etc. Napoli, 1852.* Voyez pl. III et p. 12.

Page 43, ligne 12 du n° 962, *au lieu de* mythriaques, *lisez :* mithriaques.

— même ligne, après le nom du P. Garrucci ajoutez : Voyez pl. III, p. 122.

Page 46, ligne 22 du n° 1024. Sorapis, *lisez :* Sérapis.

Page 47, ligne 4 du n° 1041, *au lieu de* le harpé, *lisez :* la harpé

Page 53, ligne 14 du n° 1120, *au lieu de* à notre, *lisez :* sur notre.

Page 62, ligne 4 du n° 1201, *au lieu de* pixis, *lisez :* pyxis.

Page 69, au-dessous du bois, *au lieu de* 1311, *lisez :* 1341.

Page 84, ligne 15, *au lieu de* mytryaques, *lisez :* mithriaques.

Page 110, n° 1731, M. Heller, dans sa vie d'Albert Dürer, p. 902 et 903, cite sous les n°s 2494 et 2496 le portrait, peint par le grand artiste de Nuremberg et gravé par Hollar, d'une femme nommée Catherine Fürleger.

Page 117, ligne 7 du n° 1814 *bis*, *après* d'une, *ajoutez :* ancienne.

Page 131, ligne 12 du n° 1963, *au lieu de* 1458, *lisez :* 1548.

— ligne 16, n° 1965, *au lieu de* gadente, *lisez :* gavdete.

PREMIÈRE PARTIE

ANTIQUITÉS EGYPTIENNES

MONUMENTS DE GRANDE DIMENSION

1. — Tête colossale d'une statue d'Osiris. Le dieu tient le pedum et le flagellum; il est coiffé de la mitre habituelle. C'est un fragment de pilastre ou de cariatide.

Pierre calcaire. Traces de peinture. Le nez est de restauration. C'est le n° 1 du catalogue de la collection Anastasi que l'on doit à M. F. Lenormant et qui a été publié en 1857. H. 47 cent.

2. — Fragment d'une statue. Tête barbue d'un dieu, surmontée du disque solaire avec l'uræus au front. Granit noir. C'est peut-être Phré ou Haké. C'est le n° 2 du cat. Anastasi. H. 46 cent.

3. — Figure en pierre calcaire d'un Pastophore, ou Naophore agenouillé. Dans la chapelle ou naos, que tient devant lui des deux mains le Naophore, est figurée grossièrement l'image d'Osiris. Travail de la XIXe ou XXe dynastie. C'est le n° 7 du cat. Anastasi. H. 62 cent.

4. — Groupe funéraire en pierre calcaire, représentant en haut relief un homme, sa femme et leur fils. Les époux se tiennent enlacés et sont assis sur une sorte de banc à dossier ; le fils est représenté debout entre son père et sa mère. Le père est nu, sauf la schenti; la femme porte une tunique qui part du milieu du corps et descend sur les jambes. Des inscriptions gravées en creux sur la ceinture de l'homme, sur la tunique de la femme et près de la représentation du fils, nous donnent les noms et qualités de ces personnages.

L'homme, nommé *Pet-amen-neb-K'et-to,* est qualifié *troisième prophète d'Ammon, H'eb* (lecteur des cérémonies funèbres). La femme est qualifiée : *la dévote à son mari, la dame Schep-en-maut, prophétesse d'Hathor, assistante d'Ammon-Râ.*

Le fils *Har-H'eb* est qualifié *prophète d'Ammon.* Sur les faces latérales du banc sont gravées en creux des représentations d'autres membres de la même famille.

1° Face latérale, à la gauche du spectateur, en avant, un autre fils de *Pet-amen-neb-K'et-to,* nommé *Ban-the-har,* qualifié prophète d'Ammon, grammate, divin père et prêtre. Derrière Ban-the-har, son fils, petit-fils de Pet-amen-neb-K'et-to et nommé comme son aïeul.

Sur l'autre face latérale, encore deux personnages : en

avant, *Har-H'eb,* fils de *Pet-amen-neb-K'et-to* qu'on a déjà vu en relief entre son père et sa mère Schep-en-maut, et son fils, *Har* ou Horus.

Au revers, huit colonnes d'hiéroglyphes qui commencent par un proscynème à Ammon-Râ, à l'Horus de l'horizon, au dieu *Toum,* à H'eprâ, à Isis et à Thoth, pour qu'ils accordent les biens funéraires à *Pet-amen-neb-K'et-to.* Vient ensuite une allocution de ce personnage aux prophètes, prêtres, lecteurs, etc., qui obéissent aux prescriptions du rituel.

La famille sacerdotale de Pet-amen-neb-K'et-to est déjà connue par un cône funéraire de terre cuite, provenant du cabinet Denon, et conservé dans le musée céramique de Sèvres (v. pl. I, n° 12, A et B, et page 22, n° 88, de la Description, par MM. Brongniart et Riocreux). Ce cône ou du moins un cône semblable a été également publié dans les *Monuments égyptiens* de M. Prisse d'Avennes, pl. XXVII.

On peut attribuer ce curieux monument à la XXIVe dynastie. C'est le n° 4 du cat. Anastasi. H. 43 cent., l. 30 cent.

5. — Groupe funéraire en pierre calcaire, qui a été scié. Un homme et sa femme assis. Les inscriptions nous apprennent que l'homme était *grand odiste d'Ammon* (chanteur d'odes), second prophète d'Ammon, nommé *Harnecht* de Thèbes. Sa femme *Tei,* était grande *odiste* de la déesse *Mout,* dame *d'Aschrou,* attachée au culte du dieu *Touth,* seigneur de *Schmoun,* grande prêtresse d'Ammon-Râ.

Ce précieux monument paraît remonter à la XIXe dynastie, c'est-à-dire peut-être au temps de Moïse. C'est le n° 3 du cat. Anastasi. H. 90 cent., l. 71 cent.

6. — Groupe funéraire de quatre personnages assis sur un banc à dossier. Haut-relief. Ces quatres figures sont des époux; les deux hommes sont au milieu, ils tiennent chacun de la main droite un objet peu distinct, peut-être une fleur de lotus. Les noms de chacun de ces personnages sont gravés en creux sur leur robe : 1° en commençant à la droite du spectateur, la dame *Aeï* ou *Aetï;* 2° le défunt *Peï-nehsi;* 3° l'Osiris ou le défunt *Amen-mès;* 4° la dame *Nefer-as.*

La main droite de Peï-nehsi repose sur l'épaule de sa femme; la main droite de *Nefer-as* repose sur l'épaule d'Amen-mès.

Au revers, on voit, en creux, les enfants des précédents personnages, représentés debout avec leurs noms gravés près de chacun d'eux : 1° *le fils Pen-ouer-ou,* 2° et 3° deux femmes dont les noms sont précédés, par une erreur du scribe, par la formule : *le fils* au lieu de *la fille.*

2° *Raeï;* elle tient un vase.

3° *Anmès;* elle tient une grande fleur de lotus.

4° Un prêtre tenant une fleur de lotus : *Schanon* ou *Schanoun.*

Pierre calcaire. Ouvrage de la XVIIIe ou XIXe dynastie. C'est le n° 6 du cat. Anastasi. H. 20 cent. 1/2, l. 25.

7. — Sarcophage de calcaire siliceux en forme de momie, avec tête virile imberbe banale. Une inscription hiéroglyphique en une seule colonne nous donne le nom du défunt; c'était un grammate ou scribe de Coptos, revêtu de fonctions sacerdotales : *Hotèp-amen,* fils de *Nsapéouto* et de la dame..... *Chonsou.* Dans l'intérieur était renfermé un *disque* ou *hypocéphale,* talisman pour la résurrection du mort, qui n'a pas été acquis en même temps que le sarcophage et qu'on croit aujourd'hui en Angleterre. L'inscription est mal gravée et annonce une basse époque, c'est-à-dire peu avant les Ptolémées. C'est le n° 113 du cat. Anastasi. H. 1 mètre 72 cent.

8. — Simulacre de porte en pierre calcaire. On plaçait ces portes au fond des tombeaux pour cacher une cavité dans laquelle était le portrait du défunt sculpté en ronde bosse, ou un groupe analogue à celui qui est décrit ici sous le n° 5. C'est le seuil de la demeure dernière.

En haut, on lit un proscynème ou acte d'adoration à Osiris au nom du défunt, le dévot *Aouou* personnage investi de fonctions sacerdotales. A droite et à gauche, proscynème du même personnage à *Anubis,* le gardien des tombeaux; au-dessous de chacune de ces inscriptions, Aouou est figuré debout, s'appuyant sur un bâton. Au milieu, le même personnage représenté assis devant une table chargée d'offrandes, plus l'énumération ordinaire des offrandes. Au-dessus de cette dernière représentation, une variante de la légende du défunt, qui est encore répétée à droite et à gauche dans deux colonnes verticales. La patrie du défunt n'est pas indiquée. Le style indique la XIIe dynastie.

On y reconnaît le n° 13 du catalogue Anastasi, bien que par une faute d'impression la largeur soit indiquée dans cet ouvrage moindre qu'elle n'est en réalité.

Deux montants de portes avec les noms des mêmes personnages ont été achetés à la même vente pour le musée du Louvre. H. 1 mètre 34 cent., l. 78 cent.

9. — Stèle ou simulacre de porte. Dans la moulure en haut, une barque sacrée et l'image d'Osiris avec sa légende. Au-dessous, six registres décorés de figures accompagnées de légendes hiéroglyphiques. On lit les noms de *Chem-aa,* fils de Tata, fils de Aï. Les autres registres sont occupés par vingt-quatre personnages de la même famille. C'est le n° 39 du cat. Anastasi. H. 97 cent., l. 46 cent.

10. — Stèle funéraire ou simulacre de porte. L'inscription est un acte de dévotion adressé à Osiris et au dieu *Aphérou,* forme d'Anubis, en l'honneur d'un nommé *Sebek-Tataou,* par ses fils *Améni* et *Ousertesen.* Sebek-Tataou est représenté assis en face d'une table chargée d'offrandes derrière

laquelle sont ses deux fils. Ces figures sont gravées et peintes. C'est le n° 10 du cat. Anastasi. H. 76 cent., l. 44 cent.

11. — Stèle funéraire de l'an XIV d'Amenemhâ II de la XII°. dynastie. Au milieu de légendes hiéroglyphiques, on distingue la figure debout, gravée et peinte du défunt, *Mentou-Nsou;* il avait des fonctions sacerdotales dans le temple du dieu Mentou dont son nom est un composé ; il a en outre un titre civil, Erpa-ha, qui répond à des fonctions très-élevées dans la hiérarchie égyptienne. Enfin, ce personnage a encore le titre de parent royal véritable, qui est dans les secrets du Seigneur des deux mondes (c'est-à-dire du Roi). Pierre calcaire. C'est le n° 20 du cat. Anastasi. H. 88 cent., l. 38 cent.

12. — Stèle funéraire de forme cintrée en grès. Proscynème à celui qui est dans l'Amenti (Osiris), seigneur d'Abydos, au nom du capitaine *S-hotep-het,* fils de Kouï, et de sa femme qu'il aime nommée *Hapou,* fille de *Se-touer,* et au nom d'un autre personnage ..... fils d'Hathor-se. C'est le n° 56 du cat. Anastasi. H. 50 cent., l. 32 cent.

L'époque de ce monument est incertaine, mais cependant on peut supposer qu'il date de la XII° dynastie.

13. — Stèle funéraire divisée en deux parties. Dans la partie supérieure, Hathor sous la forme d'une vache marchant dans un champ de lotus. Entre ses cornes, le disque solaire surmonté de deux plumes ; le symbole appelé *Menat* est suspendu à son cou. Devant la déesse sont déposées diverses offrandes; dans le champ, on lit : *Ha-thor, dame qui réjouit, dame du ciel, rectrice des deux mondes.* Dans la partie inférieure, sept personnages debout dans diverses attitudes d'adoration avec leurs légendes : 1° Un homme, *le serviteur Ab-aef;* 2° sa femme tenant un sistre, *la dame attachée au culte d'Isis, Te....;* 3° sa fille Isis tenant le symbole appelé *Menat*; 4° *sa fille, Sen-nefer-t,* sœur d'Isis, portant à la main une fleur de lotus; 5° *son fils Nel-t'ef-u,* frère des deux jeunes filles; 6° et 7° deux petites filles auprès du premier personnage, *Anhâpi* et *Se-t-Amen.* Pierre calcaire. H. 38 cent., l. 23 cent.

Le syle et les noms propres de cette jolie stèle appartiennent au temps de la XVIII° dynastie.

14. — Stèle funéraire cintrée. En haut les deux yeux et l'anneau symboliques entre deux chacals accroupis. Au-dessous, on lit : « Proscynème à Ptah, Sokari, Osiris, Dieu grand, seigneur d'Abydos; qu'ils donnent l'offrande d'aliments, de boisson, de bestiaux et de volailles, des préparations, des parfums, des onguents, des mets, des holocaustes et toute chose bonne et pure à la personne du .... de la maison des .... Kemeou justifié, maître de la dévotion » (c'est-à-dire, à qui s'adresse ce proscynème). Ce personnage est en effet représenté assis, tenant une fleur de lotus, et toutes les offrandes qu'on vient d'énumérer sont figurées devant lui. Au-dessous, son père *Mera* et sa mère *Noub.* En bas, deux personnages portant le même titre que le premier et appelés, l'un *Ankh-fi,* l'autre *Chenti...?* Auprès de ces quatre derniers sont aussi déposées diverses offrandes. Pierre calcaire. H. 10 cent., l. 23 cent.

Travail négligé, antérieur à la XII° dynastie.

15. — Stèle funéraire en pierre calcaire, cintrée dans le haut, portant un proscynème à Osiris, au nom d'un certain *Ra-hapt.* Dans le registre supérieur le défunt est représenté assis avec sa femme *Keb;* un de leurs fils, *Atef-Kheper-ke* leur présente des offrandes; il est suivi de *Hent* sa sœur. Le registre inférieur est occupé par trois autres fils des mêmes personnages. On a ajouté postérieurement dans la partie inférieure de la stèle le nom de la dame *Ten-ânkh.* H. 44 cent., l. 34 cent.

16. — Vase funéraire, couvert par la tête humaine du génie Amset. Légende : « Prière à Isis et à Amset au nom de la défunte *Te-oueh-amen,* fille de *Te-oueh-pacht.* » Albâtre. H. 38 cent.

Ce vase est de ceux que l'on nomme habituellement Canopes. Voici à ce sujet un extrait de l'excellente notice de M. le vicomte Emmanuel de Rougé sur les *Monuments égyptiens* du Louvre. Voir page 94.

« Les vases que l'on s'est habitué à nommer Canopes servaient à renfermer le cerveau, le cœur, le foie, et les autres viscères, que l'on embaumait séparément. Quatre génies, fils d'Osiris, et nommés Amset, Hapi, Tioumautew, Kevah-Senouw, se chargeaient de protéger ces parties essentielles de l'homme, et quatre déesses, Isis, Nephthys, Neith, quelquefois aussi Nepti, et Selk leur adressaient ordinairement des formules de bénédiction, dans les inscriptions gravées sur la panse des vases. Quelquefois les couvercles des vases sont ornés d'une tête humaine ; souvent, au contraire, on les trouve couverts par les têtes symboliques des quatre génies, la tête d'homme, la tête du singe dit cynocéphale, la tête d'épervier, et celle du chacal. »

Les quatre vases 16, 18, 20 et 21 qui forment la série complète de la défunte Te-oueh-Amen proviennent de la collection Anastasi (n° 231 du cat.). Il y avait dans cette collection un lot de quatre-vingt-dix-huit figures de terre émaillée au nom de la même femme. (Voir n° 202 du cat. Anastasi.)

17. — Vase funéraire, avec la tête humaine du génie *Amset.* Inscription : « Prière à Amset, au nom du prêtre *Neb-peh-ti-râ-nefer-het,* fils de *Anh'-Chons* et enfanté de *Nefer-Noub.* » Ce dernier nom est celui de la mère. Albâtre. Voir n°s 16, 18 et 19. C'est le n° 239 du cat. Anastasi. H. 38 cent.

18. — Vase funéraire, avec la tête du génie Hapi, *Cynocéphale.* Inscription : « Prière à Nephthys et à Hapi,

au nom de la défunte *Te-ouef-Amen*. Albâtre. Voir nos 16, 17, 19, 20, 21. H. 42 cent.

19. — Vase funéraire, avec la tête de chacal du génie *Tioumautef*. Inscription : « Prière à Neith et à Tioumautef au nom du basilico-grammate *Smen-te-ti*, chargé de la demeure des grands odistes du Dieu bon (c'est-à-dire du Roi). » Voir nos 16, 17, 18, 20 et 21. Albâtre. C'est le n° 238 du cat. Anastasi. H. 42 cent.

20. — Vase funéraire, couvert par la tête de chacal du génie *Tioumautef*. Inscription : « Prière à Neith et à Tioumautef au nom de *Te-ouef-Amen*. » Voir nos 16, 17, 18, 21. Albâtre. H. 40 cent.

21. — Vase funéraire, avec la tête d'épervier du génie *Keb-son-if* ou *Kevahsenouw*. Inscription : « Prière à *Selk* et *Keb-son-if* au nom de *Te-ouef-Amen*. » Voir nos 16, 17, 18, 19 et 20. Albâtre. H. 42 cent.

22. — Chevet en albâtre de très-beau travail. C'est le n° 973 du cat. Anastasi. H. 23 cent.

FIGURINES

DIVINITÉS.

23, 24. — Ammon générateur, Chem, ou Min. Figurine debout, ithyphallique, coiffée de la couronne rouge et des deux longues plumes; le bras gauche élevé à la hauteur de la tête, près du fouet sacré. Le corps est enveloppé comme une momie. N° 23, terre émaillée brune. H. 45 mill. N° 24, terre émaillée bleue. H. 25 mill.

25. — Ammon générateur. Fragment d'une figurine de quartz blanc. La tête et le bras droit manquent. Voir nos 23 et 24. C'est le n° 301 du cat. Anastasi. H. 65 mill.

26. — Ammon. Terre émaillée. H. 25 mill.

27. — Chons, dieu lunaire. Figure debout, barbue, avec la coiffure composée du disque sur les cornes en demi-cercle, et une tresse de cheveux pendants sur l'épaule, symbole de la jeunesse. Terre émaillée bleue. H. 3 cent.

28. — Chons. Faïence bleue. H. 18 mill.

29. — Chons, représenté nu, assis, avec la même coiffure qu'au n° 27. Il est jeune et imberbe. Terre émaillée bleue. H. 48 mill.

30. — Le dieu Chons, imberbe, représenté debout, très-jeune, avec la tresse de cheveux, mais sans coiffure; le corps enveloppé comme les momies. Terre émaillée bleue. H. 32 mill.

31 à 34. — Chnouphis ou Noum debout, avec la tête de bélier. Faïence bleue. H. deux de 42 mill., un de 33 mill. et un de 30 mill.

35. — Chnouphis, à tête de bélier, avec le disque entre deux uræus posé sur les deux cornes de bélier. Pâte de verre bleue. H. 50 mill.

36 à 44. — Chnouphis. Figurine debout, à tête de bélier, avec la *Schenti*. Terre émaillée de diverses couleurs et dimensions, depuis 50 jusqu'à 24 mill.

45. — La déesse *Ap, Apt* ou *Schepou*, appelée aussi *Thouoris* (la Grande), représentée debout, avec la tête d'une lionne, le corps d'un hippopotame et les mamelles pendantes. Sardoine brune. C'est le n° 382 du cat. Anastasi. H. 67 mill.

Cette statuette, doublement précieuse par le mérite du travail et par la beauté de la matière, est un objet comme on n'en trouve que dans les collections des souverains, et encore n'en existe-t-il qu'en très-petit nombre. On ne pourrait guère citer à côté de la déesse Ap de la collection L. Fould que le Cynocéphale du musée de Florence. (V. Gori, *Mus. Flor.*, t. I, pl. LIX.)

Le rôle de cette divinité dans la mythologie égyptienne n'est pas encore bien connu des égyptologues. Voyez cependant Em. de Rougé, *Notice sommaire des monuments égyptiens*, p. 104, et dans le *Journal asiatique* de 1858. Ce précieux monument est gravé dans le présent ouvrage, pl. I, n° 45.

46. — Apt, représentée debout, avec tête, corps et jambes d'hippopotame et bras humains. La déesse porte un collier à trois rangs de perles. D'une coiffure qui couvre le derrière de sa tête descend une sorte de queue qui tombe jusqu'aux pieds; cette coiffure se termine sur le devant par deux tresses qui reposent sur ses mamelles pendantes, symbole de son rôle de nourrice. Devant elle, à ses pieds, le nœud symbolique. Terre émaillé bleue. H. 9 cent. 1/2.

Travail très-fin, qui peut annoncer la vingt-sixième dynastie. Conservation parfaite.

47. — Autre figure de la même divinité; elle est représentée sous la même forme; seulement elle ne porte pas de collier, et sa coiffure, disposée comme sur la précédente figure, paraît représenter une chevelure humaine. Le nœud symbolique ne se voit pas ici. Une bélière est adaptée derrière. Terre émaillée bleue. Travail et conservation parfaits. xxvie dynastie. Voir n°s 45 et suivants. H. 10 cent. 1/2

48. — La déesse Apt; figure de femme à tête et corps d'hippopotame, les mamelles pendantes. Voir n°s 45, 46, 47 et les suivants. Terre émaillée bleu gris. H. 40 mill.

49 à 53. — Autres figures de la même divinité. N° 49, h. 49 mill.; n° 50, h. 50 mill.; n° 51, h. 51 mill.; n° 52, h. 52 mill.; n° 53, h. 53 mill. Figure d'applique.

54. — La déesse Neith, coiffée de la partie inférieure du pschent, les mains collées contre le corps. Lapis-lazuli. H. 38 mill.

55. — Neith. La déesse est coiffée de la partie inférieure du pschent. Lapis-lazuli. H. 28 mill.

56 à 59. — Ptah, ou *Patèque* selon la transcription phénicienne. Figure debout, entièrement nue. Terre émaillée bleue. H. de 32 à 65 mill.

60 et 61. — La même divinité, mais avec coiffure, scarabée sur la tête, et collier. Terre émaillée bleue. H. 53 et 55 mill.

62. — Ptah debout, les pieds posés sur les têtes de deux crocodiles; sur sa tête un scarabée. Derrière, figure de Nowre-Atoum avec la coiffure de deux plumes sortant d'une fleur de lotus, et la schenti. Sur le flanc droit de Ptah, figure de Pacht; sur le flanc gauche, figure de Neith. Terre émaillée bleue. H. 50 mill.

63. — Ptah ou Patèque, la tête surmontée d'un scarabée. Jaspe vert et blanc. H. 27 mill.

64. — Ptah, barbu, tenant sur sa poitrine le Tat. Hématite. H. 20 mill.

65. — Hapi ou le bœuf Apis. Bélière. Bronze. H. 3 cent.

66. — Le bœuf Apis, Hapi. Bélière. Terre émaillée bleue. H. 20 mill.

67 et 68. — Ra, ou avec l'article masculin Phra. Ce dieu solaire, à tête d'épervier, est représenté nu, sauf la schenti ou tunique courte attachée à la taille par une ceinture. Il est coiffé du disque solaire. N° 67, faïence blanchâtre. H. 33 mill. N° 68, faïence brune. H. 33 mill.

69 à 72. — Dieu solaire. Figure virile barbue, à demi accroupie, les bras élevés; la tête surmontée d'un disque sur lequel on distingue un signe qui est peut-être celui des saisons. Voir la figure du ch. xvi du rituel funéraire. C'est une des formes de *T'om* ou *Mouï*. Terre émaillée bleue. H. deux de 30 mill., une de 26 mill., une de 17 mill.

73. — La déesse *Ma*, dont le nom signifie justice et vérité. Figurine accroupie, coiffé de la plume d'autruche, hiéroglyphe du mot *Ma*. Lapis-lazuli. H. 25 mill.

74. — Autre semblable. Lapis-lazuli noir. H. 15 mill.

75. — La déesse Selk ou Serk. Figurine debout, la tête surmontée d'un scorpion. Représentation très-rare en petite dimension. Lapis-lazuli. H. 50 mill.

Les figurines de cette divinité sont ordinairement en lapis-lazuli, dit M. le vicomte E. de Rougé, *Notice sommaire*, etc., p. 108. En effet, toutes les figurines de la collection qui représentent Selk sont en lapis-lazuli.

76 à 81. — Autres figures de la même divinité. Lapis-lazuli. N° 76, h. 43 mill.; n° 77, h. 37 mill.; n°s 78 et 79, h. 30 mill.; n°s 80 et 81, h. 27 mill.

82. — Pacht debout, avec tête de chatte; la déesse est représentée vêtue d'une robe serrée contre le corps, et tenant de la main droite le sistre et de la gauche une sorte d'égide. Bronze. H. 12 cent. 1/2.

83. — La déesse Pacht debout, à tête de lionne, coiffée d'un uræus. Faïence bleue. H. 11 cent.

84 à 88. — Pacht à tête de lionne. Faïence bleue. N° 84, h. 56 mill.; n° 85, h. 46 mill.; n° 86, h. 48 mill.; n° 87, h. 44 mill.; n° 88, h. 44 mill.

89. — Figurine assise d'une déesse qui est une forme de Pacht; elle a un poisson sur la tête. La légende écrite en creux sur le dos du siége donne le nom de Pacht avec un surnom inconnu. Terre verte. Excellente conservation. H. 65 mill.

90. — Nofré-toum ou Nowre-Atoum. Figurine debout, nue, sauf la schenti; il a sa coiffure habituelle, quatre longues plumes qui sortent d'une fleur de lotus. Terre émaillée bleue avec la figure jaune. H. 10 cent. 1/2.

Monument d'une grande finesse et d'une parfaite conservation. Le travail annonce la xxvie dynastie.

91. — Nofré-toum. Le dieu est représenté debout, nu, sauf la schenti, les bras collés contre le corps. Il porte sa coiffure ordinaire, quatre longues plumes sortant d'une fleur de lotus. Les pendants de cette coiffure sont fermés par le symbole nommé *Menat*. Terre bleue émaillée. H. 52 mill.

92. — Nofré-toum. Comme au n° 90. Terre brune. H. 43 mill.

93. — Hathor. La déesse est debout, avec la coiffure de deux cornes et le disque solaire. Faïence bleue. H. 28 mill.

94. — Osiris. Figurine debout, les mains croisées sur la poitrine, tenant le fouet et le crochet, symboles de gouvernement. Il est coiffé de la couronne blanche ou partie supérieure du pschent. Bronze. H. 18 cent.

95. — Osiris représenté debout, coiffé du Hât ou couronne blanche, partie supérieure du pschent. Il tient le fouet et le crochet, symboles du gouvernement. Son corps est enveloppé comme celui des momies. Les jambes manquent. Figurine de bronze damasquiné d'or. Travail très-fin. Gravé, pl. I. H. 13 cent.

96. — Osiris. Figurine debout, avec l'atew, son diadème ordinaire, comme juge infernal; ici il est composé d'une mitre conique ornée de deux plumes d'autruche. Son corps est enveloppé comme celui de la momie; il tient le crochet et le fouet, symboles de gouvernement. Bronze muni d'une bélière. H. 35 mill.

97. — Osiris assis sur un trône à dossier, le corps enveloppé comme la momie, tenant le fouet et le crochet, et coiffé du pschent. Terre émaillée bleue. H. 7 cent. 1/2.

98. — Isis assise, allaitant Horus qu'elle tient sur ses genoux; la déesse est représentée vêtue de la tunique serrée qui ne couvre que la partie inférieure du corps; elle est coiffée du disque entre les cornes de vache sortant d'une couronne d'uræus. Sur le front, uræus. Les yeux de la figurine sont incrustés d'or et d'argent. On lit sur le socle : « Isis donne la vie à Hâpi fils de T'aho ou T'aher. » Bronze. H. 24 cent.

99. — Isis assise, allaitant Horus. Cette figure ne diffère de la statuette de bronze n° 98 que par la coiffure. Ici la déesse a pour coiffure le trône, hiéroglyphe de son nom; de plus, sur le front, on distingue un uræus. Le trône sur lequel elle est assise est orné d'écailles. Terre émaillée bleue. Travail très-fin. Bonne conservation. H. 17 cent.

100. — Isis assise, allaitant Horus. La déesse porte sa coiffure symbolique, un disque entre deux cornes de vache. Terre émaillée bleue. H. 73 mill.

101. — Figurine d'Isis, semblable à celle qui vient d'être décrite (n° 99), sauf la dimension et la finesse du travail qui ici est très-inférieure. Terre émaillée bleue. H. 5 cent.

102. — Égide d'une déesse, Isis ou Hathor. La tête de la déesse en relief décore le haut de l'égide; elle est surmontée d'une couronne d'uræus comme celle de la figure d'Isis, n° 99. Sur le front de la déesse, deux uræus et une tête de vautour, particularité rare. Les yeux sont incrustés d'un émail brillant. Bronze. H. 17 cent., l. 18 cent.

103. — Isis assise, allaitant Horus. Elle est coiffée du disque entre deux cornes de vache. Terre émaillée bleue. H. 40 mill.

104. — Isis assise, allaitant Horus. Elle est coiffée du trône, hiéroglyphe de son nom. Terre bleue émaillée. H. 20 mill.

105. — Isis, coiffée du trône, hiéroglyphe de son nom. Figurine debout. Lapis-lazuli. H. 20 mill.

106. — Isis ptérophore (ailée), debout, la tête surmontée d'un disque. Terre émaillée bleue. Forme peu commune. H. 14 mill.

107 à 112. — Isis, coiffée du siége au trône. Terre émaillée bleue. Hauteur : n° 107, 34 mill.; n°s 108, 109 et 110, 30 mill.; n° 111, 23 mill. n° 112, 18 mill.

113. — La déesse *Nephthys* ou *Nevti*, sœur d'Isis et d'Osiris, coiffée d'une corbeille sur une maison, hiéroglyphe de son nom. Figurine debout, Lapis-lazuli. H. 35 mill.

114 et 115. — Nephthys. Lapis-lazuli. Hauteur : n° 114, 30 mill.; n° 115, 33 mill.

116 à 119. — Nephthys. Terre émaillée. Hauteur : n° 116, 30 mill.; n° 117, 29 mill.; n° 118, 27 mill.; n° 119, 25 mill.

120. — Triade d'Isis, Horus et Nephthys. Figures debout sur une même base. Terre grise émaillée. H. 47 mill.

121 et 122. — Même sujet. Terre bleue. Hauteur : n° 121, 40 mill.; n° 122, 38 mill.

123 à 126. — Même sujet. Terre brune. Hauteur : n° 123, 35 mill.; n° 124, 32 mill.; n°s 125 et 126, 30 mill.

127. — Anubis à tête de chacal. Figure debout, nue, sauf la schenti. Terre émaillée brune. Fragmentée. H. 54 mill.

128 et 129. — Même sujet. Terre bleue. Hauteur : n° 128, 38 mill.; n° 129, 28 mill.

130. — Même sujet. Terre vert d'eau. H. 28 mill.

131. — Le dieu Thoth, ibicocéphale ou à tête d'ibis, l'Hermès égyptien, représenté debout, nu, sauf la schenti, les bras pendants le long des cuisses. Terre émaillée bleue. H. 12 cent. 1/2.

Travail fin. Peut-être de la XXVIe dynastie.

132. — Le dieu Thoth. Figure debout, adulte, nue, sauf la schenti. Lapis-lazuli. H. 30 mill.

133 à 143. — Autres figures du même dieu. Terre bleue et vert d'eau. Hauteur depuis 45 mill. à 20 mill.

144. — Thoth assis, représenté sous la forme humaine, la tête surmontée du disque et du croissant de la lune. Derrière et sur la base on lit : « *Parole du dieu Thoth, seigneur « d'Ashmoun, dieu grand, vivant en vérité, qu'il donne « la vie saine et forte au* (prêtre?) *Se-n-esi justifié.* » Terre émaillée bleue. H. 52 mill.

Cette forme du dieu est rare.

145. — La déesse Safekh inscrivant des panégyries sur l'écorce d'un palmier. Elle n'a pas ses symboles. Pâte d'émail bleu. H. 35 mill.

146 à 148. — Haroeris ou le grand Horus avec la tête d'épervier. Figure debout. Lapis-lazuli. Hauteur : n° 146, 33 mill.; n°s 147 et 148, 32 mill.

149 à 153. — Haroeris. Figure à tête d'épervier, coiffée du pschent; le dieu est nu, sauf la schenti. Terre émaillée de diverses nuances. Hauteur : n° 149, 40 mill.; n° 150, 73 mill.; n° 151, 35 mill.; n° 152, 33 mill.; n° 153, 25 mill.

154. — Harpocrate ou Horus enfant. Figurine avec bélière dans le dos. Terre bleue. H. 30 mill.

155. — Typhon, avec la coiffure de plumes, entremêlée de deux feuilles. Figurine debout. Terre émaillée bleue; les feuilles sont vertes. Travail très-fin. H. 55 mill.

Ce dieu, qui dans quelques inscriptions de la basse époque est appelée *Bes* ou *Besa*, c'est-à-dire chaleur, flamme, signification analogue à celle du grec τυφών, est représenté en tête d'une variante du chapitre XXVIII du Rituel dans l'un des plus anciens exemplaires du Louvre, et le texte de ce chapitre, qui commence par ces mots : *ô Lion, c'est moi qui suis l'être des abominations du billot de Dieu*, nous apprend que ce personnage hideux n'est autre qu'une des formes de *Set* ou *Soutech*, ce qui n'avait pas encore été établi d'une manière certaine. Cette intéressante remarque est de mon ami M. Th. Devéria. Voir les n°s suivants, et l'anneau d'or, n° 760.

156. — Autre, sans la coiffure de plumes. Terre émaillée bleue. H. 30 mill.

157 à 160. — Typhon debout, jouant du tympanum. Figurine découpée à jour. Faïence bleue. Hauteur : n°s 157 et 158, 35 mill.; n° 159, 22 mill.; n° 160, 18 mill.

161. — Amset, génie funéraire. Statuette de bois à tête humaine peinte en rouge, avec inscription contenant le nom d'Amset et celui du défunt : *Tjet-har-au-f-ânh'*. Gravé, pl. I. Voyez les 3 numéros suivants et les n°s 165, 166 et 167. H. 75 mill.

On plaçait dans les cercueils de momies des figures en bois peint ou verni représentant les quatre génies fils d'Osiris, chargés de protéger le cerveau, le cœur, le foie et les autres viscères que l'on embaumait séparément, et qui étaient renfermés dans les vases qu'on appelle vulgairement des canopes et qui, comme ces figures de bois, se trouvent quatre par quatre dans les cercueils de momies. Voir n°s 16 à 21. Les n°s 161, 162, 163 et 164 forment une série complète des figures en bois de ces quatre génies nommés Amset, Hapi, Tiou-mautew, et Kevah-Senouw; quelques-uns écrivent ces derniers noms *Tiou-mautef* et *Keb-son-if*. Voir aussi plus loin, n° 165.

162. — Statuette de bois d'Hapi, génie funéraire, avec la tête de singe de l'espèce dite Cynocéphale. L'inscription, par suite d'une erreur que commettaient souvent les peintres égyptiens, contient le nom de Tiou-mautef au lieu de celui d'Hapi. Le nom du défunt est le même qu'au n° 161. Gravé, pl. I. H. 75 mill. Voir n°s 161 à 166.

163. — Statuette de bois de *Tiou-mautef*, génie funéraire à tête de chacal, peinte en noir; mais la légende, avec le même nom de défunt qu'au n° 161, porte le nom de *Keb-son-if*. Gravé, pl. I. Voir n°s 161 à 165. H. 8 cent.

164. — Statuette de bois de *Keb-son-if*, à tête d'épervier, peinte en blanc, avec le nom de défunt qu'on lit au n° 162, mais avec la légende du génie *Hapi*. Gravé, pl. I. H. 73 mill. Par une autre erreur du peintre, il n'a écrit que les quatre premières parties du nom du défunt. Voir n°s 161, 162 et 163.

165. — Le génie funèbre *Amset*. Figure d'applique. Terre émaillée bleue. Voir n° 161. H. 45 mill.

166. — Tête d'une figure d'applique du génie funèbre Hapi, fils d'Osiris. Terre émaillée bleue. Voir n°s 161 à 165. H. 30 mill.

167 et 168. — Figure d'applique du génie funèbre à tête d'épervier : *Keb-son-if*. Terre bleue. Voir n°s 161 et 164. Hauteur : n° 167, 55 mill.; n° 168, 50 mill.

169, 170 et 171. — Trois figurines incertaines. Terre émaillée verte, bleue et lapis. La figure n° 171 est assise. H. 32, 30 et 18 mill.

172. — Déesse nue, debout. La coiffure symbolique manque. Lapis-lazuli. H. 30 mill.

FIGURINES FUNÉRAIRES. (1)

173. — Figurine funéraire, portant la formule ordinaire, au nom du défunt : *T'e-nefer*. Serpentine. C'est le n° 186 du cat. Anastasi. H. 15 cent.

174. — Figurine funéraire en gaîne, au nom de *Mâ-Hou*, portant sur la poitrine l'oiseau à tête humaine, symbole de l'âme. Au revers, une légende qui paraît avoir été

(1) On distribuait ces figurines aux assistants dans les funérailles, et on en mettait un grand nombre dans les tombeaux.

refaite à neuf dans l'antiquité : on lit le nom d'un fonctionnaire du temple de Pacht : *Amen-Em-Heb*. Serpentine. H. 17 cent.

175. — Figurine funéraire d'un basilico-grammate, nommé *Atennou*. Derrière cette même figure, on lit le nom de *Ptah-em-heb, chargé du trésor*. C'est probablement le titre ou le surnom du même personnage. Serpentine. C'est le n° 185 du cat. Anastasi. H. 15 cent. 1/2.

176. — Figurine funéraire, avec les inscriptions ordinaires, mais le nom du défunt en blanc. Il est représenté vêtu d'une longue robe, les bras croisés sur la poitrine; un épervier aux ailes éployées est placé sur son sein. Ce monument remonte au temps de la XIXe dynastie. Stéatite. C'est le n° 193 du cat. Anastasi. H. 12 cent. 1/2.

177. — Figurine funéraire *du prophète du 4e ordre d'Ammon, chef de la localité,..... Mant-em-hâ*. Autour du corps, qui est brisé vers la place des genoux, on lit une formule entièrement différente de celle qui se trouve habituellement sur ces figures. Serpentine. C'est le n° 183 du cat. Anastasi. H. 15 cent.

178. — Autre, d'un fonctionnaire nommé *Eneï*. Stéatite. C'est le n° 184 du cat. Anastasi. H. 20 cent.

179. — Figurine funéraire; homme vêtu d'une longue robe : *Apet-pii*. Stéatite. Travail fin; bonne conservation. C'est le n° 194 du cat. Anastasi. H. 15 cent.

180. — Figurine funéraire : *le premier* (scribe?) *royal du seigneur des deux mondes, Râ-mes-sou-Nachtou*. Stéatite. C'est le n° 192 du cat. Anastasi. H. 11 cent.

181. — Figurine funéraire : *le grammate de la demeure des récoltes du temple de Ptah, Houï*. Stéatite. C'est le n° 191 du cat. Anastasi. H. 10 cent.

182. — Figurine funéraire en gaîne, brisée aux genoux; *le grammate des soldats, Amen-em-ha*. Basalte. C'est le n° 194 bis du cat. Anastasi. H. 15 cent.

183. — Figurine funéraire. L'inscription est au nom *d'Houï*, grammate ou greffier du tribunal. Pierre calcaire peinte. H. 14 cent.

184. — Figurine funéraire. *Pet-Isis, chargé de la musique* (?) *du Pharaon*. Terre émaillée bleue; les cheveux et la barbe en brun. H. 8 cent.

185. — Figurine funéraire. Sur la robe, légende peu lisible : L'*Osiris* ou le défunt *Peti*... fils de *Petihes, enfanté de Ensa-mant?* Terre émaillée verte. H. 12 cent.

186 à 197. — Figurine funéraire en gaîne d'un prêtre nommé *Ai-Em-Hotep, enfanté de Sat-Ar-ban*. C'est le nom de l'Esculape égyptien dont les Grecs ont fait *Imouthès*. Terre émaillée verdâtre. H. 14 cent. Voir la note au commencement de la section des figurines funéraires.

Douze exemplaires semblables.

198. — Figurine funéraire. Le défunt se nommait *Ptah-ses* et sa mère *Noub-ai-ta*. Terre émaillée bleue. H. 12 cent. 1/2.

199. — Figurine funéraire. Un défunt. Faïence bleue. H. 27 mill.

ROIS, HOMMES, ANIMAUX.

200. — Roi égyptien agenouillé, adorant. Il est représenté nu, sauf la schenti. Cette figure de style saïte devait être placée devant une divinité. Travail qu'on peut placer sous la XXVIe dynastie. Bronze. H. 16 cent.

201. — Égyptien accroupi, la main gauche sur la poitrine. On lit en creux sur la figure même ses noms et qualités : *Le gardien du temple de Phré, Amen-se*, ou *Anch-tu-Amen-se*. Figure d'ancien style. Serpentine tendre. H. 11 cent.

202. — Le grammate *Riaé*, représenté debout, vêtu d'une longue robe sur laquelle on lit son nom, ainsi qu'un extrait du chapitre VI du Rituel funéraire, lequel est relatif à la culture des Champs-Élysées. Il tient les deux hoyaux qui doivent lui servir dans l'amenti. Sur l'épaule gauche, la *couffe*, ou panier pour la semence. Travail de la XIXe dynastie. Serpentine. H. 14 cent.

203. — Groupe de deux époux égyptiens, assis sur un banc à dossier, se tenant mutuellement enlacés. L'homme est nu, sauf la schenti; la femme est revêtue d'une robe à plis très-fins, serrée sur le corps. Marbre noir. Sans inscriptions. Gravé, pl. II. H. 13 cent.

On peut rapprocher ce monument, dont le travail rappelle le style de la XIXe dynastie, du groupe funéraire décrit sous le n° 5.

204. — Tête de profil du Pharaon Aménophis III, en émail purpurin, incrusté d'émaux bleus, blancs et noirs. Fragment d'un bas-relief d'applique d'excellent travail. C'est le n° 734 du cat. Anastasi. H. 6 cent.

205. — Tête humaine de profil, en pâte de verre rouge, purpurine. Fragment d'une incrustation. H. 25 mill.

206. — Figurine de femme debout, entièrement nue; les bras collés le long du corps. Ivoire. C'est le n° 1102 du cat. Anastasi. H. 11 cent.

207. — Lion couché. Figurine d'applique. Terre cuite revêtue d'un émail bleu. H. 7 cent., l. 14 cent.

208. — Chat assis. Bronze avec incrustations d'or et d'argent. Gravé, pl. II. H. 8 cent. Voir n° 486, une chatte également en bronze, consacrée à Pacht.

SCARABÉES

SCARABÉES AVEC NOMS DE DIVINITÉS.

209 à 224. — Scarabées portant sur le plat le nom d'Ammon, avec ou sans symboles. Terre émaillée de diverses couleurs et dimensions. H. depuis 17 mill. à 8 cent. Les dimensions des scarabées sont prisessur le plat.

Un gros scarabée de jaspe vert ou d'une pierre de couleur analogue devait être placé dans l'intérieur de la momie. Il porte gravé au revers une invocation du défunt, qui demande un jugement favorable. Quelques-uns de ces scarabées ont de plus quelques ornements gravés sur les dextres. On en trouve assez souvent en faïence bleue; ceux de feldspath vert clair sont les plus rares. La prescription du Rituel ordonnait de les enchâsser d'or; elle est quelquefois exécutée. Voir plus loin, n° 285. — (Extrait de la Notice de M. le vicomte de Rougé sur les *Antiquités égyptiennes du Louvre,* p. 96.)

225. — Sur la base, le nom d'Ammon au-dessus d'une table de pêcheur. Terre émaillée verte. H. 18 mill.

226. — Sur le plat, Ammon et Mauth se tenant par la main; au-dessus de ces divinités, un disque ailé. Lapis-lazuli monté en chaton de bague. H. 18 mill.
Le travail est grossier et annonce une basse époque.

227 et 228. — Scarabées portant sur la base le nom d'*Ammon*. Terre émaillée bleue. H. 10 mill. et 5 mill.

229. — Sur le plat, épervier volant au-dessus du nom d'Ammon. Terre émaillée. H. 15 mill.

230. — Sur le plat, le nom de la déesse à tête de serpent, Hapt, et le signe de la totalité. Schiste. H. 10 mill.

231. — Sur le plat, on distingue *Pth-ta-ânh'.... Ptah vivificateur*. Schiste. H. 13 mill.

232 et 233. — Sur le plat, le nom d'*Ammon-Râ* ou *Ammon-Soleil*. Faïence bleue. H. 2 cent. et 10 mill.

234. — Sur le plat, *Râ-r-ta* ou *Rta-râ, don du soleil?* Terre émaillée bleue. H. 8 mill.

235. — Sur le plat, *Râ-neb-mâ-nfr., Soleil, Seigneur de vérité et de bonté*. Schiste émaillé. H. 11 mill.

SCARABÉES AVEC NOMS DE ROIS.

236. — Sur le plat, roi sous la figure d'un sphinx, coiffé de la partie supérieure du pschent et marchant sur un ennemi terrassé. Dans le champ, les signes *Bon et Vivant, Seigneur des deux mondes*. Améthyste. H. 20 mill.

237. — Sur la base, le prénom *Râ-n-mâ* d'Amenemhé, roi de la XII° dynastie. Rare. Terre émaillée bleue. H. 9 mill.

238. — Sur le plat, *Râ-ké-h'eper* ou *Râ-ser-h'eper*. Le prénom d'*Ousertesen*, 1er roi de la XII° dynastie, et celui de *Neh'-t-neb-ef*, roi de la XXX°, est *Râ-h'eper-ké*. Terre émaillée grise. H. 10 mill.

239. — Sur le plat, un uræus ailé avec un anneau symbolique auprès du cartouche portant le prénom du roi Toutmès III, *Râ-men-h'eper*, de la XVIII° dynastie; au-dessus, les mots : *Dieu bon à toujours*. Schiste émaillé. H. 15 mill.

240 à 243. — Scarabées portant sur la base le prénom de Toutmès III. Terre émaillée bleue et grise. Voir le n° 238. H. 20 mill., 15 mill., 10 mill. et 8 mill.

244. — Sur le plat, on lit le prénom du roi Toutmès III. Terre émaillée grise. H. 20 mill.

245. — Sur le plat, le prénom du roi Toutmès III, les signes d'offrande et la figure de la déesse Ma? Schiste émaillé. H. 25 mill.

246. — Sur le plat, le *Dieu bon, Seigneur des deux mondes, Râ-men-h'eper* (Toutmès III) qui foule aux pieds les contrées (étrangères). Terre émaillée bleue. H. 20 mill.

247. — Sur le plat, cartouche portant le prénom de Toutmès IV, roi de la XVIII° dynastie, Râ-men-h'eper-ou, entre deux uræus et précédé des titres : *Dieu bon, Seigneur des deux mondes*. Schiste émaillé vert. H. 16 mill.

248. — Sur le plat, cartouche portant le prénom du même roi avec les titres : *Maître de la Chopesh, aimé d'Ammon*. Schiste émaillé gris, monté en bague de bronze. H. 18 mill.

249. — On lit sur le plat : *Râ-usr-mâ-mer-n-tt*. Cette

légende, disposée comme un prénom royal, ressemble à ceux des XIXe, XXe et XXIIe dynasties. Schiste jaunâtre. H. 14 mill.

250. — Sur le plat, on lit : *Râ-ueh-het,* prénom de Psametik 1er, XXVIe dynastie. Terre bleue émaillée. H. 10 mill.

251. — Sur le plat, *Râ-ouser.* Cette légende paraît être le prénom de Ramsès II, *Râ-ouser-ma,* dans lequel on aurait omis la plume qui caractérise la vérité et la justice, *Ma.* Schiste. H. 14 mill.

252. — Sur le plat, roi agenouillé adorant un obélisque et le disque du soleil, symbole *d'Ammon-Râ.* Pâte bleue émaillée. H. 20 mill.

253. — Amulette. Sur le plat, roi casqué, debout; à côté de lui son épithète, *approuvé d'Ammon.* Terre grise émaillée. H. 15 mill.

254. — Scarabée en l'honneur d'une reine dont le nom est inscrit en creux sur le plat : *la divine épouse Mereti ou Tmérati,* ou peut-être la divine épouse aimée Taï (Taïa). Voir le n° 255. Terre bleue émaillée. H. 4 cent.

255. — Sur le plat, le nom de la royale épouse *Taïa.* Voir le n° 254. Terre émaillée bleue. H. 15 mill.

256. — Sur le plat, *Abeille,* symbole de la royauté, signe de la vie et symbole indistinct. Terre émaillée bleue. H. 20 mill.

257 et 258. — Sur le plat, groupes de signes qui se rencontrent dans les prénoms royaux. Terre émaillée bleue. H. 20 mill. et 17 mill.

259 à 266. — Scarabées de terre émaillée portant divers symboles relatifs à la royauté. H. depuis 18 mill. jusqu'à 10 mill.

Le n° 259 est le n° 627 du cat. Anastasi; on y distingue le sphinx coiffé du schent.

267 à 274. — Huit petits scarabées de terre émaillée portant diverses légendes du *Soleil* analogues à celles dont on composait les prénoms royaux. H. depuis 13 mill. jusqu'à 9 mill

SCARABÉES A NOMS D'HOMMES.

275. — Sur le plat, *Amen-hotep,* nom propre d'homme que portèrent plusieurs rois de la XVIIIe dynastie. Terre émaillée bleue. H. 10 mill.

276. — Sur le plat, on lit : le prophète d'Horus, Sebek-neb. Terre émaillée grise. H 12 mill.

277. — Sur le plat, on lit : *hn h'nsu su (tn) m... m.* Le prophète de Chousou, roi dans la Thébaïde. Schiste. H. 15 mill.

278. — Sur le plat, le nom d'homme *Chousou-Men.* Schiste. H. 12 mill.

279. — Sur le plat, légende d'un personnage portant les titres de *H'eb, Samer oua mour-se?* et nommé *Senb-sou-a'm.* Terre bleue émaillée. H. 24 mill.

280. — Sur le plat, le nom du possesseur, *Nsa... teou,* chargé du (sanctuaire?) Jaspe vert. H. 23 mill.

281. — Sur le plat, en creux, le nom du grammate *Sen-thouth.* Basalte. H. 15 mill.

282. — Sur le plat, on lit en caractères hiéroglyphiques : *Amn'-A'nh'-s,* nom propre féminin dont le sens est : *celle dont Ammon est la vie.* Terre bleue. H. 13 mill.

283. — Sur le plat, légende incertaine; peut-être un nom propre. C'est le n° 641 du cat. Anastasi. Jaspe noirâtre. H. 20 mill.

SCARABÉES FUNÉRAIRES.

284. — L'inscription hiéroglyphique du plat donne, selon l'usage, le commencement du chapitre XXX du Rituel funéraire et les noms du défunt *Mer.... n... Chouson.* C'était un prêtre d'Ammon. N° 160 de la vente Anastasi. Schiste. H. 38 mill.

285. — Scarabée funéraire au nom d'un prince, *le Souten-si* (fils royal) *Kemi.* C'est le n° 154 du cat. Anastasi. Basalte vert. H. 6 cent.

Ce scarabée est serti d'or selon la prescription du Rituel funéraire. Voyez le commentaire des n°s 209 à 224.

286. — Sur le plat, inscription relative au vanneau, symbole d'Osiris et le nom du défunt : *Necht-Min* ou *Necht Chem, écuyer?* Calcédoine blanche. C'est le n° 162 du cat. Anastasi. H. 30 mill.

Monument remarquable par la beauté de la matière et la finesse du travail.

287. — Scarabée funéraire, au nom de *Neb... mis (?)* Formule habituelle. Schiste. C'est le n° 151 du cat. Anastasi. H. 7 cent.

288. — Scarabée funéraire au nom de *Neb-Mahou?* avec une légende relative au vanneau d'Osiris. Jaspe vert. H. 65 mill.

289. — Scarabée funéraire au nom du défunt : *Sotep-en-râ-Pchou-r-Necht.* Formule ordinaire. Jaspe vert. C'est le n° 149 du cat. Anastasi. H. 6 mill.

290. — Scarabée funéraire portant sur le plat le nom du défunt Pe-sar, qualifié de *surveillant;* et la formule ordinaire. Lapis-lazuli. C'est le n° 161 du cat. Anastasi. H. 34 mill.

291. — Scarabée funéraire à tête humaine. Sur le plat, cassure qui a fait disparaître le nom du défunt. Formule habituelle du Rituel funéraire. Jaspe vert. H. 45 mill.

292. — Scarabée funéraire, avec la formule habituelle sur le plat. Le nom du défunt est en blanc. Schiste argileux compact. C'est le n° 144 du cat. Anastasi. H. 7 cent.

293. — Sur le plat, la formule ordinaire et le nom du défunt : *Chonsou artas, enfanté de Tsente....s.* Jaspe vert. C'est le n° 143 du cat. Anastasi. H. 7 cent.

294. — Scarabée portant sur le plat le cartouche de la femme du roi Aménophis III de la XVIII° dynastie : *la royale Épouse, la grande Taï ou Taïa.* Faïence bleue. H. 35 mill.

295. — Sur le plat, le nom du défunt *Teï,* qui porte un titre sacerdotal, et les premiers mots de la formule ordinaire. Basalte. C'est le n° 163 du cat. Anastasi. H. 25 mill.

296. — Scarabée funéraire à tête de bélier, l'animal de Chnouphis. Lapis-lazuli avec traces de dorure. Sur le plat, cartouche royal d'Osiris sous le nom d'Oun-Nophris au-dessus du signe de l'or. Ce cartouche a été ajouté par une main moderne. H. 55 mill.

SCARABÉES — AMULETTES.

297 à 301. — Cinq petits scarabées. Sur le plat, la barque du soleil et divers symboles. Terre émaillée bleue. H. depuis 15 jusqu'à 10 mill.

302. — Sur le plat, chat couché; dans le champ, la légende : *ntr nfr,* Dieu bon. D'après le chapitre XVII du Rituel funéraire, le chat était une des formes du dieu Râ, le soleil. Terre émaillée bleue. H. 13 mill.

303. — Sur le plat, le signe de la vie entre deux figures assises de Ma, déesse de la vérité ou de la justice. Dans le champ, deux nœuds symboliques. Schiste. H. 18 mill.

304. — Sur le plat, le symbole de la *vie* entre deux plumes, symboles de *vérité.* Terre émaillée grise. H. 15 mill.

305. — Sur le plat, le signe de la vie et une feuille. Terre émaillée bleue. H. 8 mill.

306 à 308. — Sur le plat, signe de la vie et divers autres symboles. Terre émaillée bleue. H. depuis 15 jusqu'à 10 mill.

309. — Sur la base, on lit : *Anh'-t,* la vie ou la vivante. Terre émaillée bleue. H. 13 mill.

310. — Sur le plat, les signes de la vie, de la puissance et de la totalité. Terre émaillée bleue. H. 10 mill.

311. — Sur le plat, Pacht leontocéphale debout devant Ptah assis. Schiste. H. 15 mill.

312. — Sur le plat, Pacht leontocéphale debout et une autre divinité. Terre émaillée bleue. H. 15 mill.

313. — Sur le plat, sorte de sistre, symbole de Pacht orné de la tête d'Hathor à oreilles de vache. Schiste calciné. H. 14 mill.

314. — Sur le plat, chatte accroupie, symbole de Pacht, entre un vase et le nablium. Terre émaillée bleue. H. 11 mill.

315. — Sur le plat, sorte de sistre, symbole de Pacht. Terre émaillée bleue. H. 13 mill.

316. — Sorte de sistre orné de la tête d'Hathor à oreilles de vache. Terre émaillée grise. H. 20 mill.

317. — Sur le plat, chacal, symbole d'Anubis et signes incertains. Terre émaillée grise. H. 15 mill.

318 et 319. — Scarabées de terre bleue et grise émaillée. Sur le plat, l'image du Cynocéphale assis, symbole de Thoth avec divers signes. H. 15 mill.

320. — Sur le plat, Cynocéphale, symbole de Thoth et divers autres caractères. Terre émaillée bleue. H. 13 mill.

321 et 322. — Sur le plat, épervier, symbole d'Horus et divers autres signes. Schiste. Terre émaillée bleue. H. 18 mill. et 13 mill.

323. — Sur le plat, divinité debout entre deux éperviers les ailes éployées. Schiste. H. 20 mill.

324. — Personnage debout entre deux uræus, la tête ornée d'une coiffure compliquée. Terre émaillée grise. H. 18 mill.

325. — Sur le plat, tête de bélier surmontée du disque solaire orné d'un uræus, symbole de *Noum-râ* ou Chnouphis-Soleil. Terre émaillée bleue. H. 12 mill.

326. — Sur le plat, deux uræus opposés. Terre émaillée verte. H. 10 mill.

327. — Sur le plat, uræus ailé et un œuf. Terre bleue émaillée. H. 11 mill.

328. — Sur le plat, disque du soleil, signe de la totalité et uræus. Terre émaillée bleue. H. 8 mill.

329. — Disque du soleil, signe de l'unité, feuille. Terre émaillée bleue. H. 7 mill.

330. — Sur le plat, le disque du soleil, le signe des années et le nablium. Terre émaillée bleue. H. 9 mill.

331 et 332. — Deux petits scarabées. Sur la base, uræus et divers signes. Terre émaillée H. 10 et 9 mill.

333. — Uræus ailé, avec l'anneau symbolique, placé au-dessus des caractères qui expriment la (mort?) et la vie. Schiste jaunâtre ; gravure fine. H. 10 mill.

334. — Sur le plat, divinité solaire assise, la tête surmontée d'un disque, tenant dans chaque main le signe des périodes d'années. Terre émaillée grise. H. 9 mill.

335. — Sur le plat, en creux, un sceptre, le *Tat* et un bassin placés au-dessus d'une barque portant un disque. Terre émaillée grise. H. 15 mill.

336. — Sur le plat, le Tat, symbole de stabilité, et autre signe incertain qui paraît figurer un lieu. Terre émaillée bleue. H. 13 mill.

337 à 339. — Sur le plat, l'œil symbolique, *out'e,* et autres symboles. Terre bleue et grise. H. un de 15 mill. et deux de 10 mill.

340. — Sur le plat, œil symbolique. Terre émaillée bleue. H. 5 mill.

341. — Sur le plat, œil symbolique. Terre émaillée bleue. H. 10 mill.

342. — Autre semblable, mais avec divers autres symboles. H. 7 mill.

343. — Sur le plat, yeux symboliques, pschent et autres symboles. Schiste. H. 20 mill.

344 et 345. — Sur le plat, en creux, figure de la plante signe de la région inférieure, deux fois répétée en sens inverse. Hématite. H. 17 mill. Basalte. H. 14 mill.

346. — Sur la base, la plante, symbole des régions inférieures. Schiste émaillé. H. 7 mill.

347. — Sur la base, deux touffes de lotus opposées. Terre émaillée grise. H. 13 mill.

348. — Sur le plat, deux touffes de lotus entrelacées et les signes de la stabilité, de la puissance, de la vie et de la bonté. Terre émaillée bleue. Monture en or. H. 15 mill.

349 à 351. — Scarabées en terre émaillée bleue. Sur le plat, fleurs de lotus et nablium. H. 15 mill., 13 mill. et 10 mill.

352. — Sur la base, colonne et nablium, symboles de de vigueur et de bonté entre des entrelacs. Terre émaillée bleue. H. 15 mill.

353 et 354. — Sur le plat, touffes de lotus, symbole des régions inférieures. Terre émaillée verte. H. 18 mill. et 15 mill.

355. — Sur le plat, touffe de lotus, symbole des régions inférieures et poisson. Lapis-lazuli. H. 15 mill.

356. — Sur le plat, deux touffes de lotus entrelacées. Terre émaillée grise. H. 15 mill.

357 et 358. — Scarabées de terre émaillée bleue. Sur le plat, signe de la bonté entre deux couronnes rouges ou parties inférieures du pschent, symboles des régions inférieures. H. 18 mill. et 10 mill.

359. — Scarabée de terre émaillée bleue. Sur le plat, uræus coiffé de la couronne rouge, symbole des régions inférieures et le signe de la vie. H. 15 mill.

360. — Sur le plat, personnage debout derrière un uræus qui a la tête surmontée d'un disque. Terre émaillée bleue. Travail grossier. H. 18 mill.

361. — Sur le plat, uræus et signes incertains. Terre émaillée bleue. H. 15 mill.

362. — Scarabée en terre bleue, sur la base duquel sont gravées deux barques? H. 13 mill.

363 à 366. — Sur le plat, entrelacs et le nablium symbole de bonté, deux fois répété. Terre émaillée. H. 15 à 10 mill.

367. — Sur le plat, uræus, nablium et signe de la totalité. Terre émaillée bleue. H. 15 mill.

368. — Sur le plat, uræus orné de la coiffure Atef et un enfant ayant le front surmonté d'un uræus. Terre émaillée bleue. H. 10 mill.

369. — Sur le plat, le nablium. Terre émaillée bleue. H. 10 mill.

370. — Sur le plat, homme élevant les bras en signe de joie, uræus et nablium. Terre émaillée bleue. H. 15 mill.

371. — Sur le plat, le signe de la réunion et les plantes symboliques des deux régions. Schiste. H. 15 mill.

372. — Sur le plat, sphinx couché à droite, devant lui,

un autel. Dans le champ, un sceptre. Terre bleue émaillée. H. 10 mill.

373. — Sur le plat, sphinx, symbole de la puissance divine ou royale. Terre bleue émaillée. H. 10 mill.

374. — Sur le plat, plume d'autruche, symbole de vérité, sphinx ailé, et signe de la totalité. Terre grise. H. 15 mill.

375. — Sur le plat, scarabée entre le signe de la bonté et celui de la grandeur; de chaque côté le signe de la totalité. Terre bleue émaillée. H. 7 mill.

376. — Sur le plat, le mot *hs,* louange, et de chaque côté le signe de la totalité. Terre bleue. H. 13 mill.

377 et 378. — Sur le plat, en creux, on lit : *h't-nb-nfr,* toute chose bonne. Terre émaillée bleue. H. 13 mill.

379. — Sur le plat, *h't-nb-nfr,* toute chose bonne. Terre émaillée verte. H. 14 mill.

380. — Sur le plat, symboles de la vérité, de la bonté et de la totalité. Terre émaillée bleue. H. 15 mill.

381. — Sur le plat, au milieu d'une sorte de méandres, *neb-nefer,* seigneur de bonté. Schiste. H. 12 mill.

382. — Sur le plat, personnage debout, tenant par sa tige une énorme fleur de lotus. Dans le champ, le signe de la bonté. Terre brune. H. 20 mill.

383. — Sur la base, *lézard,* symbole de multiplication. Terre bleue émaillée. H. 8 mill.

384. — Sur le plat, un symbole dont la forme est un X traversé par une barre perpendiculaire. Faïence bleue. H. 10 mill.

385. — Dans un cercle de méandres, on lit le *nom de lieu? rs? tatau-nefer.* Terre émaillée bleue. H. 28 mill.

386 à 388. — Sur le plat, images d'animaux sacrés. Terre émaillée bleue. H. 15 à 10 mill.

389. — Sur le plat, deux antilopes opposées. Terre émaillée grise. H. 16 mill.

390. — Sur le plat, deux poissons. Terre émaillée bleue. H. 16 mill.

391. — Sur le plat, lion en marche. Terre émaillée verte. H. 15 mill.

392. — Sur le plat, cheval en marche. Dans le champ, objet incertain, peut-être miroir à manche. Pâte de verre bleue. H. 17 mill.

393. — Sur la base, scarabée et échassier. Terre émaillée bleue. H. 12 mill.

394 à 411. — Scarabées de pâte émaillée portant sur le plat des ornements divers. Terre de diverses couleurs. H. depuis 20 jusqu'à 5 mill.

412 à 415. — Scarabées avec signes et symboles indéterminés. Pâte émaillée de diverses couleurs. H. depuis 15 jusqu'à 10 mill.

416 à 420. — Cinq autres, portant également des symboles indéterminés. Schiste. Terre de diverses couleurs. H. depuis 14 jusqu'à 10 mill.

421. — Sur le plat, des entrelacs. Terre émaillée grise. H. 20 mill.

422 à 441. — Vingt scarabées douteux. Terre émaillée de diverses couleurs. H. depuis 20 jusqu'à 10 mill.

442. — Scarabée avec base aplatie, mais sans gravure. Faïence bleue. Peut-être destiné à recevoir une inscription funéraire. H. 55 mill.

443. — Autre, avec base aplatie sans gravure. Hématite. H. 15 mill.

444 à 452. — Neuf autres semblables. Hématite et terre émaillée de diverses couleurs. C'est le n° 656 du cat. Anastasi. H. depuis 15 jusqu'à 10 mill.

453. — Scarabée sans base aplatie. C'est la représentation exacte de l'insecte. Cornaline. H. 20 mill.

454. — Autre semblable. Serpentine. H. 50 cent.

455. — Autre. Feldspath blanc. C'est le n° 667 du cat. Anastasi. H. 24 mill.

456. — Autre. Obsidienne noire. H. 19 mill.

457 à 459. — Trois autres. Jaspe vert. C'est le n° 666 du cat. Anastasi. H. deux de 20 mill., un de 16 mill.

460 et 461. — Deux autres. Jaspe noir. H. depuis 19 jusqu'à 15 mill.

462. — Autre. Basalte. C'est le n° 666 du cat. Anastasi. H. 15 mill

ANIMAUX SYMBOLIQUES

AMULETTES.

463. — Oiseau à tête humaine. (L'âme.) Figure d'applique. Terre bleue. H. 13 mill.

464. — Lion accroupi. Sur le plat de la base, en creux, l'œil symbolique nommé *out'e*. Cornaline. H. 10 mill.

465. — Lion accroupi. En creux sur le plat de la base, en caractères hiéroglyphiques, *le prêtre d'Ammon*. Cette formule se trouve souvent sur les scarabées. Terre émaillée bleue. H. 12 mill.

466. — Autre. Bronze. H. 20 mill.

467 et 468. — Autres. Terre bleue. H. depuis 15 jusqu'à 10 mill.

469. — Deux parties antérieures de taureau et lion réunies, mais opposées. Disque solaire entre les cornes du taureau. Amulette avec belière. Terre verte émaillée. C'est le 477 du cat. Anastasi. (Voir n° 470.) H. 15 mill.

470. — Deux parties antérieures de taureau réunies, mais opposées, avec le disque symbole solaire entre les cornes. Amulette avec belière. Terre bleue émaillée. C'est le n° 489 du cat. Anastasi. (Voir n° 469.) H. 26 mill.

471. — Uræus. Serpent consacré aux déesses et à la royauté. Amulettes de diverses formes et matières. Cornaline. H. 6 mill.

472. — Même sujet. Agate rouge. H. 14 mill.

473 et 474. — Même sujet. Terre bleue. H. depuis 42 jusqu'à 30 mill.

475. — Même sujet. Lapis-lazuli. H. 18 mill.

476 à 478. — Même sujet. Terre bleue. H. depuis 15 jusqu'à 13 et 10 mill.

479. — Uræus. Terre émaillée noire. H. 15 mill.

480. — Uræus. Objet d'applique. Sur le côté plat, vase à deux anses. Schiste. H. 13 mill.

481. — Autre. Sur le côté plat, sistre orné de la tête d'Hathor à oreilles de vache, symbole de Pacht; de chaque côté, un uræus. Terre émaillée bleue. H. 8 mill.

482. — Vautour, symbole de la déesse *Maut* ou *Mère*. Amulette destinée à être suspendue. Quartz blanc opaque tacheté de noir. H. 27 mill.

483. — Hippopotame muni d'une belière. Terre bleue émaillée. H. 20 mill.

484. — Épervier à tête de bélier. Symbole de l'Esprit divin ou Cnouphis. Pâte d'émail bleue d'applique. H. 25 mill.

485. — Bélier accroupi, symbole de Cnouphis. Amulette avec belière. Terre verdâtre. H. 23 mill.

486. — Chatte assise, consacrée à la déesse Pacht; le symbole *out'e*, œil symbolique, est suspendu à son cou; cet ornement est gravé avec une grande finesse. Les yeux sont en émail vert. Bronze. H. 18 cent.

Excellent travail. Conservation parfaite. Voir n° 208 un chat en bronze.

487 à 493. — Chatte assise. Symbole de la déesse Pacht ou Bubastis. Terre émaillée bleue. Belière. Hauteur : n°s 487 et 488, 30 mill.; n° 489, 29 mill.; n° 490, 25 mill.; n° 491, 9 mill.; n° 492, 8 mill.; n° 493, 6 mill.

494. — Même symbole, mais la chatte est accroupie. H. 5 mill.

495. — Chat couché. Sur la base, quatre uræus opposés. Terre bleue émaillée. H. 8 mill.

496. — Deux chats adossés; sur la base, signes de la bonté et de la vérité. Schiste émaillé. H. 10 mil.

497. — Hérisson. Sur la base, le signe de la totalité; au-dessus, des méandres. Terre émaillée bleue calcinée. Le hérisson était consacré à la déesse Pacht. Voir *Notice sommaire des monuments égyptiens*, etc., par M. le vicomte Emmanuel de Rougé, p. 122. H. 10 mill.

498. — Hérisson sur une base comme les scarabées. On voit sur cette base le signe de la vie et celui de la bonté au milieu de méandres. Terre émaillée bleue. H. 10 mill.

499. — Vache d'Hathor, couronnée de la coiffure de cette déesse. Or, bractéate découpée. H. 10 mill.

500. — Panthère accroupie. Sur le plat de la base est

représentée en creux la tête d'Hathor entre deux animaux sacrés, peut-être des chacals : le tout dans une barque. Terre émaillée. L'animal est bleu moucheté de jaune; la base est verte. H. 12 mill.

501. — Cynocéphale, animal symbolique de Thoth. Figure de terre émaillée bleue. Rare. H. 35 mill.

502. — Cynocéphale accroupi, la tête surmontée du disque et des cornes figurant le croissant. Symbole de Thoth-Lunus. Terre bleue. H. 28 mill.

503. — Sphinx tenant un canope à tête de cynocéphale. Pâte d'émail blanche. Applique. H. 20 mill. l. 40 mill.

504. — Épervier. Symbole d'Horus. Porcelaine bleue. Figurine. Gravé, pl. II. H. 8 cent.

505. — Épervier. Symbole d'Horus. Amulette avec belière. Feldspath compacte blanc verdâtre. H. 4 cent.

506. — Crocodile. Symbole du dieu Sebek. Terre émaillée verte. L. 75 mill.

507 à 516. — Autres. Terre émaillée bleue. Depuis 40 jusqu'à 15 mill. de longueur.

517. — Deux crocodiles en sens inverse sur une base. On voit sur cette base un uræus, le Tat et le signe de la totalité. Terre émaillée verte. Rare. H. 15 mill.

518. — Oie la tête retournée sur le dos. Jaspe rouge. H. 8 mill.

519. — Lièvre. Terre bleue. H. 20 mill.

520. — Grenouille. Cornaline. H. 20 mill.

Cette amulette, bien qu'offrant les traits caractéristiques de la grenouille, affecte une ressemblance avec un symbole de la fécondité qui n'est peut-être pas fortuite. La grenouille appartenait à une déesse nommée Haké. (Voir vicomte de Rougé, *Explication sommaire des monuments égyptiens du Louvre*, p. 122.) Toutefois on rencontre souvent cette amulette avec les noms d'autres divinités. Voir les numéros suivants.

521. — Autre. Même matière. H. 9 mill.

522. — Autre. Agate rouge. H. 10 mill.

523. — Autre. Feldspath bleu. H. 8 mill.

524. — Autre. Sur la base, le nom d'Ammon-Ra et le signe de la totalité. Terre émaillée bleue. H. 6 mill.

525. — Autre. Sur la base, la déesse Ap ou Thouoris debout, tenant un couteau et appuyée sur un nœud symbolique. Terre émaillée verdâtre. H. 12 mill.

526. — Autre. Sur la base, *Ma, fille du Soleil* (la Vérité). Terre émaillée bleue. H. 9 mill.

527. — Autre. Sur la base, uræus et le signe de la vérité. Terre bleue émaillée. H. 8 mill.

528. — Autre. Sur la base, la partie inférieure du pschent et l'œil symbolique *out'e*. Terre bleue émaillée. H. 6 mill.

529. — Autre. Sur la base, le signe de la bonté et un uræus. Terre émaillée bleue. H. 12 mill.

530. — Autre, avec inscription hiéroglyphique incertaine sur le plat. Terre émaillée verte. H. 10 mill.

531. — Autre. Sur le plat on lit, en caractères hiéroglyphiques, le nom d'Ammon, *Amon;* le reste est incertain. Terre émaillée verte. H. 5 mill.

532 à 540. — Autres : 532. Lapis-lazuli. — 533 et 534. Feldspath vert. — 535. Feldspath bleu. — 536 à 540. Terre émaillée verte et bleue. H. de 12 à 4 mill.

541. — Sauterelle. Bronze. H. 11 mill. L. 30 mill.

Cette figurine, acquise avec des antiquités égyptiennes, pourrait cependant être de travail romain.

541 bis. — Hippopotame avec belière. Terre émaillée.

Cet objet a été acquis avec d'autres amulettes égyptiennes; cependant, je n'en garantis pas la provenance.

OBJETS DIVERS

AMULETTES.

542. — Tablette carrée avec sujets découpés en relief sur une face et inscriptions sur l'autre : 1° Le dieu Chons assis, la tête surmontée d'un croissant et d'un disque; il tient à la main le sceptre *t'am;* 2° une légende qui se retrouve écrite sous plusieurs scarabées, mais dont on n'est pas encore parvenu à déterminer le sens. Terre émaillée bleue. Voir n° plus haut les scarabées portant l'image de la barque du soleil. H. 20 mill.

543 à 547. — Disque du soleil à l'horizon. Amulettes. Cinq en terre émaillée de diverses couleurs. Le n° 547 est muni d'une belière. N° 575 du cat. Anastasi. H. de 17 à 10 mill.

548. — Couronne blanche des divinités et des rois, ou partie supérieure du pschent. Avec belière. Lapis-lazuli. N° 463 du cat. Anastasi. H. 20 mill.

549 à 554. — Id. en terre émaillée de diverses nuances. H. de 40 à 18 mill.

555. — Deux plumes réunies; coiffure de divinités. Cornaline. H. 25 mill.

556 et 557. — Autres : 556. Jaspe noir. H. 23 mill. — 557. Marbre jaspé. Porphyre. H. 22 mill.

558 à 570. — Autres semblables : 558 et 559. Terre émaillée blanche. H. 22 et 20 mill. — 560 à 563, 568, 570. Obsidienne noire. — 564 à 567, 569. Schiste. H. de 30 à 20 mill.

571 à 574. — Deux cornes réunies; représentation de la coiffure symbolique d'une divinité. Quatre en serpentine et obsidienne. H. de 30 à 20 mill.

575. — Les deux cornes disposées en croissant, comme on les voit sur la tête de diverses divinités. Belière. Terre émaillée bleue. Diam. 15 mill.

576. — Lit funèbre d'Osiris. La momie est étendue sur le lion symbolique. Émail purpurin. Applique. H. 25 mill. L. 20 mill.

577. — Barque funéraire portant Osiris ou la momie d'un défunt. Bas-relief d'applique en pâte d'émail bleu. H. 20 mill. L. 35 mill.

578. — Amulette. Peut-être deux barques réunies. Terre émaillée bleue. H. 3 mill. L. 15 mill.

579 à 589. — Tablettes d'Hermès en émeraude d'Égypte, feldspath vert, bleu et autres. On les nomme en égyptien *Nes'em*. La colonne qui paraît sur la plupart de ces tablettes, soit gravée en creux, soit en relief, représentait les tables ou colonnes sur lesquelles Thoth grava les éléments des sciences. La matière verte choisie pour cette amulette faisait sans doute allusion au nom de la colonne; en égyptien *vert* se disait *ouet*, et colonne *ouéït*. On plaçait ces amulettes sur la gorge des morts selon la prescription du chap. 60 du *Rituel funéraire*. Les deux premières de ces amulettes portent la colonne gravée en creux. Les trois suivantes, n°s 581, 582, 583, la portent en relief. Sur les autres, n°s 584, 585, 586, 587, 588 et 589, la colonne ne paraît pas. H. depuis 22 jusqu'à 15 mill.

590. — Tablette sur laquelle on lit le nom d'Osiris. Terre émaillée bleue. H. 15 mill.

591. — Tablette de forme carrée, montée en argent. Le signe X est gravé en creux sur les deux faces. Schiste. H. 8 mill.

592 à 600. — Niveau. Terre émaillée brune. C'est le n° 588 du cat. Anastasi. H. de 25 à 12 mill.

601 à 605. — Équerre. Terre émaillée brune. H. depuis 30 jusqu'à 12 mill.

606. — Œil symbolique, *out'e*. Calcédoine. H. 8 mill.

607. — Même sujet. Sardoine. H. 10 mill.

608. — Autre. Lapis-lazuli. H. 10 mill.

609 et 610. — Autres. Or découpé à jour, avec trois anneaux. H. 25 et 8 mill.

611. — Autre. Or découpé, mais pas à jour. H. 10 mill.

612. — Autre. Or; bractéate découpée. H. 15 mill.

613 et 614. — Autres. Terre émaillée verte avec incrustations de diverses couleurs. H. 28 mill.

615, 616 et 617. — Autres. Lapis-lazuli. H. de 15 à 10 mill.

618 et 619. — Autres. Terre émaillée verte. H. 12 et 10 mill.

620. — Cœur funéraire portant le même extrait du *Rituel* que les scarabées funéraires dont cette espèce d'amulettes tenait lieu. On y reconnait les noms d'un fonctionnaire défunt, Houï. Jaspe vert. C'est le n° 147 du cat. Anastasi. H. 40 mill.

M. Théodule Devéria a fort bien expliqué l'analogie des cœurs funéraires avec les scarabées funéraires. On trouve souvent des scarabées dont la base a la forme du cœur. Ces scarabées devaient être placés à l'endroit du cœur sur la momie. Les cœurs qui remplacent les scarabées étaient placés naturellement au même endroit. De plus, de même qu'on rencontre des scarabées à tête humaine, il se trouve aussi des cœurs à tête humaine. (Voir n° 621.) Voyez, sur ce point curieux de l'archéologie égyptienne, un rapport de M. Th. Devéria sur deux scarabées égyptiens, dans le *Bulletin de la Société des Antiquaires de France,* 1847, 3e trimestre, et, afin de citer un travail tout récent, qu'on lise les savantes *Études sur le Rituel funéraire des anciens Égyptiens,* par M. le vicomte de Rougé, *Revue archéologique,* 1860, 2e livraison.

621. — Cœur à tête humaine, sans inscriptions. Serpentine dure. (Voir n° 620.) H. 5 cent.

622 à 635. — Cœurs ou vases *cordiformes* de diverses matières et dimensions, mais sans inscriptions (voir n° 620) :

622, 623 et 624. Cornaline. H. 20, 15 et 10 mill.—625. Cœur de forme plate. Agate rayée. H. 10 mill. — 626. Cœur ou vase cordiforme. Lapis-lazuli. H. 18 mill. — 627. Cœur ou vase cordiforme, avec le signe hiéroglyphique du cœur gravé en creux. Obsidienne. H. 35 mill. — 628, 629 et 630. Hématite. H. 21 et 19 mill. — 631 et 632. Jaspe vert. H. 15 mill. — 633. Purpurine. H. 25 mill. — 634. Terre bleue. H. 18 mill. — 635. Pâte de verre jaune, bariolée de blanc et de bleu. H. 17 mill.

636 à 649. — Chevet. Symbole du repos divin dans l'amenti. Hématite. C'est le n° 181 du cat. Anastasi. H. depuis 30 jusqu'à 12 mill.

On ne connaît jusqu'à présent le chapitre du *Rituel funéraire,* relatif aux chevets, que par un seul des exemplaires du *Rituel* conservés dans les collections publiques : cet exemplaire est au British Museum à Londres. Sur le devant des chevets on lit quelquefois le nom du défunt.

650 à 653. — Le *Tat* ou dressoir à potier, symbole de stabilité, dit vulgairement nilomètre. Cornaline. H. depuis 25 jusqu'à 15 mill.

654 à 665. — Autres. Lapis-lazuli. H. depuis 42 jusqu'à 15 mill.

666 à 668. — Autres. Terre bleue. H. 30 mill.

669. — Tat. Au revers quatre lignes d'hiéroglyphes presque indéchiffrables, mais dans lesquelles on reconnaît cependant qu'il est question de ce symbole de la stabilité. M. Théodule Devéria croit même lire ici le nom de la princesse (Sutn-se) *Isi-nofre*. Terre émaillée. H. 28 mill.

670. — Colonnette. Terre émaillée brune, avec belière. H. 85 mill. Cette amulette en forme de pousse de lotus est le type de la colonne égyptienne.

671 à 684. — Autres de diverses nuances. H. depuis 56 jusqu'à 20 mill.

685. — Doigt. Symbole du *milieu* suivant Horapollon. Obsidienne noire. C'est le n° 1664 du cat. Anastasi. H. 10 cent. Ce symbole se trouve sur l'estomac des momies ; plus souvent la figure représente deux doigts joints.

686 à 694. — Deux doigts joints. (Voir le numero ci-dessus, et aussi les n°s 1003 et suiv. du cat. Anastasi.) Obsidienne noire. H. depuis 10 cent. 1/2 jusqu'à 6 cent. Les n°s 690 et 691 ont des traces de dorure.

695 à 700. — Autres semblables, mais qui ont été repolis, et dont on ne reconnaîtrait pas le sens symbolique si on ne le devinait par l'analogie de ces objets avec les précédents. C'est le n° 1002 du cat. Anastasi. H. de 11 à 8 cent.

701. — Doigt de bronze. (Voir le n° 685.) C'est le n° 677 du cat. Anastasi. H. 32 mill.

702. — Coquillage du genre *cypræa* avec la figure de la déesse Pacht découpée à jour entre deux uræus sur des colonnettes, tenant deux plumes dans les mains et munie de deux grandes ailes. Terre émaillée bleue. H. 32 mill.

703 à 710. — Coquillage du genre *cypræa*. Terre cuite revêtue d'une feuille d'argent. H. de 40 à 30 mill. Ces coquillages sont consacrés à Pacht. (Voir n° 702 de cet ouvrage, et 524 du cat. Anastasi.)

711 et 712. — Cachets. Lapis-lazuli. H. à la base, 10 mill.

713. — Autre. Agate rayée. H. à la base, 6 mill.

714 à 717. — Formes diverses de cachets. Le n° 714 en terre noire. H. 20 mill. — Les trois autres en terre bleue. H. 12 mill.

718 à 720. — *Sam,* symbole de réunion. Obsidienne. Hauteur : n°s 718 et 719, 33 mill. ; n° 720, 25 mill.

721. — Sam. Terre émaillée brune. (Voir n°s 718 et suiv.) H. 35 mill.

722. — Table à libation. Amulette. Terre bleue. H. 15 mill.

723. — Jambe. Amulette de cornaline. C'est le n° 676 du cat. Anastasi. H. 28 mill.

724. — Forme du théorbe. Amulette, symbole de bonté. Faïence bleue. H. 22 mill.

725. — Amulette de la forme du cartouche royal. Lapis-lazuli. H. 24 mill.

726. — Disque ou anneau symbolique de cornaline avec cercle, belière et liens en argent. Diam. 15 mill. Ce disque, un peu allongé, est le type du cartouche royal.

727 à 731. — Autres, montés en forme de cachet. Terre émaillée de diverses nuances. H. 15 mill.

732. — Anneau symbolique. Sur le cachet est gravé un sphinx couché, avec un fouet sur le dos. Terre émaillée. H. 17 mill.

733. — Anneau symbolique. Terre émaillée bleue. Forme peu commune. H. 12 mill.

734 à 736. — Symbole représentant le contre-poids du collier : 734. Nero-bianco. H. 28 mill. — 735 et 736. Agate. n° 583 du cat. Anastasi. H. 28 mill. On ne connaît pas encore le sens caché de cette amulette ; les colliers égyptiens étaient très-pesants ; pour alléger la poitrine on leur adaptait ce contre-poids qui pendait sur le dos.

737 et 738. — Fleurs de lotus. Fragments. Terre émaillée bleue. H. 37 et 30 mill.

739. — Amulette. Objet incertain. Peut-être fer de flèche. Terre brune. H. 14 mill.

740. — Amulette en terre émaillée bleue. Sujet obscène, peut-être Typhon Ithyphallique jouant du tympanum. H. 18 mill.

741. — Figure virile accroupie, démesurément ithyphallique. Terre émaillée verte. H. 3 cent. 1/2. L. 5 cent. 1/2.

742. — Symboles obscènes. Terre émaillée verte. H. 22 mill.

743. — Enfant accroupi. Amulette. Applique. Cornaline. H. 22 mill.

744. — Amulette. Marbre blanc en forme d'écusson. N° 612 du cat. Anastasi. H. 25 mill. On ignore la signification de cette amulette, dont la forme paraît de fantaisie.

745. — Fragment carré. Sur l'une des faces, légende hiéroglyphique encore inexpliquée. Lapis-lazuli. H. 19 mill.

746. — Scarabéoïde : sur la partie antérieure, représentation analogue à celle qu'on voit sur les cippes d'Horus : un jeune prince tenant d'une main un scorpion par la queue et de l'autre un uræus. Au-dessus de la tête du serpent, un disque ; au-dessus de celle du scorpion, une image de la déesse *Ma*. Au revers, trois colonnes de signes illisibles qui imitent les hiéroglyphes. Amulette avec monture en or moderne. Schiste gris. H. 20 mill.

Cette amulette qui paraît avoir été coupée à la partie inférieure n'est pas d'une haute antiquité. On a même pu douter de son authenticité. Ce monument appartient peut-être à une des sectes gnostiques.

COLLIERS ET ANNEAUX

COLLIERS.

747. — Collier composé de grains ronds et d'amulettes en pâte de verre de diverses couleurs ; on distingue trois chattes accroupies, deux Tat et deux colonnettes. Longueur 42 cent.

On ne prétend pas que ces colliers soient tels que les portèrent les Égyptiens ; les objets qui les composent ont été réunis par des modernes ; mais ils ont été trouvés ensemble, et ces colliers factices nous représentent ce système de bijoux égyptiens, tels que nous les connaissons par les représentations peintes.

748. — Collier composé de grains de matières et formes diverses, pâte de verre et cornaline ; on y remarque cinq fois le Tat, symbole de la stabilité, en cornaline, et un scarabée également en cornaline. Longueur 52 cent.

749. — Collier composé de verroteries, de scarabées et de cœurs d'or. On distingue deux figures de Pacht à tête de lionne ou de chat, un scarabée portant le symbole d'Hathor et un bélier accroupi en hématite. Long. 64 cent.

750. — Collier composé de grains de couleurs et de formes diverses, et d'amulettes en faïence bleue représentant *Osiris* dans un *naos* (temple). Longueur 42 cent.

751. — Collier composé de grains de pâte de verre de diverses couleurs et d'amulettes, colonnes, tablettes, plumes d'autruche. Longueur 60 mill.

752. — Collier composé de grains, formes et matières diverses, pâte, cornaline, prime d'émeraude, etc., et d'amulettes, scarabées, fleurs de lotus, vautours, etc. Longueur 58 cent.

753. — Collier composé de mouches d'or reliées par des perles d'or et de pierres diverses. Longueur 30 cent.

754. — Collier composé de grains de verroterie et de pierres diverses. Longueur 42 cent.

755. — Vingt-neuf pendants de collier. Faïence ou terre émaillée de diverses couleurs.

756. — Grain de collier de forme ronde aplatie ; sur la base sphérique on lit : *Nb-amn-ra (?) n b, le prêtre du seigneur Ammon-Râ*. Terre bleue émaillée. Diam. 10 mill.

757. — Grain de collier de forme ovale en pâte bleue sur lequel on voit gravés un lièvre et un disque. H. 13 mill.

758. — Bracelet composé de grains de diverses matières, verre et pierres dures, et d'amulettes diverses, vase cordiforme, etc. Entre autres, une pierre ovale ou scarabéoïde en jaspe rouge sur laquelle on lit le nom *Ouer-a-...nefer*. Longueur 14 cent.

ANNEAUX.

759. — Anneau d'or avec chaton de forme ovale en travers, sur lequel est gravée en creux l'inscription suivante : *Ptah-our-mer-t*. Il faut peut-être traduire *la grande aimée*

de Ptah, *t'our-mer-Ptah,* en intervertissant l'ordre des groupes. Dans ce cas cette, inscription porterait l'un des surnoms de Pacht. — Nous avons peut-être ici le cachet d'un prêtre de l'une de ces deux divinités. Magnifique échantillon de l'art égyptien. Hauteur du chaton 10 mill. L. 20 mill.

760. — Anneau d'or avec chaton de forme ovale sur lequel paraît en creux la représentation de Typhon coiffé de plumes et tenant un serpent de la main droite. Les pieds du dieu sont ici armés de glaives comme on le voit sur des chevets de bois et des objets de toilette; de plus, il saisit la queue de la main gauche. Hauteur du chaton 15 mill.

761. — Anneau d'argent égyptien dont le chaton est un scarabée de terre émaillée bleue et grise. Sur le plat, en creux : Ptah debout; devant le dieu, deux Tat surmontés d'oiseaux à tête humaine. Signes confus dans le champ. Hauteur du chaton 18 mill.

762. — Bague de bronze. Sur le chaton, de forme ovale, le prénom d'*Aménophis*, ou *Amenhotep III*, *Rá-neb-ma*, et le titre de souverain de Thèbes ou de la Thébaïde. H. 22 mill.

763. — Bague de terre émaillée verte, avec chaton en forme d'œil portant le prénom d'Amenhotep III, Râ-neb-ma. (Aménophis III, XVIIIe dynastie.) H. 19 mill.

764. — Bague de bronze portant sur le chaton une variante du prénom de *Ramsès V. Rá-neb-mâ-mer-amen-râ-tetnen. Soleil, seigneur de vérité aimé d'Ammon-Ra et de Totounem.* H. 25 mill.

VASES

VASES DE MATIÈRES PRÉCIEUSES OU DURES.

765. — Vase à deux anses. Sur l'une des faces est gravé un scarabée aux ailes éployées. Sur l'autre une légende hiéroglyphiques dans laquelle on discerne le mot *Aou....* Serpentine. H. 34 mill. Les anses pourraient avoir été ajoutées par une main moderne.

766. — Vase de forme ovoïde, à col évasé. Obsidienne. H. 58 mill.

767. — Vase à collyre ou petit mortier. Obsidienne. n° 911 du cat. Anastasi. H. 35 mill.

768. — Lecythus ou vase à parfums, sans anses, de forme ovoïde allongée. Agate-onyx. H. 3 cent.

769. — Lecythus ou vase à parfums, sans anses, de forme ovoïde, à col étroit, en agate opaque marbrée. H. 27 mill.

VASES EN BIANCO-NERO.

770. — Urne surbaissée, de porphyre serpentin noir, ou *bianco-nero*, c'est-à-dire noir moucheté de blanc. Les anses sont très-peu détachées de la panse et ne pourraient servir à transporter sans une corde ou tout autre accessoire. H. 17 cent. Diam. 34 cent.

771. — Autre semblable à celle qui porte le n° 770, sauf que les anses sont détachées de la panse à la partie inférieure. Collection Anastasi. Voyez sous le n° 915 du catalogue pour cette urne et pour les suivantes. H. 12 cent. Diam. 25 cent.

772. — Autre; les anses ne sont pas percées. H. 7 cent. Diam. 18 cent.

773. — Autre. H. 9 cent. Diam. 11 cent.

774. — Autre sans anses. H. 6 cent. Diam. 10 cent.

775. — Autre sans anses comme la précédente. H. 6 cent. Diam. 11 cent.

776. — Autre de même forme que le n° 775, mais sans anses comme les deux précédentes. H. 6 cent. Diam. 12 cent.

VASES D'ALBATRE.

777. — Vase sans anses, mais en forme d'amphore à pied pointu. Albâtre. H. 35 cent.

Ce vase, remarquable par la pureté de sa forme, provient de la vente Anastasi. C'est le n° 891 du catalogue.

778. — Vase de la même forme que le n° 777, mais d'une matière moins fine. H. 14 cent.

779 à 802. — Vingt-quatre vases à parfums, sans anses, de forme pointue à la base, avec colliers de diverses grandeurs, depuis 20 centimètres de haut jusqu'à 7. L'antépénultième, n° 800, est le seul qui porte traces d'ornementation. On distingue vers le milieu une zone de zigzags en

creux. Cette série de vases provient de la vente Anastasi. N° 858 du catalogue.

803. — Fiole allongée se terminant en pointe, avec large collier. Vente Anastasi, n° 900 du catalogue. H. 23 cent.

804. — Petit vase à parfums sans anses, resserré à la gorge, se terminant en pointe. (Vente Anastasi.) H. 8 cent.

805. — Autre de la même forme, mais moins pointue. H. 7. cent.

806. — Autre semblable. H. 5 cent.

807. — Lecythus à petites oreilles, de forme arrondie à la base et pointue par le haut. Cat. Anastasi, n° 861. H. 13 cent.

808. — Lecythus à oreilles, de forme arrondie à la base. Albâtre oriental très-fin. Vente Anastasi, n° 858. H. 11 cent.

809. — Vase à parfums, forme d'Œnochoe, en albâtre très-fin. Vente Anastasi, n° 888 du catalogue. H. 15 c. 1/2.

810. — Autre, de même forme. Vente Anastasi, n° 890 du catalogue. H. 14 cent.

811. — Vase de la même forme que les deux précédents, mais qui en diffère par l'addition d'une petite anse cannelée placée du côté opposé à la principale et vers le pied. Vente Anastasi, n° 888 du catalogue. H. 19 cent.

812. — Lecythus ou vase à parfums de forme arrondie à la base, à bords évasés et aplatis. Vente Anastasi, n° 863 du catalogue. H. 8 cent 1/6.

813. — Autre de la même forme que le précédent, mais d'une matière moins fine. Vente Anastasi, n° 863 du catalogue. H. 9 cent.

814. — Petit pot à collyre ou à parfums, à deux oreilles. Forme d'urne. N° 860 du cat. Anastasi. (Voir n° 815.) H. 5 cent.

815. — Autre semblable. (Voir n° 814.)

816. — Vase à panse de forme ovoïde, avec pied tourné, sans anses, et avec col large et uni. H. 17 cent. Diamètre de l'ouverture 15 cent.

VASES DE BRONZE.

817. — Seau à une anse pour porter l'eau lustrale. Sur le col est gravée en creux une inscription démotique de lecture incertaine. Bronze. Cat. Anastasi, n° 862. H. 21 cent. sans l'anse.

818. — Seau à libations avec sujets en relief. Égyptien en adoration devant Ammon générateur, puis les déesses Neit, Pacht, Nephthys et Hathor. Bronze. N° 863 du cat. Anastasi. H. 14 cent. avec l'anse.

819. — Vase presque rond, ressemblant pour la forme à nos théières, avec étroit orifice et goulot percé d'un fort petit trou. Vente Anastasi, n° 962 du catalogue. H. 10 cent.

VASES DE TERRE.

820. — Seau sans anses, en terre émaillée bleue, décoré de fleurs et de boutons de lotus peints en noir. Une sorte d'étoile à huit rais peinte de même décore la partie inférieure qui se termine en pointe. Cat. Anastasi, n° 947. H. 17 cent.

821. — Vase à couvercle se terminant en pointe, en terre émaillée de deux couleurs. Sur la face principale, dans un carré, une scène funéraire se détachant en bleu sur fond noir : un défunt auquel l'inscription donne la qualification de *grammate* se présente devant le dieu *Touth*, seigneur d'Ashmounein, qui tient de la main gauche le signe de la vie. A l'exception de l'espace occupé par cette scène, tout le vase est décoré par un ornement composé de triangles opposés noirs et bleus au-dessous duquel sont figurées des ondes également noires et bleues. Sur le couvercle qui offre la forme d'un lotus renversé, des lotus se détachant en noir sur le fond bleu. Cat. Anastasi, n° 949. H. 15 mill.

822. — Seau à libations en terre émaillée bleue, avec sujets en relief. Animaux et scènes rustiques. Cat. Anastasi, n° 950. H. 9 cent.

VASES DE VERRE.

823. — Vase avec deux petites anses à la panse. C'est la forme du cratère, mais plus allongée. Verre bleu opaque avec ornements de couleur blanche et jaune. Cat. Anastasi, n° 954. Gravé, pl. XXI. H. 8 cent.

On ne pourrait pas discerner les vases de verre classés ici parmi les antiquités égyptiennes, des vases de verre grecs ou romains ; mais la provenance de celui-ci et des suivants, qui est certaine, leur assigne cette origine intéressante à constater, bien qu'elle ne prouve pas que ces vases soient de fabrique égyptienne. (Voir plus loin une observation à ce sujet à l'article des vases de verre dans les antiquités grecques et romaines.) Il en est d'autres au contraire, et le n° 825 est de ce nombre, que leur style ferait classer parmi les antiquités égyptiennes indépendamment de la provenance.

824. — Petite amphore à col court en verre bleu céladon opaque : au goulot et au pied, cordon en spirale de couleur blanche et noire ; deux semblables sur la panse et ornements bariolés. Cat. Anastasi, n° 954. H. 7 cent.

825. — Lécythus sans oreilles, se terminant à l'ouverture par une fleur à huit pétales bleu opaque décorées de rangées horizontales de couleur blanche et jaune. Voyez commentaire du n° 853. H. 10 cent. 1/2.

826. — Lécythus sans oreilles, à base en pointe. Verre jaune craquelé et irisé. Vente Anastasi. H. 8 cent.

827. — Lécythus sans oreilles, à col court, à base arrondie. Verre opaque très-bariolé. Vente Anastasi. H. 4 cent.

828. — Lécythus, sans anses, de forme ovoïde, à col étroit. Verre bleu opaque. Fragment. H. 20 millimètres.

IMITATION DE CAMÉE EN PATE DE VERRE.

828 bis. — Buste d'Harpocrate, coiffé du pschent, le doigt sur la bouche. Imitation de camée en pâte de verre à deux couleurs; bon travail gréco-égyptien. Voir aux antiquités grecques et romaines les deux statuettes d'Harpocrate. H. 40 mill. L. 28 mill.

OBJETS DIVERS

828 ter. — Pectoral en forme de *naos*, ou temple. Face antérieure : au milieu, scarabée en relief; à gauche du spectateur le défunt, dont le nom paraît être *Ke-nefer-ha*, debout, en adoration devant *Osiris* qu'on voit à droite, de l'autre côté du scarabée. Revers : Isis et Horus debout, séparés par un cartouche contenant une formule funéraire. La déesse est à gauche du spectateur. Serpentine noire. On trouve ces objets dans les momies. Celui-ci portait le n° 137 dans le cat. Anastasi. H. 8 cent. 1/2. L. 8 cent.

829. — Manche de sistre figurant des deux côtés la tête d'*Hathor* avec la coiffure symbolique ordinaire de cette déesse, Horus dans un *naos*. On ne distingue que la partie inférieure du *naos*. Terre émaillée bleue. H. 10 cent. 1/2.

830. — Fragment d'un cercle d'ivoire portant sur les deux faces des sujets gravés : 1° L'œil symbolique *out'e*, au-dessus du nœud symbolique *shes* entre deux divinités à têtes de cynocéphale, et le commencement d'une légende hiéroglyphique qui se rapporte au sujet représenté : *moi* (out'e) *je viens pour faire l'action du shes* (une sorte de résurrection, de seconde vie). Autre face : une girafe, la déesse *Thouoris* ou *Apt* portant un crocodile sur le dos et dévorant un captif agenouillé et les bras liés derrière le dos ; plus loin, le dieu Bès ou Patèque debout, un disque monté sur deux jambes humaines, et enfin un captif renversé une jambe en l'air. H. 6 cent. L. 12 cent. Il existe au Louvre un fragment analogue. On ignore le sens de ces objets.

831. — Réseau en terre émaillée bleue. Fragment. On trouve ces réseaux autour des momies.

832 et 833. — Deux fragments absolument identiques, peut-être des ailes en terre émaillée portant en relief l'œil symbolique *out'e*, le *Tat* ou dressoir de potier entre deux sceptres, et le génie des années, accroupi, la tête surmontée d'un disque et tenant de chaque main le signe des *périodes*. Ces amulettes proviennent du centre d'un réseau funéraire, analogue à celui qui est décrit ici sous le n° 831. Vente Anastasi, n° 602 du catalogue. H. 6 cent.

834, 835 et 836. — Arceaux destinés à décorer des meubles ou des sculptures. ? C'est peut-être une amulette dont le sens nous échappe. Faïence ou terre émaillée bleue. 834, h. 40 mill. ; 835, h. 27 mill.; 836, h. 17 mill.

837 à 841. — Balles en terre émaillée de deux couleurs, et de diverses grandeurs. Ces jouets portent le n° 1103 dans le catalogue Anastasi. 837, 13 cent.; 838, 12 cent.; 839, 11 cent.; 840, 10 cent.; 841, 8 cent.

842. — Pion de damier, ou bouton portant sur une des faces le nom du royal fils ou prince, Seteï, de la XIX° dynastie. Ce nom est déterminé comme celui d'un défunt. Lapis-lazuli pâle. N° 1104 du cat. Anastasi. H. 6 mill.

Le Musée du Louvre possède un objet absolument semblable.

843. — Pion de damier représentant un nègre captif, les bras liés derrière le dos. Terre bleue, mais les cheveux noirs. H. 28 mill.

844 à 847. — Pion de damier en bois. N° 1105 du cat. Anastasi. Les trois premiers de 15 mill. de haut., le quatrième de 12 mill.

DEUXIÈME PARTIE

ANTIQUITÉS DE L'ASIE

CAMÉE, SCARABÉE ET INTAILLES

CAMÉE.

848. — Lion en marche. Sardonyx à deux couches. Gravé, pl. VIII. H. 4 cent. L. 5 cent.

Le lion paraît si souvent sur les monuments orientaux, cet animal était si familier aux artistes de l'Asie, qu'on ne peut s'étonner de le voir aussi excellemment représenté sur ce camée. Cependant, on peut faire remarquer avec quelle simplicité et la puissance et la force du roi des forêts sont exprimées ici. Pour la beauté de la matière et le mérite du travail dans un sujet analogue, je crois pouvoir rappeler ici le magnifique *taureau* sur sardonyx à trois couches, conservé à la Bibliothèque impériale et qui porte le n° 83 dans le *Catalogue des camées, etc., du Cabinet des médailles*. Produits de contrées et de systèmes d'art très-différents, ces deux camées, exécutés sur des matières de premier ordre, sont chacun dans leur genre des morceaux uniques.

SCARABÉE.

849. — Sur le plat, en creux, Roi, l'épée haute, sur le point de frapper un ennemi agenouillé devant lui et qui l'implore. Dans le champ, inscription illisible. Calcédoine blanche avec quelques taches jaunes. Travail très-fin qui paraît phénicien. H. 15 mill.

INTAILLES.

850. — Cosroès Ier, roi de Perse, de la dynastie des Sassanides. Buste de profil, avec la tiare. Grenat. H. 13 mill. L. 11 mill.

On peut comparer cette curieuse pierre avec les monnaies de ce roi publiées dans l'ouvrage de M. de Longpérier, intitulé *Médailles des rois perses de la dynastie Sassanide*. On peut voir aussi plusieurs intailles de Cosroès Ier au Cabinet des médailles et antiques de la Bibliothèque impériale, ainsi que la coupe d'or et de cristal sur laquelle paraît être son portrait. (Voyez nos 1362 à 1369 et 2538. *Catalogue des camées, etc., du Cabinet des médailles*, par M. Chabouillet.)

851. — Juba Ier, roi de Mauritanie. Buste diadémé de profil, avec le sceptre et le manteau royal attaché sur l'épaule. Cornaline-onyx à deux couches. H. 12 mill. L. 8 mill.

Il y a peu de types plus certains que celui de Juba Ier. On peut comparer cette pierre avec les médailles. Le Cabinet des médailles possède un *lapis-lazuli* absolument semblable à notre agate. (Voyez n° 2062 du *Catalogue des camées de la Bibliothèque impériale* par M. Chabouillet.)

CONE ET CYLINDRES

CONE ASSYRIEN.

852. — L'Hercule assyrien, coiffé de la tiare, debout sur deux sphinx et combattant deux lions qu'il tient chacun par une patte. Ce sujet est gravé comme d'habitude sur le plat du cône. Sardoine. Cône de travail assyrien. Diam. 23 mill.

CYLINDRE ASSYRIEN.

853. — Bélus assis; deux personnages s'avancent vers le dieu. Dans le champ, croissant de la lune. Deux colonnes de caractères cunéiformes non entièrement remplies. Hématite. Cylindre de travail assyrien. H. 23 mill.

CYLINDRES CHALDÉENS.

854. — Bélus assis; deux personnages s'avancent pour adorer le dieu devant lequel on distingue un cercopithèque. Deux colonnes de caractères cunéiformes. Serpentine. H. 23 mill.

855. — Deux personnages en adoration devant Bélus debout entre eux; l'un de ces personnages a les mains croisées sur la poitrine; l'autre, au contraire, fait le geste de l'adoration. Dans le champ, le *Hom*, ou arbre sacré. Deux colonnes de caractères cunéiformes. Hématite. H. 18 mill.

856. — Femme adorant le dieu guerrier. Ces deux personnages sont debout. Trois colonnes de caractères cunéiformes. Espace en blanc réservé pour le nom du possesseur. Hématite. H. 21 mill.

857. — Femme adorant le dieu guerrier qui porte l'épée. Un troisième personnage assiste à cette scène. Dans le champ, un poisson et une mouche. Pas de caractères. Hématite. H. 22 mill.

858. — Femme adorant le dieu guerrier derrière lequel est debout un Chaldéen. Plus loin, deux antipodes, qui paraissent être un prêtre et Vénus-Anaïtis. Hématite. H. 21 mill.

859. — Le dieu guerrier tenant l'épée et un autre dieu brandissant une sorte de cimeterre. Deux prêtres debout, dont l'un tient un vase et le seau à libations, tandis que l'autre assiste à cette scène les bras croisés sur la poitrine. Dans le champ, disque de la planète de Vénus au-dessus du croissant de la lune et deux globes sidéraux. Hématite. H. 20 mill.

860. — Prêtre adorant le dieu guerrier tenant l'épée. Idole de Vénus-Anaïtis. Hématite. H. 17 mill.

861. — Prêtre debout devant le dieu guerrier qui tient l'épée. Hématite. H. 15 mill.

862. — Un personnage vêtu d'une longue robe et deux autres en vêtements courts et serrés. Croissant. Travail imparfait. Espace réservé en blanc pour le nom du possesseur. Hématite. H. 17 mill.

863. — Cylindre chaldéen. Dieu barbu, vu de face, monté sur un lion. Le sujet est répété deux fois; les lions se font face. Trois colonnes de caractères dits cunéiformes. Jaspe fleuri. H. 30 mill.

Sur un cylindre de la Bibliothèque impériale (n° 834 du *Catalogue des camées, etc., du Cabinet des médailles*), se trouve un dieu, vu également de face et monté sur deux lions. Un autre cylindre de la même collection (n° 838) représente le même dieu, que l'on a cru pouvoir nommer Parsondas, le pied posé sur un lion. Le dieu qui paraît sur notre cylindre serait-il un Parsondas barbu?

864. — Dieu terrassant une ægagre. Colonne sur laquelle est posé le buste de profil de la Vénus-Anaïtis au-dessus duquel plane une colombe. Une tresse; cinq têtes de profil placées perpendiculairement en colonne. Hématite. H. 17 mill.

CYLINDRE PHÉNICIEN.

865. — Femme adorant le dieu guerrier armé de l'épée. Entre ces deux personnages, sorte de pedum et sceptre bifurqué. Deux Patèques placés au-dessus de deux statues de Vénus-Anaïtis. Hématite. Imitation du style phénicien. H. 25 mill.

CYLINDRE PERSÉPOLITAIN.

866. — Roi de Perse, de la dynastie Achéménide, debout, la couronne en tête, dans un char traîné par deux

chevaux que dirige un aurige armé d'un fouet placé devant lui. Le roi décoche une flèche sur un lion ailé qui se dresse devant lui. La tête de ce lion est armée d'une haute corne recourbée, deux flèches sont déjà plantées à la racine de la corne et au front de l'animal. En haut, le *mir*. Calcédoine saphirine. H. 24 mill.

On rencontre rarement des cylindres aussi remarquables par le mérite de l'exécution. Je comparerai celui-ci pour la perfection du travail à un cylindre également persépolitain que l'on conserve au Cabinet des médailles (n° 907 du *Catalogue des camées, etc*...). Le roi qui paraît ici peut être Darius, celui qui fut vaincu par Alexandre le Grand ; le style accuse cette époque. Le roi est assimilé à Ormuzd qui combat le génie du mal.

OBJET INCERTAIN.

867. — Fragment d'un sceau annulaire oriental. Agate rubanée et œillée. H. 12 mill. L. 30 mill.

TROISIÈME PARTIE

ANTIQUITÉS GRECQUES ET ROMAINES

GROUPES, STATUES ET BUSTES

868. — Buste d'un Éphèbe, les cheveux frisés. Monument de grand style que l'on peut attribuer hardiment à l'école de Phidias. C'est sans doute un jeune vainqueur des jeux. Traces de restauration au nez et au cou. Acquis à Genève en 1856. Voyez, sur les Antiquités acquises à Genève par M. Louis Fould, le commentaire du n° 869. Gravé pl. III. H. 34 cent.

FAUNE AVEC UN FAUNISQUE

GROUPE EN MARBRE DE PAROS, DÉCOUVERT EN 1782 DANS LES RUINES DE LA VILLA D'HADRIEN, A TIVOLI.

Hauteur du Faune : 1 mètre 24 centimètres ; hauteur du Faunisque : 52 centimètres.

Gravé sous deux aspects, pl. IV et V.

869.—Faune adolescent, debout, le corps incliné à gauche avec une grâce nonchalante, la tête légèrement penchée du même côté, les jambes croisées, la gauche sur la droite dans une attitude de repos. Il est nu, sauf la nébride qui couvre l'épaule gauche et le haut du buste. Sous la couronne de lierre qui ceint le front, on distingue deux petites cornes. Les cheveux sont courts et frisés. Les oreilles ne sont pas caprines. L'expression des traits est riante et malicieuse. La main gauche qui pend négligemment le long du corps tient une grappe de raisins et le *pedum* ou *lagobolon ;* la main droite et partie de l'avant-bras droit sont de restauration et ont été faites en Italie à la fin du siècle dernier. C'est la seule restauration de ce groupe. La cassure est très-nette ; le fragment antique n'a pas été retrouvé au moment de la découverte. Ce qui reste du bras indique un mouvement en avant, soit pour saisir, soit pour offrir quelque objet. Un tenon de travail antique réunit la partie antique du bras au corps. La tête qui a été trouvé séparée du corps, comme il arrive presque toujours, nous est heureusement parvenue intacte ; elle a son nez, circonstance rarissime. Il a suffi de quelques heures pour la sceller sans la moindre restauration dans sa pose originelle. On a loyalement laissé paraître les traces légères de la solution de continuité ; le ciment les dissimule à peine[1]. A la chute

[1] Un sculpteur distingué, M. Mezzara, n'a pas dédaigné de faire cette délicate opération de ses mains.

des reins, on voit les rudiments de la petite queue qui caractérise les Satyres et les Faunes; ici, cet appendice est à peine marqué à cause de l'extrême jeunesse du personnage. A côté du Faune, un Faunisque aussi debout, adossé à un tronc d'arbre qui sert de support à la statue. Cette petite figure fait saillie sur le tronc d'arbre, mais y adhère presque complétement; bien qu'elle soit traitée avec la même habileté que la statue, il semble cependant qu'elle n'a dû naissance qu'à la nécessité de dissimuler le tronc d'arbre; aussi, quoiqu'il y ait en réalité deux personnages, la dénomination de groupe, dont on s'est servi pour désigner ce monument, ne lui convient-elle qu'à demi. En effet, on ne donne pas le nom de groupe à la *Vénus de Médicis* malgré la présence du dauphin et des deux petits amours placés à ses pieds. Comme le Faune, le Faunisque est armé d'un *pedum* dont le bout recourbé pose à terre; il n'a pas de raisins; d'un geste amical, il semble vouloir étreindre le Faune, mais sa taille, celle d'un enfant d'environ trois ans, ne lui permet que de glisser naïvement sa petite main entre les cuisses de son compagnon dont les traits, la taille et les formes n'annoncent pas plus de quatorze ou quinze ans. La base antique n'existe qu'en partie; le groupe repose sur une plinthe de forme ovale en marbre blanc, de travail moderne. Mais malgré les regrets que fait naître la disparition de la base antique sur laquelle on aurait peut-être trouvé une signature, il ne m'en reste pas moins à signaler la conservation exceptionnelle de ce marbre. L'admiration n'est pas, en effet, le seul sentiment qu'on éprouve devant le Faune; il s'y mêle une satisfaction mêlée d'étonnement; on ne peut croire qu'on a sous les yeux un marbre âgé de près de deux mille ans! on pense aux chances de destruction auxquelles il a merveilleusement échappé pendant cette succession de siècles; on compte les blessures plus ou moins bien guéries de tant de statues dont s'enorgueillissent les Musées de l'Europe; on songe à l'état dans lequel on est encore trop heureux de les posséder, et l'on reste confondu en voyant celui dans lequel le Faune est arrivé jusqu'à nous. Le marbre de Paros a conservé le poli antique; nulle part de vestiges d'érosion; l'épiderme a conservé sa fraîcheur primitive. Les traits ont gardé toute la finesse du sourire qui se joue dans les yeux et sur les lèvres. La tête est incontestablement celle de la statue. D'éminents antiquaires, d'habiles et célèbres sculpteurs, qui, avant qu'on la replaçât, ont étudié avec nous cette question qui se pose toujours en pareille occurrence, se sont tous accordés à reconnaître qu'évidemment cette tête a toujours appartenu au cou qu'elle couronne et auquel elle s'adapte parfaitement. Chacun, d'ailleurs, peut se convaincre facilement de la vérité de cette assertion; il suffit d'un coup d'œil pour constater la précision avec laquelle les lignes musculaires et les ondulations du cou se rejoignent. D'ailleurs, c'est le même marbre et surtout le même *faire*. De là vient qu'on ne ressent pas devant le Faune cette hésitation qui trouble l'esprit en présence des statues aux cent pièces de rapport dont on parlait tout à l'heure; on admire celle-ci avec pleine sécurité; on a sous les yeux une œuvre de l'antiquité sans mélange de travail moderne. Le Faune nous apparaît avec toute son élégance première, tel qu'il sortit des mains de son auteur; il est intact; le ciseau et la râpe de l'artiste qui le créa y ont seuls laissé leur empreinte.

Le Faune n'est pas seulement un monument inédit, c'est encore un monument tout nouveau pour les archéologues; car, bien qu'il ait été retiré des ruines de la villa d'Hadrien depuis près de quatre-vingts ans, jamais il n'a été cité dans un ouvrage d'archéologie ou de voyages. Les amis de M. François Duval ont seuls pu le voir dans le salon de cet amateur, à Genève, où il a été conservé dans une sorte d'obscurité pendant un demi-siècle; et comme il n'a été transporté à Paris que depuis quatre années, c'est la publication des deux belles planches de M. Amédée Varin qui lui fera prendre enfin le rang qui lui appartient parmi les statues célèbres qui décorent les Musées de l'Europe.

Les journaux de Paris ont annoncé en 1856 l'acquisition du Faune et son arrivée à Paris, mais avec des détails inexacts. Aussi peut-on dire que jusqu'à ce jour la seule mention imprimée que l'on connaisse de cette statue se trouve dans un article du *Journal de Genève* du 18 novembre 1856, qui, en annonçant la vente de la collection de M. F. Duval, exprimait de vifs regrets de la voir enlevée à la ville de Genève; l'écrivain s'étendait particulièrement sur le *Faune au repos*, « ce chef-d'œuvre de l'art grec, d'une conservation parfaite. » Ces regrets étaient légitimes, car la ville de Genève est loin d'être riche en monuments de cette importance. Le Faune ne vint pas seul à Paris; il y arriva escorté de dix autres antiques de marbre et d'une figure de bronze qui décoraient le salon de l'hôtel de la place Saint-Antoine, et que les héritiers de M. F. Duval cédèrent en même temps à M. Louis Fould[1].

Joaillier de l'empereur et de la cour de Russie, estimé des plus grands seigneurs qui appréciaient ses talents et sa probité, M. Duval, qui aimait les arts avec une véritable passion, avait profité de ses relations pour former, pendant son séjour à Saint-Pétersbourg, une belle collection de camées et de pierres gravées, et surtout sa série de marbres antiques. Le Faune, le principal de ses trésors, lui avait été cédé en 1806 par Jean-Tobie Sergell, le célèbre sculpteur suédois. M. Duval avait un tel amour pour cette statue qu'il en refusa 5,000 ducats de Hollande, environ 60,000 francs, que lui en offrit presque aussitôt le marquis de Douglas, depuis duc d'Hamilton. Quelque temps après, le prince royal de Bavière (le roi Louis, père du roi régnant) lui en offrit à peu près la même somme sans pouvoir le décider à s'en dessaisir. On renonça donc à chercher à la lui enlever, et ce n'est en effet que plusieurs années après sa mort

[1] Ces douze objets, acquis moyennant une somme considérable, portent dans notre catalogue les nos 868, 869, 870, 871, 872, 873, 876, 878, 879, 880, 882 et 1215.

que le Faune sortit de son cabinet, comme on vient de le dire, pour entrer dans celui de M. Louis Fould.

On croyait dans la famille de M. David, d'après des souvenirs un peu confus, que le Faune avait été trouvé à la *villa Adriana* en 1784, en même temps et à côté de l'*Endymion* du Musée de Stockholm, dans une fouille faite pour le compte du roi de Suède, Gustave III, et en présence de ce prince et de Sergell. Selon ces souvenirs, le roi aurait accordé au sculpteur la permission d'acquérir le Faune pour lui-même. Le faux se mêle au vrai dans ces assertions qui tournent à la légende.

Il était facile de voir que les choses n'avaient pu se passer ainsi. Premièrement, n'est-il pas évident, que si la fouille avait été faite pour le *compte* de Gustave III, le roi n'aurait pas eu à permettre à son protégé d'acquérir le Faune; s'il avait voulu en gratifier Sergell, il le lui aurait donné purement et simplement; car est-il supposable que le prince ait pu songer à vendre cette statue à l'artiste? Secondement, Sergell ne put assister à la découverte du Faune; il n'était plus à Rome à l'époque de la découverte, ayant quitté l'Italie dès l'année 1779[1]. Enfin, j'ai acquis la preuve que le Faune fut découvert deux ans avant l'Endymion, qui fut positivement trouvé seul et qui devint le joyau du Musée de Stockholm, non pas parce que le roi Gustave III l'aurait vu sortir des ruines sous ses yeux, mais plus prosaïquement au moyen de 2,000 ducats que le prince fit compter aux propriétaires de cette statue[2]. C'est le célèbre graveur F. Piranesi, alors véritable chargé d'affaires du roi de Suède à Rome, qui négocia cette importante acquisition, laquelle ne se termina pas sans de grandes difficultés[3]. On connaît d'ailleurs tous les détails de la découverte de l'Endymion; cette statue a été publiée, au lendemain de la fouille, par Guattani dans ses *Monumenti antichi inediti*, et avant qu'elle appartînt au roi de Suède. L'Endymion n'est signalé, par Guattani, comme faisant partie du Musée de Suède que dans la table des matières de son précieux Recueil, imprimée à la fin de l'année 1784. Si l'on avait trouvé le Faune en même temps que l'Endymion, et si cette découverte avait été faite sous les yeux de Gustave III, Guattani, qui écrivait à Rome et au moment même, n'aurait pas manqué de signaler des circonstances aussi remarquables. On peut ajouter que ni M. le comte de Clarac, qui a publié l'Endymion et en signale les restaurations[1], ni Fredenheim, dans sa publication du Musée de Suède[2], ne disent un mot du Faune.

Le terrain déblayé des erreurs qu'une confusion de souvenirs avait fait naître, il reste à retrouver l'acte de naissance du Faune. Je ne pouvais le rencontrer qu'à Rome; c'est là en effet que je me suis adressé, et grâce à la parfaite obligeance de M. le commandeur Pietro Ercole Visconti, commissaire des antiquités de Rome, qui a bien voulu me donner à ce sujet les plus précieux renseignements, je puis dire que si les héritiers de M. David ne se trompaient pas en plaçant à la villa Adriana la découverte du Faune, ils erraient en en plaçant la date à l'année 1784, comme en supposant que cette statue avait été trouvée sous les yeux du roi Gustave III en même temps que l'Endymion.

Il résulte de deux lettres de M. Visconti, que je conserve et qui sont datées, l'une du 3 juin 1859, l'autre du 19 juillet de la même année, qu'un groupe de deux Faunes désignés ainsi : *l'uno giovine, l'altro fanciullo*, fut trouvé en 1782 à la villa Adriana, « dans une fouille faite par le comte « J.-B. Centini, du consentement et avec participation du « comte Joseph Fede, à qui la villa appartenait en fidéi- « commis. » Ces faits sont mentionnés dans le *Registre du commissariat des antiquités* que faisait tenir sous sa surveillance Jean-Baptiste Visconti, l'aïeul de M. Visconti et le père d'Ennio Quirino Visconti, conservateur des antiques du Louvre.

Suivant une estimation ajoutée à la mention du groupe, il fut évalué alors à 1000 piastres : « C'est un bien grand « prix pour le temps, ajoute M. le commandeur Visconti, et « qui prouve du mérite de ce morceau déjà reconnu. Le « Faune en *rosso antico*, maintenant au Vatican, quoique « également précieux pour la matière et pour le prix, ou pour « mieux dire tout unique qu'il est, n'est évalué par Bracci « que 7,000 piastres. » Si brève que soit la désignation du registre des fouilles, tout le monde y reconnaîtra notre Faune comme M. le commandeur Visconti; car quelle autre statue antique trouvée à la villa Adriana à la fin du XVIIIe siècle pourrait-on citer qui répondit aussi évidemment à ces mots significatifs, *l'uno giovine, l'altro fanciullo?*

[1] Voyez l'article sur Sergell, dans les *Notices sur la littérature et les beaux-arts en Suède*, par Marianne d'Ehrenstrom, IIIe partie, pages 44 et suivantes.

[2] Voyez sur l'acquisition de l'Endymion, *Voyage de deux Français en Allemagne, Danemark, Suède, etc., fait en 1790, 1791 et 1792*, t. II, p. 56. Cet ouvrage, publié à Paris en 1796 en 5 vol. in-8°, est attribué au comte A. T. J. A. M. M. de Fortia de Piles, dont le compagnon de voyage fut le chevalier de Boisgelin.

[3] On lit dans une lettre de F. Piranesi au roi de Suède, datée de Rome, 25 novembre 1784 : « Rien de nouveau sur l'Endymion; il reste encore chez ses « maîtres sans qu'ils veuillent en rabaisser le prix. » La négociation était alors sur le point d'aboutir, puisque, comme on le verra plus loin, à la fin de l'année 1784, l'Endymion appartenait au roi de Suède. On doit la connaissance de cette lettre de Piranesi, ainsi que celle de bien d'autres documents du plus grand intérêt pour l'histoire, les arts et la littérature, à un écrivain distingué, M. A. Geoffroy, professeur à la Faculté des lettres de Bordeaux. On la trouvera avec d'autres lettres du même artiste dans la cinquième partie du *Rapport* adressé au ministre de l'instruction publique par M. A. Geoffroy, à son retour d'une mission scientifique en Suède. Voyez, *Archives des missions scientifiques et littéraires, etc.*, t. V, VIIIe et IXe cahiers, p. 441. Paris. Imprimerie impériale.

[1] *Musée de sculpture*, t. IV, p. 58, pl. 586, n° 1250.

[2] Voyez l'ouvrage intitulé : *Ex Museo Regis Sueciæ antiquarum e marmore statuarum Apollinis Musagetæ Minervæ paciferæ ac novem Musarum series integra, post Vaticanam unica, cum aliis selectis priscæ artis monumentis. — Adcurante C. F. F. MDCCXCIV.*

Ce recueil, pour ainsi dire sans texte, puisqu'il n'y a en tout que deux pages d'explications pour les 17 planches qu'il renferme, est dû à Fredenheim ; il est si peu connu en France que le comte de Clarac, dans son *Musée de sculpture*, a cité l'Endymion, non pas d'après Fredenheim, mais seulement d'après les *Monumenti antichi inediti* de Guattani. L'Endymion est gravé pl. XIII dans le *Musée de Suède*.

Comment le Faune est-il venu entre les mains de Sergell? C'est ce que je n'ai pu découvrir, et ce qui d'ailleurs importe peu. Il suffit de constater en terminant que, dès le moment de sa découverte, ce morceau fut considéré comme un monument de premier ordre, qu'il a été découvert en 1782, et qu'il provient des ruines de la villa d'Hadrien, cette mine inépuisable qui a fourni tant de trésors aux Musées du Vatican et du Capitole, et d'où sortent, entre autres merveilles, le fameux *Faune* en rouge antique, cité dans la lettre de M. le commandeur Visconti, les *Centaures* et l'*Antinoüs* du Capitole, et, dit-on, la *Vénus de Médicis* elle-même. C'est là une noble origine que je suis heureux de pouvoir établir avec la certitude que lui donne l'attestation d'un savant aussi particulièrement compétent sur l'histoire des découvertes que le célèbre commissaire des antiquités de Rome, qui porte si dignement un nom tant de fois illustré dans les sciences et les arts.

Il s'agit maintenant de déterminer l'époque à laquelle doit être attribuée cette statue. On sait les débats soulevés parmi les archéologues et les artistes à propos de la plupart des plus célèbres statues de l'Europe. Rarement, ces précieux vestiges d'antiquité arrivent jusqu'à nous dans des circonstances qui permettent de fixer formellement leur date. Les passages des écrits des anciens qui paraissent s'appliquer à tel ou tel monument sont rarement assez explicites pour qu'une critique consciencieuse puisse s'en servir pour déterminer une date ou une école ; aussi est-on presque toujours réduit, comme ici même, à chercher les éléments de son jugement en pareille matière uniquement dans la comparaison avec quelques morceaux à date certaine qui servent de criterium. Pour ne citer qu'un exemple, à quelle époque doit-on rapporter les célèbres Faunes en marbre du Vatican [1], qu'on prétend être tous deux des copies antiques du Satyre de bronze de Praxitèle [2]? Comment peut-on prouver que ces Faunes soient des reproductions de ce Satyre qui avait paru si parfait à la Grèce enchantée qu'on lui avait donné le surnom de *Periboetos*, le fameux, et qu'on le désignait habituellement par cette épithète qu'il garde par excellence? Nous n'en possédons pas de description ; Pline se contente de citer ce Satyre parmi les statues de bronze de Praxitèle, *nobilemque una Satyrum, quem Græci Periboetem cognominant* [3]. Pausanias qui a aussi parlé de ce Satyre ne l'a pas non plus décrit : il se contente de dire [4] qu'on le voyait dans la rue des Trépieds à Athènes ; il raconte à ce sujet, la célèbre anecdote mentionnée également par Athénée [1] qui nous apprend que ce Satyre et un Amour étaient de toutes ses œuvres celles que Praxitèle plaçait au premier rang dans sa tendresse d'auteur, mais il ne nous donne pas la moindre indication qui puisse nous aider à deviner la pose ou le mouvement du Périboète. Comment donc dire avec quelque certitude d'un Satyre ou d'un Faune, quelque parfaits qu'ils nous paraissent, voilà des copies du Périboète de Praxitèle? On serait certain de connaître assez bien le style de ce grand maître pour ne pas risquer d'errer en lui attribuant une statue, qu'il resterait encore une difficulté à la déclarer une reproduction du Periboetos, car nous savons positivement que Praxitèle n'a pas fait qu'un Satyre. Pausanias [2] en nomme un second qui était en marbre de Paros et qu'on admirait à Mégare, dans le temple de Bacchus Patroüs. Si j'ai cherché à prouver le peu de certitude de cette attribution d'Ennio Quirino Visconti, antiquaire consommé cependant, c'est, je l'avouerai, pour autoriser la circonspection avec laquelle je crois devoir me prononcer sur la date de notre statue. Je place cette date au commencement de l'ère impériale, et je crois que, comme tant d'autres statues antiques, le Faune de M. Louis Fould est une excellente copie d'un original grec, et que cette copie est due à un artiste grec. C'est aussi l'avis de beaucoup d'antiquaires, d'artistes et de connaisseurs français et étrangers. J'ajouterai cependant, pour tout dire, que quelques-uns plaçaient l'exécution du Faune plus haut et reconnaissaient dans cette statue un ciseau voisin de celui auquel on doit la Vénus de Médicis.

J'ai parlé du Satyre de Praxitèle que l'on appelle très-souvent le *Faune ;* il n'est peut-être pas hors de propos ici, sans se laisser entraîner à une dissertation hors de propos dans un simple catalogue, d'avertir ceux des lecteurs qui ne sont pas antiquaires de profession que le terme latin *Faunus* est employé fort souvent comme synonyme du *Satyros* des Grecs. Ces deux mots ne désignent cependant pas, dans tous les cas, la même divinité, et il est bien certain qu'il y aurait autant de raison à donner à la statue de M. Louis Fould le nom de Satyre que celui de Faune, car elle représente un être du même ordre que les statues réputées par tout le monde comme des copies du Satyre de Praxitèle et que cependant on désigne habituellement sous le nom de Faunes. J'ai donc dû suivre, pour désigner notre statue, l'usage qui a prévalu de garder l'expression de Faunes pour ceux de ces êtres ambigus qui se rapprochent le plus du type humain, qui n'ont ni les pieds ni les jambes du bouc, et qui n'ont plus de cet animal que des souvenirs à demi effacés, comme la queue et les petites

[1] Le plus célèbre est décrit dans le tome III du *Museum Capitolinum*, n° 32.

[2] C'est l'opinion d'Ennio Q. Visconti, qui l'a émise dans le Musée Pio-Clémentin, n° 50. Je ne la combats point ; je veux seulement dire que c'est plutôt une conviction personnelle de l'illustre antiquaire qu'une démonstration, car il n'y a pas de textes à l'appui.

[3] *Hist. nat.*, lib. xxxiv, cap. 19, § 10. D'après les mots de Pline, si le texte est correct, le Périboète aurait fait partie d'un groupe ; mais les expressions de Pausanias et d'Athénée prouvent que Pline s'est trompé ou que nous ne possédons qu'une mauvaise leçon de ce passage. De quelles incertitudes sont entravées de pareilles attributions, et combien il y faut apporter de circonspection et de réserve !

[4] *Attique*, cap. xx.

[1] Athénée rapporte l'anecdote à peu près comme Pausanias, mais pas plus que Pline et que l'auteur de la *Description de la Grèce*, il ne nous a laissé de description du Periboetos. Voyez, xiii, p. 591, édit. de Casaubon.

[2] Liv. i, cap. xliii.

cornes. Notre marbre représentait donc un Faune, c'est-à-dire un certain type de l'adolescent dont les voluptueux de Rome se plaisaient à admirer les formes particulières et dont on a trouvé tant de variétés, précisément dans les ruines d'où il provient, c'est-à-dire dans la villa favorite de l'empereur Hadrien, l'équivoque ami d'Antinoüs.

---

870. — Génie de Jupiter représenté sous les traits d'un enfant tenant dans ses bras un aiglon, il est debout, de grandeur naturelle, et entièrement nu. Il sourit; son front est très-haut; ses cheveux longs sont disposés sur le sommet de la tête comme ceux des génies des divinités. Un tronc d'arbre sert d'appui à la figure. H. 63. cent.

Cette statue, d'une bonne conservation, car il n'y a de restaurations qu'aux jambes, est en marbre blanc. On peut en fixer la date à l'époque des Antonins. Acquis à Genève. Voir n° 869.

871. — Venus Victrix. La déesse est représentée debout, retenant de la main gauche la draperie qui l'enveloppe en laissant nue l'épaule droite et le corps jusqu'à la naissance des cuisses. Une cuirasse sert de support à la jambe gauche. Marbre blanc. H. 73 cent. Acquis de M. F. Duval, de Genève en 1856. Cette statuette d'excellent travail romain a souffert; le bras droit manque; le cou est de restauration. La tête est antique, mais le nez ainsi que les pieds sont refaits. Malgré ces restaurations, l'ensemble de la statue est satisfaisant : le torse, qui n'a pas souffert, est très-beau; les draperies sont d'un style sévère qui dénote une bonne époque. On lit sur la base :

LIBERALITATE. PONTIFIC. PII. VI. IANVARIO. 1793.

Le pape Pie VI avait en effet donné cette statue au comte Tschernicheff, ambassadeur de Russie à Rome.

872. — Euterpe, muse de la poésie lyrique. Elle est debout et tient de la main droite un objet qui doit être la double flûte, son attribut habituel; de la main gauche, posée sur la hanche, elle retient un pli de la longue tunique sans manches qu'elle porte par-dessus le peplus. Les cheveux sont réunis en nœud sur le haut de la tête; c'est ce qu'on nommait le crobylus. Sa longue tunique ne laisse voir que l'extrémité de ses pieds nus. H. 85 cent.

Cette statue, de marbre blanc et de l'époque romaine, est d'un excellent style. On y reconnaît le caractère des figures d'Euterpe que l'on conserve dans les divers musées de l'Europe. On peut la comparer entre autres à l'Euterpe du musée Chiaramonti à Rome et à celle du musée de Stockholm. (Voyez Clarac, pl. DV et DVI, n°s 1008 et 1010.)

Notre statue a pu être destinée à une niche; le dos n'est pas terminé. Acquisition de Genève en 1856.

873. — Hercule jeune, étouffant le lion de Némée. Groupe de marbre blanc. H. 68 cent.

Ce groupe a été découvert brisé en plusieurs morceaux on ne sait pas précisément à quelle époque, mais ce fut sans doute en Italie, au XVIe siècle, alors que la ferveur de l'amour pour l'antiquité y échauffait toutes les âmes. L'artiste inconnu chargé de réunir les débris de cet Hercule a non-seulement retrouvé le mouvement probable de l'original, mais encore il a su joindre si habilement aux vestiges antiques les parties qu'il était obligé de refaire que lorsqu'un même vernis donnait à l'ensemble une même apparence de vétusté, il aurait fallu un examen très-attentif et un œil très-exercé pour distinguer les parties refaites des fragments antiques. Aussi le groupe passait-il pour antique des pieds à la tête de temps immémorial. Il y a plus de cinquante ans, M. Duval, de Genève, en fit l'acquisition sur ce pied. Il l'obtint du comte de Steding, ambassadeur de Suède à Saint-Pétersbourg. C'est de l'un des héritiers de M. Duval que le groupe est venu en la possession de M. Louis Fould, avec d'autres précieux morceaux. (V. n° 869.)

Aujourd'hui le groupe débarrassé de l'enduit qui avait trompé tant de monde ne brille plus que de sa véritable beauté. Les fragments antiques se distinguent aussi facilement que s'ils n'étaient pas de la même matière que les modernes. Je signalerai cependant les principales restaurations. La tête de l'Hercule est antique, le cou est refait; le torse est antique. La tête, le corps et les jambes antérieures du lion sont antiques, sauf les trois quarts de la jambe gauche. On peut supposer que l'auteur de ces restaurations avait à sa disposition des vestiges du groupe antique, et que de plus il a su s'inspirer d'un groupe représentant le même sujet que l'on admire au musée de Florence. (Voyez Gori, *Museum Florentinum*, pl. LXV, et Clarac, pl. DCCLXXXV, n° 1077.) On peut aussi voir dans ce dernier ouvrage le dessin d'une répétition à peu près de la même grandeur de ce sujet qui existe en Angleterre. (V. pl. DCCXCII, n° 1077, A.) Je ne dois pas oublier de faire remarquer que notre groupe diffère des deux que je viens de citer par l'âge donné à Hercule. Il est barbu dans les groupes de Florence et d'Oxford, et imberbe dans le nôtre.

874. — Octavie, sœur d'Octave (Auguste) et femme de Marc-Antoine. Buste de basalte vert foncé. Gravé, pl. VI. H. 34 cent.

Le comte de Clarac dans son consciencieux inventaire des statues des musées de l'Europe ne cite pas une seule statue de cette femme illustre dont les médailles sont d'ailleurs fort rares. Ces circonstances et la certitude de l'attribution donnent un intérêt tout particulier à ce monument. Quiconque a pu comparer l'*aureus* où Octavie parait au revers de Marc Antoine avec le buste de M. Louis Fould n'hésitera pas à y reconnaître la sœur d'Auguste. La disposition toute particulière de la coiffure vient encore corroborer la certitude que la ressemblance des traits suffirait à établir.

On sait que rien n'est plus rare que les sculptures en basalte; la dureté de cette belle matière l'a toujours fait réserver aux artistes les plus éminents et seulement pour des représentations de personnages du plus haut rang. Notre buste réunit donc à ce premier mérite de la rareté de la matière celui non moins intéressant de représenter un personnage dont les portraits sont rares et recherchés, et ce qui en fait décidément un objet hors ligne, c'est qu'il a été exécuté admirablement, et qu'il est venu jusqu'à nous sans avoir souffert la moindre altération. Nous avons sous les yeux le portrait de la sœur d'Auguste, aussi pur, aussi entier qu'il y a près de deux mille ans.

J'ai dit que les monuments de basalte étaient fort rares; en effet, en France on n'en pourrait citer que fort peu à joindre à celui que nous venons de décrire. Visconti, ou plutôt Mongez, a décrit dans le t. II de l'*Iconographie romaine*, pl. XVII, n°s 1 et 2, p. 27, un buste de César en basalte qui était alors dans la bibliothèque du château de Saint-Cloud, et il en existe un fort endommagé de Scipion l'Africain à la Bibliothèque impériale dans le Cabinet des médailles; je n'en connais pas d'autres dans nos musées. Je ne parle pas de Rome où il existe un certain nombre de statues et de bustes de basalte.

Le buste d'Octavie de M. Louis Fould a été acquis à la vente de M. Hope, à Paris; le riche collectionneur l'avait lui-même acquis à la vente du baron Roger. On trouvera la mention de ce buste dans le catalogue de cette célèbre collection sous le n° 100, mais par une erreur du rédacteur, il y est donné sous la désignation de *Julie, fille d'Auguste*.

875. — Tête de nègre. Excellent travail. Serpentine dure. H. 10 cent.

BAS-RELIEFS, VASES, ETC.

876. — Junon debout diadémée, s'appuyant sur son long sceptre. La déesse est revêtue d'une longue tunique, par-dessus laquelle elle porte un ample manteau dont les plis retombants enveloppent le bras gauche et ne laissent nu que le bras droit. Fragment d'un bas-relief de marbre blanc. Travail romain. Acquis à Genève. H. 69 c. L. 36 c.

877. — Bacchus couronné de lierre, imberbe, les cheveux flottants sur les épaules, debout, tenant de la main droite un thyrse et s'appuyant de la main gauche sur un cippe. Une draperie jetée sur les épaules du dieu laisse nue la partie supérieure du corps. Le bas des jambes et la partie supérieure du thyrse manquent. Fragment. Marbre blanc. H. 50 cent. L. 20 cent.

Ce fragment, d'un bon travail gréco-romain, doit avoir appartenu à un sarcophage. La forme des cassures ne permet pas de penser à un vase, bien que la pose et l'ajustement aient un rapport frappant avec le Bacchus qui parait sur le célèbre vase Borghèse, aujourd'hui au Louvre. (Voyez Clarac, *Musée de sculpture antique et moderne*, t. II, 1re part., p. 440, n° 140, pl. CXXX et CXXXI.)

878. — Fragment d'un *puteal*, sorte d'autel rond, décoré de sujets bachiques. Une Bacchante, vêtue d'une longue robe qui la couvre entièrement, en ne laissant nu que le sein, s'avance vers un autel qui ne se voit pas sur notre fragment et y porte la moitié d'une victime pour la consumer en l'honneur du dieu. De son bras gauche elle retient son peplum qui vole au vent au-dessus de sa tête. La pose de cette figure, qui s'avance avec une légèreté pleine de grâce, est du meilleur style. On y reconnaît celle de la Bacchante qui parait sur le vase dit de Sosibius que l'on conserve au Louvre. (Voir Clarac, atlas t. II, pl. CXXVI, n° 118, texte t. II, p. 409.) Le type de cette figure se rencontre du reste avec quelques variantes sur divers monuments de l'antiquité. On distingue encore sur notre fragment des vestiges du bras d'une seconde Bacchante qui portait aussi la moitié d'une victime. Marbre blanc. H. 59 c. L. 38 cent.

On ne fera pas ici une dissertation sur le puteal. Il suffira de rappeler que ce terme désignait primitivement à Rome l'enceinte circulaire en forme de *margelle de puits* qu'on élevait autour d'un lieu frappé de la foudre. Le *puteal* de la famille Scribonia à Rome était célèbre. On le voit représenté sur les monnaies de la famille Scribonia. Voyez Cohen, *Description des monnaies de la République romaine*, p. 287, pl. XXXVI, n° 2. On peut voir aussi la représentation d'un *puteal* dans les *Annales de l'Institut archéologique de Rome*. Voyez *Monuments*, t. IV, pl. XXXVI, texte, année 1846, p. 244.

879. — Fragment d'un vase qui rappelle par la forme, comme par le sujet qui y figure, le célèbre vase Borghèse que l'on admire aujourd'hui au Musée du Louvre. Une Bacchante debout apporte une phiale remplie de fruits à un jeune Faune qui danse le thyrse à la main. La Bacchante est vêtue d'une longue robe; le Faune est entièrement nu, car sa pardalide qui flotte au vent ne déguise en rien ses formes élégantes. Travail grec. Marbre blanc. H. 56 c. L. 53 c. Ce magnifique morceau de sculpture est gravé sur la planche VII.

On peut comparer le Faune dansant avec celui du vase Borghèse dans l'ouvrage de M. de Clarac, atlas t. II, pl. CXXX-CXXXI, n°s 142 et 143. Ce type se rencontre aussi sur les camées et pierres gravées antiques.

880. — Frise représentant des scènes bachiques. A droite, un Satyre surprend une Nymphe ou une Bacchante endormie à l'ombre d'un *velum* tendu aux branches desséchées d'un arbre. Le Satyre se penche et a déjà soulevé la dra-

perie qui enveloppait la Nymphe dont il admire les formes élégantes. Cette scène, qui rappelle le célèbre tableau du Corrège du Louvre, *Jupiter et Antiope,* se retrouve avec variantes sur un camée du Cabinet de Saint-Pétersbourg. (Voir Miliotti, *Description d'une collection de pierres gravées qui se trouvent au Cabinet impérial de Saint-Pétersbourg.* Vienne. 1803, p. 3.) Un Hermès de Priape ithyphallique, placé derrière le Satyre, sépare ce groupe d'un trio de danseurs composé de Silène et de deux Bacchantes. Silène nu, sauf une très-longue draperie, fait danser deux Bacchantes au son de sa double flûte et danse lui-même. Les danseuses sont revêtues de draperies qu'elles retiennent tout en dansant une sorte de pas du châle et tout en se laissant voir plus qu'à demi-nues. Un Satyre ithyphallique assis sur une pierre joue de la syrinx ; ce musicien au repos sépare les danseurs d'un dernier groupe où l'action est plus vive ou plutôt plus brutale que dans ceux qui précèdent. Ce dernier groupe se compose d'un bouc ithyphallique qui vient de terrasser un Satyre. Un arbre desséché, auquel est suspendue une syrinx et sur le tronc duquel a été jetée une nébride, s'élève entre le Satyre musicien et le groupe licencieux du bouc et du Satyre. H. 17 cent. L. 95 cent.

On ne peut s'étendre longuement sur ce remarquable morceau de sculpture, car il est difficile de le louer sans appeler trop directement l'attention sur les intentions que ces danses expriment. Il suffit de dire qu'il appartient à une bonne époque de l'art. Ce monument, qui est encastré dans la cheminée de la galerie de l'hôtel de M. Louis Fould, provient de la collection Duval, de Genève. Voyez commentaire du n° 869.

881. — Bas-relief de forme carrée sculpté des deux côtés. Des traces de crampons de fer ou de bronze qui se voient à la partie supérieure pourraient indiquer qu'il a été suspendu de façon à laisser voir ses deux faces, à peu près comme les enseignes de nos anciennes auberges. Sur l'une des faces sont représentées les têtes conjuguées de Silène et d'une Bacchante. Sur l'autre face est représenté un monstre marin ; c'est une sorte de griffon ailé, à tête d'aigle, dont le corps de serpent se termine en queue de poisson et qui n'en a pas moins les deux pattes antérieures du lion. Il vole rapidement sur les flots comme s'il allait s'élancer sur une proie. Marbre blanc. H. 22 cent. L. 29 cent. Je ne crois pas qu'il soit facile de décider une question qui se présente à l'examen attentif de ce bas-relief; a-t-il été exécuté à double face avec intention, ou n'avons-nous pas ici un exemple de l'emploi d'un objet déjà sculpté d'un côté à une autre destination ? La face qui représente le Silène et la Bacchante ne paraît pas avoir été entièrement terminée et le travail est inférieur à celui du revers. Je serais tenté de croire qu'un artiste mécontent de son œuvre a retourné son morceau de marbre et, comme le sculpteur de la fable, après s'être demandé s'il serait dieu, table ou cuvette, l'a définitivement consacré à la représentation d'un monstre de la mer. D'un autre côté, nous savons que l'on suspendait, dans les entre-colonnements des portiques des maisons et des théâtres, des disques (clypea) sculptés en relief des deux côtés. Notre bas-relief, bien qu'il ne soit pas de forme ronde, a pu être destiné à un usage analogue ; et d'ailleurs le type du Silène et de la Bacchante offre une grande analogie avec ceux de disques de cette catégorie que l'on conserve au Musée britannique. (Voyez *Synopsis*, p. 102, § XI, et *Marbres*, part. II, pl. XXXVIII et XL.) Il faut ajouter que les têtes doubles ou conjuguées, et en particulier celle de la tête de Silène unie à celle de quelque autre divinité, se rencontrent fréquemment sur les monuments. C'est une

N° 882.

des mille formes de la représentation graphique du dualisme qui joue un si grand rôle dans les religions de l'antiquité. On peut voir la tête de Silène en regard de celle d'une Bacchante sur une intaille du *Museum Florentinum* de Gori. (Voir t. I, pl. XLVIII, n° 8.) Le comte de Clarac (voyez *Musée de sculpture*, pl. CCXIV *quater*, n° 355 B) a publié un bas-relief de forme ronde, conservé au Louvre, qui représente une tête de Silène et une tête de Faune juxtaposées comme ici la tête de Silène et de Bacchante. Dans un récent mémoire de M. de Witte, intitulé : *les Doubles têtes*, le savant archéologue publie un vase de bronze de la collection Durand, qui offre quelque analogie avec la représentation figurée de notre bas-relief. Ce vase, en forme de double tête, montre l'union d'une tête de Silène et d'une tête de femme. Décrit précédemment par M. de Witte, sous les noms d'Alphée et d'Aréthuse ou d'Écho et Pan (voyez cat. Durand, n° 1968), ce vase est attribué aujourd'hui par le même savant à Silène et à la nymphe Méléa, la mère du centaure Pholus. (Voyez plus loin, dans la section des vases peints du présent catalogue, la coupe n° 1379.)

882. — Cippe funéraire de forme carrée. Sur la face antérieure, on lit cette inscription gravée en creux :

Q CELLIVS
CRESTVS
CELLIAE
APILIAE
L SVAE
CARISSIMAE
V. A. XVIII.

Quintus Cellius Crestus à Cellia Apilia, son affranchie bien aimée. Elle vécut dix-huit années.

Le citoyen romain qui fit élever ce tombeau à sa jeune affranchie ne devra sans doute qu'à ce soin pieux la perpétuité de son nom obscur, car je ne l'ai trouvé mentionné nulle part. Ce cippe est, d'ailleurs, d'un bon travail et les caractères de l'inscription annoncent une bonne époque. La décoration rappelle celle d'une foule de monuments analogues et entre autres celle du cippe du Louvre gravé dans l'ouvrage de M. de Clarac, atlas, t. II, pl. 117, s. n° 232, E. On peut aussi le rapprocher de celui qu'a fait connaître *Guattani* dans son recueil pour 1787. Aux deux angles supérieurs, paraissent deux têtes de bélier de haut-relief, des cornes desquelles partent les deux extrémités d'une guirlande de fruits et de fleurs (*encarpa*). Plus bas, deux aigles de haut-relief tiennent dans leurs becs les bandelettes de la guirlande. Une tête de Méduse de face, en bas-relief, est placée au-dessous de l'inscription entre les têtes de bélier. La guirlande sépare cette tête de Méduse d'un autre bas-relief placé tout à fait en bas : un Amour monté sur un dauphin. Marbre blanc, acquis à Genève en 1856. Voyez le commentaire du n° 869. Bois dans le texte. H. 52 cent. L. 33 cent.

883. — Urne de porphyre, sans anses, avec son couvercle. H. 40 cent. Circ. 80 cent. Magnifique vase, entièrement évidé dans l'antiquité et sans la moindre réparation moderne. On rencontre rarement de ces vases de porphyre de travail antique dans les collections françaises.

VASES ET OBJETS DIVERS

DE MATIÈRES PRÉCIEUSES.

884. — Buste d'un personnage inconnu, la tête nue, sans barbe. Agate onyx. Bois dans le texte. H. 8 cent.

Quoiqu'il soit pénible de commencer une série par cette

N° 884.

formule, désespoir de tout auteur de catalogue, *personnage inconnu*, je crois qu'il vaut mieux avoir le courage de l'écrire que de hasarder une attribution sans fondement.

Les traits de l'homme d'âge mûr, représenté ici sans barbe, ne rappellent ceux d'aucun des empereurs. Le seul avec lequel on pourrait lui trouver quelque ressemblance serait Claude, mais cette ressemblance est trop fugitive pour qu'on puisse en tenir compte. Quoi qu'il en soit, ce buste qui doit remonter au Ier ou au IIe siècle de notre ère, est un morceau d'une grande rareté. Le Cabinet des médailles et antiques de la Bibliothèque impériale ne possède que quatre bustes antiques en matières précieuses.

885. — Un rat. Sous le socle, on lit : ΕΙΜΙ ΣΜΙΝΘΕΩΣ. *Je suis au Dieu de Sminthe.* Agate de couleur d'ambre jaune. H. 20 mill. L. 25 mill. Ce précieux *ex-voto* est cité dans une dissertation de M. le baron Jean de Witte, intitulée : *Apollon Sminthien*, que l'on trouvera dans le tome III de la nouvelle série de la *Revue numismatique*. V. p. 38. Je me contente de renvoyer au travail de mon savant ami qui a élucidé cette question mythologique avec la sûreté d'érudition et le tact critique qui le distinguent.

886. — Coupe de sardonyx, de forme ronde et profonde, parsemée de zones lactées. Sans anses. H. 7 cent. Diam. 9 cent. 1/2.

Rare et admirable morceau. On sait l'amour excessif que les anciens avaient pour les vases de matières précieuses. Quelques antiquaires ont cru voir, dans les coupes du genre de celle-ci, les célèbres vases murrhins. Sans adopter cette conjecture qui ne paraît pas encore démontrée, on ne peut se dispenser de la rapporter. Le célèbre vase des Ptolémées de la Bibliothèque impériale (n° 279 du *Catalogue* par M. Chabouillet), le vase de Saint-Pétersbourg[1], la coupe de Brunswick[2], celle de Naples, dite la *Tazza Farnèse,* si souvent publiée[3], l'emportent sur la nôtre puisqu'à une beauté égale de matière ces objets royaux joignent le mérite d'être ornés de sculptures; mais après ces merveilles, la coupe de M. Louis Fould peut être regardée comme un des plus beaux spécimens d'une des raretés les plus recherchées par les rois de la Grèce et de l'Orient, ou par les patriciens et les Césars encore plus fastueux de Rome.

887. — Œnochoe, avec anse prise dans la masse. Sardonyx orientale, avec veines lactées et cinq rognons. Bois dans le texte. H. 18 cent. Le bec a été restitué fort habilement en écaille. L'anse paraît avoir été retouchée au XVIe siècle. C'est toutefois un morceau inestimable par la richesse de la matière.

888. — Lécythus de forme allongée, avec quatre petites anses ou oreilles prises dans la masse. Sardonyx orientale. Bois dans le texte. H. 13 cent.

889. — Lécythus sans oreilles, à col très-étroit. Sardonyx orientale. Bois dans le texte. H. 12 cent. 1/2.

890. — Vase sans anses, sorte d'ampoule à large panse, avec goulot très-court. Sardonyx orientale. H. 9 c.

891. — Lécythus dont le col étroit et court est orné de deux petites anses carrées prises dans la masse. Sardonyx orientale. H. 7 cent 1/2. Ce charmant vase a été acquis avec le plateau n° 892. Peut-être ces deux précieux objets n'ont-ils jamais été séparés; on dit qu'ils ont été trouvés ensemble.

892. — Plateau de forme oblongue, en sardonyx orientale avec marbrures et mouchetures du plus bel effet. Voir le n° 891. H. 12 cent. Long. 15 cent. Larg. 9 cent. 1/2.

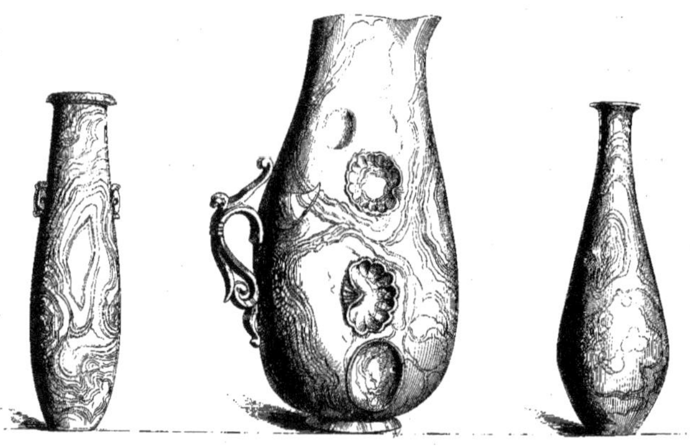

N° 887. N° 888. N° 889.

893. — Lécythus, sans anses, en agate blanche avec teintes couleur de feu. Ce vase étroit au col s'élargit vers la base. H. 58 mill.

894. — Lécythus sans anses en sardonyx. H. 52 mill.

895. — Lécythus avec petites oreilles non évidées. Sardonyx orientale. H. 42 mill.

896. — Lécythus sans anses. Sardonyx d'Orient. H. 34 mill.

897. — Fragment d'un vase d'agate veinée. C'est peut-être le bout d'un couvercle de vase. H. 27 mill.

898. — Vase sans anses, sorte d'ampoule, presque de la même forme que celui décrit sous le n. 888, mais avec goulot encore plus court. Calcédoine laiteuse opaque. H. 9 cent.

899. — Lécythus à deux oreilles. Cristal de roche. H. 15 cent. Rien n'est plus rare que les vases antiques de cette matière, et cependant on sait que les anciens les

1. Voyez *Köhler's Gesammelte Schriften.* IV, p. 77.

2. On peut voir une figure de ce célèbre monument dans l'ouvrage suivant : *Mysteria Cereris et Bachi in vasculo ex uno onyche serenis et rever. pr. ac. d. d. F. A. ducis Brunsvic. et Lun. etc. evoluta a Johan. Henr. Eggelingio. Brunswick. 4°. 1682.*

3. Voyez entre autres auteurs Millingen, *Ancient unedited Monuments*, part. 2e, pl. XVII, p. 33. Voyez aussi, *Naples, ses Monuments et ses Curiosités*, par Stanislas d'Aloé, p. 295. Éd. de 1856.

estimaient fort. Pline a consacré quelques lignes à ces vases. Voir *Hist. nat.*, lib. v.

900. — Vase rond, en forme d'urne aplatie. Ambre jaune. H. 6 cent. 1/2, diam. 12 cent. 1/2.

901. — Petit vase à parfums, avec deux petites anses carrées. On peut donner le nom de lécythus à ce vase bien qu'il soit d'une forme un peu ramassée. Porphyre. H. 6 cent. Voir, aux Antiquités égyptiennes, une figure de divinité égyptienne en sardoine. Gravée pl. I, n. 45.

Vase de cornaline chargé de symboles gnostiques. Voyez aux pierres gravées gnostiques.

CAMÉES

MYTHOLOGIE.

902. — Jupiter sous la forme d'un cygne et Némésis ou Léda. Némésis, revêtue d'une longue robe, est assise; de la main droite elle tient une draperie sous laquelle se cache le cygne. On distingue un collier au cou du cygne. Cornaline. Onyx à trois couches. H. 30 mill. L. 26 mill. Gravé, pl. VIII. Le Cabinet des médailles et antiques, à la Bibliothèque impériale, possède une pâte de verre antique représentant le même sujet, mais traité avec moins de chasteté. (Voyez n° 3373, *Catalogue* de M. Chabouillet.) La déesse est entièrement nue, au lieu qu'ici nous la voyons pudiquement revêtue d'une robe talaire, ce qui, joint au diadème qui orne son front, la fait ressembler à Junon, la compagne légitime de Jupiter, plutôt qu'à une de ses innombrables amantes. Aussi le nom de Némésis, déesse qu'Hésiode place à côté de la Pudeur (*Opera et Dies*, v. 200), convient-il mieux à cette représentation que celui de Léda. Suivant le Scoliaste de Callimaque (*ad hymnum in Dianam*, v. 232), ce n'est pas Léda qui accouche d'un œuf mais bien Némésis. Voyez aussi, sur ce sujet, les annotations de Spanheim sur Callimaque, T. II, p. 296. On peut comparer avec ce camée un bas-relief de terre cuite du *British Museum,* représentant Némésis drapée comme ici, et s'appuyant sur le cygne divin. Taylor Combe (*A description of the collection of ancient terracottas in the British Museum*) décrit un bas-relief romain représentant Vénus sur un cygne, qui pourrait bien être attribué à Némésis. V. pl. XXXV, n. 72, p. 36. Sur une lampe publiée par D'Agincourt, dans son *Recueil de fragments de sculpture antique en terre cuite,* XXVIII, 3., on voit Léda nue comme sur la pâte de verre citée plus haut.

903. — Cérès, voilée et tenant une corne d'abondance. Buste de face. Calcédoine à deux couches. H. 19 mill. L. 15 mill. C'est probablement une femme de famille impériale qui est ici représentée en Cérès. Ce joli camée, qui paraît dater du IIe siècle de l'ère chrétienne, est orné d'une monture moderne en or émaillé.

904. — L'Aurore dans son char. La divinité est représentée debout, vêtue d'une longue robe et d'un peplus, et dirigeant elle-même les chevaux de son bige. Un voile léger (ampechonium) flotte au-dessus de sa tête et y forme une sorte d'auréole. Sardonyx à trois couches. H. 36 mill. L. 54 mill. Gravé, pl. VIII. Ce camée, l'un des plus importants de la collection, serait classé parmi les pierres de premier ordre dans un Musée public. L'excellence du travail et la richesse de la matière concourent à lui assurer le rang que nous lui assignons. Acheté en Italie par M. le duc de Luynes, dont l'Europe connaît la science et le goût éclairé, ce camée est entré, il y a quelques années, dans le cabinet de M. Louis Fould, par suite d'un échange conclu par M. de Luynes avec un amateur parisien.

Le sujet de l'*Aurore dans son char* a été souvent reproduit dans l'antiquité. On le retrouve sur une autre pierre de la collection, traité avec la même élévation de style, quoique sur une matière moins remarquable et d'une dimension moindre. Voyez n° 905. Voir aussi aux Pâtes de verre les n°s 1460 et 1461 qu'on trouvera sur notre planche XX, et enfin *Marlborough Gems*, t. II, pl. XLVIII et XLIX. Un camée semblable, sinon le même, existait au XVIe siècle dans la collection de Mathias Corvin, roi de Hongrie, si célèbre pour la protection qu'il donna aux lettres et aux arts. On peut le voir reproduit sur une belle miniature qui orne un superbe manuscrit de Ptolémée, conservé à la Bibliothèque impériale, sous le n° 871 du supplément latin. Voyez aussi Miliotti, *Description d'une collection de pierres gravées qui se trouvent dans le Cabinet impérial de Saint-Pétersbourg*. Vienne, 1803, p. 92.

905. — Même sujet qu'au numéro précédent. Sardonyx à deux couches. Voir plus haut le commentaire du n° 904. H. 24 mill. L. 28 mill.

906. — Apollon debout, nu, sauf une chlamyde qui flotte sur ses épaules, jouant de la lyre. Calcédoine à deux couches. H. 12 mill. L. 9 mill.

907. — Diane Tauropole. La déesse est représentée debout dans un char attelé de deux taureaux; elle tient d'une main les rênes et de l'autre un flambeau. Un croissant

décore sa tête. Sardonyx à trois couches. H. 10 cent. L. 13 cent. Gravé, pl. IX.

Les camées d'une pareille dimension sont de la plus grande rareté. On les compte dans les collections publiques. Celui-ci n'est pas, à la vérité, de la plus belle époque de l'art; mais bien qu'il faille le faire descendre au moins jusqu'au règne de Septime-Sévère, il n'en est pas moins conçu et exécuté avec une grande énergie. Il manque une jambe à l'un des taureaux ; la partie inférieure du char a aussi souffert. Je crois que ce camée a été exécuté dans les provinces asiatiques de l'empire romain. Le type de Diane Tauropole se rencontre sur les médaillons de la Cilicie et de la Lydie. Voyez le médaillon de Julia Cornélia Paula, femme d'Élagabale, frappé à Anazarbus de Cilicie, *Mionnet,* t. III, p. 553, n. 80; de Philippe père, à Tarse de Cilicie, *Mionnet,* t. III, p. 650, n. 575. Sur un médaillon de Lucius Vérus, frappé à Tralles de Lydie, la Diane est traînée par deux bœufs bossus, ou zébus, *Mionnet,* t. III, p. 187, n. 1088. On voit cette dernière variante de ce type sur un médaillon de bronze encore inédit d'Olba de Cilicie, frappé sous Antonin le Pieux, qui fait partie de la collection de M. Sabatier. On peut comparer notre curieux camée avec un bas-relief de marbre du Musée du Louvre représentant Diane Tauropole. Voyez, dans le *Musée de sculpture* du comte de Clarac, t. II, p. 342, pl. CLXVI, n° 76.

908. — Vénus et Adonis. La déesse est représentée debout et nue, sauf une légère draperie ; elle tient d'une main la pomme ; l'autre main est placée sur l'épaule d'Adonis qui la contemple amoureusement. Celui-ci est représenté entièrement nu et tenant son épieu de chasseur. Agate-onyx à deux couches. H. 15 mill. L. 12 mill.

Ce camée, dont la composition est d'un grand style, ne paraît pas avoir été terminé. On peut voir, sur les représentations d'Adonis, la lettre d'Otto Jahn à M. de Witte, et surtout la réponse du dernier de ces savants dans laquelle sont énumérés et discutés les principaux monuments antiques où l'on peut reconnaître ce mythe. Voyez *Annales de l'Institut de correspondance archéologique de Rome,* t. XVII, p. 386, 417.

909. — Mercure, coiffé du pétase. Buste de profil. Calcédoine à deux couches. Diam. 13 mill. Travail grec très-fin. Je crois que ce charmant camée est celui-là même qui a été figuré dans le *Recueil d'antiquités* du comte de Caylus. Voyez t. I, p. 139, pl. LII, n° 1.

910.—L'Amour vainqueur d'un Centaure. Éros est représenté enfant, ailé ; debout sur la croupe du Centaure, il lui lie les mains derrière le dos. Le Centaure est barbu. Calcédoine à deux couches. H. 20 mill. L. 16 mill.

Ce camée, d'un travail très-fin, exprime l'allégorie favorite des anciens sur la toute-puissance de l'amour qui triomphe non-seulement des dieux et des hommes, *amor omnibus idem*[1], mais encore de créatures farouches comme les Centaures. Les artistes se plaisaient à placer sur la large croupe d'un vigoureux Centaure cette figurine enfantine d'Éros ; ce contraste offrait des motifs variés et gracieux ; aussi ce sujet se rencontre-t-il fréquemment sur les monuments. On peut voir entre autres exemples un bas-relief d'un sarcophage du Musée *Pio-Clementino,* t. V, pl. VII, représentant une marche bachique, et le groupe du même Musée représentant l'Amour assis sur la croupe d'un Centaure chasseur. (Voyez *Museo Pio-Clementino,* I, 51 ; Clarac, *Musée de sculpture,* pl. DCCXXXIX, n 1783.)

911. — Éros et Psyché, tous deux ailés et se tenant embrassés. Agate-onyx à deux couches. H. 10 mill. L. 8 mill. A la différence des groupes du Musée Capitolin et du Musée de Dresde, où l'Amour et Psyché tous deux adultes sont représentés sans ailes, nous les voyons ici tous deux presque enfants et avec des ailes. C'est un sujet qui fut très-affectionné par les artistes de l'antiquité et sur lequel tout a été dit. On peut voir dans le *Musée* de Clarac, pl. DCLII et DCLIII, les plus célèbres groupes de l'Amour et Psyché, et entre autres ceux du Musée Capitolin. On peut consulter aussi l'*Augusteum* de Becker, ou *Description des monuments antiques de Dresde,* pl. LXIV. Il existe un camée semblable à celui qui nous occupe par la matière et la dimension comme par le travail, dans la belle collection de M. le duc de Blacas. Gori, dans le *Museum Florentinum,* t. I, pl. LXXIX, a publié une intaille représentant la même composition.

912. — Psyché se levant, la torche à la main, pour aller satisfaire sa fatale curiosité. Cornaline-onyx à trois couches. H. 25 mill. L. 13 mill.

913. — Génie ailé, ou Éros enfant, effrayé à la vue d'un scorpion qui s'avance vers lui. Agate-onyx à deux couches. Gravé, pl. VIII. Diam. 12 mill. Ce joli camée, copié en grand par M. Joseph Mezzara, fait partie de la décoration de la façade de l'hôtel construit pour M. Louis Fould, à Paris, rue de Berry, par M. Labrouste, architecte de la Bibliothèque impériale.

914. — Amour enfant, ailé, cachant ses traits sous un masque silénique qu'il tient de la main droite, et poursuivant un enfant ou génie sans ailes. Calcédoine à deux couches. Gravé, pl. VIII. H. 17 mill. L. 24 mill.

915. — Amour enfant, ailé, dans un char traîné par deux cygnes. Calcédoine à deux couches. Gravé, pl. VIII. H. 15 mill. L. 20 mill.

916. — Ce numéro manque.

917. — Hercule couronné de chêne, avec la peau de

[1] Virgile, *Géorgiques,* III, 244. N'est-ce pas encore Virgile qui a dit : *Omnia vincit amor.* (*Églogues,* X, 69.)

lion sur l'épaule. Buste de profil. Agate à trois couches. Gravé, pl. IX. H. 12 cent. 1/2. L. 8 cent. 1/2.

Sur l'excessive rareté des camées de certaines dimensions, voyez n° 907. On conteste l'antiquité de cette pierre. Serait-ce une belle imitation de l'antique exécutée à l'époque de la Renaissance?

918. — Omphale, enveloppée d'une draperie qui, ne couvrant que les épaules et le sein, laisse nu le reste du corps, la massue d'Hercule sur l'épaule, baisse la tête, accablée sous le poids de l'arme terrible du fils de Jupiter. Fragment. Cassure au milieu des cuisses. Calcédoine à deux couches. H. 12 mill. L. 9 mill. Voici encore un sujet qui, copié dans l'antiquité d'après quelque type célèbre, a été souvent reproduit. Voyez *Pierres gravées de Marlborough*, t. II, pl. XLVI. Voyez aussi, dans le Cabinet des médailles et antiques de la Bibliothèque impériale, deux intailles qui portent les n°s 1784 et 1785, dans le *Catalogue* de M. Chabouillet.

919. — Hyllus, fils d'Hercule, au moment où il vient de tuer Eurysthée. Le jeune héros, représenté imberbe, est debout, le casque en tête, le bouclier au bras et l'épée au flanc suspendue par un baudrier; il pose la main droite sur la tête d'Eurysthée barbu dont le corps s'affaisse. Les armes d'Eurysthée sont appendues au-dessus de sa tête. Sardonyx à deux couches. Gravé, pl. VIII. H. 32 mill. L. 25 mill.

920. — Ce numéro manque.

921. — Taureau à face humaine barbue, couronné par la Victoire. C'est le type bien connu des médailles de Naples. Agate à deux couches. H. 11 mill. L. 13 mill. Excellent travail grec.

922. — Silène couronné de pampres et de lierre. Tête de face. Améthyste. H. 50 mill. L. 40 mill. Améthyste, αμέθυστος, signifie en grec, *qui préserve de l'ivresse*. Les anciens attribuaient en effet à l'améthyste la vertu de garantir ou de dissiper l'ivresse; aussi dans les banquets avait-on soin de porter des anneaux ornés d'une améthyste. Pline mentionne cette propriété de l'améthyste dans le § 40 du livre XXXVII de son *Histoire naturelle*; mais l'encyclopédiste romain parle de cette croyance de façon à montrer que déjà de son temps le vulgaire seul la conservait. Quoi qu'il en soit, l'améthyste qui, par sa couleur vineuse rappelle Bacchus et ses dons, convenait fort bien à un camée représentant Silène. Je ferai remarquer qu'on trouve plus fréquemment l'améthyste en intaille qu'en camée. Cette pierre était affectionnée des habiles *Intagliatori:* on pourrait citer un grand nombre d'améthystes remarquables par leur exécution, et quelques-unes avec des signatures d'artistes. Notre camée est aussi remarquable par le beau style de l'exécution que par la beauté de la matière.

923. — Silène, couché près d'une Bacchante à demi-nue, fait signe à une panthère de cesser ses hurlements. Cornaline-onyx. H. 15 mill. L. 18 mill.

924. — Silène nu, couché sur un âne, tenant un rhyton de la main droite. L'âne est attaché par le licou à un arbuste. Calcédoine à deux couches. H. 12 mill. L. 18 mill. Notre camée rappelle le type de certaines médailles de Mende de Macédoine; Mionnet, t. I, p. 478, n°s 207 et 288. Voyez aussi: *Nouvelle galerie myth. de Millin.*, pl. CCXXIX, n° 497. Une pierre gravée du *Museum Florentinum*, publiée par Gori, t. I, pl. XCIII, rappelle aussi ce sujet qui a dû être traité bien souvent, car je le retrouve encore sur un camée conservé d'abord dans la collection Colonna, et qui a été publié pl. XXXI, p. 37, dans le Musée Worsley.

925. — Silène ivre, marchant soutenu par un jeune Bacchant. Sardonyx à deux couches. Gravé, pl. VIII. H. 12 mill. L. 9 mill. Fragment de bon travail grec.

926. — Silène conversant avec un petit génie bachique qui va fouler du raisin dans un grand cratère. Silène nu, sauf une légère draperie, paraît déjà sous l'influence du vin; il se maintient en s'appuyant d'une main sur le bord du vase, tandis que de l'autre il fait un geste au petit génie qui apporte le raisin et un bâton pour le presser. Sardonyx à deux couches. Gravé, pl. VIII. Ce joli camée a été aussi reproduit en camaïeu dans la galerie de M. Louis Fould par M. Frappaz. H. 19 mill. L. 25 mill.

927. — Masque silénique de face. Calcédoine à deux couches. H. 10 mill. L. 8 mill. Un camée, presque semblable à celui-ci, est conservé à la Bibliothèque impériale. (V. n° 75. *Catal.* de M. Chabouillet.)

928. — Jeune Satyre ou Faune exécutant une danse bachique, le thyrse à la main et la pardalide sur l'épaule. Sur le sol, on distingue le canthare que, dans le commencement de son ivresse, le jeune suivant de Bacchus a laissé échapper de ses mains. Calcédoine à deux couches. Corniche. H. 35 mill. L. 22 mill. Gravé, pl. VIII.

Il existe un grand nombre de répétitions et de variantes de ce type qui fut certainement célèbre dans l'antiquité, et qui doit avoir été créé par un des plus illustres artistes de la Grèce. Il suffira de rappeler ici que le baron de Stosch, dans son recueil des pierres signées, a donné une pâte antique rouge du cabinet du grand-duc à Florence, qui offre ce type avec une signature qu'il prétend avoir lu à grande peine, mais qu'il affirme être ΠΕΡΓΑΜΟΥ. (V. pl. XLIX, p. 69.) Gori, qui a publié cette même pâte de verre dans le *Museum Florentinum* (V. t. II, pl. III, n° 11.), a lu ΠΕΙΓΜΟ. Cette différence de lecture a donné lieu à des contestations sans fin entre divers antiquaires qui, ni les uns ni les autres, n'avaient vu l'original. Je me garderai bien de renouveler cette guerre dont les champions sont morts depuis longtemps, car je n'ai pas vu moi-même l'objet en litige; je me contenterai d'ajouter que le Cabinet des médailles de la Bibliothèque impériale possède un camée et une intaille qui offrent le type du Faune dansant que nous venons de décrire. (V. n°s 78 et 1648, *Catalogue des camées du Cabinet des médailles*, par M. Chabouillet.) Stosch, dans l'ouvrage cité plus haut, signalait déjà l'intaille du Cabinet de France qu'on peut d'ailleurs voir dans le *Traité des Pierres gravées* de Mariette, t. II, pl. XL. On peut en admirer encore deux répétitions sur des intailles dans le *Musée Blacas*, à Paris. L'une est un nicolo et offre cette variante qu'on ne voit pas le vase à terre; la seconde, sur cornaline, offre le type complet. On y voit de plus la lettre Δ qui a fait penser que cette pierre, d'ailleurs d'un excellent travail, avait pu être exécutée par Dioscoride. En finissant, j'ajouterai que le Faune dansant sculpté sur le fragment de vase de marbre de la collection Louis Fould, n° 879, gravé pl. VII, rappelle le mouvement de celui qui figure sur notre camée.

929. — Jeune Satyre, caractérisé par la petite queue au bas des reins, debout, nu, sauf la pardalide jetée sur l'épaule, jouant de la double flûte. Les traits de ce jeune Satyre ou de ce Faune expriment la gaieté de l'adolescence; le corps, un peu ramassé et robuste, paraît appartenir à un être plus âgé. Calcédoine à deux couches. H. 15 mill. L. 8 mill.

930. — Jeune Satyre ou Faune, à jambes humaines, couronné de lierre ou d'olivier, assis sur une peau de panthère, le menton appuyé sur la main droite, en contemplation devant deux flûtes qui paraissent entre ses jambes. Sardonyx à deux couches. H. 9 mill. L. 11 mill. Gravé, pl. VIII.

Pline, dans son énumération des ouvrages du célèbre sculpteur Myron d'Éleuthère, cite, entre autres statues remarquables, un *Satyre admirant des flûtes, Satyrum admirantem tibias*. (*Histoire Naturelle*, XXXIV, 19, 3.) Notre camée doit être l'une des nombreuses copies de cette fameuse statue qui existèrent dans l'antiquité. Évidemment cette composition a dû jouir d'une grande popularité, puisque aujourd'hui il en existe encore beaucoup de répétitions sur les gemmes, soit en creux, soit en relief, et qu'on la retrouve jusque sur la monnaie romaine. Stosch a publié dans ses *Pierres gravées sur lesquelles les Graveurs ont mis leur nom*, une intaille sur agate noire de même dimension que le joli camée de M. Louis Fould, et offrant absolument le même sujet. (Voyez, pl. XLIV, p. 63.) Cette pierre, qui appartenait alors à un amateur nommé Odam, parait avoir passé depuis dans la collection de Marlborough, car je la trouve dans le *Recueil des Pierres gravées du duc de Marlborough*, t. I, pl. XXXIV. Le Cabinet des médailles de la Bibliothèque impériale possède aussi le sujet du *Faune admirant des flûtes*, gravé sur une cornaline. (Voyez *Catal.*, par M. Chabouillet, n° 1658.) Enfin, M. le duc de Blacas possède trois intailles avec le même sujet dans sa riche collection; l'une de ces pierres porte, comme celle publiée par Stosch, la signature NICOMAC qui a donné lieu à discussion. On s'est demandé s'il fallait y voir la signature d'un graveur nommé Nicomaque, écrite en caractères latins, ou si c'était le nom d'un possesseur. L'auteur anonyme du texte de l'ouvrage sur les *Pierres de Marlborough* pense que ce pourrait être le nom d'un musicien nommé Nicomaque, contemporain de Philippe et d'Alexandre, dont Pline parle comme ayant possédé plusieurs gemmes. Mais, premièrement, pour que cette hypothèse fût admissible, il faudrait que le nom de ce musicien fût écrit en caractères grecs; secondement, l'anonyme n'a pas fait attention que Pline ajoute que les pierres réunies par ce musicien étaient médiocres, *nullâ peritiâ electas*. (*Hist. Nat.*, XXXVII, 3.) Notre camée n'étant pas signé, je ne me crois pas obligé d'entrer plus avant dans cette controverse qui ne peut, d'ailleurs, mener à aucun résultat important pour l'histoire de l'art, puisqu'on ne sait rien de ce Nicomaque. On peut voir le résumé de cette question dans le *Manuel de l'Histoire de l'Art*, de M. de Clarac. (V. t. III, p. 155.) J'ai dit plus haut qu'on trouvait la composition du Faune assis, admirant des flûtes, jusque sur la monnaie romaine. En effet, c'est le type du revers d'un des deniers d'argent frappés au commencement de l'empire, sous l'administration de Publius Pétronius Turpilianus, triumvir monétaire, vers l'an 734 de Rome, vingt ans avant Jésus-Christ. Un exemplaire de ce denier, d'une mauvaise conservation, existe dans le médaillier de la Bibliothèque impériale; il porte, d'un côté, le buste de profil d'Auguste, la tête nue, avec cette légende : CAESAR AVGVSTVS. Au revers, on voit le Faune assis, tout à fait dans la même pose que sur le joli camée de M. Louis Fould, avec les deux flûtes qu'il contemple avec admiration. La légende, dont le troisième mot qui devrait se lire à l'exergue est effacé sur l'exemplaire de la Bibliothèque impériale, mais qu'on lit sur un autre de ces deniers, dans la collection de M. Arnold Morel-Fatio à Paris, ne fait pas allusion au type; on y lit seulement les noms du magistrat monétaire : P. PETRONIVS.TVRPILIANVS.III.VIR. Quel est le motif qui a dicté à Pétronius le choix de ce type? On l'ignore; cependant, il semblerait que Pétronius avait une dévotion particulière à l'égard des Pans, Faunes ou Satyres, car sur les vingt types variés de la monnaie d'Auguste qui portent son nom, on trouve, outre notre jeune Faune, un Pan ou Satyre à jambes de bouc. Peut-être Pétronius fut-il l'heureux possesseur de la statue de Myron, célébrée par Pline, et voulut-il perpétuer le souvenir de cette bonne fortune en la faisant reproduire sur la monnaie. Il n'y aurait pas lieu de s'étonner qu'un triumvir monétaire eût pris une semblable liberté; le choix des types leur était évidemment abandonné, car la plupart des sujets représentés sur les deniers dits *consulaires* font allusion à l'histoire de la famille dont était issu le triumvir qui les signait de son nom. Voyez la figure du denier de Pétronius dans les *Médailles consulaires* de M. Cohen. Pl. XXXI, 19, p. 246.

931. — Bacchante, debout, les seins nus, tenant d'une main une coupe, et de l'autre le thyrse. Travail romain de basse époque. Sardonyx à trois couches. H. 33 mill. L. 20 mill.

932. — Bacchante nue, armée du thyrse, exécutant une danse; de la main gauche, par un geste élégant qui rappelle celui de la Diane de Gabies du Louvre, elle relève une draperie qui flotte sur ses épaules. Fragment. Bon travail de l'époque romaine. Calcédoine à deux couches. H. 18 mill. L. 20 mill.

933. — Bacchante marchant le thyrse sur l'épaule et portant au bras un cratère suspendu par l'une de ses anses. Agate-calcédoine à trois couches. H. 14 mill. L. 7 mill. Gravé, pl. VIII.

934. — Mélampus purifiant les trois prœtides en présence de Prœtus, leur père, pour les guérir de leur folie. Le Devin, ou l'*Expiateur,* est représenté debout, tenant d'une main un rameau de laurier, et de l'autre le porc destiné au sacrifice; Lysippe, Iphinoé et Iphianasse sont placées devant le Devin en diverses attitudes; deux paraissent déjà calmes; la troisième semble encore en proie au délire. Auprès de cette dernière, Prœtus debout; il est entièrement nu et attend l'accomplissement des promesses du Devin. Jaspe agatisé à trois couches. H. 16 mill. L. 14 mill. Gravé, pl. VIII.

Malgré l'exiguïté de la pierre, on doit signaler la perfection de ce monument de l'art grec. Les rites de l'expiation ont été parfaitement exposés dans un mémoire de M. de Witte, intitulé l'*Expiation d'Oreste,* inséré dans les *Annales de l'Institut archéologique de Rome,* t. XIV, p. 413. Voyez au t. IV des *Monumenti Inediti* de ce précieux recueil, sur la pl. XLVIII, une peinture de vase qui accompagne ce travail. Un vase publié par Millingen, *Peintures antiques et inédites de vases grecs de diverses collections,* Rome, 1813, pl. 52, p. 79, offre aussi le sujet de la *Purification des Prœtides,* mais la composition diffère de celles que nous venons de signaler.

935. — Homme nu, sauf une légère chlamyde flottante, monté sur un cheval qu'il dompte. Deux autres chevaux, ou peut-être deux cavales, libres de tout frein, se combattent. Cornaline-onyx à deux couches. H. 15 mill. L. 20 mill. Gravé, pl. VIII.

Camée d'excellent style grec. On pourrait reconnaître ici ce Diomedes, roi des Bistoniens de Thrace, qui nourrissait ses juments de chair humaine et qu'Hercule fit périr.

ICONOGRAPHIE GRECQUE.

936. — Ptolémée Soter, roi d'Égypte, diadémé. Fragment. Bon travail grec. Buste. Agate-onyx. H. 20 mill. L. 21 mill.

937. — Reine d'Égypte, avec le bandeau royal et les cheveux en tresses tombant sur les épaules. Buste de profil, avec le peplus attaché sur l'épaule gauche. Sardonyx à deux couches. H. 25 mill. L. 12 mill. Fragment d'un grand camée sur belle matière.

938. — Roi grec inconnu. Buste de profil avec les cheveux flottants sur les épaules et le diadème. Agate à deux couches. On pourrait reconnaître ici un portrait d'Alexandre le Grand, jeune et idéalisé. H. 12 mill. L. 9 mill.

939. — Buste d'un personnage inconnu, sans doute un roi, diadémé, avec de longs cheveux. Calcédoine à deux couches. H. 10 mill. L. 7 mill.

Malgré la ressemblance frappante de notre camée avec les portraits d'Antinoüs, je n'ose pas attribuer à ce personnage notre joli camée, à cause du bandeau royal. Cependant, le buste du Louvre, publié par Clarac, pl. MLXXIII, n° 3294 B, représente le favori d'Hadrien avec un bandeau semblable à celui qui paraît ici. Les médailles de Démétrius II, roi de Syrie, offrent aussi quelque ressemblance avec le type de notre camée.

ICONOGRAPHIE ROMAINE.

940. — Q. Hortensius, le célèbre orateur. Buste de profil, la tête nue. Calcédoine appliquée sur fond d'agate brune. H. 30 mill. L. 25 mill.

On peut comparer les traits du personnage représenté sur ce magnifique fragment avec le buste portant l'inscription *Quintus Hortensius,* publié par Visconti dans son *Iconographie romaine* (pl. XI, n°s 1 et 2, t. I, p. 232 et suiv.). Quelques antiquaires ont trouvé de l'analogie entre les traits de l'homme représenté sur notre camée et ceux du buste. Il y a, en effet, assez de ressemblance pour justifier cette attribution, que je ne donne cependant pas pour certaine. D'ailleurs, le buste original est à Rome, et quelle que soit la fidélité des planches de l'ouvrage de Visconti, il serait imprudent de s'en rapporter à cette unique autorité.

941. — Auguste couronné de laurier. Buste de profil. Sardonyx à deux couches. H. 15 mill. L. 10 mill.

942. — Tibère couronné de laurier, avec le paludamentum. Buste de profil. Agate à deux couches. H. 20 mill. L. 15 mill.

943. — Claude lauré, avec le paludamentum. Buste de profil. Camée à corniche. Sardonyx à trois couches. H. 38 mill. L. 28 mill. Ce camée, d'excellent travail et traité sur magnifique matière, est orné d'une jolie monture moderne en or émaillé.

944. — Agrippine, la jeune, mère de Néron. Buste de profil, avec la couronne de laurier; les cheveux descendent sur les épaules en longues tresses; pendant d'oreille. Sardonyx à trois couches, à corniche. H. 23 mill. L. 20 mill.

945. — Corbulon. Buste, la tête nue, sans barbe. Calcédoine à deux couches. Mutilé. H. 14 mill. L. 11 mill.

Sans affirmer que ce joli camée représente Corbulon, on ne peut négliger de faire remarquer la ressemblance de notre inconnu avec les bustes du lieutenant de Claude et de Néron, que l'on conserve au Louvre (n°s 673 et 674) et qui proviennent des fouilles de Gabies. Voyez Clarac, *Musée de sculpture,* pl. MLXXVII, n° 3273-4, t. VI, p. 136. Voyez aussi au Cabinet des médailles une imitation d'intaille en pâte de verre attribuée à Corbulon (n° 3520 du *Catalogue des camées, etc.*, par M. Chabouillet).

946. — Buste de Vitellius, de profil, la tête nue. Cornaline-onyx à deux couches. H. 16 mill. L. 14 mill.

947. — Vespasien. Buste avec la couronne de laurier et le paludamentum. Sardonyx à trois couches. H. 15 mill. L. 12 mill.

948. — Vespasien. Buste lauré. Agate-onyx à deux couches. H. 12 mill. L. 8 mill.

949. — Empereur couronné de laurier, avec le paludamentum. Buste de profil. Sardonyx à deux couches. H. 24 mill. L. 20 mill. N'était la beauté du travail et de la matière de ce camée, on hésiterait à le classer dans la série des antiques. Les caractères iconographiques du buste impérial ne sont pas assez évidents pour qu'on puisse donner un nom à cette tête avec confiance. Cependant, c'est probablement un Auguste du Haut-Empire, peut-être un membre de la famille Flavia, Titus ou Domitien auquel un artiste, par flatterie, aura voulu donner des traits réguliers.

950. — Septime-Sévère. Buste lauré de profil. Sardonyx à trois couches. Corniche. H. 34 mill. L. 24 mill. L'empereur qui paraît sur ce camée doit être Septime-Sévère; mais il faut avouer que les traits de ce prince ne sont pas accusés ici avec la même fermeté que sur les bustes et les monnaies.

951. — Cavalier combattant un lion. L'homme, la tête nue, brandit son javelot et va frapper l'animal qui se ramasse pour bondir sur le cheval. Agate à deux couches. Gravé, pl. VIII. H. 13 mill. L. 21 mill.

Les empereurs romains sont souvent représentés dans l'action de combattre les bêtes féroces. Ici, malgré l'exiguïté de la figure, on serait tenté de reconnaître Caracalla.

PORTRAITS INCONNUS,

952. — Tête d'enfant de face. Calcédoine saphirine de haut-relief. H. 40 mill. L. 35 mill.

Une monture d'or du XVe siècle augmente l'intérêt de cette pierre; on lit au revers l'inscription française suivante, gravée en creux en caractères gothiques : *Mart. Hanebo. la. donet.* Ce Martin Hanebo avait sans doute donné ce joyau à quelque église de France ou des Pays-Bas.

953. — Jeune garçon. Buste, la tête nue, de profil. Agate à deux couches. Travail romain. H. 13 mill. L. 9 mill.

954. — Buste d'un Éphèbe, aux cheveux courts, aux traits réguliers et presque féminins. On distingue le haut d'une robe ou d'une tunique. Sardonyx à deux couches. L'absence d'attributs ne permet pas de donner un nom au personnage qui paraît sur cette charmante pierre. Cet éphèbe peut être Hyacinthe, Jolas ou tout autre Éromène. H. 15 mill. L. 10 mill.

955. — Tête virile, imberbe, de haut relief, presque ronde bosse. Jacinthe. H. 23 mill. L. 10 mill.

ANIMAUX.

956. — Sphinx femelle ailé, assis. Sardonyx à deux couches. Bon travail grec, probablement exécuté en Égypte sous les Ptolémées. H. 14 mill. L. 15 mill.

957. — Lion dévorant un taureau. Sardoine calcinée. H. 25 mill. L. 35 mill. On trouve souvent ce type des médailles d'Acanthe de Macédoine sur les gemmes. (Voyez *les Pierres gravées du duc de Marlborough*, t. II, pl. XXXVII.) Notre camée est de style grec et peut être placé dans le IIIe siècle avant J.-C.

958. — Bouc marchant. Sardonyx à trois couches. Camée d'excellent travail. H. 15 mill. L. 23 mill.

959. — Tête de chien. Agate-onyx à deux couches. H. 11 mill. L. 15 mill.

960. — Lapin mangeant un épi de maïs. Calcédoine à deux couches. H. 8 mill. L. 12 mill.

CAMÉES SANS SUJETS, AVEC INSCRIPTIONS.

(*Gemmæ litteratæ.*)

961. — Une Inscription grecque en deux lignes, dont les lettres se détachent en blanc sur un fond brun, décore seule ce camée. La forme des lettres et l'orthographe dénotent les IIe ou IIIe siècles de notre ère. On lit :

ΕΥΤΥΧΙ
ΜΑΚΑΡΙ

pour Εὐτύχει Μακάρι. *Sois heureux, Macaire !* Agate à deux couches. H. 8 mill. L. 10 mill.

On connaît un certain nombre de pierres gravées avec légendes analogues à celle-ci. Ficoroni, dans ses *Gemmæ antiquæ litteratæ*, Panofka, plus récemment, dans un ouvrage sur le même sujet intitulé : *Gemmen mit Inschrif-*

ten, etc., et d'autres écrivains ont publié plusieurs pierres sur lesquelles se lit la formule εὐτύχει avec divers noms. Les anciens attachaient des idées superstitieuses à la possession de ces pierres. Ici, non-seulement la pierre porte un vœu de bon augure, *sois heureux*, mais le nom du possesseur de la bague était lui-même un de ceux que l'on donnait pour *porter bonheur*. Μακάριος est l'équivalent de Félix en latin, de Fortuné ou d'Heureux en français. La Bibliothèque impériale possède un certain nombre de pierres avec inscriptions du même travail que celle-ci. Voyez le *Catalogue des camées*, etc., *du Cabinet des médailles*, par M. Chabouillet, n°s 268 à 276. Le plus récent Recueil de pierres gravées avec inscriptions qui ait été publié, est le *Corpus Inscriptionum Græcarum*, de Bœckh. Voyez le t. IV, p. 91 et suivantes. H. 15 mill. L. 20 mill.

962. — Une Inscription latine en quatre lignes, disposée comme l'inscription grecque du n° 961, forme la seule décoration de ce petit camée; cette inscription est ainsi conçue :

VIBAS
LVXVRI
HOMO
BONE

L'emploi du B pour le V et le style des lettres annoncent les premiers siècles de l'ère chrétienne. Le sens de cette inscription, qui est une exhortation païenne à l'homme bon de jouir largement de tous les biens de la terre, rappelle certaines inscriptions mythriaques de la tombe de Vibia, récemment publiées par le R. P. Garrucci. Voyez au uméro précédent sur les *Pierres avec Inscriptions*. H. 14 mill. L. 18 mill.

CAMÉE-JOYAU.

963. — Colombe posée sur un objet ressemblant au pedum. Incrustation d'or sur jaspe bleu foncé. Curieux et rare spécimen d'un procédé de la joaillerie antique. M. le duc de Blacas en possède un du même genre, dont le sujet est un Mercure appuyé sur une colonne. On pourrait ranger notre petit monument parmi les bijoux antiques aussi bien que parmi les camées; cependant, comme c'est une gemme, j'ai cru pouvoir le placer à la fin de la série des camées. H. 15 mill. L. 20 mill.

CAMÉE BYZANTIN.

963 bis. — L'Annonciation. L'ange Gabriel annonce à la Vierge qu'elle sera la Mère de Dieu; l'Ange et la Vierge sont debout; tous deux nimbés. Derrière la Vierge, le siége qu'elle vient de quitter. Entre les deux personnages, un vase à parfums enflammé. Sardonyx à trois couches. H. 32 mill. L. 30 mill.

Ce sujet a été souvent traité sur pierres dures à l'époque byzantine. On conserve au Cabinet des médailles à la Bibliothèque impériale trois camées représentant cette scène, mais avec cette différence que ceux-là portent en grec les premiers mots de la Salutation angélique : « Je vous salue, pleine de grâces. » Voyez *Catalogue des camées, etc.*, n°s 262, 3 et 4. Notre camée, auquel il est difficile d'assigner une date certaine, car on sait à quel point les types byzantins se perpétuent, ne peut pas remonter plus haut que le ve siècle de notre ère.

PIERRES GRAVÉES EN CREUX

MYTHOLOGIE.

964. — Jupiter assis sur un trône à dossier, tenant d'une main une patère, et de l'autre son long sceptre. A ses pieds, l'aigle. Agate saphirine calcinée. H. 15 mill. L. 12 mill.

965. — Ganymède nu, debout, coiffé du bonnet phrygien, le pedum à la main et tenant l'aigle divin embrassé. Nicolo. H. 13 mill. L. 10 mill.

966. — Ganymède debout, coiffé du bonnet phrygien, et tenant le pedum et la coupe. Nicolo. H. 13 mill. L. 9 mill.

967. — Ganymède nu, sauf une légère draperie, les cheveux liés par un bandeau, courant en regardant en arrière comme s'il était poursuivi; de la main gauche, il tient un cerceau (le *trochus*), et de la droite, le bâtonnet. Jaspe rouge. H. 21 mill. L. 14 mill. Une pierre analogue se trouve au Cabinet des médailles et antiques. (V. n° 1532 du *Catal.* de M. Chabouillet.) Voyez aussi Winckelmann, *Pierres gravées* de Stosch, p. 452, n° 17, et *Monumenti antichi inediti*, t. II, n°s 195-196, et t. Ier, p. 257. Ce sujet se trouve aussi sur les vases peints. Voyez *Élite des Monuments céramographiques*, par Lenormant et de Witte, t. Ier, p. 37, pl. XIX.)

968. — Jupiter Sérapis. Buste de face. Sardoine à deux couches. H. 18 mill. L. 12 mill.

969. — Jupiter Ammon-Sérapis. Buste de trois quarts

avec les cornes et le modius. Travail grec de l'époque des Ptolémées. Améthyste. H. 20 mill. L. 15 mill. Gravé, pl. X.

970. — Jupiter-Ammon. Buste de trois quarts. Nicolo. H. 12 mill. L. 9 mill.

971. — Neptune assis sur un rocher, le dieu est revêtu d'une chlamyde; il tient de la main droite un poisson, et son trident de la main gauche. Travail grossier. Lapis-lazuli. H. 12 mill. L. 10 mill.

972. — Cérès. Buste de face avec la corne d'abondance. Travail grec d'une grande finesse. Cornaline. H. 15 mill. L. 12 mill. Gravé, pl. X.

973. — Trône de Cérès caractérisé par des épis. Cornaline. H. 12 mill. L. 10 mill.

974. — Apollon nu, debout, adossé à une colonne sur laquelle est placé son trépied, tenant de la main droite une branche de laurier, et retenant en même temps une draperie qui ne voile pas ses formes élégantes. L'Apollon des médailles de Sélinonte rappelle beaucoup le type de cette pierre qu'on peut classer parmi les meilleurs ouvrages grecs de cette collection. Cornaline. H. 20 mill. L. 15 mill. Gravé, pl. X.

975. — Apollon-Nomios ou Berger. Buste de profil, avec les cheveux longs, revêtu d'une peau de mouton qui laisse nue l'épaule. Apollon est rarement représenté avec cette peau de mouton qui le caractérise comme divinité pastorale ou comme berger. Cette jolie pierre grecque joint donc au mérite d'une excellente exécution celui d'offrir un type mythologique intéressant. Sardoine. H. 12 mill. L. 10 mill.

976. — Apollon à demi-nu, la chlamyde sur l'épaule, assis, jouant de la lyre avec le plectrum. Devant le dieu, son carquois. Jolie pierre de travail étrusque, qui n'a pas été entièrement terminée. La forme de la lyre est à peine indiquée. Scarabée de cornaline. H. 12 mill. L. 8 mill.

977. — Apollon assis, revêtu de la chlamyde, jouant de la lyre. Devant le dieu, son carquois. Pierre non terminée. Scarabée de travail étrusque. Cornaline. H. 12 mill. L. 8 mill.

978. — Diane avec l'arc et le carquois sur l'épaule. Buste de profil. Sardoine. H. 15 mill. L. 12 mill.

979. — Diane chasseresse, debout, revêtue d'une longue robe qui laisse le sein droit nu, tenant l'arc à la main. Près de la déesse, la biche. Dans le champ, à gauche, la signature ΑΥΛΟΥ. Le comte de Clarac, dans sa consciencieuse énumération des pierres signées par Aulus, ne mentionne pas cette belle pierre qui n'avait pas encore été décrite jusqu'à ce jour (*Manuel de l'histoire de l'art*). Le même sujet traité avec d'importantes variantes existe avec la signature d'Heius. (Voyez, Stosch, pl. XXXVI, et Bracci, pl. 76.) Le type de notre intaille rappelle beaucoup celui des médailles d'Éphèse. Sardonyx à trois couches en cabochon. H. 22 mill. L. 15 mill. Gravé, pl. X.

980. — Diane Lucifera, debout, au milieu de rochers, s'appuyant d'une main sur une colonne, et de l'autre tenant un flambeau qu'elle semble vouloir éteindre. La déesse porte la tunique courte, est chaussée d'endromides et a le carquois sur l'épaule. Le long de la colonne on lit cette signature : ΑΠΟΛΛΩΝΙΟΥ. Cornaline. H. 20 mill., l. 13 mill.

Stosch, dans son ouvrage sur les pierres signées, pl. XII, p. 15, a publié une améthyste signée comme notre cornaline, par Apollonius, et offrant le même sujet. Cette pierre, qui appartint dans l'origine à Fulvius Ursinus, était alors (1724) dans le trésor Farnèse à Parme; on l'admire aujourd'hui au musée de Naples, où elle est venue, par héritage, avec tant d'autres richesses. La cornaline de M. Louis Fould est une belle répétition antique de l'améthyste de Naples; mais la signature a été ajoutée par une main moderne. Spon, qui a parlé de l'améthyste d'Ursinus dans ses *Mélanges* (p. 122), pensait qu'on y avait lu à tort *Apollonius* et qu'il fallait vraisemblablement y voir le nom d'Apollonides, l'un des quatre grands graveurs de pierres cités par Pline (*Hist. nat.*, XXXVII, 4). Cette opinion avait été suggérée à Spon par *Demontiosius* (Louis de Montjosieux), le même que Stosch nomme Demonceaux. Mais Stosch, qui avait eu la pierre entre les mains à Parme, déclare qu'il y a très-distinctement le nom d'Apollonius au génitif.

981. — Minerve debout, la tête nue, revêtue d'une longue robe, s'appuyant sur sa lance. Prase. H. 6 mill. L. 4 mill. Cette intaille, dont le travail est médiocre, nous est parvenue avec sa monture antique. C'est le chaton d'un petit anneau d'or qui ne pourrait se placer qu'à un doigt d'enfant.

982. — Mars. Buste de trois quarts avec le casque, le javelot et le bouclier. Cornaline. H. 10 mill. L. 7 mill.

983. — Mars *Victor* debout, le casque en tête, s'appuyant sur sa lance, l'épée à la main, considérant un trophée. Nicolo. Bon travail romain. H. 18 mill. L. 13 mill. Voyez n° 984.

984. — Mars *Victor*, nu, casqué, marchant le javelot à la main et un trophée sur l'épaule. Agate brûlée. H. 15 mill. L. 10 mill. On trouve souvent Mars ainsi figuré, avec la légende MARS VICTOR ou MARTI VICTORI, sur les médailles des empereurs Septime-Sévère, Pescennius Niger, Gordien et Numérien. Le *Museum Florentinum* de Gori renferme une pierre semblable à celle-ci. Voyez t. II, p. 59, n° IV.

985. — Vénus debout, enveloppée d'une légère draperie flottante. Agate à deux couches. H. 12 mill. L. 8 mill.

986.—Vénus armée ou *Victrix ;* la déesse, à demi-nue, tenant un javelot et un casque, s'appuie sur une colonne. A ses pieds, un bouclier. Cornaline. H. 18 mill. L. 15 mill.

987. — Mercure. Buste de profil avec le caducée. Trouvé à Benghazi. Prase. H. 12 mill. L. 18 mill.

988. — Mercure. Buste de profil avec le caducée. Nicolo. H. 10 mill. L. 9 mill.

989. — Bacchus. Tête de face, couronnée de pampres et de corymbes, avec la barbe divisée en longues tresses. Cornaline. Gravé, pl. X. H. 16 mill. L. 10 mill. Excellent travail grec, sur belle matière.

989 A. — Ariadne, couronnée de pampres. Tête vue de trois quarts. On lit ΕΛΛΗΝ dans le champ, à gauche. Rubis. Gravé, pl. X. H. 13 mill. L. 10 mill. Remarquable par l'extrême beauté du travail, cette tête d'Ariadne doit encore être signalée à cause de la matière sur laquelle l'artiste l'a gravée. Le rubis a été rarement gravé par les anciens. Le graveur ΕΛΛΗΝ, *Hellen,* est bien connu dans l'histoire de l'art par la belle cornaline signée de ce nom qui a été si souvent publiée et qu'on trouvera dans Stosch, *Pierres signées,* pl. XXXVII; on croit qu'il travaillait sous Hadrien.

En vertu de dispositions testamentaires de M. L. Fould, cette pierre, l'un des joyaux de la collection, est passée dans celle de M. le baron A. R.... Voyez plus loin, n° 1030, une autre pierre sur rubis.

990. — Ariadne couronnée de pampres. Buste de profil. Sardoine. H. 14 mill. L. 10 mill.

991. — Génie de Bacchus, ailé, s'agenouillant pour couronner un masque bachique posé sur le sol au pied d'un arbre. Cornaline-onyx à trois couches. H. 13 mill. L. 17 mill.

992. — Génie bachique, ailé, monté sur un bouc que dirige un autre génie ailé qui marche devant l'animal, avec un thyrse sur l'épaule. Cornaline. H. 9 mill. L. 12 mill. Bague d'or antique.

993. — Génie bachique, couronné de corymbes, monté sur un dauphin qu'il excite à coups de fouet. Cornaline. H. 15 mill. L. 10 mill.

994. — Génie ailé jouant avec une oie. Il tient d'une main une corne d'abondance, et de l'autre une grappe de raisin qu'il présente à l'oiseau. Cornaline. Diam. 10 mill. On voit un sujet analogue sur un joli camée de la Bibliothèque impériale (n° 91 du *Catalogue,* par M. Chabouillet).

995. — Silène. Buste de profil avec une coupe devant les lèvres. Sardoine doublée. H. 12 mill. L. 10 mill.

996. — Silène, le thyrse sur l'épaule, monté sur une panthère. Jaspe sanguin. H. 8 mill. L. 10 mill.

997. — Silène assis, jouant de la lyre, le pied posé sur un arbre, aux branches duquel est suspendue une syrinx. Un thyrse est placé à côté du compagnon de Bacchus. Cornaline. H. 9 mill. L. 10 mill. La composition de notre pierre rappelle celle d'une cornaline signée par Pamphile, publiée pl. XXXVIII dans le *Recueil des pierres signées* de Stosch, qui est elle-même une imitation du sujet d'Achille jouant de la lyre, gravé sur une améthyste du même Pamphile, que l'on conserve au Cabinet des médailles de la Bibliothèque impériale (n° 1815 du *Cat.* de M. Chabouillet) et qu'on peut voir sur la pl. XXXVII de l'ouvrage de Stosch. L'intaille de M. L. Fould offre une troisième variante de ce type : cette fois, la composition, modifiée par un artiste mieux doué sous le rapport de l'habileté de main que sous celui de l'invention, représente un Silène citharède dans la même pose que l'Achille. L'analogie de la cornaline de M. L. Fould avec les deux célèbres pierres que je viens de citer est tellement frappante qu'il n'y a pas à douter de cette espèce de plagiat très-commun dans l'antiquité.

998. — Silène couronné de pampres. Buste de face. Cornaline. H. 11 mill. L. 9 mill.

999. — Pan. Buste de profil avec la nébride, deux petites cornes sur le front, et l'oreille pointue. A droite, on lit la signature de l'artiste au génitif : ΕΠΙΤΥΓΧΑΝΟΥ. Améthyste. Gravé, pl. X. H. 21 mill. L. 15 mill.

On sait combien sont rares les pierres portant des signatures authentiques. Le nom qui décore cette magnifique améthyste est bien connu des antiquaires. Bracci, pl. LXX, Stosch, pl. XXXII, 43, ont publié une intaille sur sardonyx de la collection Strozzi, aujourd'hui dans le musée Blacas, qui porte la signature d'Epitynchanus en abrégé. Ici le nom est très-distinctement *Epitynchanus.*

On a dit que ce personnage est l'affranchi de Livie, qualifié AVRIFEX sur l'inscription si souvent citée du Columbarium de Livie. Voyez Gori, *Monumentum sive Columbarium libertorum et servorum Liviæ, etc.*, p. 151, n° CXV. Si l'on adoptait cette opinion, on pourrait fixer la date de ce monument au Ier siècle de notre ère, et le style du travail autorise parfaitement cette date ; mais je crois qu'il est permis de douter de l'identité de l'orfévre de Livie avec le graveur de pierres qui nous occupe, car le nom d'Epitynchanus est fréquent sur les inscriptions. (V. *Gruter*, passim). Quoi qu'il en soit, le *Pan d'Epitynchanus* est un monument des plus remarquables qui serait placé au premier rang dans les deux plus riches collections de camées et d'intailles de l'Europe, c'est-à-dire dans les Cabinets de Paris et de Vienne. Avant de finir, je ne puis négliger de mentionner une opinion de mon regrettable et célèbre prédécesseur au Cabinet des médailles, Charles Lenormant, sur la pierre qui nous occupe. Le savant académicien trouvait une ressemblance remarquable entre les traits de Sextus Pompée et ceux donnés à Pan sur notre améthyste. Il supposait donc que cette pierre avait été d'abord un portrait du fils du grand Pompée, dont on aurait fait un Pan au moyen de quelques retouches, après la ruine complète du parti pompéien.

1000. — Pan. Buste de trois quarts. Bon travail grec. Sardoine à deux couches. H. 12 mill. L. 10 mill.

1001. — Jeune Faune, ou Bacchant, souriant. Buste avec la nébride. Cornaline. H. 12 mill. L. 10 mill.

L'expression de gaieté maligne de cette tête de Faune rappelle les meilleures statues représentant ce sujet si souvent traité par les artistes de l'antiquité. On peut rapprocher notre pierre du *Faune souriant* d'Aulus, autant du moins qu'on peut juger de la beauté de cette célèbre intaille par la détestable planche de l'ouvrage de Bracci, *Memorie degli antichi incisori.* (V. pl. XXXVI.)

1002. — Faune agenouillé tressant une couronne de pampres. Sardonyx à quatre couches. H. 13 mill. L. 9 mill.

1003. — Satyre ou Faune barbu, à jambes humaines, mais reconnaissable à sa petite queue, se penchant pour vider le vin d'une amphore dans un cratère sans anses posé à terre. Sardoine blonde rubanée. H. 16 mill. L. 14 mill.

1004. — Jeune Faune assis au pied d'un cep de vigne, le thyrse à la main ; un génie ailé l'aide à remplir de raisins une corbeille. Cornaline. H. 12 mill. L. 14 mill.

1005. — Deux Faunes barbus sacrifiant. L'un d'eux, agenouillé, place une tête de bélier sur l'autel ; l'autre, debout derrière le premier, s'incline pour verser le contenu de sa patère. Un arbre abrite cette scène. Cornaline. H. 12 mill. L. 9 mill.

1006. — Faune bacchant agenouillé tenant d'une main une œnochoé ou vase à vin et de l'autre un canthare. Cornaline. H. 15 mill. L. 10 mill. Scarabée de travail étrusque.

1007. — Bacchant en marche, la nébride sur l'épaule, tenant d'une main une coupe et de l'autre une œnochoé. Sardonyx à trois couches, taillée en cabochon. H. 14 mill. L. 12 mill.

1008. — Jeune Bacchant, nu, sauf une draperie flottante, dansant le thyrse à la main. Une panthère court auprès de lui. Dans le champ, des crotales. Nicolo. H. 21 mill. L. 16 mill. Variante d'un type célèbre dans l'antiquité. Voyez Gori, *Museum Florentinum*, t. I, pl. XCI, VI. Le Faune représenté sur cette dernière pierre est barbu, s'il faut s'en rapporter au mauvais dessinateur de Gori. Un sujet analogue se trouve également sur un grand disque de marbre du musée Campana à Rome. (Voyez *Annales de l'Institut archéologique*, t. V, pl. XXIX. Texte, année 1851, p. 117 à 127.)

1009. — Bacchante couronnée de corymbes et de pampres. Buste de trois quarts avec la nébride et le thyrse. Cornaline. H. 21 mill. L. 19 mill.

1010. — Bacchante en marche, vêtue d'une longue robe, tenant d'une main le thyrse et de l'autre une coupe. Agate à deux couches. H. 16 mill. L. 10 mill.

1011. — Masque de face de Satyre grimaçant, la barbe et les cheveux hérissés. Magnifique cornaline de vieille roche. H. 18 mill. L. 15 mill. On ne peut négliger de rapprocher cette remarquable intaille de l'améthyste de Scylax, gravée dans l'ouvrage de Stosch, *sur les Pierres signées*, pl. LVIII.

1012. — Masque de Bacchante, coiffée de pampres, de face. Cornaline. H. 11 mill. L. 10 mill.

1013. — Centaure marchant, une branche d'arbre à la main. Cornaline. H. 7 mill. L. 10 mill. Mutilé. Trouvé à Benghazi.

1014. — Cratère ou grand vase dionysiaque à deux anses. Malgré l'exiguïté de cette jolie pierre, on distingue le bas-relief qui décore le cratère. C'est un sacrifice à Bacchus. Silène s'incline devant un autel, sur lequel une Bacchante va placer les offrandes qu'elle apporte sur une phyale. Derrière Silène, un Satyre jouant de la double flûte. Sardonyx rubanée à trois couches. H. 13 mill. L. 10 mill. Travail greco-romain d'une grande délicatesse.

1015. — Vase de marbre à deux anses (cratère), cannelé et décoré de guirlandes. Sardonyx à trois couches. H. 13 mill. L. 16 mill.

1016. — Amour enfant, ailé, naviguant sur une écrevisse et dirigeant sa marche au moyen des pinces de l'animal. Cornaline. H. 7 mill. L. 9 mill.

1017. — L'Amour enfant, ailé, l'arc à la main sur un cheval nu. Cornaline. H. 12 mill. L. 15 mill.

1018. — Trois Amours enfants, ailés, dans une barque. Deux sont assis ; celui du milieu danse en jouant de la double flûte ; l'un des deux spectateurs de cette danse tient un dauphin. Calcédoine. H. 6 mill. L. 10 mill. Travail très-fin.

1019. — Amour enfant, ailé, poursuivant un papillon (Psyché) ; il en a déjà suspendu un par les ailes au bâton qu'il porte sur l'épaule. Sardonyx à trois couches. H. 18 mill. L. 12 mill.

1020. — Génie ailé, ou Amour enfant, jouant avec une

oie. Sur le sol, deux vases de la forme dite lécythus. Cornaline. H. 10 mill. L. 8 mill. (Voyez n° 996.)

M. Joseph Mezzara, sculpteur, a exécuté une imitation en grand de ce joli motif sur le fronton de droite de l'hôtel élevé par M. Louis Fould.

1021. — La Fortune, ailée, debout, la roue à ses pieds, tenant à la main des épis. Calcédoine. H. 10 mill. L. 8 mill. Trouvé à Benghazi.

1022. — La Fortune debout; elle tient d'une main la corne d'abondance et de l'autre le gouvernail. Cornaline de travail barbare. H. 15 mill. L. 10 mill.

1023. — Victoire volant, une palme et une couronne à la main. On lit en creux : V. M. ANI. Initiales du nom d'un possesseur de cette intaille dans l'antiquité. Grenat. H. 15 mill. L. 12 mill.

1024. — Hypnos ou le Sommeil. Buste lauré barbu, de profil, avec deux ailes de papillon à la tête. Ce buste est placé sur une base comme les Hermès. Cornaline. Gravé, pl. XI. H. 11 mill. L. 10 mill.

Les traits du dieu du sommeil ne sont pas sans analogie avec ceux de Jupiter; aussi des représentations identiques à celle que l'on vient de décrire ont-elles été parfois attribuées au roi de l'Olympe. Mais on s'accorde aujourd'hui à voir dans cette tête virile ailée Hypnos, ou le Sommeil, ce dieu puissant qu'Homère nomme le roi des dieux et des hommes et qui endormait les hommes en les touchant de sa baguette ou de ses ailes. Un jaspe noir du musée Blacas offre absolument la même représentation que la cornaline de M. Louis Fould; on peut en voir le dessin dans les *Monuments des arts antiques,* d'après le choix et l'arrangement de Ch. Ottfried Müller, par Oesterley et Wieseler. Gœttingue, 1832 et 1856, pl. XXXIII, n° 389, p. 12. Voyez aussi la *Dactyliothèque* de Lippert, suppl. 183.

Les auteurs de la *Description des pierres gravées du duc d'Orléans* ont publié, t. I, p. 13, une intaille qu'ils attribuent à *Jupiter Exsuperantissimus* dans lequel le dieu, debout, coiffé du médius comme Sorapis, tient à la main une patère sur laquelle vient se poser un papillon. On peut rapprocher cette curieuse intaille de notre pierre. Winckelmann a publié aussi en l'attribuant à Platon, à cause des ailes, symbole de l'immortalité de l'âme, une pierre absolument semblable à la nôtre; l'illustre auteur de l'*Histoire de l'Art* nous apprend que de son temps ce sujet se trouvait répété sur plusieurs pierres de la villa Albani. Voyez dans ses *Monumenti inediti,* p. 226, pl. CXXIX.

1025. — L'Afrique ; buste de trois quarts, reconnaissable à sa coiffure formée d'une dépouille de tête d'éléphant. Cornaline. H. 20 mill. L. 15 mill. Le type de l'Afrique coiffée d'une dépouille de tête d'éléphant se trouve sur les médailles de la Cyrénaïque et de la Mauritanie. Il existe dans la belle collection de M. le baron Octave Roger, à Paris, un magnifique camée représentant également l'Afrique, qui a été trouvé récemment en Algérie. Un des médaillons sculptés en relief, qui décorent la façade de l'hôtel de M. Louis Fould, est la copie en grand par M. J. Mezzara, de l'intaille qui vient d'être décrite.

1026. — Hercule. Buste de profil, la tête nue, avec la massue. Excellent travail grec, sur très-belle matière. Cette pierre rappelle l'Hercule de *Gnaios*, de l'ancienne collection Strozzi, publié par Stosch, pl. XXIII, (*Pierres signées*) et qui fait aujourd'hui partie du musée Blacas. Cornaline. H. 15 mill. L. 11 mill.

1027. — Hercule. Buste de profil avec la peau de lion. Sardoine. H. 13 mill. L. 10 mill.

1028. — Hercule, avec la peau de lion; buste de face. Sardonyx à trois couches. H. 12 mill. L. 10 mill.

1029. — Hercule. Tête de face. Topaze. H. 12 mill. L. 10 mill.

1030. — Hercule coiffé de la peau de lion. Buste de profil. Rubis. H. 8 mill. L. 8 mill. On ne connaît qu'un très-petit nombre d'intailles antiques sur rubis. Il y avait cependant dans la collection de M. Louis Fould une seconde intaille sur rubis, dont on peut voir la figure, pl. X, n° 984 A.

1031. — Hercule. Buste de profil, la tête nue, avec la peau de lion nouée autour du cou. Cornaline. H. 11 mill. L. 8 mill.

1032. — Hercule. Buste de profil. Cornaline. H. 12 mill. L. 9 mill.

1033. — Hercule et Mégare. Bustes conjugués de profil. Grenat. Diam. 10 mill.

1034. — Scarabée. Sur le plat, en creux, Hercule nu, remplissant un vase à une fontaine qu'il vient de faire jaillir d'un rocher. A ses pieds, l'instrument dont il s'est servi pour fendre le roc. Dans le champ, CEDE ou LEDE. Agate rubanée. H. 13 mill. L. 9 mill. On peut donner à l'Hercule qui, sur ce scarabée, est représenté comme Moïse, faisant jaillir l'eau d'un rocher *ut bibat populus,* le surnom de *Fontinalis* qu'il portait chez les Romains. Pausanias rapporte d'ailleurs qu'à Trézène, devant la maison d'Hippolyte, il y avait une fontaine portant le nom d'Hercule, parce qu'elle avait été découverte par le héros. (Voyez *Corinthie*, XXXII.) On sait de plus que c'est en faveur d'Hercule que Minerve avait fait sourdre les sources chaudes d'Himéra et des Thermopyles. Notre scarabée est d'un travail étrusque, mais grossier; il en existe un à peu près semblable, mais sans inscription, dans le *Museum Florentinum* de Gori, pl. XIV, IV, p. 38. Ce dernier faisait partie de la collection Buonarotti.

1035. — Hercule étouffant Antée, qu'il soulève dans ses bras pour lui faire quitter la Terre, sa mère, qui lui donnait de nouvelles forces chaque fois qu'il la touchait. A gauche, la massue d'Hercule. Dans le champ, le croissant. Nicolo. H. 10 mill. L. 8 mill.

1036. — Hercule étouffant Antée. Agate jaune. Trouvé à Benghazi. H. 10 mill. L. 7 mill.

1037. — Hercule combattant l'Hydre de Lerne. Sujet très-fréquent sur les intailles. Cornaline. H. 12 mill. L. 8 mill.

1038. — Hercule rendant compte à Eurysthée des douze travaux qu'il a exécutés par ses ordres. Tous deux sont debout; Hercule s'appuie sur sa massue; il est nu, sauf la peau du lion de Némée qu'il porte sur l'épaule gauche. Eurysthée, également nu, sauf une chlamyde jetée sur les reins, a le pied droit posé sur un fragment de rocher, et la tête appuyée sur la main; il paraît écouter attentivement le récit du fils d'Alcmène. Nicolo. H. 12 mill. L. 10 mill. Il s'agit encore ici d'un type souvent reproduit par les artistes de l'antiquité; il en existe une variante dans le *Museum Florentinum* de Gori. V. t. I, pl. XXXVI, VIII. C'est un onyx qui diffère de notre Nicolo, en ce qu'on distingue une colonne entre Hercule et Eurysthée. Le même sujet, gravé sur cornaline, se trouve dans le Cabinet de Saint-Pétersbourg. V. Miliotti, p. 107.

1039. — Hercule au repos. Il est assis et s'appuie sur sa massue. Cornaline. H. 17 mill. L. 14 mill. Bon travail.

1040. — Persée, barbu, coiffé du casque de Pluton; un griffon forme le cimier de ce casque, dont la propriété était de rendre invisible celui qui le portait. Buste de profil. Nicolo. H. 14 mill. L. 12 mill.

1041. — Scarabée. Sur le plat, Persée tenant la tête de Méduse. Le héros est représenté debout et nu, sauf le casque de Pluton qui le rendait invisible et une légère draperie flottante. De la main droite, il tient non pas le harpé, mais une courte épée; de la gauche, il tient la tête de Méduse. Près de lui, un bouclier ou plutôt le miroir, présent de Minerve, dans lequel il pouvait fixer Méduse sans être changé en pierre. Saphir d'Orient. H. 20 mill. L. 15 mill.

1042. — Bellérophon monté sur Pégase, prêt à frapper de sa lance. On lit : AIIIC. Cornaline. H. 10 mill. L. 12 mill. Gravé, pl. X. Excellent travail. Cette pierre porte, soit le commencement d'un nom de possesseur, soit l'abrégé de la signature d'un graveur qui est resté inconnu aux collecteurs de noms d'artistes. Le Cabinet des médailles possède une intaille représentant le même sujet, sur laquelle on lit : EIII. V. n° 1797, *Catal.*, par M. Chabouillet. Cette pierre a été publiée en 1819 par mon savant collègue, M. Hase, dans son édition de *Léon Diacre*. Voyez p. XXII et 271.

1043. — Pégase volant. Au-dessous, RVFIONIS; c'est le nom au génitif du possesseur de ce cachet. Cornaline servant de cachet à un anneau antique d'argent. H. du chaton, 8 mill. L. 18 mill.

1044. — Méduse. Tête de profil. Sardoine. H. 15 mill. L. 10 mill. Si cette pierre n'était pas mutilée vers le haut de la tête, ce serait l'une des plus précieuses de la collection. Telle qu'elle est, c'est encore un remarquable morceau de l'art grec de la belle époque.

1045. — Tête de Méduse de face. Agate à trois couches. H. 15 mill. L. 12 mill.

1046. — Œdipe combattant le sphinx. Le héros est représenté le casque en tête, le bouclier au bras, au moment où il lève son épée pour frapper le monstre qui est déjà terrassé. Nicolo. H. 17 mill. L. 12 mill.

1047. — Le devin Polyidius, retirant le corps de Glaucus, fils de Minos, du vase de miel dans lequel le jeune enfant était tombé en poursuivant une souris et où il était mort étouffé. Polyidius est à demi-nu comme on représente les dieux, desquels la puissance divinatoire le rapproche; il est barbu ainsi que Minos qui, assistant à la scène, enveloppé d'un ample manteau, pose la main sur l'épaule du devin. L'artiste a voulu exprimer par ce geste la contrainte à laquelle le roi a été obligé d'avoir recours pour décider le devin à lui prêter l'appui de sa science. On sait que les devins ne cédaient généralement qu'à la violence; qu'on se rappelle le mythe de Protée, sans parler de l'aventure d'Ulysse avec Tirésias, retracée sur une pierre de cette collection (n° 1053). Cornaline vieille roche. H. 10 mill. L. 9 mill.

Le mythe crétois de Glaucus est un véritable conte de fée. Le fils de Minos, roi de Crète, encore enfant, disparaît. On ne sait ce qu'il est devenu; l'enfant en poursuivant une souris était tombé dans un grand vase rempli de miel et y était mort étouffé. Le père, sur l'avis de l'oracle des Curètes, s'adresse à Polyidius d'Argos, célèbre devin, descendant de ce Mélampus que nous avons vu figurer sur un précieux camée de cette collection (voyez n° 934). Mais Polyidius ne consentit à chercher l'enfant que contraint et forcé. On le voit sur notre pierre représenté au moment où il retire l'enfant du vase de miel; l'histoire ne finit pas là; Minos exigea du devin qu'il ressuscitât son fils et, pour le forcer à employer toute sa science à cette œuvre divine, il l'enferma avec le cadavre. Le devin opéra encore cette cure merveilleuse toujours forcé par Minos, et même il instruisit Glaucus dans son art. Une pierre absolument semblable à celle de M. Louis Fould pour le type, pour la matière et même pour les dimensions, a été publiée dans le *Museum Florentinum* par Gori. Voyez t. II, pl. XLIII, n° 11, p. 93. Le savant chanoine n'avait pas retrouvé dans sa mémoire le singulier mythe que nous venons de retracer;

aussi avoue-t-il qu'il ne donne son attribution que comme une conjecture à laquelle il ne paraît pas tenir beaucoup. Il y voit Telephe, fils d'Hercule et d'Augé, qui, exposé sur la mer dans un coffre, fut recueilli par Teuthras. Mais on ne peut confondre le πίθος, vase ou tonneau de miel, du mythe de Glaucus avec le coffre, κιδωτός, qui figure dans celui de Telephe. La gravure de l'ouvrage de Gori, comme toutes celles de cet ouvrage, et d'ailleurs comme presque toutes les reproductions des monuments antiques de cette époque, est détestable. Outre que le module est agrandi, et que les figures ont perdu tout style et tout caractère, les détails eux-mêmes sont inexactement rendus. On ne peut donc juger d'après cette planche si cette pierre, qui faisait partie de la Galerie de Florence au XVIIIe siècle, est un original ou une mauvaise copie; mais ce qu'on peut affirmer, c'est que la pierre de la collection de M. Louis Fould est incontestablement antique et a été déclarée telle par les meilleurs juges. Faut-il rappeler encore une fois ce que j'ai eu occasion de dire en plusieurs endroits de cet ouvrage : que les anciens reproduisaient fréquemment les mêmes types. Si donc la pierre gravée dans l'ouvrage de Gori est encore aujourd'hui à Florence, ce que j'ignore, et si elle est antique, il en faut conclure qu'il existe deux répétitions de ce type curieux.

1048. — Héros le casque en tête, le bouclier au bras, le javelot à la main, debout à côté d'un animal chimérique, dont la tête dressée en l'air n'est pas sans analogie avec celle du bélier. On y distingue une corne. Devant l'animal, une palme. Sardoine. H. 12 mill. L. 25 mill.

Peut-être pourrait-on reconnaître ici Phrixus avec le célèbre bélier à toison d'or que lui avait donné Néphélé. Ce bélier était doué de raison et avait le don de la parole. La direction donnée ici à la tête de l'animal autoriserait cette conjecture; il semble qu'il parle au héros placé près de lui. Toutefois, je dois ajouter que, sur d'autres monuments qui représentent certainement Phrixus traversant la mer monté sur le bélier, l'animal n'est pas figuré comme sur cette pierre qui demeurera peut-être toujours une énigme.

1049. — Héros casqué, dirigeant à pied les deux chevaux de son bige. Cornaline blonde. H. 9 mill. L. 10 mill.

1050. — Épisode du combat autour du corps de Patrocle (*Iliade*, chant XVII). Ajax debout, le casque en tête, l'épée au flanc, brandit son javelot et couvre de son bouclier le corps de Patrocle, tandis que Ménélas agenouillé s'efforce de le soulever pour l'emporter de la mêlée. Cornaline. Gravé, pl. X. H. 17 mill. L. 12 mill. Le sujet que nous reconnaissons sur cette belle pierre a souvent exercé l'imagination des artistes grecs. On le retrouve avec de nombreuses variantes sur des vases et sur des gemmes. Voyez *Nouvelle galerie mythologique* de Millin, à la table, au mot Patrocle.

1051. — Ulysse. Buste de profil, avec le pilos. Cornaline. H. 10 mill. L. 9 mill.

1052. — Ulysse, reconnaissable à sa coiffure, debout, avec le bâton de voyageur à la main, revêtu d'un manteau court. Agate rayée. H. 10 mill. L. 5 mill.

1053. — Ulysse consultant le devin Tirésias. Le fils de Laërte, reconnaissable à son pilos conique et enveloppé d'un manteau qui laisse nue l'épaule gauche, retient par le bras le devin qui est debout et nu et s'appuie sur le sceptre de cornouiller, présent de Minerve, au moyen duquel, quoique aveugle, il pouvait se conduire aussi bien que les clairvoyants. Sardoine brune. H. 20 mill. L. 15 mill. Gravé, pl. X. On peut rapprocher la représentation de cette curieuse pierre d'un célèbre bas-relief de la villa Albani, aujourd'hui au Louvre; sur le bas relief, Ulysse ne saisit pas le devin par le bras, mais il tient son épée nue à la main, ce qui indique tout aussi clairement que sur l'intaille que c'est seulement par la violence qu'il a pu décider Tirésias à lui prédire son sort. Voyez Winckelmann, *Monumenti inediti*, p. 211, pl. CLVII, et le *Musée de sculpture* de Clarac, pl. CCXXIII, n° 250.

1054. — Tydée blessé. Le héros, entièrement nu, le bouclier au bras, se penche pour retirer la flèche fichée dans sa jambe et qui fait couler son sang; il est entièrement nu. On lit son nom en caractères étrusques : TVTE. Cornaline. H. 15 mill. L. 12 mill.

Cette intaille, qui paraît provenir d'un scarabée scié, nous donne une variante intéressante d'un type souvent reproduit sur les gemmes. Le Tydée blessé du Cabinet des médailles est tombé sur les genoux, et lève les yeux au ciel. Ici, Tydée n'a pas encore perdu toutes ses forces; il cherche à arracher de sa blessure le fer mortel. V. Millin, *Nouvelle galerie mythologique*, pl. CCXII, n° 723, t. I, p. 325, et le *Catalogue des camées et pierres gravées du Cabinet des médailles*, par M. Chabouillet, n° 1508, p. 242.

1055. — Diomède s'emparant du Palladium. Le fils de Tydée est nu, debout, l'épée à la main; il va saisir le *Xoanon* de Minerve ou Palladium placé devant lui sur une colonne. Grenat de Bohême, dit aussi vermeil. H. 13 mill. L. 12 mill. Gravé, pl. X. Il s'agit encore ici d'un type créé par quelque grand artiste et qu'on a répété souvent dans l'antiquité. Le grenat de M. Louis Fould, qui n'est pas terminé en quelques endroits, est tout à fait analogue à la pierre du musée de Florence, publiée par Gori, t. II, XXVII, 3, dans le *Museum Florentinum*.

1056. — Philoctète arrachant la flèche d'Hercule qu'il vient de laisser tomber sur son pied. Le héros est accroupi; il est coiffé de son casque, est armé de son épée suspendue à un baudrier, et porte au bras gauche son bouclier, dont l'épisème est une tête de Méduse. La flèche est brisée;

Philoctète tient de la main droite le bout empenné de ce trait fatal. L'autre fragment se voit sur le sol. Grenat de Bohême, dit aussi vermeil. H. 10 mill. L. 8 mill.

L'auteur de cette belle pierre n'a pas suivi la tradition homérique d'après laquelle la blessure de Philoctète provenait de la morsure d'un serpent, mais bien celle rapportée par Servius. Selon celui-ci, Philoctète fut puni d'avoir révélé le lieu de la sépulture d'Hercule, non par la morsure d'un serpent, mais par une blessure qu'il se fit lui-même en laissant tomber sur son pied une des flèches empoisonnées que lui avait données Hercule.

1057. — Héros barbu, nu, sans casque, le bouclier au bras gauche, agenouillé, tenant de la main droite un poignard qu'il considère attentivement. Dans le champ, à droite, une lettre étrusque Ƨ. Sardoine rubanée. H. 14 mill. L. 10 mill.

ICONOGRAPHIE GRECQUE.

1058. — Othryades, blessé, le casque en tête et ayant conservé son bouclier au bras, se soulève sur le bouclier d'un ennemi et d'une main défaillante s'efforce de former un trophée avec un troisième bouclier. Cornaline-agate. H. 13 mill. L. 17 mill. Gravé, pl. X.

Le sujet de cette pierre grecque, dont le travail est excellent, est emprunté à l'histoire héroïque de Sparte. Les Argiens et les Spartiates, ne pouvant s'accorder sur la possession du territoire de Thyrea, convinrent qu'un combat aurait lieu entre trois cents guerriers de chacune des deux nations et que la victoire déciderait la question. Othryades resta seul vivant du côté des Spartiates sur le champ de bataille, mais blessé et renversé parmi les morts; du côté opposé, il resta deux guerriers vivants. Ceux-ci, ignorant qu'un Spartiate respirait encore, coururent porter la nouvelle du succès à Argos. Pendant ce temps, Othryades rassemblant toutes ses forces érigea un trophée de sang humain. Cette expression, qu'on trouve dans Suidas au mot Othryades, signifie évidemment qu'il éleva un trophée avec les armes des Argiens, et qu'il écrivit avec du sang sur un bouclier la formule ordinaire : ἀπο τῶν Ἀργείων, *sur les Argiens!* La composition de notre pierre répond parfaitement à cette conjecture. Le guerrier blessé soulève le bouclier et va y écrire avec son doigt sanglant les mots qui doivent constater la victoire de sa patrie. Il existait une pierre presque semblable à celle-ci à Florence au siècle dernier. (Voyez *le Museum Florentinum* de Gori, t. II, pl. LXI, n° 4, p. 111.) La principale différence entre ces deux pierres, c'est que sur la dernière on distingue un ennemi mort sous le bouclier sur lequel Othryades va écrire que Sparte a vaincu. De plus, on lit le mot VICTOR sur le bouclier; mais, comme Gori nous apprend qu'il a trouvé cette pierre dans le Musée *Vettori*, je crois qu'il est permis de soupçonner que le mot latin *Victor*, traduction du nom italien du possesseur *Vettori*, a été ajouté après coup sur cette pierre où une inscription grecque aurait été mieux à sa place. Bracci a publié une cornaline du musée de Cortone avec la signature d'Apollodote qui représente une autre variante du même sujet. Othryades est dans la même pose, mais on voit deux guerriers morts autour de lui. Voyez *Memorie degli antichi incisori*, t. I, pl. XXIII.

1059. — Sapho assise, tenant sa lyre sur ses genoux. Nicolo. H. 25 mill. L. 21 mill. Gravé, pl. X. Pierre d'excellent travail grec.

1060. — Sophocle. Buste de profil, barbu, les cheveux liés par un bandeau. Grenat de Bohême, dit vermeil. H. 12 mill. L. 8 mill. On peut comparer les traits du personnage représenté sur cette jolie pierre avec le buste portant le nom du célèbre tragique grec qui a été publié par Visconti dans son *Iconographie grecque*. V. pl. IV, t. I, p. 80.

1061. — Alexandre le Grand, roi de Macédoine. Buste de profil avec la corne d'Ammon. Nicolo. H. 12 mill. L. 9 mill.

1062. — Ptolémée II, roi d'Égypte. Buste de profil avec le diadème. Émeraude. H. 13 mill. L. 10 mill.

1063. — Polémon Ier, roi du Bosphore. Buste de profil, avec le diadème. Cornaline. H. 15 mill. L. 10 mill. On peut comparer avec notre cornaline les monnaies bien connues de ce prince qui fut contemporain d'Auguste.

1064. — Roi barbare. Buste de profil, imberbe. Sardonyx à trois couches. Diam. 10 mill. C'est peut-être un chef gaulois.

1065. — Portrait inconnu. Buste d'un jeune homme, imberbe, les cheveux frisés, avec la chlamyde. Jaspe rouge mutilé. H. 17 mill. L. 12 mill.

ICONOGRAPHIE ROMAINE.

1066. — Scipion l'Africain, l'ancien. Buste de profil. Grenat. H. 8 mill. L. 7 mill. Cette tête est une des plus connues de l'iconographie romaine. Il existe un assez grand nombre de bustes de Scipion d'une authenticité incontestable dans beaucoup de collections publiques. Sans parler du buste de marbre du Capitole et de celui de bronze qui a été trouvé à Herculanum (voyez Visconti, *Iconographie romaine*, t. I, p. 41, pl. III, nos 1 à 6), on peut en voir deux à Paris à la Bibliothèque impériale : voyez *Catalogue des camées et autres monuments du Cabinet des médailles*, par M. Chabouillet, nos 3290 et 3291, p. 577 et 578. L'un de ces bustes est en basalte. Quant au denier d'argent de la famille Cornélia sur lequel Visconti a cru voir le portrait de Scipion (*Op. cit.*, p. 54 et pl. III, n° 9), je me garderai bien de le citer à l'appui de l'attribution de notre pierre, car cette hypothèse qui étonne de la part de l'éminent archéologue n'est pas justifiable. Je ne suis pas du reste le premier à nier la resemblance entre le buste figuré sur cette monnaie et les traits de Scipion, car je vois que M. Cohen dans son excellent travail sur les médailles consulaires mentionne l'attribution de Visconti en termes qui montrent clairement qu'il ne la croit pas fondée. Voyez : H. Cohen, *Description des monnaies de la république romaine*, p. 110.

1067. — Quintus Pompéius Rufus, consul avec Sylla. Buste de profil, la tête nue. Cornaline. H. 13 mill. L. 10 mill. Un denier romain d'argent, frappé l'an 52 avant J.-C., par les soins de Quintus Pompéius Rufus tribun du peuple et triumvir monétaire, petit-fils du consul auquel j'attribue cette intaille, offre d'un côté l'image de Sylla, son aïeul maternel, et de l'autre celle de Q. Pompéius Rufus, son aïeul paternel. On peut facilement comparer les traits de ce personnage avec ceux de celui qui paraît sur notre intaille, car le denier dont je viens de parler a été souvent publié. Voyez, entre autres ouvrages, l'*Iconographie romaine* de Visconti, pl. IV, n° 5, t. Ier, p. 86; et H. Cohen, *Médailles consulaires*, pl. XV. (Fam. Cornelia, n° 19, p. 107, n° 47.)

1068. — Sextus Pompée, fils du Grand Pompée. Buste de profil, la tête nue. On lit : ΑΓΑΘΑ. Cornaline de vieille roche. H. 18 mill. L. 10 mill. Une main moderne a ajouté le commencement du nom ΑΓΑΘΑΓΓΕΛΟΣ sur cette pierre, parce qu'on connaît par divers ouvrages une pierre représentant comme celle-ci Sextus Pompée avec la signature ΑΓΑΘΑΝΓΕΛΟΥ, (*sic*). On peut lire dans le *Catal. des artistes de l'antiquité*, du comte de Clarac, t. III, p. 10, le résumé des discussions soulevées par l'insertion plus ou moins justifiée de ce nom d'artiste dans le catalogue de Sillig.

1069. — Jules César. Buste avec la couronne de laurier; à droite, en bas, l'étoile qu'on voit sur certains deniers d'argent de César. Nicolo. H. 30 mill. L. 23 mill. On sait que Suétone, dans la *Vie de César*, c. 88, rapporte qu'une comète ou *étoile* chevelue qui brilla pendant les sept jours que durèrent les jeux donnés par Auguste après César fut réputée être son âme reçue au ciel.

1070. — Jules César. Buste de profil, la tête nue. Devant, une étoile. Derrière la tête, symbole indistinct, sorte de bident ailé. Cornaline. H. 11 mill. L. 8 mill. V. n° 1069.

1071. — Auguste, la tête nue. Buste de profil. Cornaline. H. 20 mill. L. 15 mill. L'empereur est représenté sous des traits assez jeunes sur cette belle intaille pour qu'on puisse hésiter entre les deux noms d'Octave ou d'Auguste.

1072. — Auguste, ou plutôt Octave, la tête nue. Buste de profil. Cornaline. H. 12 mill. L. 15 mill.

1073. — Livie voilée, en Cérès, avec une couronne d'épis et de pavots. Buste de profil. Sardoine. H. 15 mill. L. 12 mill.

1074. — Antonia, mère de Germanicus, voilée. Buste de profil. Améthyste. H. 17 mill. L. 13 mill. Gravé, pl. X.

Si nous ne nous abusons pas sur une ressemblance que d'autres antiquaires reconnaissent avec nous, cette belle pierre, que nous attribuons à Antonia, a été exécutée dans la vieillesse de cette femme illustrée par ses malheurs et ses vertus, ainsi que par sa parenté avec les premiers Césars.

1075. — Germanicus, debout, entièrement nu, s'appuyant de la main droite sur une lance ou sur un long sceptre et tenant de la gauche une palme. Agate-onyx à deux couches. H. 17 mill. L. 8 mill. Malgré l'exiguïté de la tête sur cette pierre, je crois pouvoir donner le nom de Germanicus à cette figure qui d'ailleurs, circonstance à noter, rappelle pour la pose, et pour sa nudité absolue, la statue de Germanicus de la galerie de Florence. (V. Clarac, *Musée de sculpture*, fig. 2361, pl. DCCCCXXIX.)

1076. — Tibère ou Drusus, son frère. Buste de profil, la tête nue. Cornaline. H. 10 mill. L. 9 mill.

1077. — Néron. Buste lauré de profil. Cornaline. H. 10 mill. L. 8 mill.

1078. — Galba lauré. Buste de profil. Sardonyx en cabochon à deux couches. H. 9 mill. L. 8 mill.

1079. — Domitilla, femme de l'empereur Vespasien. Buste de profil avec les cheveux disposés comme on les voit sur les médailles de cette impératrice. Améthyste. H. 12 mill. L. 10 mill.

1080. — L'impératrice Sabine. Buste de profil ; la femme d'Hadrien est coiffée comme sur les médailles. Cornaline. H. 16 mill. L. 12 mill.

1081. — Hadrien et Sabine, sa femme. Bustes en regard. L'empereur est lauré et revêtu du paludamentum. Péridot. H. 11 mill. L. 14 mill.

1082. — Antonin le Pieux et Faustine, sa femme. Bustes en regard. Émeraude. H. 12 mill. L. 15 mill.

1083. — Antonin le Pieux et Faustine, sa femme. Bustes en regard. L'empereur a la tête nue. Entre les deux portraits, on lit ΓΑΙΟC. Cornaline. H. 13 mill. L. 18 mill. La signature ΓΑΙΟC, traduction grecque du prénom romain Caius, a été ajoutée dans les temps modernes.

1084. — Marc-Aurèle et Vérus. Bustes en regard, tous deux revêtus du paludamentum et la tête nue. Cornaline. H. 16 mill. L. 25 mill. Voici une des plus précieuses intailles romaines de la collection. La beauté du travail, l'excellence de la matière, l'importance des portraits, tout concourt à donner à ce morceau un des premiers rangs parmi les pierres gravées de M. L. Fould. On ne peut se dispenser de rappeler ici un camée de la Bibliothèque impériale (n° 245 du *Catalogue,* de M. Chabouillet), qui représente ces deux princes et qui semble de la même main que notre intaille.

1085. — Faustine la Jeune. Buste de profil, avec les cheveux retenus par un lien étroit. Cornaline. H. 15 mill. L. 12 mill.

1086. — Commode. Buste de profil, avec la couronne de laurier et la barbe. Sardoine. H. 13 mill. L. 11 mill.

1087. — Commode lauré, barbu. Buste de profil. Cornaline. H. 10 mill. L. 8 mill.

1088. — Commode, représenté nu comme héros ou dieu, le bouclier au bras; il est monté sur un cheval qui se cabre et brandit son javelot. Cornaline. H. 12 mill. L. 10 mill. Malgré la petitesse de la tête du cavalier, je ne crois pas qu'on puisse méconnaître les traits du fils de Marc-Aurèle sur cette belle cornaline.

1089. — Julia Domna, femme de l'empereur Septime-Sévère. Buste de profil sur le croissant. Jaspe rouge. H. 12 mill. L. 9 mill. Septime-Sévère radié, et Julia Domna sur le croissant, comme dieux Soleil et Lune, paraissent sur un denier d'or de Caracalla. En outre, sur les deniers d'argent de grand module de Julia Domna, le buste de cette impératrice paraît toujours placé sur le croissant.

VIE PRIVÉE, JEUX, ETC.

1090. — Éphèbe vu à mi-corps, nageant. Aigue-marine. H. 20 mill. L. 12 mill. Monture moderne en or émaillé. On peut voir Léandre dans le jeune nageur qui parait sur cette jolie pierre dont la matière est en si parfait rapport avec le sujet.

1091. — Jeune fille, vêtue d'une longue robe et d'un peplus, debout près d'un tombeau auquel elle apporte des offrandes. Elle tient l'œnochoé de la main droite. Le tombeau est un cippe décoré aux angles de têtes de béliers. Nicolo. H. 25 mill. L. 14 mill.

1092. — Femme assise, les mains jointes sur les genoux, dans une attitude méditative, et paraissant considérer une urne posée devant elle sur une colonne. Cette femme est vêtue à la romaine; sa coiffure est celle de l'impératrice Messaline avec laquelle ses traits ne sont pas sans analogie. A l'exergue, on lit CALIST. Cette inscription a été ajoutée par une main moderne. Sardoine. H. 20 mill. L. 23 mill.

1093. — Femme assise lisant un volume qu'elle tient ouvert de la main droite, tandis qu'elle porte la gauche à son menton avec le geste de la méditation. Cette femme a les cheveux ceints d'une bandelette, et porte une longue robe; ses pieds sont nus. Sardoine. H. 15 mill. L. 12 mill. Le travail de cette pierre est remarquable; l'artiste a su réunir une grâce extrême au style le plus sévère.

1094. — Deux athlètes nus, luttant, en présence d'un pédotribe qui tient la palme destinée au vainqueur. L'arène est ornée d'un Hermès de Priape. Cornaline. H. 12 mill. L. 13 mill.

1095. — Deux acteurs, avec le masque comique, debout, dialoguant. L'un d'eux, revêtu d'une longue robe, tient un long bâton recourbé : c'est le vieillard. L'autre chauve et revêtu d'une courte tunique est l'esclave. Sardoine rubanée. H. 12 mill. L. 8 mill. Pierre aussi remarquable par l'intérêt du sujet, qui est rare, que par la finesse du travail. Le *Museum Florentinum*, publié par Gori, contient une pierre identique (Voyez t. II, pl. LXXXVI, n° 1, p. 135; voyez aussi Wieseler, *Theatergebäude,* etc., pl. XII, n° 17, p. 93.)

1096. — Masque comique de face. Sardoine. H. 9 mill. L. 7 mill.

1097. — Psylle debout, nu, tenant un serpent. A ses pieds, un coq. Nicolo. H. 13 mill. L. 10 mill.

1098. — Anneau de cornaline. Sur le chaton, en creux, deux personnages debout, se donnant la main. C'est sans doute un prêtre et un jeune Camille; ce dernier tient à la main gauche *l'acerra* ouverte. H. 13 mill. L. 12 mill. Travail romain.

1099. — Jeune pâtre agenouillé trayant une chèvre. Un arbre abrite cette scène rustique. Sardonyx calcinée à deux couches. H. 8 mill. L. 10 mill.

1100. — Un pâtre agenouillé trait une chèvre. Un aigle plane au-dessus de ce groupe rustique. Grenat. H. 10 mill. L. 11 mill.

ANIMAUX.

1101. — Sanglier attaqué par trois chiens. Jaspe rouge. H. 12 mill. L. 16 mill. Bon travail romain.

1102. — Zébu. Cornaline. H. 12 mill. L. 15 mill.

1103. — Scarabée. Sur le plat, vache allaitant son veau. Cornaline. H. 12 mill. L. 8 mill.

1104. — Scarabée. Sur le plat, mulet en marche. Calcédoine. H. 12 mill. L. 17 mill.

1105. — Aigle attaquant un nid de serpents. Calcédoine. H. 12 mill. L. 15 mill. Mutilé. Trouvé à Benghazi, dans la Cyrénaïque.

1106. — Aigle posé sur une base ronde, tenant une couronne dans son bec. Calcédoine saphirine. H. 12 mill. L. 10 mill.

1107. — Oiseau de l'espèce des échassiers, et arbuste. Cornaline. H. 10 mill. L. 7 mill. Trouvé à Benghazi.

1108. — Grylle composé de trois têtes, Jupiter, Silène et une Bacchante. Cornaline de vieille roche. H. 14 mill. L. 10 mill.

On donne le nom de grylles à la nombreuse série d'intailles représentant des assemblages monstrueux de têtes, de membres et de corps d'hommes et d'animaux réunis et disposés avec la plus grande bizarrerie. C'est Pline l'ancien, dans son *Histoire naturelle* (XXXV, 37), qui nous apprend qu'on donnait le nom de grylles aux peintures représentant des sujets plaisants, ridicules ou baroques. Voyez sur l'origine du terme *grylles* un article inséré dans le *Magasin pittoresque,* année 1860, p. 71.

1109. — Grylle composé d'une tête de Silène, d'une tête de bélier tenant un épi et d'un col et tête de cheval avec la bride. Cornaline formant le chaton d'un anneau d'or antique. H. de la pierre 12 mill. L. 10 mill. V. n° 1108.

1110. — Grylle composé d'une tête de femme et d'une hure de sanglier. Cornaline. H. 15 mill. L. 12 mill. V. n° 1108.

1111. — Grylle composé d'une tête virile barbue, de deux têtes de femmes et d'une tête de chien. Cornaline-onyx à deux couches. H. 12 mill. L. 9 mill. V. n° 1108.

IMITATION ROMAINE DU STYLE ÉGYPTIEN.

1112. — Canope entre deux serpents qui se dressent, ou agatho-démons. Jaspe formant le chaton d'un anneau antique d'argent. H. de la pierre 16 mill. L. 14 mill. Je crois pouvoir attribuer ce joyau à l'époque d'Hadrien ; c'est une imitation du style égyptien, comme on sait que cet empereur en fit exécuter à Rome.

1113. — Même type qu'au numéro précédent, avec cette différence que, sur la panse du vase, on distingue le disque entre deux cornes de vaches, coiffure symbolique d'Isis. Grenat violet de Syrie formant le chaton d'un anneau d'argent antique. H. de la pierre 18 mill. L. 14 mill. V. au numéro précédent.

1114. — Égyptien. Buste de face. Cornaline. H. 15 mill. L. 12 mill. Je n'ai pas cru devoir ranger cette pierre dans le chapitre consacré aux antiquités égyptiennes. C'est le portrait d'un Égyptien, ou une tête de fantaisie à l'égyptienne, mais ce n'est pas l'œuvre d'un artiste égyptien. Cette pierre est de travail romain, et doit avoir été exécutée sous les premiers empereurs. V. n° 1115.

1115. — Femme égyptienne. Buste de face. Cornaline. H. 15 mill. L. 11 mill. V. n° 1114.

PIERRES GNOSTIQUES.

1116. — Abraxas-Soleil, sous les traits d'Apollon, le fouet à la main, debout dans un quadrige. Autour, les douze signes du zodiaque. Revers : un Éon ailé, nu, debout sur le globe du monde, les bras étendus. Jaspe vert. H. 40 mill. L. 32 mill.

On désigne souvent sous le nom impropre d'*abraxas* les pierres gravées qui portent l'empreinte des superstitions gnostiques. Abraxas est le nom du dieu suprême des gnostiques et non pas celui des amulettes ou talismans sur lesquels on le lit souvent. Ce n'est pas ici le lieu d'entrer dans de longs développements sur l'histoire de ces sectes et sur leurs idées. Il suffit de rappeler que les superstitions gnostiques naquirent en Orient presque en même temps que le christianisme, et qu'on y trouve un mélange superstitieux des doctrines chrétiennes et des religions de l'Asie et surtout de l'Égypte et de la Judée.

Les pierres décrites ici sous les n°s 1116, 1117, 1118 et 1119 paraissent émaner de la secte des Basilidiens. Sur la première, bien qu'il n'y ait pas de légende, on ne peut méconnaître le dieu suprême, Abraxas, divinité essentiellement solaire, dans l'Apollon dirigeant un quadrige qui paraît sur le côté principal. On sait que les sept lettres du nom d'Abraxas, nombre mystique, donnent pour total trois cent soixante-cinq si on les additionne selon leur valeur numérique dans le système grec. Or, trois cent soixante cinq c'est le nombre des jours de l'année solaire complète ; c'est également le nombre des trois cent soixante-cinq Éons créateurs, enfin c'est le nombre qui forme le Plérôme gnostique ou le Dieu suprême.

La seconde pierre porte le nom de Jaô, forme gnostique du nom de Jéhovah, et le premier des six génies ou Éons émanés du démiurge Jaldabaoth selon les Basilidiens, et le nom de Sabbaoth, le second de ces six Éons. Sabbaoth est un terme emprunté à l'Écriture sainte ; ce n'est pas le nom de Dieu, mais une épithète dont le sens littéral est qui fait la guerre et qu'on rend par *Dieu des armées.*

La troisième et la quatrième pierre appartiennent probablement aussi à la secte des Basilidiens. La cinquième pierre, n° 1120, pourrait être attribuée à la secte des Ophites qui tiraient leur nom de l'adoration du serpent, ὄφις, *ophis,* car on y trouve la représentation du serpent agatho-démon sous le nom de Chnouphis emprunté à la mythologie de l'Égypte. Mais c'est peut-être tout simplement un talisman fabriqué selon la formule de certains médecins pour guérir telles ou telles maladies. (V. le commentaire du n° 1120.) Ces talismans procédaient des idées gnostiques, mais il semblerait qu'ils furent adoptés même par les gens étrangers au gnosticisme. La Bibliothèque impériale possède un certain nombre de pierres gnostiques. On peut en lire la description dans le *Catalogue des camées, pierres gravées,* etc., *du Cabinet des médailles,* par M. Chabouillet. Voyez n°s 2168 à 2254.

1117. — Jaô sous les traits d'un être monstrueux, à tête de coq, à corps humain se terminant par deux serpents; il tient le fouet de la main droite et de la gauche une sorte de bouclier rond au milieu duquel on distingue son nom ΙΑΩ entre deux lignes de caractères mal formés. En bas, le pentalpha. Au revers, on lit :

CABAΩΘ

ABPACAΞ.

Jaspe sanguin. H. 20 mill. L. 15 mill. Les noms de Jaô, de Sabaoth et enfin du dieu suprême Abrasax ou Abraxas se lisent clairement sur cette pierre; il ne reste d'incertain que les deux lignes qui encadrent le nom de Jaô. Voyez le commentaire du n° 1116.

1118. — Anubis, debout, nu, sauf la schenti, tenant une longue palme de la main droite, et de la gauche un vase ou sorte de seau. Devant lui, à droite, une étoile. La légende doit donner le nom de ce génie; mais au lieu d'être écrits en caractères grecs, ce sont des signes connus des seuls initiés. Revers : deux lignes de trois signes cabalistiques entre deux étoiles. Sur le rebord de la pierre, on lit le nom du génie *Sabaoth.* CABAΩΘ. Jaspe jaune. H. 20 mill. L. 15 mill.

La collection du Cabinet des médailles possède une hématite sur laquelle on voit, comme sur la nôtre, Anubis portant une palme. (Voyez n° 2214, *Catalogue général des camées, pierres gravées, etc.*) V. ci-dessus le commentaire du n° 1116.

1119. — Cornaline façonnée en forme de cœur, chargée sur ses quatre faces de symboles gnostiques gravés en creux : 1° dans une sorte de cartouche on lit : *Abraxas,* le nom révéré des gnostiques écrit ainsi : ABPAXAC, autour d'un symbole incertain, peut-être le *tat* des Égyptiens; 2° dans un autre cartouche dont la forme rappelle le scarabée, on voit Anubis ithyphallique debout, tenant d'une main une palme et de l'autre un objet incertain; 3° dans un cartouche semblable au premier, on lit le nom d'un Éon, EMAMAPOC, disposé comme celui d'Abraxas autour d'un symbole semblable. En bas, un sistre. Enfin, dans un quatrième cartouche figure Jaô sous la même forme que sur l'intaille n 1117, avec un fouet à la main droite, et au bras gauche un bouclier sur lequel on lit : ΙΑΩ. H. 25 mill. V. n° 1116.

1120. — Chnouphis, sous la forme du serpent à tête de lion, radié. Le nom de l'Éon est écrit : XNOYMIC. Revers : Trois serpents ou S traversés par une barre. Autour, légende barbare : ΑΓΙΤΑΝΤΟΡΗΚΤ. Jaspe vert en cabochon. H. 20 mill. L. 15 mill.

Le signe placé au revers de cette pierre est très-fréquent sur les pierres dites gnostiques; mais il serait possible que certaines de ces pierres fussent tout simplement des talismans ou plutôt de véritables remèdes, car on en trouve la formule dans des livres de médecine. Marcellus Empiricus, de Bordeaux, qui écrivait au IVe siècle de notre ère, dit, dans son *Traité des médicaments :* « Gravez sur une pierre « de jaspe phrygien imitant l'air, le signe indiqué plus bas » (il s'agit d'un signe semblable à celui qu'on voit à notre pierre) « et suspendez-la au cou d'un malade souffrant « du côté, vous obtiendrez des effets merveilleux. » Voyez *de Medicamentis,* cap. XXIII, p. 169, édition de Bâle, 1536. Du reste, la pierre qui nous occupe était doublement précieuse, car si le revers, grâce aux trois S, devait guérir le mal du côté, la face sur laquelle paraît Chnouphis avait la propriété de guérir les maux d'estomac. Le même Marcellus Empiricus nous dit en effet, dans le chapitre XX de l'ouvrage déjà cité, que, pour guérir le mal d'estomac, il faut faire graver sur un jaspe un dragon radié, à sept rais, faire monter en or cette pierre et la porter au cou. (V. le commentaire du n° 1116.)

MEDAILLES GRECQUES ET ROMAINES

MÉDAILLES GRECQUES.

1121. — Obole d'argent de Phistélia de Campanie. Tête de femme de face, avec les cheveux tressés régulièrement. Revers : en caractères osques : 8IΣTYΛIS. Grain d'orge, dauphin et coquille semblable à celle que l'on voit sur les monnaies de Cumes. Module 10 mill. On peut voir cette jolie monnaie figurée dans l'édition des *Numi Italiæ veteris de Carelli,* donnée par Cavedoni et Avelino en 1850. Voyez pl. LXII, n° 5, p. 16. Voyez aussi, Millingen, *Considérations sur la numismatique de l'ancienne Italie,* p. 199.

1122. — Médaille d'argent de Métaponte de Lucanie. Buste de Cérès de profil. Revers : épi et légende : META. Cette jolie monnaie est gravée sous le n° 92 de la planche CLII de l'ouvrage de Carelli.

1123. — Autre médaille d'argent de Métaponte. Buste de Minerve casquée de profil. Revers : épi.; légende : META.

On peut voir la figure de cette jolie monnaie d'argent sous le n° 140 de la pl. CLVI de l'ouvrage de Carelli, déjà cité.

1124.—Tétradrachme de Thurium en Lucanie. Tête de Minerve, de profil, tournée à gauche, coiffée d'un casque orné d'une crinière et sur lequel est sculptée une figure du monstre Scylla lançant une pierre. Revers : ΘΟΥΡΙΩΝ. Taureau furieux, frappant la terre de ses cornes, dit cornupète. Exergue : un poisson. Argent. Module 22 mill. Cette jolie médaille est figurée sur la planche CLXVII. N° 20 de l'ouvrage de Carelli, cité au n° 1121.

1125. — Médaille d'argent de Crotone du Bruttium. Tête de Junon Lacinia de face, avec les cheveux tombant en longues tresses sur les épaules, et coiffée d'une haute stephane richement ornée. Revers : Hercule nu, assis sur un rocher, tenant d'une main le canthare et de l'autre la massue. On distingue sur le rocher la peau de lion et l'arc. La légende est : ΚΡοΤΩΝΙΑΤΑΝ. On peut voir cette médaille gravée sous le n° 31, pl. CLXXXIV de l'ouvrage de Carelli, cité au n° 1121.

1126.—Locres du Bruttium. Foudre. Légende : ΛΟΚΡΩΝ. Revers : aigle dévorant un lièvre qu'il tient dans ses serres. Argent. Cette jolie monnaie est une variété inédite des pièces publiées sur la planche LXXXIX de l'ouvrage de Carelli, cité au n° 1121, n°s 3 à 11. La légende est ici disposée en deux lignes horizontales séparées par le foudre.

1127. — Médaillon de Syracuse. Tête d'Aréthuse de profil, tournée à gauche ; dans le champ, quatre poissons. Légende : ΣΥΡΑΚΟΣΙΩΝ. Revers : Victoire ailée couronnant l'aurige d'un char à quatre chevaux. Dans l'exergue, les prix de la course, une armure complète. On lit en bas : ΑΘΛΑ (Jeux). Flan irrégulier. H. 37 mill. L. 34 mill. Ce magnifique médaillon de Syracuse provient de la collection si bien choisie de Raoul-Rochette. Acquis à la vente faite après la mort de ce célèbre antiquaire en 1855. Voyez le catalogue, n° 264.

Voyez au paragraphe des Bijoux antiques un statère d'or d'Alexandre le Grand, n° 1188.

1128. — Ce numéro manque.

MÉDAILLES ROMAINES.

1129.—Denier de la république romaine avec les noms de membres des familles Æmilia et Plautia. On lit en haut : M. SCAVRVS. Dans le champ : EX. S.C. Enfin à l'exergue : AED.CVR. Le type est le roi Arétas à genoux, tenant un chameau par la bride et présentant une branche d'olivier. Revers : en haut : P HYPSAE AED CVR. A l'exergue : C HYPSAE COS PREIV. CAPTV. (Le dernier mot est dans le champ.) Le type est Jupiter dans un quadrige au galop à gauche, tenant un foudre.

Cette monnaie qui n'est pas très-rare, mais que l'on ne rencontre cependant pas fréquemment complète comme celle-ci, a été frappée l'an 696 de Rome, 58 avant J.-C., aux noms de Publius Plautius Hypsæus et de Marcus Emilius Scaurus. L'un des sujets se rapporte à un fait de l'histoire de la famille du dernier de ces personnages. C'est l'acte de soumission que Marcus Emilius Scaurus força Arétas, roi d'Arabie, à faire à Pompée l'an 692 de Rome, 62 avant J.-C. Le second type fait allusion à un événement bien plus ancien, mais que ne pouvait laisser oublier la famille Plautia, c'est la prise de Priverne (ville du Latium, aujourd'hui Piperno Vecchio) par le consul Caius Plautius Hypsæus, l'an de Rome 413, 341 ans avant J.-C., action qui valut à ce général les honneurs du triomphe. Notre médaille a été gravée dans bien des ouvrages ; on la trouvera dans le plus récent livre sur les monnaies de la république romaine, celui de M. H. Cohen, pl. I, Famille Æmilia, n° 2, pages 9 et 254. J'ai déjà eu plus haut l'occasion de citer cet excellent travail.

1130. — Denier d'argent de Titus. Buste de profil de Titus avec la couronne de laurier. Légende : IMP. TITVS CAES VESPASIAN AVG P M. *L'empereur Titus César, fils de Vespasien, Auguste, souverain pontife.* Revers : BONVS EVENTVS AVG. Le dieu Bonus Eventus debout, tenant d'une main une patère et de l'autre des épis.

1131. — Denier d'argent de Sabine, femme de l'empereur Adrien. Buste de profil de Sabine. Légende : SABINA AVGVSTA. Revers : IVNONI REGINAE. *A Junon reine.* Junon debout, tenant d'une main une patère et de l'autre la haste.

1132. — Denier d'argent de Faustine la mère. Buste de profil de Faustine, femme d'Antonin le Pieux, avec la coiffure élégante qui la distingue et qu'on peut voir en grand sur le beau buste de marbre de la collection, n° 1733. Légende : DIVA FAVSTINA. Revers : AETERNITAS. L'Éternité debout, tenant un long sceptre.

1133. — Même type qu'au numéro précédent. Revers : VESTA. La déesse voilée assise, tenant d'une main une patère et de l'autre un long sceptre.

Voyez § des Bijoux antiques, un aureus de Faustine mère, n° 1184.

1134. — Denier d'argent de Marc-Aurèle. Légende : M ANTONINVS AVG TR P XXVI. *Marc Antonin, Auguste, investi de la puissance tribunitienne pour la vingt-sixième fois.* Buste de l'empereur lauré, de profil. Revers : Mars debout s'appuyant sur la lance et tenant son bouclier debout à ses pieds. Lég. : IMP. VI COS III. *Imperator six fois, consul trois fois.*

1135. — Denier d'argent de Géta. Lég. : P SEPTIMIVS

GETA CAES. *Publius Septimius Géta César*. Buste de Géta, la tête nue, avec le paludamentum. Revers : Lég. : PONTIF COS II. *Pontife, deux fois consul*. Le jeune César sacrifiant en sa qualité de pontife.

BIJOUX D'OR

1136. — Bracelet composé de quatorze petites feuilles d'or carrées ornées de rosaces de deux modèles qui alternent. Le milieu est formé par une rosace découpée et non enlevée sur une feuille carrée; cette rosace seule est ornée de dessins en filigrane. Le bracelet est exécuté au repoussé sur des feuilles d'or très-mince, comme les monnaies bractéates. Long. 24 mill. Catalogue Durand, par M. de Witte, n° 2078.

1137 et 1138. — Une paire de bracelets étrusques, absolument semblables et formés de deux feuilles d'or très-mince appliquées l'une contre l'autre. Du côté principal, la feuille d'or est chargée d'ornements en filigrane. Au milieu de ces dessins capricieux qui figurent des méandres, des lignes ondoyantes, en zigzag, etc., on distingue, exécutés également en filigrane, deux sujets. Le premier est une danse armée de deux hommes; le second, un cavalier lançant un javelot. Les fermoirs qui n'ont jamais pu servir, attendu que les feuilles d'or se briseraient si on essayait de les étendre entièrement, sont garnis d'un côté de deux porte-agrafe; de l'autre, d'un seul. Sur le premier de ces fermoirs, on distingue deux lions ailés en marche, exécutés en filigrane comme les ornements du corps du bracelet; au-dessous, une rosace surmontée d'un croissant en relief placé entre deux autres croissants sur lesquels sont assises deux figures humaines de ronde bosse dont les traits sont dessinés en filigrane. Sur le second fermoir, beaucoup moins richement décoré, on ne voit qu'un seul lion ailé et il n'y a que deux croissants renversés en relief et pas du tout de figures de ronde bosse. A la place de la rosace signalée sur le premier fermoir, on distingue une répétition de la danse armée qui orne le corps du bracelet. La feuille d'or qui forme le côté intérieur du bracelet est décorée d'ornements de fantaisie exécutés au repoussé, au milieu desquels on distingue pourtant deux lions, ou peut-être deux ours en marche et deux figures de femmes ailées vues à mi-corps, peut-être des harpies. Long., non entièrement développé, 12 cent. Larg. 3 cent. 1/2. L'un de ces bracelets est gravé pl. XI. Ces précieux bijoux proviennent de fouilles faites dans les nécropoles de l'Étrurie. On peut leur attribuer une haute antiquité. Le style est encore tout à fait oriental comme celui de ces vases qu'on trouve aussi dans les tombeaux étrusques et qu'on nomme de style phénicien ou oriental.

1139. — Bracelet composé de croisillons en pâte de verre, revêtus d'une feuille d'or qui ne laisse voir le verre qu'aux quatre extrémités. Long. 20 cent.

1140. — Bracelet, ou pendant d'oreille ou de collier en forme de bracelet, composé de perles d'or creux séparées les unes des autres par de moindres perles également en or creux. Sept boules de pâte de verre de diverses couleurs pendent à ce bracelet. Diam. 6 cent.

1141. — Bracelet composé de dés en or à douze faces. Pour fermoir, une plaque au repoussé représentant une tête de Minerve casquée de face. Long. 19 cent.

1142. — Bague d'or massif en forme d'œil ; une très-belle agate à quatre couches non gravée, qui imite la prunelle, forme le chaton. H. 24 mill. L. 40 mill. Gravé, pl. XI.

Ces bagues étaient des préservatifs contre la tempête; j'en connais une presque semblable sur le chaton de laquelle est une pierre représentant un navire en mer, avec la devise grecque : εὐπλοει, *navigue heureusement !* On sait qu'on peignait souvent un œil à la proue des navires ; cet œil est celui de la divinité sous les auspices de laquelle on affrontait les dangers de la mer. De là la forme de l'œil donnée à ces bagues. On peut classer ce beau bijou dans les premiers siècles de l'empire romain.

1143. — Bague d'or massif en forme d'œil. Le chaton est un Nicolo gravé en creux dont le type est un aigle tenant une palme dans ses serres. H. 15 mill. L. 30 mill. Cette bague appartient à la même catégorie que le n° 1142 : on peut la rapporter à la même époque.

1144. — Bague d'or massif, avec un petit Nicolo non gravé pour chaton. L'anneau est orné de feuillages ciselés dans la masse. H. 22 mill. L. 30 mill. Gravé, pl. XI. (V. n°s 1142 et 1143.)

1145. — Anneau avec chaton dont le sujet, gravé en creux, est la Chimère. H. du chaton 6 mill. L. 8 mill.

1146. — Anneau étrusque. Le chaton, de forme oblongue, est orné d'un sujet en creux : génie ailé entre deux lions. H. 15 mill. L. 8 mill. (du chaton).

1147. — Pendant d'oreille. Génie ailé d'Apollon tenant d'une main la lyre et de l'autre une couronne. Cette figurine est suspendue à un petit médaillon rond dont la cavité est ornée d'une rosace en filigrane entourée de cercles également en filigranes. H. 30 mill. Gravé, pl. XII.

1148 et 1149. — Une paire de pendants d'oreilles en or. Vase à couvercle sans anse, ou plutôt corbeille découpée à jour suspendue à un grand anneau auquel elle se rattache encore par le bas au moyen d'une rouelle découpée à jour. Le couvercle de la corbeille était orné d'une pierre dont il ne reste plus que l'entourage en or. H. 55 mill. Travail d'une basse époque.

1150. — Pendant d'oreille. Une tête d'Éthiopien en émeraude. H. 11 mill. L. 10 mill.

1151 et 1152. — Une paire de pendants d'oreilles en or. Une sorte de croissant orné de losanges en filigrane forme le motif de cet élégant bijou. H. 25 mill. Gravé, pl. XII.

1153. — Un pendant d'oreille. A un grand anneau sont suspendus un phallus, deux perles d'or à huit pans et deux petites coupes. H. 48 mill.

1154. — Pendant d'oreille. Génie bachique, ailé, tenant une amphore. H. 18 mill.

1155. — Pendant d'oreille. Figurine d'Harpocrate. H. 2 cent.

1156. — Pendant d'oreille. Le motif est une tête de ronde bosse, représentant une femme, peut-être Junon. La déesse est représentée avec un diadème orné de bouquets de perles ; une double chaîne d'or rattache sur le front ses cheveux au milieu desquels sont étagés d'autres bouquets de perles ; des extrémités de cette double chaîne placée horizontalement part de chaque côté une natte de cheveux qui encadre la figure et lui donne un aspect noble et même sévère. H. de la tête 25 mill. L. avec l'anneau 35 mill. Gravé, pl. XII. Style grec, archaïque.

1157. — Pendant d'oreille. Le motif est une tête de déesse. Les cheveux, séparés en deux sur le front, sont ramenés sur le sommet de la tête ; un bandeau sur le front et quatre tresses de cheveux descendant le long des joues encadrent la figure. Cette tête, que je serais tenté d'attribuer à Ariadne, parce que, malgré l'exiguïté des feuilles qui parent sa chevelure, j'y reconnais des pampres, est placée entre deux émeraudes : la première orne le fermoir, la seconde décore l'anneau ; au-dessous est une agate rayée. H. 25 mill. L. 30 mill. Gravé, pl. XII.

1158 et 1159. — Une paire de pendants d'oreilles en or. Le motif est une tête de ronde bosse représentant une déesse. H. 20 mill.

1160 et 1161. — Une paire de pendants d'oreilles. Le motif est Cupidon ailé, suspendu à un bouton formé d'un grenat entouré de deux cercles de filigrane. La tête de l'Amour est ornée d'une couronne ; son corps, qui n'a jamais eu de pieds, est décoré de colliers en filigrane. H. 35 mill. L. avec l'anneau, 35 mill. L'un de ces joyaux est gravé pl. XI.

1162. — Pendant d'oreille en or, de forme semi-circulaire, exécuté partie au repoussé, partie en filigrane. Le côté destiné à être vu est très-richement décoré ; deux sphinx accroupis, séparés par une pomme de pin au repoussé, forment le motif principal ; au-dessous, une grande rosace au milieu de quatre moins grandes et d'une multitude de feuilles ou de fleurs. Le côté moins en vue est simplement orné d'une double rangée perpendiculaire de fleurons en filigrane. H. 25 mill. L. 20 mill.

1163 et 1164. — Une paire de pendants d'oreilles semblables au n° 1162, mais moins grands. H. 19 mill. Avec l'anneau : H. 28 mill. L. 15 mill.

1165 et 1166. — Une paire de pendants d'oreilles. Le motif est une tête de taureau exécutée au repoussé, et décorée sur le front d'un petit grenat entouré d'ornements de filigrane. H. 35 mill. L. 25 mill. L'un de ces joyaux est gravé pl. XI.

1167 et 1168. — Une paire de pendants d'oreilles. Le motif est un bouton orné de filigranes auquel est suspendu un cartouche au milieu duquel est une tête de Méduse de face, exécutée au repoussé et entourée d'un double cercle de filigrane. Une chaînette suspendue à trois anneaux complète le pendant d'oreille. H. 32 mill. L. 17 mill. Gravé, pl. XII.

1169. — Pendant d'oreille ou de collier. Vase à deux anses chargés de pampres et masques bachiques en relief. Belière. H. 26 mill. Diam. de l'orifice du vase 15 mill. Gravé, pl. XI.

1170 et 1171. — Une paire de pendants d'oreilles. Vase rond sans anses suspendu à une chaînette. La panse du vase à col court est décorée de losanges réguliers en relief. H. 20 mill. Gravé, pl. XII.

1172 et 1173. — Une paire de pendants d'oreilles. Une quadruple rosace en filigrane à laquelle sont suspendues trois grenades dont une beaucoup plus grosse que les autres. Ces fruits sont en or comme le bijou tout entier, mais la couronne des grenades est formée par une pâte de verre vert apparente. H. 35 mill. L. 14 mill.

1174. — Collier formé par des perles d'or, séparées chacune l'une de l'autre par une couronne de six petites perles. Les fermoirs offrent des têtes de béliers, ou plutôt d'animaux fantastiques à longues cornes. Au milieu est suspendue une dent de requin pétrifiée, enchâssée dans un petit anneau d'or. Provient de la vente Durand; c'est le n° 2069 du catalogue par M. de Witte. Long. 28 cent.

1175. — Collier composé d'un cercle d'or dans lequel sont passées cinquante-deux perles de pâte de verre doré et émaillé de bleu et de blanc. A ce collier est suspendu un phallus de pâte de verre bleu. Les fermoirs du collier en or sont décorés de petites plaques d'or de forme ovale avec chacune un sujet gravé en creux : 1° Neptune debout, tenant d'une main le trident et de l'autre un poisson; 2° Victoire ailée, avec palme et couronne. Diam. du collier, 21 cent.

1176. — Collier d'or composé de petits cols d'amphore, auquel est suspendue une amphore dont la panse est en pâte de verre, tandis que le col et le pied sont en or et sont décorés de filigranes. Deux muffles de lion en or mince, surmontés chacun d'une boule en pâte de verre irisé placée entre deux sortes de couronnes, forment le milieu de ce collier. Les petits cols d'amphore qui composent le collier sont absolument de la même forme que celui de l'amphore qu'il supporte. Long. 30 cent.

1177. — Collier composé de grains de blé et de perles d'or qui alternent. Au milieu est une perle plus grosse que les autres avec des ornements en filigrane. Un petit gland est suspendu à chacun des fermoirs. Long. 33 cent. 1/2. Gravé, pl. XII. Provient de la vente Durand. Voyez n° 2067 du Catalogue, par M. de Witte.

1178. — Collier composé d'une chaînette d'or entremêlée de petits dés d'émeraude d'Égypte et de verroteries. Au milieu est suspendu un dé d'émeraude d'Égypte plus gros que tous les autres. Les fermoirs, en or mince, figurent une feuille. Long. 41 cent.

1179. — Collier formé par des feuilles de lierre en or, bractéates, et par de petits dés d'émeraudes d'Égypte qui alternent. Long. 48 cent. Gravé, pl. XII. Provient de la vente Durand; c'est le n° 2074 du Catalogue rédigé par M. de Witte.

1180. — Collier formé par une chaîne en filigrane. Fermoirs : une tête de gazelle en grenat entourée de filigrane d'or. Long. 45 cent. Provient de la vente Durand. Voyez le Catalogue par M. de Witte, n° 2073.

1181. — Collier composé de petits grains d'or séparés par cinq plus gros, lesquels sont décorés de filigrane. Long. 31 cent.

1182. — Collier composé de grains d'or en filigrane alternant avec des agates, des émeraudes et des grenats. Au milieu, une émeraude sur base d'or hexagone entre deux grenats sur base ronde. Deux têtes de panthère en or, en regard, complètent la décoration du milieu de ce collier qui est encore orné d'une pendeloque formée de chaînettes partant d'un petit grenat. Long. 38 cent. Gravé, pl. XII.

1183. — Médaillon d'or (fibule ou pendant de collier), représentant une tête de Méduse de face, travaillée au repoussé. Encadrement en filigrane très-fin. Diam. 35 mill. Gravé, pl. XI. Ce précieux bijou, dont le travail annonce la belle époque de l'art grec, a été rapporté d'Athènes, il y a quelques années, par un de nos consuls dans les échelles du Levant.

1184. — Pendant de collier, composé d'une médaille d'or de Faustine mère, placée au milieu d'un élégant encadrement découpé à jour et muni d'une belière. La légende de cet *aureus* est : DIVA FAVSTINA. La femme d'Antonin est représentée voilée, de profil; ses cheveux tressés élégamment forment, sur le sommet de sa tête, cette espèce de couronne qu'on retrouve sur les bustes et les statues de cette impératrice. (Voyez le beau buste de marbre de Faustine, n° 1733 du présent ouvrage.) Au revers est représentée l'Éternité, sous les traits d'une femme debout, voilée, tenant d'une main une patère et de l'autre un gouvernail qui pose sur le globe du monde. Légende : AETERNITAS. H. du bijou 4 cent.

Il existe au Cabinet des médailles et antiques de la Bibliothèque impériale plusieurs exemples de l'emploi de pièces de monnaie dans les colliers. Voyez surtout le collier auquel sont suspendus deux camées et quatre pièces de monnaie. (N° 2558 du *Catalogue des Camées, etc.*, par M. Chabouillet.)

1185. — Phallus suspendu à une chaînette. H. 17 mill. Avec la chaînette, 6 cent.

1186. — Fibule d'or. Le long de l'aiguille, des animaux en ronde bosse; d'abord un lion ailé, accroupi, la gueule béante; puis derrière ce lion et en sens contraire, trois couples d'animaux de dimension bien moindre : deux lions, deux canards et deux lions. Ces derniers exécutés plus grands que les deux premiers. Long. 68 mill. Gravé, pl. XI. Cette belle fibule est de celles qu'on trouve dans les tombeaux de l'Étrurie, et qui, comme la nôtre, sont souvent composées de plaques d'or mince et ne pourraient être d'aucun usage.

1187. — Fibule d'or mince. On reconnaît sur l'étui de l'aiguille ou de l'ardillon des vestiges d'animaux en relief, accroupis dans le genre de ceux qu'on voit sur la grande et belle fibule n° 1186. H. 40 mill.

1188. — Fibule à laquelle il ne manque que le crochet. Ce bijou, d'une forme rare, se compose d'une charnière élégamment découpée en fleurons de façon à figurer la frange d'une étoffe et d'une épaisse plaque d'or carrée entourée de perles d'or, au milieu de laquelle un statère d'or d'Alexandre le Grand est encastré de manière à ce qu'on puisse en voir la face et le revers. Ce statère, qui est entouré d'un grènetis et cantonné de quatre tiercefeuilles, offre le type connu de cette monnaie justement célèbre quoi qu'en ait pu dire Zénon le stoïcien.[1] On y voit donc, d'un côté, la tête de Minerve de profil. La déesse est représentée les cheveux flottants en tresses sur les épaules; elle porte un collier et des pendants d'oreilles. Sur son casque, décoré d'une longue crinière est sculpté le serpent sacré. Au revers, on lit le nom du roi au génitif : ΑΛΕΞΑΝΔΡΟΥ. Le type est la Victoire ailée tenant de la main droite une couronne, et de la gauche un long bâton potencé dont on a longtemps cherché l'explication. Aujourd'hui on a généralement adopté l'opinion émise par M. Charles Lenormant, qui y reconnaît l'armature d'un trophée. (Voyez *Numismatique des rois grecs*, p. 21, colonne 2, dans le *Trésor de numismatique.*) Cette interprétation a été suivie par M. Müller, dans sa *Numismatique d'Alexandre le Grand,* publiée à Copenhague en 1855. (Voyez, p. 1 et 3.) Dans le champ, à gauche, on distingue les symboles qui désignent la ville où a été frappée la monnaie. Ici, on voit la tête de bélier et la coquille attribuées à l'île de Samothrace par M. Müller, dans l'ouvrage qu'on vient de nommer. (V. p. 158, n° 300.) H. du joyau 47 mill. L. 26 mill. Gravé, pl. XI.

1. Sur l'opinion défavorable à la monnaie d'Alexandre, attribuée à Zénon par Diogène Laërce, voyez la judicieuse remarque de M. E. Beulé, *Monnaies d'Athènes*, page 4.

Ce genre de fibule n'est pas commun; cependant on peut en voir une d'argent presque semblable à celle-ci, qui a été trouvée à Herculanum, dans le *Dict. d'antiq.*, d'Ant. Rich., édition française de 1859, p. 269.) On croit que certaines de ces fibules ont servi de récompenses ou de décorations militaires. Le choix de l'effigie d'Alexandre le Grand pour décorer notre fibule est une circonstance qui ajouterait du poids à cette opinion qui, si nos souvenirs ne nous trompent pas, a été émise par M. Ad. de Longpérier.

1189. — Fibule en forme d'épingle, ornée d'une perle et de deux saphirs. H. 4 cent.

1190. — Fibule. A une palmette est soudée une rosace à laquelle sont suspendues par des chaînettes trois pendeloques, une de forme ovoïde allongée formée d'une pâte de verre rouge enchâssée dans l'or, et deux clochettes. H. 5 cent.

BIJOUX D'OR

DES PREMIERS SIÈCLES DU CHRISTIANISME

1191. — Anneau avec chaton rond, portant en creux un aigle éployé, et un chrisme ainsi disposé : au haut et au bas de la croix, l'A et l'Ω; à la branche transversale de la croix, un K et un M. H. 10 mill. L. 9 mill.

1192. — Anneau avec chaton rond, chargé d'un monogramme composé de lettres IOHANS, ce qui pourrait former le nom latin de Jean, sauf l'E. L'S finale du nom étant placée en tête du monogramme, c'est probablement S. Jean qu'il faut lire ici. Diam. du chaton 8 mill.

Paciaudi parle des *sceaux* de saint Jean qu'on portait contre le mal caduc; notre anneau est peut-être un vestige de cette antique croyance. Voyez, *de Cultu S. Johannis Baptistæ antiquitates christianæ. Dissertat. VII,* p. 301 et suiv.

1193. — Bague d'or. L'anneau, assez large, est divisé en compartiments en filigrane qui étaient ornés de pâtes de verre qui ont disparu. Le chaton, décoré d'un saphir, est très-élevé; il est découpé à jour; un petit étui fermé jadis par une pierre y est adapté. C'était sans doute la place du poison qu'on portait souvent dans les anneaux. Au pied du chaton, de chaque côté, trois perles d'or. H. 34 mill. L'analogie de la décoration de ce précieux anneau avec d'autres joyaux de l'époque mérovingienne permet de l'attribuer à cette période dont les monuments sont si rares. Notre bague me paraît devoir être attribuée au VIIe siècle.

1193 bis. — Bague d'or massif avec une améthyste taillée en cabochon pour chaton. L'améthyste est retenue par un cercle d'or, quatre grandes pattes et deux petites. H. 29 mill. L. 20 mill. Le travail de ce curieux bijou paraît remonter au VIIe siècle de notre ère. On y reconnaît une véritable analogie de style avec les magnifiques couronnes d'or wisigothes acquises récemment pour le musée des Thermes et de l'hôtel de Cluny, par les ordres de S. Exc. M. Achille Fould, ministre d'État.

1194. — Rosace ou quatrefeuilles d'or, décorée d'ornements en filigrane, et enrichie de neuf pierres ou plutôt d'imitations de pierre en pâte de verre, ou en verre translucide; cinq de ces ornements, disposés trois par trois, sont ronds, quatre sont carrés. Une autre rosace toute pareille, mais un peu moins grande et faite pour entrer dans le creux de celle-ci, lui sert de fond. H. 34 mill. L. 34 mill.

VASES D'ARGENT

1195. — Simpulum. Le manche se termine par une tête de cygne. Le vase est décoré extérieurement d'une rosace gravée. Long. 31 cent. On sait que le simpulum servait à faire les libations. Le Cabinet des médailles possède trois de ces rares instruments qui tous proviennent de la découverte de Bernay. Voyez au numéro suivant.

1196. — Petit vase en forme de casserole. L'anse plate est décorée d'ornements gravés et finit sur ce vase par deux têtes de cygne. H. 75 mill. Diam. de l'orifice 92 mill. Circonf. 29 cent. Long. de l'anse 7 cent. 1/2. L'ornementation et la forme de ce vase rappellent les nos 2832 à 2839 de la célèbre découverte de Bernay ; comme ici, sur ces monuments, l'anse se rattache au vase par deux têtes de cygne. (V. *Catalogue des camées et autres monuments du Cabinet des médailles*, par M. Chabouillet.)

1197. — Petit vase, de forme basse, avec une anse terminée par une palmette qui la rattache à la panse. H. 7 cent. 1/2. Diam. de l'orifice 6 cent. 1/2. Circonf. 29 cent.

IVOIRE

1198. — Vénus. La déesse est debout, entièrement nue ; la pose rappelle la Vénus de Cléomènes ou de Médicis, bien que le corps de la dernière soit incliné en avant, tandis que celle-ci se tient droite. Les gestes sont ceux qui ont valu à cette célèbre statue le surnom de Vénus Pudique ; mais il existe encore trop d'autres différences entre ces deux représentations de la même divinité pour qu'on puisse les confondre. La plus importante de ces différences consiste dans le mouvement de la tête, qui est de face ici, tandis que celle de la Vénus de Cléomènes est tournée à gauche. La coiffure est également tout autre. Un diadème de forme élevée orné de perles est placé sur la tête de notre figure : les cheveux sont partagés en bandeaux sur le front et viennent se réunir sur le sommet de la tête où ils forment quatre nœuds avec ceux de derrière relevés en quatre tresses. Au contraire, la Vénus de Médicis n'a pas de diadème, et ses cheveux forment un gros nœud sur le chignon. Le bracelet qui décore le bras gauche de la Vénus de Médicis ne paraît pas ici. Le tronc d'arbre, soutien obligé d'une grande statue de marbre, n'était pas nécessaire ici ; aussi n'y figure-t-il pas non plus que le dauphin et les amours qui masquent cet accessoire dans la grande statue et servent en même temps à la caractériser. Haut. 10 cent. 1/2.

Avons-nous ici la copie d'une Vénus Pudique conçue d'après un autre type que celui de Cléomènes, ou une variante de ce type due à quelque imitateur? C'est ce qu'il est difficile de décider. On peut remarquer cependant que la Vénus de Cléomènes est d'un style recherché, tandis que l'ivoire de M. Louis Fould est traité dans un goût simple et presque sévère. Au reste, sans sortir du cabinet de M. Louis Fould, on peut comparer ce précieux ivoire avec la Vénus de Médicis, car on y trouvera (n° 1873) une bonne copie en bronze de cette gloire de la tribune de Florence. On peut voir aussi dans le *Musée de sculpture* du comte de Clarac, pl. DCXII, la Vénus de Médicis dessinée sous trois aspects, et, pl. DXCXVIII et suivantes, des statues de Vénus de divers musées de l'Europe, avec des diadèmes comme cet ivoire.

Est-il nécessaire d'ajouter que les figurines antiques d'ivoire sont de la plus grande rareté? Cette rareté est telle que des antiquaires exercés ont émis des doutes sur l'authenticité de cette figure. Ils se fondent principalement sur la disposition insolite de la coiffure ; mais des découvertes journalières ne viennent-elles pas tous les jours dérouter bien des opinions établies sur l'antiquité. Cet ivoire, s'il n'est pas antique, ne pourrait dater que de la Renaissance que rien ne trahit cependant ici dans le travail ni dans le style ; on est donc en droit de le considérer comme authentique avec bien des hommes aussi compétents que ceux qui l'ont condamné.

MONUMENTS DE BRONZE

FIGURINES

1199. — Apollon nu, debout, les cheveux formant une sorte de couronne, un chignon et deux tresses qui viennent flotter par devant, sur les épaules. Les attributs qu'il tenait dans les mains ont été détruits. H. 15 cent.

1200. — Apollon ou Éphèbe sacrifiant ; il est représenté debout, avec de longs cheveux et nu sauf une légère chlamyde jetée sur l'épaule gauche. Le dieu tient de la main droite une phiale. H. 11 cent. Figurine de style étrusque, provenant de la vente Durand; voyez le n° 1436 du Catalogue rédigé par M. de Witte.

1201. — Minerve. La déesse est debout, revêtue d'une longue robe et du peplus ; elle est coiffée d'un casque avec grand cimier, nasal et yeux, *l'aulopis,* et tient de la main droite une pixis ou boite carrée, et de la gauche un objet globuleux. H. 9 cent. Statuette de travail romain et d'une bonne patine. Le motif est rare et curieux ; Minerve est représentée ici au moment où elle va déposer son vote en faveur d'Oreste au tribunal de l'Aréopage.

1202. — Vénus. La déesse est entièrement nue ; elle tient de la main gauche la pomme qui lui a été décernée par Pâris. Des bracelets ornent ses bras. H. avec le socle 35 cent. Statuette découverte récemment en Syrie. Travail de l'époque romaine.

1203. — Vénus au moment d'entrer au bain. La déesse, entièrement nue, est debout au bord des degrés qu'elle va descendre pour entrer dans le bain et tient de la main gauche une draperie qui repose sur un vase. Ce vase à une seule anse doit contenir des parfums pour la toilette de la déesse qui, malgré sa nudité complète, a conservé deux bracelets et son diadème. Sur le socle posé sur quatre griffes de lion sont figurés les degrés dont il vient d'être parlé. H. avec le socle 21 cent. Cette jolie statuette rappelle, par le style et la patine, ces Vénus trouvées récemment en Syrie et dont plusieurs ont trouvé place dans la belle collection de M. le vicomte Hippolyte de Janzé, à Paris.

1204. — Vénus à sa toilette. La déesse est représentée debout, entièrement nue, et faisant le geste d'arranger ses cheveux en se regardant dans un miroir qu'elle tient de la main gauche. H. avec le socle 16 cent. 1/2.

1205. — Vénus debout, entièrement nue, diadémée, les cheveux formant par derrière un chignon d'où s'échappent deux tresses qui viennent par devant jusque sur le cou. Elle a les bras en avant et devait tenir quelque objet dans les mains. H. 15 cent.

1206. — Mercure, nu, debout, avec des ailerons à la tête, la bourse à la main droite. Le caducée, qu'il tenait de la main gauche, a disparu. H. 15 cent. Socle antique 4 cent. Je crois pouvoir attribuer cette statuette à l'art gallo-romain.

1207. — Mercure, debout, avec la chlamyde, le pétase ailé et les talonnières, tenant la bourse de la main droite. Le caducée qu'il devait tenir de la main gauche a disparu. H. 13 cent. 1/2. Travail de l'époque romaine. Belle patine et conservation parfaite.

N° 1208.

1208. — Bacchus. Le dieu est représenté jeune, imberbe, couronné de lierre et entièrement nu ; il est assis et tient de la main droite un rhyton. De la main gauche, il tenait sans doute un canthare qui a disparu. H. 10 cent. 1/2. Bois dans le texte. Cette figurine, d'un mouvement plein de grâce et de naturel, a été découverte en France il y quelques années. On y trouve avec plaisir cette belle patine verte des monuments de la découverte de Châlon-sur-Saône en 1763, dont la réunion forme une des belles séries de la collection de la Bibliothèque impériale.

1209. — Silène dansant, un canthare à la main, enveloppé d'un manteau qu'il retient de la main droite. H. 52 mill. Statuette d'un très-bon travail et d'une bonne conservation.

1210. — Satyre à demi couché, s'appuyant sur le coude gauche. Il est barbu, a les longues oreilles et les pieds de bouc. H. 4 cent. L. 6 cent. Bronze aussi remarquable par le travail que par la patine qui rappelle celle d'un grand nombre de médailles de Naples. Cette patine bleue, très-fine, fait corps avec le bronze et lui donne l'aspect d'une pierre dure.

1211. — Ce numéro manque.

1212. — Hercule au repos. Le demi-dieu penché sur un rocher, recouvert de la peau de lion, s'appuie en même temps sur sa massue. Le bras gauche est passé derrière le dos; la main qui devait tenir les trois pommes enlevées aux Hespérides a été brisée. H. 9 cent. On reconnaît facilement ici le type si justement célèbre de l'Hercule Farnèse. Cette statue colossale, découverte à Rome en 1540, sous le pontificat de Paul III, le chef de la maison Farnèse, fait aujourd'hui l'orgueil du Musée de Naples. On sait qu'il existe un grand nombre de répétitions antiques du chef-d'œuvre de Glycon d'Athènes, soit de grandeur naturelle, soit en petite dimension, et qu'on retrouve même ce type sur les médailles et sur les gemmes. Notre figurine, dont l'antiquité est attestée par une patine inimitable, est une de ces répétitions dont plusieurs sont signalées par le comte de Clarac dans son *Musée de sculpture* (t. V, p. 16).

1213. — Fortune-Isis. La déesse est debout, tenant de la main droite un gouvernail sur lequel elle s'appuie, et de la gauche une double corne d'abondance. Elle est vêtue d'une double tunique talaire par-dessus laquelle elle porte un peplus agrafé sur l'épaule droite. Sur sa tête, on voit non-seulement le diadème des divinités grecques ou romaines, mais le disque entre deux cornes surmonté de deux longues plumes, coiffure symbolique d'Isis ou d'Hâthor. (Voyez *Notice sommaire des monuments égyptiens du Musée du Louvre*, par M. le vicomte Emmanuel de Rougé, édit. de 1855, p. 110.) H. avec le piédestal antique, 18 cent. 1/2.

1214. — Hygie debout, vêtue d'une longue robe qui laisse nu le sein gauche, tenant la patère dans laquelle le serpent sacré vient manger le gâteau. H. 7 cent.

1215. — Harpocrate. Le dieu, représenté sous les traits d'un enfant, est nu, sauf une nébride jetée sur l'épaule. Il tient de la main gauche une corne d'abondance, et de la main droite fait le geste consacré de porter l'index à la bouche. Sur son front le disque qu'on voit colorié en rouge et en vert sur les peintures égyptiennes; les cheveux sont bouclés comme ceux des enfants, à l'exception d'une double tresse qui part du disque dont on vient de parler. H. 15 c.; avec la base antique, 19 cent. Gravé, pl. XIII. Statuette d'un travail exquis et d'une conservation parfaite. C'est sans contredit le bronze le plus fin de la collection, et dans les plus riches musées ce bronze serait placé aux premiers rangs. Il provient de la vente faite par M. Roussel, expert, il y a peu d'années

1216. — Harpocrate. Le jeune dieu est représenté entièrement nu, debout, le doigt sur les lèvres, le corps légèrement incliné à gauche et supporté par le coude qui portait sans doute sur une colonne qui a disparu et qui a été remplacée par un tronc d'arbre. Les cheveux, bouclés, sont serrés par un bandeau; il porte le schent ou couronne des principales divinités égyptiennes, et de plus le crôbyle ou nœud des génies. H. 53 cent. 1/2. Patine rouge. Gravé, pl. XIV. Le tronc d'arbre autour duquel s'enroule un serpent et qui supporte le bras gauche, la chouette placée au pied de cet arbre et le sol sur lequel cette figure est posée sont de restauration, ainsi que la jambe droite à partir du genou.

Cette figurine, remarquable par son grand style et aussi par sa dimension qui est fort rare, a été acquise à Genève en 1856 avec la statue du Faune, n° 869, et les autres antiques de la collection de M. Duval. Voyez plus haut, p. 28

1217. — Cycnus accroupi, tirant son épée du fourreau. H. 7 cent.

M. de Witte a fait connaître le premier cette statuette dans le *Bulletin archéologique de l'Athenæum français*. (Voyez IIe année, p. 1 et suiv., avec bois dans le texte.) C'est au savant archéologue que l'on doit l'explication de ce curieux monument; je lui emprunte ces lignes qui le décrivent si bien: «Le brigand est accroupi comme épiant les voyageurs; il a une ceinture autour du corps; à cette ceinture est suspendue l'épée qu'il va tirer du fourreau. Une petite chlamyde couvre à peine sa poitrine et se rattache sur l'épaule droite au moyen d'une fibule. Sa main gauche repose sur sa cuisse. Le casque qui couvre sa tête est formé d'un long col de cygne terminé par la tête de l'oiseau qui s'allonge en faisant saillie sur le devant. L'expression comme l'attitude de Cycnus annonce l'action d'un brigand qui est en embuscade pour surprendre les voyageurs. » Le rapprochement entre l'ornement du casque du brigand, qui fut l'une des victimes d'Hercule, et son nom, Cycnus, ainsi que l'examen de plusieurs monuments qui représentent Cycnus, ne permettent pas de douter de l'attribution de M. de Witte. Il suffira d'ajouter en finissant que les vases et les gemmes offrent de nombreuses représentations de la lutte d'Hercule avec Cycnus. M. de Witte cite entre autres un magnifique scarabée étrusque publié par Micali dans ses *Monumenti inediti*, tav. CXVI, I. Ed. 2e, où le groupe des deux combattants est accompagné d'inscriptions en caractères étrusques. Ce scarabée fait partie de la collection si bien choisie de M. le duc de Blacas.

1218. — Ajax combattant; le héros est représenté barbu et le casque en tête. Le bouclier et l'épée ou le javelot qu'il devait tenir ont disparu, mais tout le mouvement de la figure indique l'action du combat. H. 27 cent.

On peut comparer cette remarquable figure avec la statue d'Ajax, fils de Télamon, qui faisait partie du fronton du temple de Jupiter Panhellénien, ou de Minerve, à Égine, et qu'on peut voir dans dans la Glyptothèque de Munich, n° 66. Le caractère de la tête et même quelque chose du mouvement de notre figurine se retrouvent dans la grande statue.

1219. — Ganymède, ou Éphèbe nu, debout, tenant d'une main une œnochoé et de l'autre une patère. H. avec le socle antique; 11 cent. 1/2. Figurine curieuse, de style étrusque barbare. Bonne patine bleue.

1220. — Camille marchant rapidement sur la pointe des pieds; il est chaussé d'endromides et vêtu d'une courte tunique serrée à la taille par une ceinture. De la main droite il tient un rhyton qu'il élève au-dessus de sa tête; de la main gauche il tient une patère. Les cheveux abondants de ce jeune ministre des autels lui forment même une double couronne. Le rhyton, muni d'un couvercle en pointe, se termine par la tête et la partie antérieure d'un bouc. Sur la base antique on distingue une fleur, ce qui indique que le Camille court dans la campagne. H. 25 cent. 1/2. Une figurine semblable à celle-ci, sauf qu'il lui manque le rhyton, est gravée dans la *Galerie de Florence*, t. Ier, et dans le *Musée de sculpture* de Clarac. V. pl. DCCLXXX, n° 1916.

1221. — Enfant romain, nu, avec la *bulla* suspendue au cou, assis sur un chapiteau d'ordre ionique. H. 7 cent.

1222. — Danseuse entièrement nue. H. 6 cent. La tête de cette danseuse, dont le mouvement hardi est parfaitement composé, est d'une grande pureté de style et dénote un bronze d'une bonne époque.

1223. — Panthère à demi accroupie, la patte posée sur une pierre. H. 4 cent. 1/2.

1224. — Mouflon accroupi. H. 3 cent. 1/2.

1225. — Rat tenant un fruit dans ses pattes; les yeux sont incrustés d'or. La queue n'est pas entière. H. 3 cent. L. 6 cent.

OBJETS DIVERS EN BRONZE.

1226. — Candélabre de bronze. Le lampadaire est porté sur un trépied terminé par trois pattes de lion posées sur autant de tortues. Trois sujets mythologiques découpés décorent le trépied :

1° Hercule, revêtu de la peau de lion et la massue à la main, enlevant Déjanire qui, revêtue d'une longue robe et coiffée d'une sorte de capuchon, enlace le cou du héros dans ses bras ;

2° Deux Centaures, sous la forme de Satyres à oreilles pointues et à pieds de cheval, barbus, nus et ithyphalliques, en course. Ils semblent poursuivre les deux femmes qui figurent sur le troisième compartiment;

3° Deux femmes nues, à l'exception d'une ceinture nouée de façon à suppléer en quelque sorte à un vêtement.

Ces trois sujets sont portés sur des rinceaux découpés et sur des palmettes. Trois têtes humaines barbues et cornues, c'est-à-dire, trois têtes de fleuves, décorent le haut du trépied. Le fût, divisé en trois compartiments, se termine élégamment par une sorte de bouquet de six branches destinées à porter de petites lampes. Trois de ces lampes sont terminées par des pommes de pin. H. 40 cent. Gravé, pl. XV.

Ce candélabre est un des joyaux de la collection; sa conservation, qui est parfaite, en fait un des plus précieux monuments de l'art étrusque que l'on connaisse à Paris. La planche ne fait voir qu'une des faces du trépied, celle où Hercule enlève Déjanire, sujet qui n'exige pas de longs commentaires; elle dissimule prudemment les deux autres qui ne s'expliquent que trop clairement. Il serait donc inutile de s'étendre sur ces deux sujets, mais je dois faire remarquer qu'on aurait tort de vouloir à toute force y trouver une corrélation avec le premier. On peut tout au plus y reconnaître un rapport indirect, en ce que ce sont des scènes analogues, puisque dans les deux cas il s'agit de femmes enlevées ou à enlever. La fantaisie jouait dans la décoration des objets mobiliers, même de ceux qui étaient consacrés au culte, un rôle beaucoup plus grand qu'on ne le croit généralement. Il suffisait que les types ne fussent pas en contradiction avec les idées reçues pour qu'on se permît de les employer sans trop s'astreindre à une logique rigoureuse. Les vases fourniraient de nombreuses preuves de cette assertion, mais les monuments de bronze en offrent aussi de très-concluantes. Je puis, du reste, citer à l'appui de ce qui précède, ces lignes écrites par M. le duc de Luynes dans un mémoire qui, sous ce titre modeste, *Trépied de Vulci*, est un excellent traité sur les trépieds en général. « Il y a tout lieu de « penser, comme nous le verrons par un exemple encore « plus frappant, que les artistes étrusques employaient des « ornements identiques à la décoration de différents mo- « numents, toutes les fois que le symbolisme religieux et le « goût leur en laissaient la faculté.» (V. *Nouvelles Annales de l'Institut archéologique*, t. II, p. 240, note 1. On peut lire aussi le développement de cette observation dans la note 3, même page.) En finissant, je dois dire qu'un coup d'œil sur les planches de Micali, du *Museum Etruscum Gregorianum*, ou même du recueil de Carlo Ceci, intitulé *Piccoli Bronzi del Real Museo Borbonico,* suffira pour convaincre le lecteur de l'importance et de la rareté du monument qui remplit notre planche XV.

1227. — Candélabre reposant sur trois griffes de lion. Le lampadaire est porté par un Satyre à pieds de cheval qui s'appuie de la main droite sur un pedum. H. 27 cent. Gravé, pl. XVI. Style étrusque.

1228. — Candélabre porté sur trois jambes humaines formant le triskèle; les pieds sont chaussés de sandales; une draperie, qui rappelle la schenti des figures égyptiennes, couvre les jambes à l'endroit où elles se réunissent. La tige, en spirale, est surmontée par une figure de divinité mâle, ailée, dont le corps est terminé en deux larges queues de poisson. Le dieu, qui rappelle le Dagon ou l'Oannès de l'Orient, est barbu et nu; des deux mains levées il supporte sur sa tête, comme un *telamon*, le plateau carré qui devait porter la lampe. H. 49 cent. La figurine est haute de 10 centimètres.

Ce beau candélabre, aussi intéressant par la finesse du travail et par son excellente conservation que par le sujet, qui est rare et curieux, provient des fouilles exécutées dans les domaines du prince de Canino. Il porte le n° 263 dans la *Description d'une collection de vases peints et bronzes antiques provenant des fouilles de l'Étrurie*, par J. de Witte. Paris, 1837. Le savant antiquaire fait remarquer avec raison l'analogie de la divinité représentée ici avec le Dagon ou Oannés oriental. On peut voir dans le *Cabinet Pourtalès*, de M. Panofka, pl. XV, un vase de manière phénicienne, qui offre cette même divinité. On la retrouve également sur les cônes babyloniens et persépolitains. On peut voir aussi dans le *Cat. Durand*, par le même M. de Witte, sous le n° 373, la description d'un vase d'ancien style étrusque sur lequel paraît le dieu-poisson dont il vient d'être parlé.

1229. — Candélabre porté sur trois griffes de lion. Au sommet quatre fleurons en fers de lance destinés à supporter soit des lampes, soit des simpula ; au centre de ces fleurons, groupe de style étrusque ; un Satyre ithyphallique, barbu, à pieds de cheval, peut-être un Centaure, agenouillé, tient dans ses bras une femme qui élève les mains au ciel. Cette femme est vêtue d'une longue robe et d'une sorte de peplus. C'est peut-être Nessus et Déjanire. On sait que les Centaures sont souvent figurés comme des Satyres à pieds de cheval. H. des figures, 11 cent. H. totale du candélabre, 97 cent.

1230.—Candélabre à fût cannelé, porté sur trois griffes de lion. Au sommet, quatre fleurons presque semblables à ceux qui viennent d'être décrits, n° 1229; au milieu de ces fleurons figurine d'Hercule debout, revêtu de la peau de lion. On ne distingue plus les autres attributs. H. de la figure, 12 cent. H. totale du candélabre, 1 mètre 11 cent.

1231. — Candélabre reposant sur trois pieds de biche. Sur la tige, un serpent qui menace un coq. H. 40 cent. Provient de la vente Durand. C'est le n° 1907 du *Catalogue*, par M. de Witte.

1232. — Candélabre reposant sur trois pieds de cheval. Sur le fût cannelé, un coq en relief. H. 41 cent.

1233 et 1234. — Deux candélabres semblables reposant sur trois pieds. La tige est décorée de spirales. H. 25 cent.

1235. — Candélabre, ou plutôt fût de candélabre, figurant un arbrisseau avec ses nœuds et son écorce. H. 1 mètre.

1236. — Candélabre à fût cannelé, reposant sur trois griffes de lion. H. 92 cent.

1237. — Lampe à un seul bec; l'anse est formée d'une double branche arrondie. La partie supérieure est décorée de rinceaux et d'une palmette incrustée en argent. H. 6 c. Long. 15 cent. Les incrustations d'argent qui décorent cette jolie lampe sont fort bien conservées.

1238. —Lampe sans sujets, à un seul bec, avec anneau. Belle patine verte. H. 4 cent. Long. 12 cent.

1239. — Lampe figurant un pied humain chaussé d'un sandale. L'anneau qui sert d'anse est décoré d'une feuille de vigne de laquelle part une chaînette de suspension qui se rattache à un petit anneau sur le pied. Le couvercle est orné d'une figurine représentant un enfant endormi, ou un génie du sommeil. Ce précieux petit meuble a conservé des traces d'incrustations en argent. On distingue deux pampres en argent sur le talon; les ongles du pied sont en argent. H. 9 cent. Long. du bec à la chaînette, 19 cent. Gravé, pl. XVII.

Il existe une lampe en forme de pied humain au musée Borbonico de Naples, mais sans la figure du génie. Voyez les *Piccoli Bronzi del Real Museo Borbonico*, par Carlo Ceci, 4°. Napoli, 1854, pl. III, n° 8.

1240. — Lampe à deux becs, ornée de quatre mascarons. L'anse est décorée d'une feuille triangulaire. Diam. du récipient, 18 cent. Cette lampe paraît avoir été moulée sur l'antique.

1241. — Lampe. Une tête de Silène d'excellent style décore la partie supérieure; une feuille de vigne placée audessus de l'anneau forme l'anse. H. 3 cent. L. 8 cent.

1242. — Lampe de bronze à une mèche, avec chaînettes destinées à la suspendre aux branches d'un candélabre. H. 2 cent. 1/2. L. 8 cent.

1243. — Lampe de bronze à deux mèches, avec chaînettes. Une feuille triangulaire sert de manche. H. 2 cent. L. 7 cent. 1/2.

1244. — Lampe de bronze à deux mèches, avec la chaînette. Une feuille décore l'anneau qui sert de manche. H. 2 cent. 1/2. L. 8 cent.

1245. — Miroir étrusque. Le manche se termine en tête de bélier. Le sujet gravé sur la face principale est entouré d'une couronne ; on y reconnaît les Dioscures et leurs deux sœurs, Hélène et Clytemnestre, ou Phœbé et Hilaïre, leurs épouses, représentés debout. Long. 26 cent. Ce miroir se recommande par sa conservation et sa belle patine bleue.

1246. — Trépied de bronze, revêtu d'argent. H. 1 mètre. La décoration de ce trépied est d'une élégante simplicité. Le bassin à parfums qui a disparu reposait sur trois pieds terminés par trois griffes de lion et réunis par trois X qui s'élargissent et se rétrécissent à volonté. Ces trois pieds sont surmontés chacun d'un buste de femme sortant d'une fleur. Ces bustes sont parfaitement semblables et représentent une déesse, peut-être Junon, revêtue d'un peplum. Deux des pieds sont de simples tiges plates et droites ; un seul, le pied principal ou *antérieur,* est décoré de la figure conventionnelle de lion qu'on voit si souvent former le support des siéges et des tables antiques. Ici cet ornement consiste en une tête de lion réunie à une palmette qui figure la griffe de l'animal par un fleuron ou ornement curviligne qui représente le corps et la patte; un vase à deux anses posé sur un trépied est sculpté en relief, au repoussé, sur ce fleuron. Le travail de ce rare et important monument de l'antiquité n'est pas sans quelque analogie avec celui de la célèbre chaise curule antique, appelée *Trône de Dagobert* que l'on conserve au Musée du Louvre. Je ne puis omettre de dire ici que cette analogie confirme les vues émises par M. Charles Lenormant dans une savante dissertation où il compare la décoration de ce trône célèbre à celle des trépieds antiques. (Voyez, *Mélanges archéologiques* des PP. Martin et Cahier, t. Ier, p. 157-171 et suiv.) Si le savant antiquaire avait connu le trépied de M. Louis Fould, lorsqu'il écrivit ce mémoire, il l'aurait certainement cité à l'appui de l'opinion qu'il émettait alors le premier. Les têtes et jambes de lion, qui forment les pieds de ce trône, offrent une certaine ressemblance avec ceux de notre trépied qui ne me paraît pas devoir être attribué à une haute antiquité, mais doit au contraire être classé sous l'époque impériale, et même vers le bas temps. Il est inutile d'insister sur l'excessive rareté des monuments de cette importance. On connaît un assez grand nombre de trépieds, mais il n'en est guère qui aient conservé jusqu'à nos jours le revêtement d'argent qui distingue le nôtre. Parmi les trépieds les plus connus je citerai celui du Louvre qui provient d'Herculanum et dont on peut voir une bonne figure à la suite de l'article de M. Charles Lenormant, cité plus haut, pl. XXVII ; ceux de Naples publiés pl. IV des *Piccoli Bronzi*, etc., *del Museo Borbonico,* de Carlo Ceci ; le beau trépied du musée Kircher au Collége romain, à Rome ; celui du *Cabinet Pourtalès,* décrit par Panofka, pl. XIII, p. 80; enfin celui que l'on conserve au musée de Douai et celui qui fait partie du musée de la Société des antiquaires de Normandie, à Caen; voyez *Recueil de notices sur l'arrondissement d'Avesnes,* par le président Lebeau, avec additions par Michaux. Avesnes, 1859. Voyez aussi p. 229, *Mémoires de la Société des antiquaires de Normandie,* t. V, p. 342. Voyez enfin l'*Augusteum,* de Becker, tav. V, le musée Bouillon, et Piranesi, *Vasi, candelabri, cippi, tripodi,* etc.

J'ai nommé dans la description, pied principal ou antérieur, celui des trois pieds qui est plus orné que les autres et figure un lion, ce qui indique évidemment que c'était celui qui devait être toujours placé en avant. Cette circonstance rare et peut-être unique jusqu'ici est à noter, car elle tendrait à infirmer une proposition émise par M. le duc de Luynes dans le mémoire sur le *Trépied de Vulci* que j'ai cité plus haut (v. n° 1226). L'illustre antiquaire s'exprime ainsi : « Rien dans l'antiquité figurée n'autorise à considé« rer les trépieds comme ayant eu un pied principal plus « richement orné, destiné à être placé en avant de préfé« rence aux autres. » M. de Luynes était en effet autorisé à parler ainsi, puisqu'il avait recherché toutes les formes connues de trépied; mais lorsqu'il écrivait ce mémoire, qui date déjà de plus de vingt années, le trépied de M. Louis Fould n'était pas connu, et l'évidence du fait engagerait sans doute aujourd'hui le savant académicien à modifier cette phrase qui se trouve au milieu d'une intéressante discussion sur un passage de Pausanias sur les trépieds du temple d'Apollon Amycléen commenté par Siebelis dans son édition du voyageur grec, voyez *Adnotationes ad lib. III, cap. XVIII,* § 5, t. II, p. 54.

1247. — Pied d'un trépied. Le motif est le même que celui du grand trépied, décrit plus haut sous le n° 1246. C'est le lion de convention, dont la tête et la patte sont réunies ici par un fleuron orné de lames d'argent; les yeux sont également en argent. H. 8 cent. Très-bon travail. Époque romaine.

1248. — Trépied destiné à supporter une lampe. Les trois pieds sont façonnés en griffes de lion. H. 16 cent.

1249. — Vase de bronze tout uni, sorte d'œnochoé, sans autres ornements que son anse décorée de rinceaux élégamment découpés. Diam. de l'orifice, 11 cent. Circ. 81 c. La forme de ce vase est d'un dessin très-pur. Il a été trouvé à Lyon.

1250. — Vase sans anses, remarquable par une belle patine verte et par sa forme qui est d'un dessin très-pur. La panse arrondie va en diminuant jusqu'à l'ouverture qui est assez large. H. 23 cent.

1251. — Vase à une seule anse. Une tête de Méduse décore l'attache de l'anse. H. 31 cent. Circ. 1 mètre.

1252. — Vase de forme ronde, sans anses, reposant sur

trois pieds. C'est une sorte de chaudron. H. 27 cent. Bonne patine verte.

1253. — Vase rond, sans anses, avec goulot. H. 9 cent.

1254. — Œnochoé, avec ouverture en forme de trèfle. L'anse est décorée en haut par une tête de Sphinx ; en bas, par un masque de Satyre barbu. H. 23 cent.

1255. — Œnochoé. L'anse rappelle celle du n° 1254, bien que la forme du vase soit différente. H. 21 cent.

1256. — Œnochoé, ou vase à une seule anse, au col court, à la panse large. L'orifice est en forme de trèfle. L'anse, décorée d'une tête de lion, se rattache à la panse par un masque bachique juvénile. H. 15 cent.

Un vase semblable à celui-ci, mais d'une dimension plus grande, se trouve dans le Cabinet des médailles de la Bibliothèque impériale. Il porte le numéro 3142 dans le *Catalogue* de M. Chabouillet.

1257. — Œnochoé. L'anse, de forme très-élégante, se rattache à la panse par un joli masque scénique. H. 21 cent.

1258. — Œnochoé, ou vase à une seule anse, de forme allongée avec trois zones d'ornements gravés d'une grande finesse. L'anse, qui descend fort bas, se rattache au vase

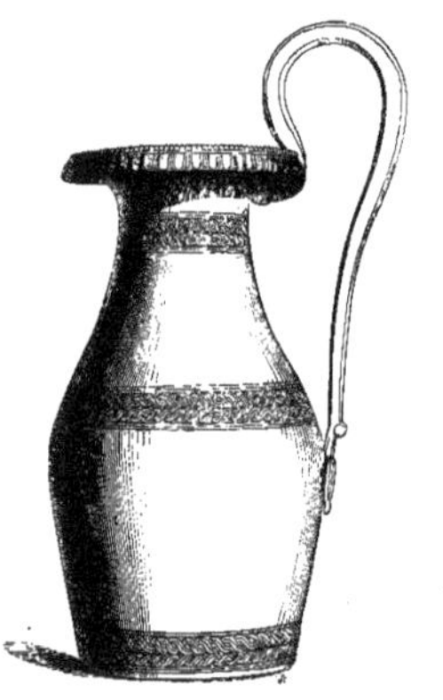

N° 1258.

par un mufle de lion. H. 19 cent. avec l'anse. Bois dans le texte. Belle patine bleue. Conservation parfaite.

1259. — Œnochoé avec une anse qui dépasse l'orifice et se rattache très-bas à la panse par une griffe de lion. Des zones étroites d'ornements gravés avec une grande finesse décorent le col et la base de ce joli vase. H. avec l'anse, 20 cent. Bois dans le texte.

1260. — Œnochoé. Le col court se termine en trèfle. L'anse se rattache à la panse par une palmette. H. 16 cent. Petit vase remarquable pour sa parfaite conservation comme pour l'élégance de sa forme.

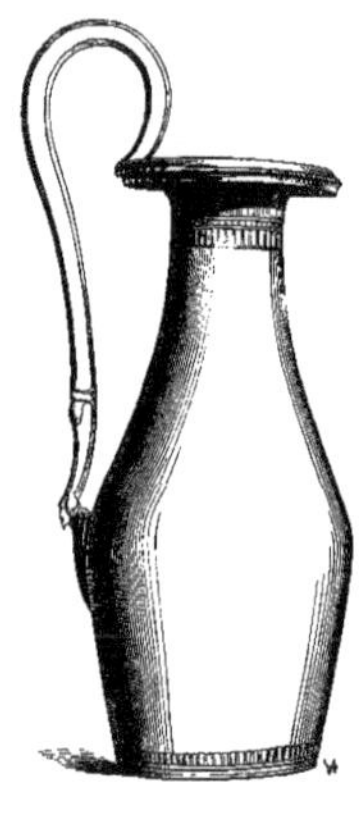

N° 1259.

1261. — Œnochoé. L'anse se rattache à la panse par un mascaron. H. 16 cent.

1262. — Vase à couvercle, dont l'anse est formée par la représentation d'un cubiste exécutant le tour de souplesse qui consiste à se renverser et à marcher ainsi sur les pieds et les mains. Sur le couvercle, un oiseau à tête humaine, ou Harpie. H. avec l'oiseau, 19 cent.

1263. — Œnochoé à orifice en forme de trèfle allongé en bec, avec long col divisant le vase en deux parties. L'anse qui se termine en tête de bélier est décorée, à l'endroit où elle se rattache à la panse, d'un sujet en relief ; on distingue un héros succombant, le bouclier au bras. On lit deux caractères étrusques gravés en creux sur la base de ce curieux vase. H. 23 cent. Une patine bleue distingue ce curieux vase de bronze qu'on doit classer parmi les monuments de l'Étrurie.

1264. — Vase muni d'une anse ronde qui se rattache au col par deux têtes de Bacchus Hébon ou d'Achéloüs, munies de grandes ailes. Une chaîne garnie d'un anneau indique que cette sorte de seau qui se termine en pointe aiguë était destiné à être suspendu. Remarquable patine verte. H. 16 cent. Avec l'anse et la chaîne de suspension, 40 cent.

1265. — Vase sans ornements, presque sans col et à large orifice. L'anse unique qui le décore, bien que antique, pourrait avoir été ajoutée après coup, car elle n'est pas revêtue de la même patine bleue que le vase. Cette anse se rattache à la panse par un joli masque silénique. H. 11 cent.

1266. — Pot à une anse, sans ornements. Belle patine verte. H. avec l'anse, 15 cent.

1267. — Vase figurant une tête de déesse aux traits réguliers, avec pendants d'oreilles et torques en spirale au cou. Les cheveux, partagés sur le front, forment un nœud sur le chignon. Des pendants ornent les oreilles de cette figure. Un croissant avec deux annelets servait à suspendre ce petit vase. H. 17 cent. Bon travail gallo-romain.

Le torques est tout à fait semblable à ceux que l'on rencontre en or, argent ou bronze dans les collections. Il en existe un de la même forme dans la collection Louis Fould, mais non en spirale. (V. n° 1282.)

1268. — Lécythus, sans anses, cannelé dans le sens horizontal, sauf au col qui est très-court. H. 11 cent.

1269. — Emblêma d'un vase. Faune bacchant assis sur un âne, portant des deux mains sur l'épaule une sorte de lyre. Dans le champ, un thyrse. La nébride du Faune est jetée sur le dos de l'âne qui porte au cou une sonnette. Quelques parties de ce bas-relief sont argentées. Diam. 8 cent. 1/2.

1270. — Passoire. Sur le manche est sculptée en relief une figure d'homme à demi-nu qui paraît danser. Au-dessous, une sorte de grand nœud. Un anneau termine le manche. H. 29 cent. Belle patine bleue qui indique une provenance napolitaine.

1271. — Passoire. L'anse de cet ustensile, remarquable par sa conservation et sa patine, est décorée de palmettes en relief ciselées dans la masse. Long. 32 cent.

1272. — Anneau de bronze portant à la place du chaton un buste de Jupiter Sérapis sur l'aigle. Diam. de l'anneau, 18 mill.

1273. — Tête radiée d'Apollon Soleil. Applique du plus grand style grec. H. 9 cent.

1274. — Masque de Satyre barbu. H. 8 cent.

1275. — Palmette décorée d'une tête barbue, à longs cheveux tressés, peut-être Jupiter Sérapis. H. 14 cent. L'excellente conservation de ce bronze, sa belle patine et le style de la sculpture sont à remarquer.

1276. — Mufle de lion disposé en goulot de vase. H. 7 cent.

1277. — Tête de bouc. H. 8 cent. Fragment revêtu d'une belle patine verte.

1278. — Tête de bélier. Fragment d'un ustensile, dont c'était l'extrémité. H. 30 mill. L. 65 mill.

1279. — Cachet de bronze, avec anneau à l'usage des potiers de terre ou de toute autre industrie analogue. On lit ces noms découpés à rebours :

IVL. VRBICA.
L. M. V. GENESI.

Long. 7 cent. 1/2.

1280. — Cachet de bronze, avec anneau sur lequel est gravée en creux une grappe de raisin. On lit ces noms découpés à rebours :

AMPLIA
C. TREBAT
PRIMIGENI.

Long. 8 cent.

1281. — Collier formé d'une chaînette à laquelle est suspendue une bulle, fermant par des agrafes absolument semblables à celles usitées de nos jours. Long. du collier ouvert, 27 cent.

1282. — Torques ou collier formé d'un cercle de bronze qui se ferme seulement par l'élasticité du métal. Diam. 14 cent.

1283. — Bulle provenant d'un collier. Le sujet au repoussé qui décore cette bulle est un génie funèbre, ailé, debout, tenant de la main gauche un vase et de l'autre une coupe H. 6 cent. 1/2. L. 5 cent. 1/2.

1284. — Collier ou chaînon composé d'anneaux et d'un ornement de fantaisie répété dix-neuf fois. Long. 1 mètre.

1285. — Chaîne munie de ses fermoirs. Long. 1 mètre 18 cent.

1286. — Chaîne munie de ses fermoirs, anneau et crochet. Le crochet affecte la forme phallique. Long. 1 mètre 6 cent.

1287. — Bracelet formé d'une spirale élastique de vingt-huit anneaux. Diam. de l'anneau le plus large, 9 cent. On a trouvé des bracelets analogues sur des cadavres dans des tombes gallo-romaines.

1288. — Phallus ailé, avec le train de derrière d'un chien dont la queue elle-même figure un phallus. Un anneau indique que cet objet était destiné à être suspendu. Long. 11 cent.

1289. — Double phallus suspendu à un anneau avec chaînette. H. 25 mill. L. 48 mill.

1290. — Fibule de bronze, décorée sur la partie supérieure de deux plaques d'argent chargées d'ornements gravés. Long. 10 cent. Parmi les monuments de cet ordre, cette fibule, entièrement intacte, est un objet remarquable.

1291. — Fibule, avec ornements gravés. Long. 14 cent.

1292. — Autre. Belle patine verte. Long. 5 cent.

1293. — Autre. Long. 7 cent.

1294. — Autre. Long. 7 cent.

1295.— Autre ; avec ornements gravés, forme du n° 1291. Long. 6 cent.

1296. — Autre, formée de deux anneaux en spirales analogues au bracelet n° 1286. Long. 17 cent.

1297. — Une romaine, avec son poids et cinq crochets. Sur trois des faces du fléau carré de ces curieuses balances, on distingue des lettres numérales et des marques pondérales. Le fléau de cettte romaine a quarante centimètres de longueur. Le poids qui paraît avoir été suspendu à l'extrémité du fléau, et dont le crochet est de fer oxydé, a douze centimètres de haut. Trois des crocs destinés à suspendre les objets dont on voulait connaître le poids sont munis d'une chaînette fort courte. Les deux autres, au contraire, sont suspendus ensemble à une double chaîne de trente centimètres.

1298. — Poids rond portant l'indication pondérale de la livre romaine sur l'une de ses deux faces aplaties. H. 3 cent. 1/2. Voyez Gruter, pl. CCXXI et CCXXII, voyez aussi, *Bulletin archéologique de l'Athenæum français*, septembre 1855, p. 84, un article de M. de Longpérier sur un poids conservé au Louvre qui porte comme le nôtre l'indication de la livre romaine.

1299. — Poids de balances à plateaux en forme de petit baquet à côtes, avec deux petites anses ou oreilles. Sur le rebord, des points gravés en creux qui paraissent des marques pondérales. H. 38 mill. V. n° 1300.

1300. — Poids de la même forme que le précédent, mais moindre et sans anses. Ce poids a été trouvé avec le précédent dans lequel il entre parfaitement. H. 23 mill.

1301. — Couteau. La lame est clouée au manche par une attache en fer que le temps a oxydée. Belle patine. Long. 26 cent.

1302. — Stylet pour écrire. A l'une des extrémités est une main ouverte qui servait à étendre la cire sur les tablettes et à effacer l'écriture ; à l'autre extrémité, une pointe pour tracer les lettres. Long. 25 cent. Provient de la collection de M. le vicomte Beugnot. N° 329 du catalogue.

1303. — Autre stylet pour écrire, ou poinçon. Une figurine de Sérapis et Isis adossés forme l'extrémité de cet stensile. Long. 13 cent. 1/2.

1304 à 1308.— Spatule. Long. de 14 cent. 1/2 à 18 cent.

1309. — Autre ; l'extrémité en forme de pelle. Long. 14 cent. 1/2.

1310. — Instrument coupant par l'extrémité qui figure une bêche. Long. 16 cent.

1311. — Instrument terminé à chacune des extrémités par une sorte de petite pince. Long. 17 cent. 1/2.

1312. — Ustensile qui a pu servir de compas. Mutilé. Long. 14 cent.

1313. — Pinces ou tenailles dont les extrémités sont dentelées comme la lame d'une scie. Long. 17 cent.

Comme j'ignore la provenance de ce singulier ustensile, je n'ose pas dire qu'il a pu servir d'instrument de martyre dans les premiers siècles de l'Église ; mais je ne puis me dispenser de signaler la ressemblance qui existe entre cette espèce de tenailles et un instrument de martyre qui a été trouvé dans les fondations de la basilique de Saint-Pierre de Rome, sous le pontificat de Paul III. Bosio, Mamachi, Aringhi, et récemment M. L. Perret, dans le splendide ouvrage intitulé les *Catacombes de Rome,* ont publié cet instrument. On peut le voir au t. IV, pl. XI, n° 1. V. aussi dans le même ouvrage, pl. XIV, n° 1.

1314. — Boîte ronde avec son couvercle. H. 7 cent.

J'ignore la provenance de cet objet ; mais je signalerai sa ressemblance avec les boîtes de ce genre trouvées, il y a quelques années, dans les topes de la Bactriane. On en conserve d'analogues au Cabinet des médailles. Il y avait de grandes boîtes de bronze, contenant des boites moindres en argent qui elles-mêmes contenaient des boîtes d'or. Des monnaies de ces trois métaux se rencontrent dans ces boîtes.

1315. — Boîte à parfums, à couvercle, ouvrant au moyen d'une charnière. Sur le couvercle est sculptée une figure de Mercure debout, tenant le caducée d'une main, la bourse de l'autre ; à ses pieds, le coq et le bélier. H. 25 mill. L. 17 mill. Épaisseur, 8 mill. Le fond est percé de trois trous.

1316. — Boîte semblable au n° 1315. Sur le couvercle, en relief, Mercure avec la bourse et le caducée, et la Fortune avec la corne d'abondance, tous deux debout. H. 23 mill. L. 15 mill. Épaisseur, 7 mill.

1317. — Boîte comme la précédente. Sur le couvercle, un cheval paissant. H. 25 mill. L. 17 mill. Épaisseur, 7 mill.

1318. — Boîte à parfums, du même genre que les numéros précédents, mais de forme triangulaire, et percée de quatre trous. H. 32 mill. L. 22 mill. Épaisseur, 5 mill.

1319. — Panthère mouchetée en émaux de couleur. Long. 4 cent. Ce curieux échantillon l'industrie gallo-romaine doit provenir d'une fibule ou de quelque autre ustensile. (V. n° 1223, une figurine représentant une panthère.

1320. — Fragment d'une fibule avec incrustations d'émaux de couleur. Long. 5 cent. Travail analogue à celui de l'objet précédent.

1321. — Bague de bronze, à grand chaton en forme d'œil, au milieu duquel est inscrit un rond qui figurerait la prunelle, n'était que les émaux incrustés qui décorent ce chaton et même une partie de l'anneau sont de couleurs bigarrées. Ces émaux ou ces incrustations en pâte de verre coloriée, divisées en douze compartiments réguliers dans le milieu du chaton, sont détruits en partie; les jaunes sont restés les plus visibles. Il y en avait de verts, de rouges et de blancs. H. du chaton, 18 mill. L. 28 mill. On peut attribuer cette bague, fort curieuse pour l'étude de l'art de l'émaillerie, à l'époque gallo-romaine. Peut-être même pourrait-on la faire descendre jusqu'au cinquième siècle de notre ère.

MONUMENTS DE TERRE CUITE

FIGURINES.

1322. — Femme debout, le coude appuyé sur une demi-colonne; elle est voilée et sa tête est ceinte d'une couronne de lierre; elle porte, par-dessus la tunique, une longue

N° 1322.

robe échancrée sur la poitrine, et tient de la main gauche un éventail en forme de feuille de lierre. H. 31 cent. Bois dans le texte. Cette statuette représente une suivante de Bacchus.

1323 et 1324. — Manquent.

1325. — Buste de femme, peut-être Junon; ses cheveux, tressés en quatre rangées, lui forment une coiffure très-élevée. Fragment d'une statuette. H. 10 cent. Même provenance que le n° 1332.

1326. — Fragment d'une statuette de Vénus. Ce qui subsiste, le milieu du corps, est entièrement nu; mais on distingue des vestiges d'une draperie. Excellent travail. H. 10 cent. Même provenance que le n° 1332.

1327. — Fragment d'une statuette dont il ne reste que la tête et le buste. Génie bachique enfant, la tête ceinte d'une couronne de pampres; de la main droite, la seule qui subsiste, il ferme sur sa poitrine la draperie dont il est enveloppé. H. 5 cent. Même provenance que le n° 1332.

1328. — Fragment d'une statuette de Vénus; la déesse est nue, diadémée; elle arrange ses cheveux. Les jambes manquent. H. 10 cent.

1329. — Fragment d'une statuette d'Ariadne dont il ne subsiste que la tête et le buste. La compagne de Bacchus est couronnée de pampres; elle est vêtue d'une robe qui laisse nu le bras droit qui tient le thyrse. Le bras gauche manque; il tenait une corne d'abondance dont on distingue les fruits. Le corps manque. H. 7 cent. Même provenance que le n° 1332.

1330. — Tête de femme, avec de longs cheveux qui descendent sur les épaules. Fragment d'une statuette. H. 5 cent.

1331. — Fragment d'une figurine. Tête d'enfant ou de génie aux cheveux bouclés, souriant, le bras gauche sur la tête, comme au moment de s'endormir. H. 4 cent. Même provenance que le n° 1332.

1332. — Fragment d'un masque de femme. Les traits sont réguliers et d'une grande noblesse de style. On distingue encore une mèche de cheveux qui descend sur les joues; c'était peut-être une Méduse. H. 7 cent.

Rapporté en 1856 par un de nos consuls dans les îles de la Grèce.

1333. — Tête casquée d'un jeune héros, probablement Achille. Fragment d'une statuette. H. 6 cent. Même provenance que le n° 1332.

1334. — Masque de Priape barbu. Les cheveux tressés régulièrement descendent jusqu'au milieu du front. Long. 20 cent. H. 9 cent. 1/2.

Le travail, l'ajustement et le caractère de cette magnifique terre cuite rappellent le célèbre buste de marbre du Louvre connu sous le nom de Jupiter Trophonius; mais c'est là une dénomination adoptée sans grand examen et que rien ne justifie. Au contraire, on peut dire qu'elle est démentie par le caractère de la tête, qui, tout en étant parfaitement belle et régulière, est absolument dépourvue de la majesté que les artistes grecs donnent toujours à Jupiter. On peut donc chercher un autre nom à ce masque, et peut-être est-ce celui de Priape qui lui conviendrait le mieux. Une représentation de Priape trouvée au Koul-Oba, en Crimée, me fournit l'autorité nécessaire pour justifier cette attribution. Sur l'un des fragments d'une lyre de bois est gravé un Hermès de Priape ithyphallique dont la tête offre la finesse et la régularité qui distinguent le buste du Louvre et notre masque de terre cuite. (Voyez *Antiquités du Bosphore cimmérien,* publiées par M. de Gille, pl. LXXX, n° 11.) Un beau buste de rouge antique, conservé dans la riche galerie de M. le duc de Blacas, pourrait aussi être rapproché utilement de ces divers monuments. (Voyez le Jupiter Trophonius du Louvre, dans le *Musée de sculpture* de Clarac, pl. MLXXXVI, n° 2722. E.)

1335.—Fragment d'une statuette d'homme ithyphallique. Le buste et les jambes n'existent plus. H. 6 cent.

1336, 1337, 1338, 1339. — Fragments de phallus. H. de 4 à 6 cent.

1340. — Tête de Maccus, le polichinelle antique. H. 5 c. On peut comparer cette tête avec des représentations du même type grotesque dans les divers musées. Voyez entre autres, au Cabinet des médailles, plusieurs bustes en bronze de Maccus décrits dans le *Catalogue* de M. Chabouillet, n°s 3096 et 3097; voyez aussi Wieseler, *Theatergebäude,* etc., pl. XII, n°s 12 et 13. Même provenance que le n° 1332.

BAS-RELIEFS.

1341. — Fragment d'une frise représentant un combat entre les Amazones et les Griffons.

Dans la scène représentée sur notre fragment, figurent un Griffon et deux Amazones ; l'une d'elles lève sa bipenne pour frapper l'animal qui s'élance sur sa compagne ; celle-ci n'a plus sa hache; elle fuit en se couvrant de sa *pelta,* ou bouclier échancré attribué par les mythographes aux Amazones. Un bouclier semblable paraît au-dessous du Griffon.

N° 1341.

Les deux guerrières sont représentées ici *succinctæ,* à la dorienne, comme sur beaucoup de monuments, la tête nue, avec un peplus serré à la ceinture et une robe courte qui s'arrête au-dessus du genou. Celle qui paraît fuir a en outre une chlamyde nouée sous le cou qui vole au vent. H. 14 cent. L. 32 cent. Ce monument a été rapporté de Grèce par un officier de l'expédition de 1855.

On ne connaît pas un seul passage des écrivains de l'antiquité qui mentionne une guerre entre les Amazones et les Griffons, et cependant on pourrait citer un grand nombre de monuments sur lesquels les ennemis habituels des Arimaspes sont représentés combattant les Amazones. Je me contenterai ici de rappeler qu'on trouve ce sujet sur plusieurs vases peints, et entre autres sur un vase conservé au Cabinet des médailles (n° 3337 du *Catalogue* de M. Chabouillet), qui a été publié par Millin dans ses *Monuments inédits.* (V. t. II, p. 69.) J'ajouterai que le Musée britannique possède un bas-relief en terre cuite sur lequel est représenté un combat entre deux Amazones et deux Griffons. (Voyez, Combe, *Terra cottas.* Plate IV, n° 4, p. 3.) Je rappellerai enfin que, dans le *Recueil des terres cuites* de d'Agincourt, on voit aussi une Amazone terrassant un Griffon. A la vérité une autre opinion a été émise dernièrement, au sujet de ces représentations, dans le *Bulletin archéologique de l'Athenæum français*, IIe année, n° 4. pl. II, dans un article intitulé : *Explication des ornements plastiques d'un vase à boire*. L'auteur de ce travail, M. Filippo Gargallo-Grimaldi, ayant à décrire un sujet qui offre la plus grande analogie avec celui qui nous occupe, ne reconnaît pas les Amazones dans les femmes qui combattent les Griffons. Il n'admet pas la possibilité d'un combat entre l'animal symbolique d'Apollon et les Amazones qu'on considérait comme vouées au culte de ce dieu, et voit dans ces adversaires des Griffons les femmes des Arimaspes. Malgré tout ce qu'il y a d'ingénieux dans cette hypothèse, que le savant écrivain appuie avec une érudition aussi solide que profonde, je ne saurais m'y associer; les guerrières de notre bas-relief, comme celles du rhyton, me semblent aussi incontestablement des Amazones, que celles qui paraissent si souvent sur les vases dans des scènes où personne ne pourrait leur refuser ce nom. Pour ne pas sortir de la collection Louis Fould, il me suffira de renvoyer le lecteur aux vases nos 1381 et 1382, pour démontrer l'identité des Amazones qui y figurent avec les guerrières de notre bas-relief. L'objection de M. Gargallo-Grimaldi se base principalement sur l'absence de textes mentionnant une guerre entre les Amazones et les Griffons, mais l'auteur produit-il en revanche un texte à l'appui de son dire? Nullement. La même difficulté qu'il oppose à l'opinion reçue se retourne donc contre son allégation et la question reste encore sans solution par les textes. Ce n'est pas la première fois qu'on verrait les monuments suppléer au silence des auteurs. Quant à l'interprétation du mythe en lui-même, M. Gargallo-Grimaldi y voit une figure de l'antagonisme entre la civilisation (les Griffons) et la barbarie (les femmes des Arimaspes). Il est permis de douter que ce point de vue soit conforme aux habitudes d'esprit de la Grèce dont le génie inventif et conteur se refuse à des idées aussi abstraites tout au moins dans les représentations figurées.

1342. — Entablement portant sur la face antérieure deux têtes de Méduse de face séparées par une palmette. H. 16 cent. L. 26 cent. Il reste des traces de peinture, principalement sur le côté. Très-bon style grec.

OBJETS DIVERS EN TERRE CUITE.

1343. — Lampe en forme de tête de bœuf. Terre rouge. H. 5 cent. L. 9 cent. 1/2.

1344. — Lampe en forme de souris avec deux becs pour les mèches et deux anneaux pour qu'on puisse la suspendre. Terre peinte en jaune; les becs à mèche, les yeux, les oreilles, etc., en noir. Larg. 13 mill. H. 7 cent.

Une chaîne antique de bronze a été adaptée aux anneaux de cette lampe.

1345. — Flambeau ou lampe sur un pied. Terre noire. Travail barbare. H. 12 cent.

1346. — Lampadaire ou candélabre en forme de colonne, décoré d'ornements peints en brun sur fond jaune. Dans l'intérieur de la coupe qui le termine, une rosace. Le fût et la base sont décorés de treillis et d'ornements de fantaisie divers. H. 47 cent. Circonf. : à la base, 50 cent.; au sommet, 39 cent. Forme rare. Fabrique orientale.

VASES PEINTS

1347. — Amphore tyrrhénienne de Vulci. Sur la face principale, cinq divinités. Jupiter est assis sur une ocladias, le foudre et le sceptre à la main; devant lui, Minerve debout, casquée, la lance à la main, portant au bras un bouclier rond dont l'épisème est la triskèle. Derrière la déesse, Hercule allant à la rencontre de Bacchus, mais retournant la tête vers Pallas; il tient la massue et porte un carquois sur l'épaule. Bacchus, barbu, couronné de lierre et entouré de pampres, tient à la main le céras. Derrière le siége de Jupiter, Mercure debout, coiffé du pétase et tenant son caducée.

Sur l'autre face, départ d'un jeune guerrier pour la guerre ou la chasse; la tête nue, imberbe, la chlamyde sur les épaules, il est déjà monté sur son cheval et tient à la main ses deux javelots; un chien le précède. Derrière le cheval, un guerrier à pied tenant deux javelots et un personnage tenant une baguette. Devant le cavalier, guerrier le casque en tête, s'appuyant sur sa lance et portant au bras un bouclier dont l'épisème est une caisse de char. Peintures noires, rehaussées de blanc et de rouge sur fond rouge. H. 55 cent.

Ce magnifique vase provient de la célèbre collection de Samuel Rogers, le banquier-poëte. Il est inexactement décrit dans le catalogue de cette vente sous le n° 497.

1348. — Hydrie de Vulci, à trois anses. Sur la panse,

réunion de cinq divinités debout : trois dieux et deux déesses. Apollon, revêtu d'une longue robe et de la chlamyde, jouant de la lyre, occupe le centre de la composition; devant lui, Latone; derrière, Diane. Ces deux déesses sont revêtues de tuniques talaires et du peplus; Diane est reconnaissable à son arc dont on distingue les deux extrémités. Mercure à droite et Bacchus à gauche ferment cette assemblée de dieux. Bacchus est couronné de lierre, environné de pampres et tient à la main le céras. Mercure est reconnaissable à son pétase et à ses endromides; il tient à la main, en guise de caducée, une longue verge.

Sur le plat du col du vase, ou frise supérieure, un second sujet. Un héros quitte son vieux père. On pourrait penser à Ulysse et Laërte, si l'absence d'attributs n'obligeait pas à voir ici une scène générale plutôt qu'un fait particulier. Un vieillard assis sur une ocladias et s'appuyant sur un bâton regarde un jeune homme nu, qui s'élance dans un quadrige. L'écuyer se tient près des chevaux; il est casqué, armé d'une lance et porte un bouclier rond au bras. Derrière le héros, deux personnages en marche et tournant le dos à cette scène; le premier est armé comme l'écuyer et son casque est orné d'une grande aigrette; le second est sans armes; il est coiffé d'une sorte de bonnet phrygien. Peintures noires sur fond jaune. H. 52 cent. Ces réunions de divinités semblent avoir été le sujet favori des Hydries semblables à celle-ci. Voyez Cat. Durand, n° 241.

1349. — Amphore de Vulci. Face principale : Diane debout dans un quadrige qu'elle dirige; Apollon, jouant de la lyre, marche à côté des chevaux. Devant les chevaux, la biche de Diane. Revers : Bacchus, couronné de lierre, barbu, assis sur une ocladias, tenant d'une main le céras et un cep de vigne; deux Satyres à queue de cheval, dont l'un est ithyphallique, sont debout devant et derrière le dieu. Peintures noires rehaussées de blanc et de rouge sur fond rouge. H. 42 cent. Ce beau vase provient de la collection Samuel Rogers.

1350. — Amphore de Nola. La naissance de Minerve. La déesse sort armée du cerveau de Jupiter. Le père des dieux est assis sur un trône carré; il est revêtu d'une longue robe par-dessus laquelle il porte un manteau; de la main gauche il tient le foudre et de la droite un sceptre. La chouette de Minerve est posée derrière Jupiter et sur son siége. Mars, Neptune et deux Ilithyies assistent à cet enfantement. Neptune, reconnaissable à son trident, est derrière le trône de son frère; Mars, le casque en tête, porte un bouclier rond dont le symbole est un globule blanc. Sous le siége de Jupiter, une petite figure ailée qui peut être la Victoire, ou Iris. Revers : Bacchus, barbu, couronné de lierre, revêtu d'une longue robe, debout, tenant d'une main un cep de vigne, et de l'autre le céras qu'il semble offrir à Ariadne qui se tient devant lui revêtue d'une longue robe et d'un voile parsemé d'étoiles. Trois Satyres ithyphalliques assistent à cette scène. Peintures : violet, noir et blanc sur fond jaune. H. 40 cent.

Les savants auteurs de l'*Élite des monuments céramographiques*, MM. Lenormant et de Witte, ont réuni dans le tome Ier de cet ouvrage diverses variantes du mythe de la naissance de Minerve. Il est intéressant de comparer ces diverses représentations avec la scène du beau vase qui vient d'être décrit. Voyez p. 181 et suiv., et pl. LV et suiv.

1351. — Petit vase à une anse. Sur la face principale, Éros, ailé, apporte un présent à Vénus, qui lui offre une couronne. La déesse est assise et revêtue d'une tunique talaire. Peintures : jaune sur fond noir. Fabrique grecque. H. 8 cent.

1352. — Œnochoé de Nola. Génie hermaphrodite, ailé, tenant d'une main une grande coupe et de l'autre une couronne et une bandelette. Une palmette décore la seconde face du vase. H. 18 cent.

1353. — Petite œnochoé à une anse. Vénus assise se regardant dans un miroir que lui présente l'Amour ailé. Derrière Vénus, une femme debout, peut-être Pitho. Peintures ébauchées, de couleur jaune sur fond noir. H. 15 cent.

1354. — Guttus grec, avec anse réunissant le goulot à la panse, en guise de panier. Sur la partie supérieure, Éros et Antéros, se tournant le dos. On lit la formule : ΗΟ ΠΑΙΣ ΚΑΛΟΣ. Peintures : rouge sur fond noir. H. 6 cent.

1355. — Boîte ronde. Fabrique de la Basilicate. Sur le couvercle, femme assise, peut-être Ariadne, sur un chapiteau de colonne (v. n° 1369), tenant deux bassins. Sur la boîte deux bustes de femmes et ornements. Un semis de rosaces complète la décoration de ce curieux vase. Peintures jaunes et blanches sur fond noir. H. 8 cent. 1/2.

1356. — Scyphus profond ou tasse à deux anses. Femme assise, tenant d'une main un bassin et de l'autre une couronne. Deuxième face : Génie hermaphrodite ailé, tenant d'une main un miroir et de l'autre une couronne. H. 10 c.

1357. — Tasse avec anse unique. Fabrique de la Basilicate. Génie hermaphrodite ailé, nu, assis sur un amas d'étoffes, sur lesquelles il pose la main gauche; il a une coiffure de femme, porte un collier, des bracelets et des anneaux aux jambes. De la main droite, il tient une sorte de métier à tisser. Une femme, vêtue d'une longue robe et tenant également un métier à tisser, lui présente un plat rempli de fruits. Derrière cette femme, une colonne. Entre les deux personnages, une guirlande et deux bandelettes. Peintures jaunes sur fond noir, rehaussées de blanc. H. 9 cent.

1358. — Amphore de Vulci. Face principale : Bacchus debout, couronné de lierre, barbu, tenant un canthare; devant lui, Ariadne tenant une œnochoé. Derrière Bacchus, un Satyre et une Ménade exécutent une danse ; la même scène se passe derrière Ariadne. Frise supérieure : un guerrier debout près de son cheval, la lance sur l'épaule, paraît écouter les adieux d'une femme placée devant lui. Derrière le cheval, l'écuyer du guerrier portant une lance. Ce sujet est placé entre deux grands yeux.

Revers : un guerrier, le casque en tête, portant ses deux javelots et un bouclier dont l'emblème est la figure d'une femme agenouillée, d'une suppliante, semble converser avec une femme debout devant lui ; c'est peut-être Achille et Briséis. Le héros est suivi par deux personnages dont le premier, qui est barbu et revêtu d'une longue robe, s'appuie sur un long bâton : c'est sans doute Phœnix ; le second, qui est armé comme Achille, porte un bouclier dont cinq globes composent l'emblème comme au n° 1360. On peut y reconnaître Patrocle. Frise supérieure : Thésée terrassant le Minotaure en présence d'un Athénien et de deux Athéniennes. Ce sujet est placé entre deux grands yeux. Peintures noires rehaussées de rouge et de blanc sur fond jaune. H. 39 cent.

1359. — Amphore de Vulci. Bacchus, barbu, couronné de lierre, revêtu d'une longue robe, debout, tenant d'une main le céras et de l'autre un cep de vigne ; devant lui, Ariadne, vêtue d'une longue robe et d'un peplus. Deux Satyres barbus, à queue de cheval, exécutent des danses.

Revers : Hercule, nu, combattant le lion de Némée, en présence de Minerve, sa protectrice. Jolas, tenant la massue, l'arc et l'épée d'Hercule, est debout en face de Minerve ; la déesse est armée ; sur son bouclier paraît une amphore. Peintures noires rehaussées de rouge et de blanc. H. 37 c. On peut rapprocher du sujet qui décore le revers de ce vase celui qu'a décrit M. de Witte, p. 236, n° 689, dans son catalogue de la collection Durand, le modèle des ouvrages de ce genre.

1360. — Amphore de Vulci. Bacchus et Ariadne debout en face l'un de l'autre ; le dieu est barbu, couronné de lierre et revêtu d'une longue robe ; il tient de la main droite le céras et de la gauche un cep de vigne ; Ariadne tient une œnochoé. Derrière Ariadne, un Satyre barbu, à queue de cheval ; derrière Bacchus, autre Satyre ithyphallique exécutant une danse avec une Ménade ; tout en dansant et en détournant la tête, la Ménade avance le bras dans une intention obscène.

Revers : deux guerriers à pied et deux à cheval. Les fantassins sont coiffés de casques de formes différentes. Sur le bouclier de l'un d'eux, le seul qui soit visible, cinq globules comme au revers du n° 1358. Les cavaliers sont armés de deux javelots ; leurs chevaux sont représentés de face ; les fantassins sont vus de profil. Peintures rouges, rehaussées de rouge. H. 45 cent.

1361. — Amphore de Vulci. Au milieu de pampres, Bacchus barbu, couronné de lierre, à demi couché sur un lit, se tourne vers une Ménade qui exécute une danse et est vêtue d'une longue tunique et d'une peau de loup en guise de chlamyde. Deuxième face : trois Satyres ithyphalliques, à queue de cheval, debout, au milieu de pampres ; celui du milieu tient une outre et un rhyton qu'il va porter à sa bouche. Les deux autres exécutent une danse. H. 31 cent.

1362. — Amphore de la Basilicate. Bacchus et Ariadne. Le dieu est représenté nu, assis, les cheveux liés par une large tœnia ; de la main gauche il tient une coupe ornée de guirlandes, de la droite une branche de laurier ; Ariadne, debout devant lui, tient d'une main un éventail et de l'autre une grappe de raisin.

Revers : deux Éphèbes debout au repos ; ils sont enveloppés de leurs manteaux ; l'un d'eux s'appuie sur un bâton. Peintures jaunes rehaussées de blanc sur fond noir. H. 40 cent.

1363. — Petite amphore de Vulci. Bacchus en marche, monté sur un mulet ithyphallique, précédé et suivi par un Satyre. Ces Satyres sont tous deux ithyphalliques. Des pampres entourent le dieu, qui est barbu, couronné de lierre et revêtu d'une longue robe. Seconde face : c'est la même scène avec quelques variantes ; ici le Satyre qui est placé immédiatement derrière le mulet fait un geste obscène qui indique clairement ses intentions ; Bacchus retourne la tête vers son suivant. Peintures noires rehaussées de blanc et de rouge. H. 17 cent.

1364. — Lancella ou petite amphore de Vulci. Ariadne debout dans un quadrige qu'elle dirige ; près des chevaux, Bacchus barbu, debout, tenant le céras ; devant les chevaux, Satyre à queue de cheval agenouillé.

Revers : deux héros à pied, combattant, armés de toutes pièces ; peut-être Étéocle et Polynice. Peintures noires sur fond blanc. H. 18 cent.

1365. — Coupe de Nola ; cylix. Extérieur : marche triomphale de Bacchus. Le dieu, barbu, couronné de lierre, revêtu d'une longue robe, s'avance en détournant la tête et tenant un cep de vigne et un canthare ; il est précédé par Silène qui joue de la lyre et par une Ménade vêtue d'une longue robe qui exécute une danse ; près de cette Ménade, une panthère. Sur la même face de la coupe, derrière Bacchus, un Satyre à queue de cheval, ithyphallique, couronné de lierre, joue de la double flûte et est suivi d'une Ménade qui exécute une danse ; le thyrse de cette dernière est placé près d'elle. Sur la deuxième face de la coupe, mais toujours à l'extérieur, paraissent deux autres Satyres ithyphalliques avec la pardalide, et dont l'un est suivi par une panthère, puis trois Ménades qui, armées de thyrses et vêtues de longues robes, exécutent des danses. Intérieur de la coupe : Bacchus, barbu et vêtu d'une longue robe comme sur l'extérieur de la coupe, est assis sur un siége carré près duquel on distingue l'extrémité de son thyrse ; il tient d'une main un cep de vigne et de l'autre un canthare dans lequel Silène, ithyphallique et nu sauf la pardalide, va verser le contenu d'une œnochoé qu'il présente au dieu. Peinture rouge sur fond noir. H. 11 cent. Diam. 29 cent.

1366 et 1367.—Une paire de vases (*stamnos*) de fabrique étrusque, à deux anses. Figures jaunes sur fond noir. Les vases de ce style libre et hardi que l'on considère comme incontestablement exécutés en Étrurie, et qui datent d'environ 300 ans avant J.-C., sont d'une grande rareté. Il existe une paire de vases de cette fabrique à la Bibliothèque impériale et un dans le riche cabinet de M. le duc de Luynes. H. 36 cent. Circonf. 76 cent. Gravés, pl. XVIII et XIX.

1366. — Marche bachique. Silène ivre s'avance soutenu ou plutôt porté, car ses pieds ne touchent pas le sol, sur les épaules de deux Satyres. L'un, jeune, imberbe, aux traits réguliers, est armé du thyrse; l'autre, barbu, aux traits repoussants, est ithyphallique. Ce groupe est précédé par une Ménade, revêtue d'une tunique talaire, qui exécute une danse avec un Satyre sur les épaules duquel flotte la nébride et qui, tout en dansant, joue de la double flûte. Un troisième groupe est composé de deux Bacchants nus; l'un est barbu; il lève le bras vers le ciel et de la main gauche présente un cratère à l'autre qui est imberbe et ithyphallique; celui-ci, qui paraît tenir de la main droite une coupe, se détourne pour examiner l'intérieur du vase. L'expression de ses traits et le geste de son compagnon indiquent sans doute que le vase est déjà vide. Enfin un dernier groupe se compose d'un Satyre ithyphallique, nu, sauf la nébride, qui apporte une amphore à deux Ménades; l'une, celle à laquelle il paraît s'adresser, tient un tambourin; l'autre porte un thyrse et une bandelette; toutes deux dansent et sont revêtues de légères tuniques talaires. Sur la bordure du vase, sont représentés quatre chars en course; Victoire dans un char traîné par quatre lions; Satyre dans un char traîné par deux griffons ailés et par deux lions. Victoire dans un char traîné par quatre lionnes. Faune dans un char traîné par un griffon ailé et par un lion. Voyez plus haut l'article indiqué n°s 1366 et 1367.

1367. — Pendant du n° 1366. La décoration de ce vase est partagée en deux sujets distincts :

1° Bellérophon domptant Pégase. Le héros, entièrement nu, dispose la bride du cheval divin qu'il vient de soumettre au mors. Pégase est ici sans ailes, comme on le voit sur divers monuments, entre autres sur un vase du Cabinet Durand, décrit par M. de Witte dans son Catalogue de cette collection sous le n° 1374 (v. p. 341). La scène se passe auprès d'une fontaine abritée par un arbre; c'est la Fontaine Pirène; le cheval divin vient de naître; l'eau est versée par un mufle de lion, circonstance caractéristique qui se retrouve sur une foule de monuments. (Voyez les médailles d'argent de Terina; voyez aussi les n°s 643 et 644 du Catalogue Durand et le n° 82 du cat. de Canino, 1837; voyez encore sur un médaillon de bronze d'Apamée de Phrygie du Cabinet de Munich, frappé sous Gordien, une fontaine figurée par une tête de lion qui lance de l'eau, avec le nom ΚΑΛΑΙΡΟΗ; ce médaillon a été publié par Sestini, *Descrizione delle medaglie greche del museo Hedervariano, con altre di più musei*, 1828, *parte seconda*, p. 336, pl. XXV, 12; Mionnet le décrit, t. VII, suppl. p. 514, n° 167.) Minerve Chalinitis assiste à cette scène. Un héros nu, casqué, la lance à la main et le bouclier au bras, s'avance vers la déesse qu'il semble implorer; elle répond à ses prières en lui montrant Bellérophon auquel une colombe paraît apporter une bandelette; c'est peut-être le freiu destiné à Pégase. La protectrice de Bellérophon n'est pas représentée casquée; elle paraît couronnée de fleurs et porte une robe, mais elle est reconnaissable à l'égide qu'on distingue sur sa poitrine et à son bouclier qui est placé près d'elle. Une colonne surmontée d'un vase sépare ces deux sujets.

2° Sujet : Ajax emporte le corps d'Achille sur ses épaules. Le casque du fils de Télamon figure une tête de lion. Derrière ce groupe, une Amazone debout, s'appuyant sur sa lance, c'est peut-être Penthésilée. La bordure du vase est ornée de courses de chars : Victoire dans un char traîné par deux griffons ailés; Victoire dans un char traîné par deux griffons sans ailes; Victoire dans un char traîné par deux lions; Victoire dans un char traîné par deux cygnes.

Le sujet d'Ajax emportant le corps d'Achille se retrouve sur une foule de monuments. Voyez, entre autres, dans l'*Odysséide* de R. Rochette, pl. LXVIII, 2, un vase sur lequel Ajax est représenté avec un casque formé d'une dépouille d'éléphant; un miroir du *Museo Chiusino*, t. CXCIII, où il porte un casque à aigrette et un scarabée, publié dans le *Recueil d'antiquités de Caylus*, t. IV, pl. XXXI, n° 1, p. 92. Voyez aussi les vases 404, 405 et 1977 du Cat. Durand par M. de Witte. Voyez, ci-dessus, l'article indiqué 1366 et 1367.

1368. — Œnochoé de la Basilicate. Bacchus nu, imberbe, couronné de lierre, tenant d'une main un thyrse et de l'autre une phiale et une grappe de raisin, est assis et tourne la tête vers Ariadne qui s'avance vers lui vêtue d'une longue robe et tenant une guirlande et un éventail. Devant le dieu, une Bacchante entièrement nue, debout, tenant un thyrse et un miroir. Dans le champ, rosaces, bandelettes et pampres. Peinture rouge rehaussée de blanc. H. 35 cent.

1369. — Œnochoé de la Basilicate. Ariadne assise sur un chapiteau d'ordre ionique (v. n° 1355) tient d'une main une phiale et de l'autre un thyrse; Bacchus, debout devant elle et nu, sauf la chlamyde qu'il porte sur l'épaule gauche ainsi qu'un sceptre, lui présente une boîte ouverte. L'Amour ailé apporte à Ariadne un éventail et un sac. Peinture rouge rehaussée de blanc. H. 35 cent.

1370. — Coupe à deux anses. Intérieur : Bacchus barbu.

vêtu d'une chlamyde, accroupi et tenant le céras; le dieu retourne la tête. Extérieur : sujet répété deux fois; un sanglier entre deux lions. Peinture noire sur fond rouge. Fabrique de Vulci. Diam. 20 c. Ce vase provient de la collection Durand; il est décrit dans le Catalogue sous le n° 72.

1371. — Coupe profonde de Nola avec anse très-élevée, à couverte noire. Un Satyre barbu, ithyphallique, à queue de cheval, poursuit une femme; deux grands yeux encadrent ce sujet. Deux autres Satyres séparés par les deux grands yeux semblent animés du même désir que le satyre du sujet principal. L'anse est décorée d'une palmette en relief. Peinture noire rehaussée de rouge. H. de la coupe, 7 cent., avec l'anse, 13 cent.

1372. — Guttus grec à anse réunissant le goulot à la panse. Sur la partie supérieure sont peints, d'un côté, une tête de Silène; de l'autre, une tête de Bacchante ou d'Ariadne. H. 6 cent.

1373. — Guttus grec avec anse réunissant la panse au goulot. Sur la partie supérieure, d'une part, un Satyre barbu, à demi couché, brandissant un thyrse; de l'autre, un autre Satyre, qui, victime de la violence du premier, semble vouloir se relever après avoir été terrassé. Peinture rouge sur fond noir. H. 6 cent.

1374. — Tasse à deux anses. Dans un encadrement perlé, un masque de Bacchante, de profil, suspendu à des bandelettes. Terre rouge; décoration en blanc et jaune sur fond noir. H. 11 cent. V. n° 47.

1375. — Amphore de Nola. Hercule debout, barbu, coiffé de la peau de lion et vêtu d'un ample manteau qui ne laisse nu que le bras gauche; le demi-dieu tient de la main droite sa massue et de l'autre son arc et deux flèches. Sur son dos sont suspendus un second arc et le carquois. On lit la formule : ΚΑΛΟΣ entre la tête d'Hercule et l'arc.

Revers : un Éphèbe au repos; il est enveloppé d'un manteau, et se tient debout en s'appuyant sur un bâton noueux. On lit la formule : ΗΟ ΠΑΙΣ ΚΑΛΟΣ. Peinture jaune sur fond noir. H. 32 cent.

M. de Witte, qui, dans un de ses savants catalogues, a décrit ce joli vase qui provient d'une des ventes du prince de Canino, propose de donner le nom de Nirée, ou d'un autre éromène d'Hercule à cet Éphèbe, qui pourrait aussi représenter, comme sur bien des vases, un Éphèbe au repos. Voyez *Description d'une collection de vases peints, etc., provenant des fouilles de l'Étrurie*, par J. de Witte, p. 49, n° 93.

1376. — Amphore tyrrhénienne de Vulci. Face principale : Hercule au repos; il est couché sur une cliné; près de lui veillent ses divinités protectrices, Minerve et Mercure; Hercule, tenant un couteau de la main droite, se tourne vers Mercure auquel il semble adresser la parole. Au mur sont suspendus la peau de lion, l'arc et l'épée du héros; on voit sa massue debout au pied du lit près duquel sont placés une petite table et un coffre. Les deux divinités sont reconnaissables à leurs attributs ordinaires. Minerve tient la lance de la main droite et porte la chouette sur le poing gauche.

Deuxième face : Vulcain reconnaissable à la bipenne qu'il porte sur l'épaule, couronné de lierre, monté sur le mulet ithyphallique de Bacchus et accompagné par deux Satyres munis de queues de cheval et ithyphalliques comme le mulet. Le Satyre qui ouvre la marche se retourne vers le dieu; l'autre lui apporte un céras. Des pampres s'entrelacent autour des personnages, comme dans presque toutes les compositions bachiques. Le sujet est le retour de Vulcain dans l'Olympe; sur beaucoup de vases, le dieu de Lemnos est accompagné par Bacchus; ici il est seulement assisté par des suivants de ce dieu. Peinture noire rehaussée de rouge sur fond rouge. H. 48 cent.

1377. — Célèbe à couvercle. Hercule combattant Achéloüs, en présence de Déjanire. Le fils de Jupiter est représenté revêtu de la peau du lion, il lève sa massue pour frapper Achéloüs qui s'est transformé en taureau à face humaine et dont on ne voit que le buste, et en même temps lui arrache une de ses cornes. De la longue barbe du fleuve s'échappe une nappe d'eau, circonstance qui remet en mémoire la description que fait Déjanire de cet odieux prétendant dans la première scène des *Trachiniennes* de Sophocle. Déjanire assiste au combat dont elle doit être le prix; elle est enveloppée d'une longue robe et d'un voile qui ne laisse voir que ses traits; elle s'appuie sur un long sceptre. Dans le champ, un céras.

Revers : trois Éphèbes drapés, debout, au repos; l'un d'eux s'appuie sur un bâton. Peinture rouge sur fond noir. H. 40 cent. sans le couvercle.

Ce beau vase porte le n° 482 dans le catalogue de la célèbre collection de Samuel Rogers, d'où il provient. On l'a trouvé à Ceni.

1378. — Guttus de fabrique grecque; vase à une anse, avec goulot dépassant la panse. Sur la partie supérieure, tête d'Omphale, avec la peau de lion en relief. Couverte noire. H. avec le goulot, 10 cent.

1379. — Coupe à deux anses de Nola (cylix). Intérieur : le Centaure Pholus, représenté avec quatre jambes de cheval, armé d'une branche d'arbre, levant le couvercle du *pithos* grand vase dans lequel les Centaures conservaient leur vin. Inscription rétrograde : ΛΥΣΙΣ ΚΑΛΟΣ. *Lysis est beau.* Peinture rouge sur fond noir. H. 8 cent. Diam. 21 cent.

Cette curieuse coupe a été expliquée par M. de Witte dans sa *Description d'une collection de vases peints, etc., provenant des fouilles de l'Étrurie* (une des ventes du prince de Canino), sous le n° 77. V. p. 37.

Le fait mythologique auquel le savant antiquaire a su rattacher le sujet de cette coupe est rapporté ainsi : Hercule, étant à la poursuite du sanglier d'Érymanthe, fut accueilli par le Centaure Pholus dans sa caverne, et le héros étant altéré, Pholus lui offrit du vin tiré du tonneau commun des Centaures. — Un vase décrit dans le même ouvrage, sous le n° 76, témoigne encore de l'amitié de Pholus pour Hercule; on y voit le fils d'Alcmène donnant la main au Centaure. Enfin, le sujet de notre coupe se retrouve sur un vase du Musée du Louvre, mais complété par la présence d'Hercule. Voyez aussi, Micali, *Monumenti*, etc. pl. XCIX, 9, CXVI, 7.

1380. — Œnochoé de forme allongée, avec une seule anse. Fabrique sicilienne. Le sujet est un épisode de la guerre des Sept chefs contre Thèbes ; c'est peut-être le combat de Tydée contre les cinquante Thébains qui l'attendaient dans une embuscade comme il sortait de leur ville. A gauche, un héros barbu, entièrement nu, l'épée à la main, s'élance pour frapper un ennemi qui, la chlamyde sur les épaules, semble n'attendre son salut que des efforts de deux de ses partisans qui saisissent les bras de l'assaillant. Plus loin, un second groupe composé de trois héros ; l'un d'eux, armé d'une épée qu'il n'a pas encore tirée du fourreau, est attaqué par les autres dont l'un le saisit par le milieu du corps et cherche à l'étouffer tandis que l'autre paralyse ses efforts en lui retenant le bras gauche. Des semblants de noms sont peints auprès de cinq de ces figures. Peintures noires sur fond jaune. H. 29 cent. Un vase qui offre un sujet analogue, bien qu'on n'y compte que cinq figures et que sur notre vase il y en ait sept, a été décrit par M. Otto Jahn comme appartenant au mythe célèbre des Sept chefs devant Thèbes. Voyez *Verhandlungen der Königl. Sächsischen Gesellschaft der Wissenschaften zu Leipzig*, t. V, pl. III, p. 21. On ne risque guère de s'égarer en suivant les traces d'un savant aussi distingué qu'Otto Jahn ; mais je puis encore m'appuyer sur M. Roulez qui a publié un autre vase qui offre de grands rapports avec le nôtre et qui le classe de même dans la nombreuse série des monuments de cette célèbre expédition. Voyez *Choix de vases peints du Musée d'antiquités de Leyde*, publiés et commentés par J. Roulez. Gand, 1854, pl. XIII, p. 53.

1381. — Amphore de Vulci. Combat d'Hercule contre les Amazones. Hercule barbu, nu, couvert de la dépouille du lion, l'arc et le carquois sur l'épaule, menace de son épée une Amazone qui lui porte un coup de lance, tandis qu'il foule aux pieds une Amazone déjà renversée. Une troisième Amazone placée derrière Hercule le menace aussi de sa lance. Toutes trois sont coiffées de casques à grands cimiers et à longues crinières ; elles sont vêtues de courtes tuniques sans manches et sont armées de boucliers ronds et d'épées. Le fourreau de l'épée d'Hercule est semblable à ceux des Amazones. Le bouclier de deux des Amazones portent les mêmes emblèmes, deux annelets qui se détachent en blanc sur fond noir ; celui de l'Amazone qui frappe Hercule et lui est opposée porte pour emblème une jambe.

Revers : même sujet, dont il suffit d'indiquer les variantes. Ici Hercule est armé de la massue au lieu de l'épée, et il ne foule pas aux pieds l'Amazone renversée devant lui. Les trois boucliers portent ici les mêmes emblèmes, c'est-à-dire chacun deux annelets. Peinture noire rehaussée de blanc. H. 44 cent. Vente Samuel Rogers, n° 397.

On remarquera comme une singularité de voir le même sujet traité sur les deux faces du même vase ; cependant on connaît d'autres exemples de cette sorte de pléonasme pittoresque. Ainsi, dans le Cat. Durand par M. de Witte, on trouve, sous le n° 283, un vase qui porte comme celui-ci le même sujet sur les deux faces, et c'est précisément Hercule et une Amazone. Voyez aussi le n° 89 du même ouvrage. Sur notre vase, le sujet est bien le même, mais ce n'est pas toutefois une répétition, puisqu'il y a des variantes.

1382. — Amphore de Vulci, avec couvercle. Thésée et Pirithoüs combattant l'amazone Antiope. Les deux héros sont à pied ; Thésée, nu, mais coiffé d'un casque orné d'une crinière, se couvre de son bouclier et dirige sa lance vers la poitrine de son ennemie. Pirithoüs, la tête nue, est revêtu d'une chlamyde ; son bouclier est suspendu sur son épaule ; il tient de la main gauche le fourreau de son épée et dirige la pointe de sa lance par-dessus Thésée vers la tête du cheval de l'Amazone. Celle-ci, coiffée d'une tiare à larges fanons, porte un vêtement juste au corps rayé ainsi que ses anaxyrides ou pantalons descendant jusqu'à la cheville ; son bouclier échancré (*pelta*) est suspendu sur son dos ; de la main gauche, elle dirige son cheval et de la droite elle frappe Thésée ou plutôt le bouclier que lui oppose celui-ci. On lit la formule ΚΑΛΟΣ près de Thésée.

Deuxième face : un jeune héros quitte son vieux père ; c'est peut-être Thésée ; il est nu, sauf la chlamyde ; sa tête est couverte d'un casque à crinière ; il s'appuie de la main droite sur sa lance et porte au bras gauche un bouclier rond dont le symbole est un serpent ; une jeune fille lui présente une coupe dans laquelle elle a versé le vin d'une œnochoé qu'elle tient de la main gauche. Le vieillard, barbu et enveloppé d'un manteau, contemple cette scène avec tristesse ; il est appuyé sur un bâton. Peinture jaune sur fond noir. H. 41 cent., avec le couvercle, 47 cent.

1383. — Œnochoé d'ancien style, ouverture en forme de trèfle. La décoration est divisée en trois bandes :

1° Épisode du siége d'une ville, sans doute Troie. La ville est figurée par une muraille de trois assises de pierres carrées ; on distingue trois têtes de femmes qui du haut des remparts examinent ce qui se passe dans la plaine. Dans l'intérieur de la ville, derrière les murailles, deux femmes vêtues de longues robes avec leurs jeunes enfants ; l'une de ces femmes tient un long bâton. Les guerriers sortent de la ville pour aller combattre ; on distingue un cavalier, un guerrier dans un bige et deux hoplites à pied. Le combat s'engage entre ces derniers et deux des assaillants. Derrière ce groupe, deux cavaliers ; l'un d'eux vient d'être frappé mortellement ; il tombe de son cheval ; deux des siens ramassent ses armes qui lui échappent avec la vie.

Sur la deuxième bande sont représentés des animaux : un sphinx, un taureau, un lion, un cerf, puis deux autres sphinx qui, opposés l'un à l'autre, posent la patte sur un grand fleuron qui les sépare.

La troisième bande est ornée de fleurons qui ressemblent aux couronnes à pointes usitées sur les monuments du moyen âge. Peinture rouge sur fond blanc. H. 29 cent. avec l'anse. Des vases de ce style se trouvent fréquemment à Corinthe ; cependant on leur attribue souvent une origine phénicienne. Celui-ci est intact.

1384. — Amphore de Nola. Achille, debout, revêtu de la chlamyde qui flotte par-dessus sa cuirasse, les jambes nues, le casque en tête, s'appuyant sur sa lance. Le héros porte au bras gauche un bouclier rond dont le symbole est un scorpion.

Revers : Briséis debout, revêtue d'une tunique à larges plis, la tête nue. Peinture jaune sur fond noir. H. 34 c.

1385. — Grande amphore de la Basilicate, avec anses décorées de masques de Méduse en relief qui se détachent en blanc sur fond noir ; des cols de cygnes, également en relief, élégamment disposés à la naissance des anses, ajoutent à la richesse de cette ornementation. La forme de cette amphore porte le n° 83 dans le Catalogue Durand.

Sujet principal : Achille au moment où il vient de tuer Penthésilée reine des Amazones. Le héros, nu, sauf la chlamyde, casqué et protégé par son bouclier, plonge sa lance dans la poitrine de l'Amazone renversée devant lui. Revêtue d'une robe étoilée, coiffée de la tiare phrygienne, d'une main défaillante elle tient encore son bouclier échancré ; sa hache vient de lui échapper et se voit sur le sol aux pieds d'Achille ; son cheval s'enfuit effrayé. Derrière Achille, Mercure avec la chlamyde sur les épaules, debout, appuyé contre une colonne. A l'autre extrémité de la composition, édicule d'ordre dorique. Dans les airs, Victoire ailée apportant une couronne à Achille ; Vénus assise, tenant un miroir et tournant la tête vers une hiérodule qui lui apporte un objet de toilette ; enfin, Minerve, assise comme Vénus, revêtue d'une longue robe, sans casque, mais avec sa lance et son bouclier dont l'épisème est un globule sur lequel parait la figure d'un X.

Revers : sujet funéraire fréquent sur les vases. Deux Éphèbes nus et deux jeunes femmes apportant des offrandes à un tombeau. Sur la base carrée du tombeau est peint un canthare ; sur la colonne, une bandelette ; au sommet de cette colonne, une grenade. Sur le col du vase, tête de Vénus et palmettes. Peinture rouge rehaussée de blanc et de noir. H. 68 cent. ; avec les anses, 81 cent.

1386. — Vase attique à fond blanc, à une anse. Le sujet, dessiné par un simple trait rouge, est un Éphèbe apportant une offrande à un tombeau. H. 19 cent.

1387. — Amphore de la Pouille. Sujet principal : un jeune guerrier et deux jeunes filles debout font des offrandes au tombeau d'Œdipe. Le guerrier est nu, sauf une légère draperie jetée sur ses épaules ; il tient des deux mains la bandelette dont il va décorer le cippe funéraire ; il n'a cependant pas quitté sa lance qu'il retient du bras droit. Son bouclier et ses cnémides sont placés contre le tombeau. Celle des jeunes filles qui est placée derrière lui est simplement vêtue d'une longue robe, sans colliers ni ornements ; d'un geste gracieux elle retient sur sa tête une œnochoé dont elle va faire des libations ; l'autre jeune fille, celle qui est en face du guerrier, est plus richement vêtue ; elle porte une robe par-dessus une longue tunique, et a des pendants d'oreilles et un collier ; elle tient un coffret. La tombe se compose d'une base carrée, en forme d'autel, qui paraît de marbre veiné ; sur cette base sont déjà déposés deux vases funéraires d'offrande de la même forme que celui qui nous occupe ; les sujets peints sur ces vases et qui se détachent en noir sur fond jaune, sont :

1° Un homme et une femme tenant ensemble une couronne ;

2° Un homme et une femme tenant ensemble une bandelette.

Sur la base carrée s'élève une colonne sur le sommet de laquelle est placée une large coupe remplie de fruits et décorée d'une bandelette ; sur le fût, on lit cette inscription en deux lignes :

ΝΩΤΩΙΜΕΝΜΟΛΑΧΗΝΤΕΚΑΙΑΣΦΟΔΟΛΟΝΠΟΛΥΡΙΖΟΝ.
ΚΟΛΠΩΙΔΟΙΔΙΠΟΔΑΝΛΑΙΟΥΙΟΝΕΧΩ.

Restituée, cette inscription donne les deux vers suivants :

Νώτῳ μὲν μαλάχην τε καὶ ἀσφόδελον πολύριζον,
Κόλπῳ δ'Οἰδιπόδαν Λαίου υἱὸν ἔχω.

C'est le tombeau qui parle :

Sur mon dos (à la surface) *sont des mauves et des asphodèles aux nombreuses racines, mais, dans mon sein, je renferme Œdipe, fils de Laius.*

Une inscription semblable se lit, disposée comme ici, sur un cippe funèbre peint sur un vase publié par Millingen dans ses *Ancient unedited monuments*, pl. XXV, p. 86. Le savant archéologue y a reconnu deux vers cités par Eustathe dans son célèbre *Commentaire d'Homère* (voyez, t. III, p. 1698. Édition de Rome, 1542). Le possesseur inconnu qui a jadis fait restaurer notre vase a sans doute été guidé, pour refaire une partie de l'inscription, par le texte de Millingen. Sur le vase publié par ce dernier la particule MEN a été omise, mais il l'a rétablie dans son commentaire, et nous la retrouvons ici. On peut conjecturer que ces deux vers étaient devenus une sorte de lieu commun qui se plaçait sur les vases funéraires comme le nôtre et celui de Millingen et qu'on retrouverait peut-être sur d'autres encore. Les personnages représentés ici et qui viennent déposer leurs offrandes sur la tombe d'Œdipe ne sauraient recevoir de noms. Il faut y voir, comme nous le disions en commençant, un guerrier et deux jeunes filles qui viennent honorer la tombe révérée d'Œdipe. En effet, si l'on était tenté de reconnaître, dans les deux jeunes filles, Antigone et Ismène au tombeau de leur père, quel nom donnerait-on au jeune guerrier qui les accompagne? On ne peut songer ni à Étéocle ni à Polynice, puisque tous deux, maudits par leur père, s'entre-tuèrent peu après la mort d'Œdipe sans avoir connu le lieu où reposait son corps, si l'on s'en rapporte à la tradition suivie par Sophocle. Le revers de cette belle composition, dont le dessin est d'un style très-pur, n'offre qu'un sujet banal. Trois Éphèbes debout, au repos. Ils sont enveloppés d'amples manteaux ; celui du milieu s'appuie sur un bâton. Dans le champ, une bandelette. Peinture jaune sur fond noir. H. 48 c.

1388. — Grande amphore panathénaïque, ou *vase de prix*, comme on en distribuait aux Panathénées.

Sujet principal : Minerve Promachos debout, vêtue d'une tunique talaire, sans manches, coiffée d'un casque à grand cimier, la poitrine couverte d'une égide à écailles entourée de serpents, portant au bras gauche un grand bouclier dont Pégase est l'épisème, et de la main droite frappant de sa lance. De chaque côté, une colonne d'ordre dorique surmontée d'un coq. Le long de la colonne de gauche, on lit : ΤΟΝ ΑΘΕΝΕΘΕΝ ΑΘΛΟΝ. *Le prix à Athènes.*

Revers : course pédestre. Trois hoplites, barbus, nus, courant, le casque en tête et le bouclier au bras. Les trois boucliers sont décorés chacun d'un même emblème peint en blanc sur fond noir avec une bordure rouge : un hoplite courant avec casque et bouclier, absolument semblable à ceux qui exécutent la course sur le vase. Une grande corbeille sans anses dérobe aux yeux du spectateur la jambe droite du premier des coureurs. Peinture noire rehaussée de blanc. H. 65 cent.

On connaît dans les collections un certain nombre d'amphores panathénaïques. Ces vases étaient destinés à être donnés en prix aux vainqueurs à Athènes dans les fêtes célèbres de Minerve, connues sous le nom de Panathénées. Pindare dans un passage devenu classique, et dont on doit l'interprétation à Winckelmann [1], parle de ces vases qui étaient, dit le poëte, ornés de peintures et qui, selon d'autres textes, étaient remis au vainqueur remplis de l'huile provenant des oliviers sacrés, les Μορίαι, qui croissaient dans le bois de Minerve, près de l'Académie.

Le Musée britannique possède une de ces amphores avec inscription en caractères très-anciens dans laquelle on lit, de plus que sur la nôtre, le mot ΕΜΙ pour ΕΙΜΙ, ce qui complète le sens en donnant la parole au vase lui-même : *Je suis le prix à Athènes.* On peut voir dans le Catalogue Durand, par M. le baron de Witte, la description d'un vase presque semblable à celui de M. Louis Fould; la face principale est semblable, si ce n'est que l'épisème du bouclier de Minerve est un dragon au lieu de Pégase. Quant au revers, il représente une course équestre. Une autre amphore panathénaïque, extrêmement intéressante, est celle qu'a publiée M. Charles Lenormant, et sur laquelle on lit non-seulement la formule ordinaire, mais encore le nom de l'archonte Céphisodore. Au moyen de cette mention, le savant et regrettable académicien a pu fixer la date de la fabrication de cette amphore à l'an II de la 114ᵉ olympiade, c'est-à-dire 323 ans avant J.-C. (Voyez, *Note sur un vase panathénaïque récemment découvert à Benghazi, lue à l'Académie des inscriptions et belles-lettres, le 30 juin* 1848 ; dans la *Revue archéologique*, 5ᵉ année, p. 230). L'amphore de M. Louis Fould doit être antérieure à celle dont je viens de parler, car les caractères de l'inscription sont plus anciens et se rapprochent du style et de la forme de ceux qu'on voit sur celle du British Museum. Une autre particularité qu'il importe de signaler, c'est que le sujet du revers de notre amphore est précisément celui de l'amphore de Benghazi; or, M. Lenormant, dans la *Note* citée plus haut, déclarait alors que ce sujet était nouveau ; en effet, on ne le trouve pas dans la réunion de revers d'amphores panathénaïques publiée par M. Ed. Gerhard, le savant professeur de Berlin, dans les *Annales de l'Institut archéologique de Rome.* V. t. I, pl. XXI et XXII.

1389. — Amphore de Vulci avec son couvercle. Scènes du gymnase sur les deux faces : 1° deux pédotribes debout, revêtus de manteaux, président une course de jeunes athlètes nus. L'un des athlètes tient de la main droite son casque et porte au bras gauche son bouclier dont le symbole est précisément la représentation de la course qu'il va faire, c'est-à-dire qu'on y voit un athlète nu, courant le bouclier au bras et le casque en tête. L'autre athlète place son casque sur sa tête. Chacun des pédotribes tient son bâton fourchu. On distingue le mot ΚΑΛΟΣ; 2° deux pédotribes et deux jeunes athlètes nus. L'un des pédotribes est entièrement enveloppé de son tribon; on ne voit même par ses mains; l'autre s'appuie sur un bâton fourchu. L'un des athlètes semble écouter les avis d'un des pédotribes; l'autre s'incline en avant et tient un objet incertain, peut-être des haltères. On lit la formule : ΗΟ ΠΑΙΣ ΚΑΛΟΣ deux fois répétée. Peinture jaune sur fond noir. H. 40 cent. avec le couvercle.

1390. — Amphore de Nola. Un Brabeute, barbu et couronné de laurier, enveloppé d'un manteau et s'appuyant sur un bâton, présente une bandelette à un Éphèbe nu, de-

[1]. Voir Winckelmann, *Histoire de l'art*, t. I, p. 298, éd. de Paris, l'an II de la République.

bout devant lui, qui tient sa lyre. Revers : Éphèbe enveloppé du tribon, s'appuyant sur un bâton. Peinture jaune sur fond noir. H. 55 cent.

1391. — Amphore de Vulci. Personnage barbu (l'Éraste), revêtu du tribon, s'appuyant sur un bâton, fait un geste qui exprime son admiration pour un Éphèbe (l'Éromène), debout devant lui, entièrement enveloppé dans une tunique. Le revers du vase offre la contre-partie de cette scène; on y voit une jeune fille exprimant, par le même geste que l'Éraste, son admiration pour un Éphèbe qui s'appuie sur un bâton comme ce dernier. Peinture jaune sur fond noir. H. 25 cent.

1392. — Coupe à deux anses; cylix de Nola. Extérieur : neuf Éphèbes nus, ou à peine couverts de chlamydes, folâtrent ensemble et paraissent chercher à s'enlever des vases de diverses formes. Le premier, à gauche, près de l'anse, est vêtu d'une chlamyde; il accourt en détournant la tête et tient un scyphus et un céras. Un autre scyphus est à terre. Le second est nu; il est à genoux et tient un céras. Le troisième, vêtu d'une chlamyde, tient un scyphus et un bâton noueux. Le quatrième est nu; il n'a qu'un bâton. Le cinquième, la chlamyde sur l'épaule gauche, tient de la main droite une cylix. Le sixième a la chlamyde sur l'épaule et tient un bâton; à ses pieds est une outre sur laquelle on lit : ΚΑΛΑ. Le septième lève son bâton comme pour frapper ce dernier; il tient de la main gauche un scyphus et est revêtu d'une chlamyde. Le huitième, entièrement nu, tient un céras et un scyphus. Enfin, le neuvième, qui court en détournant la tête, est revêtu d'une chlamyde et tient un bâton fourchu. Intérieur : un Éphèbe, enveloppé d'un manteau, s'appuyant sur un bâton, s'approche d'une coupe sur laquelle on lit : ΚΑΛΑ, et dont il va s'emparer. Derrière l'Éphèbe, dans le champ, un casque de forme conique. On distingue la formule : ΗΟ ΠΑΙΣ ΚΑΛΟΣ. H. 10 cent. 1/2. Diam. sans les anses, 27 cent.

1393. — Amphore dont la peinture n'est pas terminée. On distingue, d'un côté, un jeune cavalier; de l'autre, un Éphèbe appuyé sur un bâton. H. 20 cent.

1394. — Guttus grec, avec anse disposée comme celle d'un panier. Sur la partie supérieure, deux Éphèbes au repos, enveloppés d'amples manteaux; l'un d'eux est assis, l'autre est debout et s'appuie sur un bâton noueux. H. 7 cent.

1395. — Patella tyrrhénienne. Intérieur : Tyrrhénien, barbu, couronné de lierre, revêtu d'une longue robe, dansant, une lyre et une coupe dans les mains, aux sons de la double flûte dont joue une femme debout devant lui. Cette femme est revêtue d'une longue robe par-dessus laquelle elle porte un peplus. Auprès d'elle, un ocladias ou siége sans dossier. Dans le champ, un carquois. Peinture noire, rehaussée de rouge sur fond blanc. Travail très-fin de style étrusque. Gravé, pl. XVII.

On peut lire dans le Catalogue Durand, par M. de Witte, n° 867, la description d'un plat sur lequel paraît un sujet analogue à celui que l'on admire sur le remarquable monument de l'art étrusque que nous venons de décrire. On peut voir aussi dans la *Storia degli antichi popoli italiani*, de Micali, Tavola C., n° 4, une figure analogue à la notre.

1396. — Amphore de Vulci. Départ d'un guerrier; il est représenté dans l'action de chausser l'un de ses brodequins; à ses pieds est son casque; en face de lui, une femme lui présente ses deux javelots et son bouclier; derrière, un guerrier revêtu de ses armes; l'emblème du bouclier de ce personnage est l'avant-corps d'un chien. 2ᵉ face : deux guerriers dans un quadrige. Les emblèmes des boucliers sont un globule et un serpent. Peinture noire rehaussée de rouge et de blanc. H. 40 cent.

1397. — Œnochoé de Vulci. Un cavalier, barbu, la tête nue, muni de deux javelots et suivi d'un homme à pied revêtu d'une longue robe et portant une lance, semble parler à un vieillard à barbe blanche, revêtu d'une longue robe. C'est sans doute un roi, car il tient un long sceptre surmonté d'un fleuron. Au-dessus de la tête du vieillard, on lit : KOON; sous le cheval, KOS; entre le cheval et le personnage à pied, KNS. Le cavalier est-il accueilli par le vieillard à son retour d'une expédition, ou lui fait-il ses adieux? C'est ce qui n'est pas très-clairement exprimée. On pourrait peut-être y voir Bellérophon au moment de partir de la cour de Prœtus. Les peintures sont noires, rehaussées de rouge sur fond jaune. Le vase, qui n'est décoré que sur la face principale, est noir. H. 20 cent.

M. de Witte a décrit ce joli vase en 1837; voyez *Description d'une collection de vases peints et bronzes antiques provenant des fouilles de l'Étrurie*, n° 187, p. 110. Ce vase avait figuré auparavant dans le grand catalogue du prince de Canino, sous le n° 1498.

1398. — Amphore de Vulci. Un guerrier debout, le casque en tête, tenant ses deux javelots, et portant au bras un grand bouclier rond dont l'emblème est un trépied, s'entretient avec sa femme qu'il va quitter; celle-ci est également debout et est revêtue d'une longue robe dont elle relève un coin. Sur l'autre face, scène identique; seulement, le bouclier porte trois globules pour emblème. Peinture noire rehaussée de blanc et de rouge sur fond jaune. H. 16 cent.

1399. — Œnochoé, avec ouverture en trèfle, d'ancien style. Sur la panse, sujet peint sur fond jaune, appliqué sur une couverte vert foncé. Un combat. D'une part, deux guerriers à pied sont aux prises; l'un des deux adversaires est à demi terrassé; il a un genou en terre et l'autre s'apprête à lui donner le coup mortel; d'autre part, un guerrier à cheval poursuit un ennemi qui s'abrite derrière son grand bouclier dont le symbole est une bandelette. Même style que le n° 1383. Ce sujet est peint en noir rehaussé de blanc et de rouge. H. 27 cent. avec l'anse.

1400. — Coupe de Vulci. Intérieur : tête de Méduse, la langue pendante. Extérieur : combat de guerriers armés de toutes pièces; l'un d'eux est terrassé et cherche à parer le coup fatal au moyen de son bouclier. Un troisième guerrier, qui tourne le dos à cette scène, marche au combat, la lance en arrêt. Sur son bouclier, un serpent. 2e face : combat entre un guerrier à pied et un cavalier. Chacun de ces sujets est placé entre deux grands yeux. Peinture noire rehaussée de blanc et de rouge. H. 12 cent. Diam. 36 cent.

1401. — Lancella ou petite amphore de Nola. Héros nu, casqué, le bouclier au bras, combattant; il est représenté au moment où il va frapper de sa lance. Revers : Éphèbe drapé au repos. Peinture rouge sur fond noir. H. 23 cent.

1402. — Amphore de Vulci. Deux hommes au moment de partir pour la chasse; l'un d'eux, armé de toutes pièces comme un hoplite, est coiffé d'un casque surmonté d'un cimier très-élevé; il porte au bras gauche un bouclier rond (argien), dont le symbole est une caisse de char, et tient en même temps ses deux javelots; de la main droite, qu'on ne voit pas, il doit tenir une coupe et recevoir le vin qui lui est versé par une femme debout devant lui, une œnochoé à la main. Le second chasseur, qui paraît l'écuyer du premier, est armé à la légère; il n'a ni bouclier, ni javelot; son casque, de forme conique, n'a pas de cimier; il tient d'une main une hache d'armes à long manche et l'épée du principal personnage dans le fourreau. Entre les deux chasseurs, un chien. Revers : Ménade dansant entre deux Satyres; elle est couronnée de lierre et porte la pardalide par-dessus une tunique talaire. D'une main, elle joue des crotales, de l'autre elle tient des ceps de vigne. Les Satyres sont barbus, ithyphalliques et munis de queues de cheval; tous deux tournent la tête vers la Ménade. Au-dessous de ce sujet, une rangée d'animaux; groupe trois fois répété d'un bouc et d'un lion combattant. Peinture noire rehaussée de rouge. Catalogue Samuel Rogers, n° 486. (Voyez n° 1403.) H. 42 cent.

Bien que ce vase soit plus haut d'un centimètre que celui qui suit et que le second n'ait pas la rangée d'animaux qui décore le premier, il est facile de s'apercevoir que ces vases se font pendant. Sur celui-ci, les chasseurs vont partir; l'un d'eux boit ce que l'on appelle chez nous le coup de l'étrier; sur l'autre, ils sont en route. Les sujets des revers sont également en rapport évident, puisque sur l'un on voit Bacchus, et sur l'autre, une Ménade. De plus, ces deux vases sont tous deux de la fabrique de Vulci. On pénètre ainsi dans les ateliers des anciens; nous n'avons pas ici précisément une paire de vases, mais nous avons deux vases de deux paires qui ne sont que des variantes d'un même modèle.

1403. — Amphore de Vulci. Les deux chasseurs qu'on vient de voir au moment de partir, sur le vase n° 1402, sont ici montés sur leurs chevaux et en marche; ils sont à peu près équipés de même; cependant, aucun d'eux n'a de bouclier, et tous deux sont munis de deux javelots; ici, l'hoplite est placé derrière le personnage armé à la légère. Revers : Bacchus, barbu, couronné de lierre, vêtu d'une longue robe, debout, les bras presque croisés sur la poitrine, entre deux Satyres barbus, à queue de cheval. Le dieu est au milieu d'une vigne chargée de raisins. Peinture noire rehaussée de rouge. Catalogue Samuel Rogers, n° 455. Voyez le numéro précédent. H. 41. cent.

1404. — Guttus de fabrique grecque; l'anse unique réunit le goulot à la panse. Sur la partie supérieure, sujet en relief. Chasseur coiffé du chapeau thessalien, nu, sauf la chlamyde, monté sur un cheval au galop et tenant le lagobolum de la main droite. Couverte noire. H. 9 cent.

1405. — Œnochoé d'ancien style, de fabrique corinthienne. La panse, large et à peine séparée de l'ouverture par un col très-court, est décorée de deux rangées d'animaux : 1° un cygne, un lion, un taureau, un lion et un cygne. 2° un lion, une antilope, un cerf, un cheval et une tortue. Des rosaces sont semées entre ces animaux. Peinture noire rehaussée de rouge sur fond blanc. Voyez n° 1406. H. avec l'anse, 21 cent.

1406. — Coupe de fabrique corinthienne, posée sur un pied avec anse surélevée. Sur le bord extérieur, une rangée de douze animaux : cinq sphinx ailés, cinq lions et deux léopards. Sur le pied, ornements de fantaisie; sur l'anse, deux lions et ornements de fantaisie. Peinture rouge rehaussée de blanc sur fond jaune. Forme rare. H. de la coupe, 26 cent., avec l'anse, 38 cent. Diam. de la coupe, 19 cent.

1407. — Petit vase à une anse. Sur la panse, taureau et bouc combattant; derrière, un lion. Sur la bordure, tigre poursuivant un bouc et un lièvre. Un semis de rosaces complète l'ornementation de ce joli vase. Fabrique dite phénicienne ou plutôt corinthienne. Peinture noire rehaussée de rouge sur fond blanc. Voyez 1408. H. 6 cent.

1408. — Petit vase des mêmes fabrique et forme que celui qui précède. Il est décoré de deux lignes d'animaux; sur la principale : deux lions, un cerf et une antilope; sur la moindre, d'autres animaux à formes mal accusées. H. 10 cent.

1409. — Guttus grec, avec anse disposée comme celle d'un panier. Sur la partie supérieure sont peints un coq et un paon. Figures jaunes sur fond noir. H. 6 cent.

RHYTONS ET FORMES SINGULIÈRES.

1410. — Rhyton formé par une tête de bélier. Une couronne de lierre orne le col du vase. Le vase proprement dit est à fond noir, avec peinture jaune; la tête du bélier est peinte de trois couleurs, jaune clair, rouge et noir. Fabrique de Nola. Long. 22 cent. 1/2.

1411. — Rhyton formé par une tête de bélier. Sur le col du vase, entre deux palmettes, un sujet peint en rouge sur fond noir : un Satyre debout montrant la dépouille d'un animal à un de ses pareils qui recule épouvanté. Le fond du vase est noir. Les peintures sont jaunes. Fabrique de Nola. Long. 23 cent.

1412. — Rhyton. Fabrique de Nola. Peinture jaune. Tête de génisse. Sur le col, sujet peint en jaune se détachant sur un fond noir. Une Harpyie, sous la figure d'une femme ailée, revêtue d'une tunique talaire, poursuit trois jeunes filles qui font des gestes d'effroi. Toutes trois sont revêtues de la tunique talaire et du peplus. Leur coiffure, ainsi que celle de la Harpyie ou Ker, est le cécryphale. H. 14 cent.

M. de Witte a décrit ce rhyton dans son Catalogue de la vente de M. le vicomte Beugnot, sous le n° 92. Le savant antiquaire reconnaît ici, avec toute raison, les filles de Pandarée enlevées par les Harpyies. Il cite à l'appui de son heureuse conjecture le scoliaste d'Homère qui nomme les trois filles de Pandarée, Aédon, Mérope et Cléothère. A la vérité, Pausanias (X, 30, 1) n'en compte que deux qu'il nomme Clytie et Camiro; mais on sait combien les mythes revêtent de formes variées selon les pays ou les auteurs. On sait d'ailleurs que les artistes anciens donnaient aux Harpyies la forme d'une femme ailée. On peut voir à ce sujet le vase de Phinée et des Harpyies, publié par James Millingen (*Ancient unedited monuments*, pl. XV), et l'article de M. de Witte sur la mort d'Alcyonée dans les *Annales de l'Institut archéologique,* t. V, p. 313.

1413.— Rhyton. Tête de griffon. Couverte noire, rehaussée de rouge. H. 6 cent. Long. 15 cent.

1414. — Vase à parfums. Trois récipients, ou petits vases ronds, garnis chacun de leurs couvercles, réunis et suspendus à une colonne d'ordre dorique dont le chapiteau est surmonté d'une grenade. Les petits vases sont ornés de peinture rouge sur fond noir : 1° une femme ailée, nue, apportant une boîte de bijoux, dont on voit pendre un collier; 2° femme ailée apportant un miroir et un éventail; 3° femme ailée, peut-être Hermaphrodite, assise, contemplant les bijoux contenus dans la boîte dont on vient de parler et qu'elle tient entr'ouverte. Les couvercles portent des ornements et l'un une tête de femme de profil, les deux autres des têtes de face, dont l'une paraît être la Gorgone. H. 28 cent.

1415. — Œnochoé attique à une seule anse; sur la partie antérieure, figure de haut-relief de Bacchus jeune, assis sous une vigne. Le dieu est représenté nu, couronné de lierre et tenant d'une main une œnochoé, et de l'autre une corne d'abondance. Ses jambes sont revêtues de brodequins. La figure est de la couleur naturelle de la terre, c'est-à-dire rougeâtre. La partie postérieure du vase et l'anse sont revêtues d'un vernis noir. Les pampres sont peints en vert. Les brodequins sont teintés en vermillon et en noir. H. 13 cent.

Ce vase a été rapporté d'Athènes par un officier du corps d'armée français qui occupa cette ville pendant la guerre de Crimée. On peut voir dans l'ouvrage de Stackelberg, *Die Græber der Hellenen*, pl. XLIX et suivantes, des vases presque semblables que ce savant dit avoir été trouvés également dans l'Attique. Voyez particulièrement, pl. LI. On a dû restaurer l'anse; mais la figure, dont le travail est plein de naturel et de grâce, est arrivée intacte jusqu'à nous.

1416. — Vase à une anse dont la panse et le pied sont formés par la tête et le col d'une femme, sans doute Ariadne. Une couronne de lierre peinte en blanc entoure cette tête. La face et le cou d'Ariadne sont peints en jaune. Les cheveux et le derrière de la tête, le col et l'anse du vase sont peints en noir. Fabrique de Nola. H. 14 cent.

Un vase semblable est décrit sous le n° 1242 du Catalogue Durand. V. n° 1417.

1417. — Vase à une anse, dont la panse et le pied sont formés par la tête et le col d'une femme, sans doute Ariadne. La face et le cou d'Ariadne sont peints en jaune. Les cheveux et le derrière de la tête, le col et l'anse du vase sont peints en noir. Une couronne de lierre peinte en blanc entoure cette tête. Fabrique de Nola. H. 14 cent. (V. n° 1416.)

VASES SANS SUJETS.

1418.— Grande œnochoé, à anse surélevée, à large panse. Le col est court; l'ouverture est en forme de trèfle; la base est très-peu élevée. Ce vase est décoré d'ornements en imbrications très-fines, gravées à la pointe, de couleur rouge, jaune et noire. Ces imbrications rappellent des écailles de poisson, l'ensemble des couleurs employées donne au vase l'aspect violet. Les vases de cette fabrique sont fort rares; on les trouve en Étrurie, mais on ne peut méconnaître leur analogie avec certains vases dits quelquefois phéniciens, qu'on rencontre parfois à Corinthe. Celui-ci est d'une étonnante conservation; on peut dire qu'il est absolument intact. Je trouve un vase absolument identique pour la forme et pour la décoration, sauf une rangée d'animaux près du col et au pied qui n'existent pas sur le vase de M. Louis Fould, dans l'atlas du grand ouvrage de Micali, *Monumenti per servire alla storia degli antichi popoli Italiani. Firenze*, 1832. V. pl. XCIX, n° 12. Ce vase est donné par l'auteur comme trouvé à Vulci ; c'est nous donner la provenance du nôtre.

1419. — Vase en forme de panier ; les attaches de l'anse sont décorées de masques siléniques en relief ; l'un de ces masques est disposé de façon à servir de goulot. H. 22 c. avec l'anse. Ce vase, d'une élégance remarquable, est d'une forme rare.

1420. — Amphore de la Cyrénaïque avec couvercle. La panse est cannelée. Couverte noire, à demi effacée. Le col est décoré d'un collier en relief. H. 37 cent.

1421. — Petite Hydrie de la Cyrénaïque à trois anses, à panse cannelée. Couverte noire. H. 14 cent.

1422. — Hydrie de la Cyrénaïque, à panse cannelée, avec couverte noire et trois anses. H. 26 cent.

1423. — Amphore de Nola. Couverte noire. H. 17 cent.

1424. — Amphore de Nola. Les anses sont tressées. Couverte noire. H. 22 cent.

1425. — Scyphus ou tasse de Nola, à deux anses. H. 11 c. Diam. 12 cent.

1426. — Amphore de terre grise, dont les anses ne sont pas détachées de la panse. L'unique décoration de ce petit vase, dont la forme est très-élégante, consiste en lignes rougeâtres. H. 17 cent.

1427. — Amphore étrusque, avec couverte noire. Les deux anses sont décorées de sujets en relief absolument semblables, trois lions en marche. H. 36 cent.

On obtenait ces bas-reliefs, qu'on rencontre sur un certain nombre de vases étrusques, au moyen de cylindres gravés en creux ; on pouvait ainsi multiplier à l'infini le sujet qu'on voulait reproduire ; les trois lions qui paraissent ici ne sont que trois empreintes d'une même intaille.

1428. — Vase de la Cyrénaïque à deux anses ; la panse est cannelée ; sur le col, décoré d'ornements peints en blanc, une colombe volant entre deux palmettes, peinte également en blanc. Fond noir. H. 21 cent.

1429. — Amphore avec couverte noire. H. 9 cent. Ce joli petit vase fait pendant au n° 1430.

1430. — Amphore avec couverte noire. H. 9 cent. Voyez n° 1429.

1431. — Scyphus ou petite tasse à deux anses, avec couverte noire ; une guirlande peinte en jaune décore le bord. H. 9 cent. 1/2.

1432. — Œnochoé avec couverte noire, décorée de guirlandes se détachant en jaune. L'anse est double et forme un nœud. H. 10 cent. Basilicate.

1433. — Vase de forme ronde aplatie à couvercle, avec oreilles. Vernis noir. H. 8 cent. Diam. 8 cent.

1434. — Hydrie de Nola, à trois anses, avec couverte noire. H. 25 cent.

1435. — Œnochoé de forme allongée, à col étroit, avec couverte noire de Nola. H. 28 cent.

1436. — Coupe à deux anses surélevées, à couverte noire. H. 7 cent. Diam. 10 cent.

1437. — Coupe à deux anses, avec couverte noire. Dans le fond, ornements gravés avec léger relief ; au centre, deux étoiles superposées. Diam. 17 cent.

1438. — Coupe sans anses, avec couverte noire. Elle est simplement décorée par des ornements gravés sur les bords en très-léger relief ; à l'intérieur, une petite tête de Méduse entre quatre palmettes ; le tout également en très-léger relief. Diam. 24 cent.

1439. — Sorte de lécythus, avec couverte noire ; la panse est décorée d'ornements au pointillé qui figurent les côtes d'un fruit. H. 19 cent.

1440. — Coupe à deux anses, avec large rebord, revêtue d'un vernis noir. Sans peintures. H. 8 cent. Diam. 10 cent.

1441. — Coupe à deux anses, avec couverte noire. H. 5 cent. Diam. 19 cent. sans les anses. Pendant du n° 1442.

1442. — Coupe à deux anses, avec couverte noire. H. 5 cent. Diam. 20 cent. sans les anses. Pendant du n° 1441.

1443. — Scyphus ou tasse à deux anses. Vernis noir sur terre rouge. H. 10 cent. 1/2. Circonf. 32 cent.

1444. — Tasse de la Cyrénaïque de terre rouge peinte en noir, à panse cannelée. L'anse représente un double nœud. H. 7 cent. Diam. 7 cent. 1/2.

1445. — Scyphus ou tasse à deux anses. Sur la face principale de la panse, des raisins. Terre rouge, décoration en blanc sur fond noir. Basilicate. H. 11 cent.

1446. — Scyphus ou tasse à deux anses de la Basilicate. La décoration consiste en raisins, pampres et couronnes. On distingue un vase de la forme dite alabastron. H. 11 cent.

1447. — Boîte ronde à couvercle et à anses. La boîte est ornée seulement de lignes noires ; le couvercle est décoré d'une grecque noire entre deux lignes rouges. H. 6 cent.

1448. — Petite boîte ronde à parfums à couvercle. Couverte noire. H. 3 cent. Diam. 45 mill.

1449. — Scutella, plat ou soucoupe avec couverte noire. Diam. 11 cent.

1450. — Petite coupe à pied, sans anses, à couverte noire à demi effacée. H. 18 mill. Ce petit vase et les suivants jusqu'au n° 1458 paraissent avoir été destinés à servir de jouets.

1451. — Petit vase en forme de coupe à oreilles. Terre grise. H. 15 mill. V. n° 1450.

1452. — Autre ; forme de coupe à une anse. Terre rougeâtre. H. 20 mill. V. n° 1450.

1453. — Petite coupe, sans anses. Terre rougeâtre. H. 18 mill. V. n° 1450.

1454. — Autre, peu profonde. Terre rougeâtre. H. 10 mill. V. n° 1450.

1455. — Petite soucoupe. Terre rougeâtre. H. 8 mill. V. n° 1450.

1456. — Autre. H. 10 mill. V. n° 1450.

1457. — Petit godet à couverte noire, sans anses. H. 13 mill. V. n° 1450.

1458. — Autre. H. 13 mill. V. n° 1450.

MONUMENTS EN PATE DE VERRE

IMITATIONS DE CAMÉES.

1459. — Buste d'Apollon lauré, avec les cheveux flottants sur les épaules. Imitation de camée en pâte de verre irisée. H. 4 cent. L. 3 cent. Gravé, pl. XX.

1460. — L'Aurore dans son char. La divinité est représentée debout, à demi-nue ; un voile léger flotte au-dessus de sa tête et y forme une sorte d'auréole ; avec une baguette flexible elle excite ses quatre chevaux et tient les rênes de la main droite. Pâte de verre jaune transparente. H. 4 cent. 1/2. L. 6 cent. Gravé, pl. XX.

On peut comparer cette précieuse pâte de verre, d'excellent travail grec, avec les magnifiques camées décrits plus haut sous les n°s 904 et 905. (Voyez l'un de ces camées, pl. VIII, n° 904 ; voyez aussi la pâte de verre n° 1461 sur notre pl. XX.)

1461. — Anneau de verre vert, avec un chaton en pâte imitant un camée d'agate-onyx à deux couches, figures blanches sur fond noir. Le sujet est l'Aurore dans son char. La déesse est représentée sans ailes ; elle se penche sur ses chevaux ; un voile flotte autour de sa tête. H. du chaton, 19 mill. L. 26 mill. On trouvera gravé sur la pl. XX le chaton de cet anneau. (Voyez n°s 904, 905 et 1460.)

On doit remarquer la grande analogie qui existe entre cette composition et celle du camée n° 904. Ce n'est pas seulement le sujet qui est le même ; il est traité dans le même style. Cet anneau de verre avec chaton imitant le camée est d'ailleurs fort intéressant pour l'histoire des usages.

1462. — Vénus accroupie sortant du bain. Pâte noire sur fond rouge. H. 18 mill. L. 10 mill.

1463. — Vénus à demi-nue, debout, jouant de la lyre ; l'Amour enfant accompagne sa mère sur la double flûte. La lyre est placée sur un tronc d'arbre. Figures blanches sur fond vert. H. 11 mill. L. 8 mill.

1464. — Hébé, buvant dans une coupe. Elle est représentée debout, nue, sauf une draperie flottante. Figure blanche sur fond rouge. H. 13 mill. L. 8 mill. Gravé, pl. XX.

1465. — Figure juvénile couchée, à demi-nue. En bas, un Amour, ou un génie enfant. Pâte blanche sur fond violet. H. 20 mill. L. 28 mill. La pose de cette figure est d'un mouvement parfait; mais la conservation laisse à désirer et ne permet pas de reconnaître le sujet. On serait tenté de voir ici Vénus et l'Amour, si le sexe de la figure couchée n'était pas aussi incertain.

1466. — Buste de Bacchus, barbu, couronné de lierre et de pampres. Fragment d'une imitation de camée en pâte de verre qui a perdu ses couleurs primitives et offre des reflets d'opale. H. 22 mill. L. 30 mill.

1467. — Anneau avec chaton en relief représentant un masque bachique. L'anneau est jaune avec raies blanches ; le masque est vert. Diam. de l'anneau, 15 mill.

1468. — Masque de Satyre de face. Fragment de l'attache de l'anse d'un vase de verre blanc. Diam. 25 mill.

1469. — Fragment d'un vase orné de bas-reliefs. Bacchante debout, tenant d'une main le thyrse et de l'autre un canthare. Pâte de verre bleu, opaque. H. 7 cent. L. 7 cent. Gravé, pl. XX. Remarquable par la noblesse du style comme par la pureté du dessin, ce morceau, bien que fragmenté, est un des joyaux de la série des pâtes de verre.

1470. — Méduse. Tête de profil. Figure blanche sur fond bleu. Diam. 3 cent. Gravé, pl. XX. Travail grec de grand style, et cependant très-fin d'exécution.

1471. — Médaillon fragmenté, représentant la tête de Méduse. Pâte de verre blanc. Diam. 6 cent. Imitation de ces médaillons en pierres dures représentant le même type, que l'on peut voir dans les grandes collections de la Bibliothèque impériale et du Louvre. (Voyez *Catalogue des camées du Cabinet des médailles,* par M. Chabouillet, n°s 118 et suivants.) On a supposé que ces sortes de médaillons ont pu servir dans l'antiquité de décorations militaires. (*Phaleræ.*)

1472. — Médaillon fragmenté, représentant une tête de Méduse. Pâte de verre bleu opaque. Diam. 7 cent.

1473. — Tête de Méduse de face. Médaillon de pâte de verre jaune, avec irisations. Diam. 30 mill.

1474. — Tête de Méduse en relief. Fragment de vase. Verre vert. H. 45 mill. L. 40 mill. On verra, sous le n° 1500, un vase qui a conservé une ornementation de sujets en relief analogues aux fragments réunis sous les n°s 1474 et suivants.

1475. — Masque de Méduse. Verre blanc. Diam. 25 mill.

1476. — Méduse. Buste de profil, avec des serpents dans les cheveux et des ailes. La figure se détache en blanc sur un fond violet. Fragment. H. 25 mill. L. 20 mill.

1477. — Tête de Méduse de face. Pâte noire. H. 30 mill. L. 17 mill.

1478. — Tête de Méduse de face. Pâte noire. H. 23 mill. L. 15 mill.

1479. — Tête de Méduse de face. Pâte noire. H. 28 mill. L. 8 mill.

1480. — Médaillon avec belière, portant de chaque côté un masque barbu. Pâte bleue. H. 20 mill. L. 17 mill.

1481. — Médaillon en forme de cœur ou d'écusson sur lequel sont représentés une chouette et ses deux petits posés sur un arbuste au pied duquel on voit courir un chien. Pâte de verre rouge. H. 39 mill. L. 35 mill.

1482. — Mufle de lion en verre blanc, avec irisations. Diam. 25 mill.

1483. — Mufle de lion en verre blanc, avec irisations. Diam. 30 mill.

1484. — Drusus l'ancien, frère de Tibère. Buste de profil, la tête nue. La figure se détache en blanc sur un fond violet. H. 25 mill. L. 20 mill.

1485. — Buste d'un satrape. Pâte bleue. H. 13 mill. L. 10 mill.

IMITATIONS ANTIQUES D'INTAILLES.

1486. — Scarabée. Sur le plat, Vénus Anadyomène. Pâte bleue irisée. H. 18 mill. L. 12 mill.

1487. — L'Amour vainqueur d'Hercule. Éros enfant voltige sur les épaules d'Hercule, et va lier les mains puissantes du dompteur de monstres, qu'il a terrassé. Le fils d'Alcmène, désarmé, sa massue à ses pieds, est agenouillé et n'oppose pas la moindre résistance aux caprices de son maître. Pâte de verre; imitation antique d'une intaille sur agate rubanée. H. 25 mill. L. 12 mill.

La composition et le sujet de cette pâte de verre décèlent l'époque romaine. La force invincible que la mythologie attribue à l'Amour a été représentée par mille gracieuses allégories qui ont inspiré bien souvent les poëtes et les artistes. Le contraste d'Éros enfant domptant Hercule, le vainqueur des monstres, offrait un sujet charmant qui a été traité avec mille variantes. (Voyez plus haut, n° 910, camée représentant Éros vainqueur d'un centaure.) Il existe à Florence, dans le Cabinet du grand-duc, une intaille sur sardoine sur laquelle pourrait avoir été moulée dans l'antiquité notre pâte. On en peut voir le dessin dans le *Museum Florentinum* de Gori, t. I, pl. XXXVIII, n° 1. Dans la même planche, n°s 2 et 3, on en peut voir deux variétés qui sont absolument semblables à une intaille sur jaspe rouge du Cabinet des médailles, publiée comme antique dans le *Traité des pierres gravées* de Mariette, t. II, pl. LXXXI, mais qui est décrite parmi les modernes sous le n° 2373 dans le *Catalogue des camées et intailles de la Bibliothèque impériale,* ainsi qu'une autre répétition sur agate qui porte le n° 2374. Miliotti, dans sa description d'une collection de pierres gravées du Cabinet de Saint-Pétersbourg, a donné un camée sur sardonyx à deux couches, représentant le même sujet. (Voyez, pl. 113.)

1488. — Thétis ailée, nue, agenouillée, tenant de la main droite un casque et de l'autre une épée. Sur le sol, près de la déesse, on distingue un bouclier et des cnémides. Imitation d'intaille; pâte de verre vert. H. 23 mill. L. 18 mill. Gravé, pl. XX.

Je vois ici Thétis contemplant avec douleur les armes qu'elle va donner à Achille en songeant au sort funeste qui attend son fils sous les murs de Troie; ou bien, et l'attitude douloureuse de la déesse autorise cette autre explication, on voit ici Thétis après la mort du héros, contemplant ses armes qu'elle déclare devoir être données à celui qui a sauvé son corps. Thétis paraît ailée sur quelques monuments; M. de Witte, Catalogue Durand, n° 1975, décrit un miroir étrusque sur lequel paraît Thétis munie de grandes ailes comme sur notre intaille; or, sur ce monument, le doute n'est pas permis, car le nom de la déesse est distinctement écrit. Le même savant cite, à ce propos, une Thétis munie d'ailes au front, sur un vase du Musée de Naples, publiée planche XXXVII du tome I des *Monum. inéd. de l'Institut archéologique de Rome*. Je ne puis cependant omettre de signaler la frappante analogie du type reproduit sur ce précieux monument avec celui de la *Victoire immolant un taureau,* qu'on retrouve sur une foule de monuments mythryaques ou autres. Voyez, Combe, *Terra cottas du British Museum,* pl. XV, n° 24, p. 16; pl. XVI, n° 26, p. 16; pl. XXXIV, n° 70, p. 34; et d'Agincourt, *Recueil de terres cuites,* pl. XXI, n° 6, p. 54.

1489. — Héros, nu, le casque en tête, le bouclier au bras, tenant de la main droite un objet qu'il considère attentivement; ce pourrait être une tête humaine; dans cette hypothèse, on aurait ici Hyllus au moment où il vient de tuer Eurysthée. Malheureusement, les irisations qui ont altéré cette imitation d'une intaille antique ne permettent pas de distinguer clairement l'objet tenu par le héros. H. 15 mill.

1490. — Marc-Aurèle, à cheval, avec le paludamentum, la main droite étendue dans le geste du commandement. Diam. 14 mill. Gravé, pl. XX. Cette pâte de verre rappelle la célèbre statue équestre de Marc-Aurèle qui décore la place du Capitole à Rome. Malgré quelques différences de détail, je crois reconnaître ici une imitation antique de cette statue. Voyez *Musée de sculpture,* de Clarac, pl. DCCCCLII, n° 2452.

1491. — Antinoüs. Buste de profil. Pâte avec irisations. H. 17 mill. L. 13 mill. Gravé, pl. XX.

1492. — Galère, Capricorne, corne d'abondance et globe du monde. Pâte de verre jaune. Imitation d'une intaille sur cornaline blonde.

On trouve le type du Capricorne sur les monnaies d'Auguste qui était né sous ce signe du zodiaque. Quelquefois, comme ici et comme sur une pierre du Cabinet des médailles (n° 1487 du *Cat.* de M. Chabouillet), outre le Capricorne, on voit une corne d'abondance, le globe du monde et un gouvernail. Ici, l'idée exprimée par le gouvernail est rendue par la galère entière.

1493. — Sanglier en course. Imitation d'intaille sur agate rubanée. Bon travail. H. 8 mill. L. 12 mill.

1494. — Scarabée. Sur le plat, lion en creux, dévorant un taureau. Type des monnaies d'Acanthe. Pâte bleue foncée. H. 10 mill. L. 15 mill.

VASES DE VERRE

1495. — Œnochoé de verre blanc, avec anse de verre vert. Col long et étroit. Irisations. H. 37 cent.[1]

1496. — Œnochoé dont l'anse unique est large et cannelée. Traces d'irisation. Verre vert. Gravé, pl. XXI. H. 27 cent.

1497. — Œnochoé; l'orifice en trèfle est décoré de filets en relief, de couleur bleue. Le col est aussi décoré de filets semblables. Verre blanc jauni et irisé. L'anse est de verre vert. Gravé pl. XXI. H. 26 cent.

1498. — Œnochoé; le col est décoré de deux anneaux en relief réunis par un ornement en spirale de verre noir. Verre vert. H. 25 cent.

1499. — Œnochoé de verre transparent, de couleur violet foncé, avec mouchetures blanches. L'anse est carrée et cannelée. Gravé pl. XXI. H. 10 cent.

1. Voir, aux *Antiquités égyptiennes*, les n°s 823, 824, 825, 826, 827.

1500. — Œnochoé à col étroit et court, à panse de forme ovoïde, décorée de trois mufles de lion, deux grands et un petit, en relief. L'anse est de verre vert. Au milieu de la panse, une ligne de vert clair. Gravé, pl. XXI. H. 16 cent.

Ce joli vase réunit à l'élégance de la forme la légèreté de la matière et de belles irisations. On a vu, sous les n°s 1474 et suivants, des fragments de décorations en relief provenant de vases. Le vase qu'on vient de décrire explique fort clairement ce genre d'ornementation.

1501. — Œnochoé en verre blanc opalisé, à large panse divisée en côtes; le col est décoré de quatre anneaux en relief très-fins; l'anse, de couleur verte, est découpée à jour et figure des lacs. Gravé, pl. XXI. H. 15 cent.

1502. — Œnochoé à goulot long et étroit; large panse avec anse cannelée. Verre blanc tirant sur le vert, opalisé. H. 14 cent.

1503. — Œnochoé à orifice en trèfle, verre bleu opaque,

avec ornements jaunes, verts et blancs. Col long et étroit. Gravé, pl. XXI. H. 12 cent. 1/2.

1504. — Œnochoé à bec en trèfle. Verre bleu opaque décoré de lignes dans le sens horizontal, de couleur blanche et jaune. H. 12 cent.

1505. — Œnochoé à col étroit avec ouverture en forme de trèfle. Bleu opaque décoré de lignes horizontales, jaunes au col, et sur la panse de colonnes de palmes de couleur blanche et jaune. H. 11 cent.

1506. — Œnochoé de verre gris bleu imitant le granit; la panse est décorée de raies horizontales, de couleur verte et jaune. H. 8 cent.

1507. — Œnochoé. Vert opaque décoré de lignes jaunes horizontales. Irisations. H. 6 cent.

1508. — Coupe profonde sans anses, de forme hémisphérique. Fond vert à demi translucide, semé d'étoiles de couleurs diverses, parmi lesquelles domine une riche nuance violette. Voyez n° 1514. H. 72 mill. Diam. 12 cent.

Rapportée d'Étrurie par le célèbre connaisseur E. Durand, cette admirable coupe figure sous le n° 1599, p. 358, dans le catalogue de sa collection, rédigé par M. de Witte. Acquise à cette époque par M. Debruge-Duménil, elle porte le n° 1215 dans l'excellent catalogue de cette riche collection, rédigé par M. Jules Labarte. (Voyez n° 1215, p. 692.) Il était dans la destinée de cette coupe de n'être pas séparée de la phiale ou coupe plate décrite plus bas n° 1514, laquelle, rapportée en même temps par M. Durand, est décrite dans son catalogue sous le n° 1507, et sous le n° 1216 dans celui de M. Labarte. Ce savant connaisseur explique ainsi le mode de fabrication de ces deux objets; selon lui, ces vases seraient formés d'une mosaïque de tronçons de cannes ou baguettes de verre travaillées séparément. On peut lire à ce sujet l'intéressante introduction de son catalogue. (Voyez p. 355.)

1509. — Coupe sans pied ni anses, de forme hémisphérique. Irisations de couleur d'opale. La pureté de la forme et la beauté des irisations de cette coupe méritent d'être signalées. H. 7 cent. Diam. 13 cent.

1510. — Coupe sans pied ni anses; la base se termine en pointe. Pâte de verre jaune, avec irisations. H. 7 cent. 1/2. Diam. 12 cent.

1511. — Vase en forme d'écuelle avec deux oreilles et couvercle. Verre blanc, irisé. H. 4 cent. Diam. sans les oreilles, 10 cent.

1512. — Coupe de forme basse, sans pied ni anses, avec godrons. Vert jaunâtre couvert d'irisations. H. 5 cent. Diam. 10 cent.

1513. — Coupe de forme basse, avec cordon en relief vers la base. Verre blanc. H. 4 cent. Diam. 9 cent.

1514. — Scutella, plateau ou phiale, du même verre que la coupe n° 1508, mais violet et semé, au lieu d'étoiles, d'ornements rappelant les yeux de la queue du paon. Mêmes couleurs que n° 1508. Voy. au n° 1508. H. 2 c. Diam. 4 c.

1515. — Petite phiale. Blanc irisé avec traces de dorure. H. 5 cent. Diam. 4 cent. 1/2.

1516. — Urne de forme sphérique, sans anses. Verre violet foncé, moucheté de blanc, imitant le marbre noir et blanc, mais qui, vu la transparence, tire sur le pourpre. Le bord du vase est violet très-foncé et opaque. On a imité avec succès au XVIe siècle le procédé de fabrication auquel on doit ce magnifique vase. H. 15 cent. Circonf. 51 cent. Diam. de l'orifice, 10 cent.

1517. — Urne de verre bleu, irisé, de la même forme que le n° 1516. H. 13 cent.

1518. — Urne de verre vert, avec irisations, de la même forme que le n° 1516. H. 15 cent.

1519. — Sorte de petite urne sans anses; un cordon découpé à jour, de filets de verre en relief, serpente autour du col. Vert. Irisations. Gravé, pl. XXI. H. 8 cent. 1/2.

1520. — Autre semblable, sauf quelques variantes dans le cordon découpé à jour. Gravé, pl. XXI. H. 8 cent. 1/2.

1521. — Urne à bords évasés et plats. Des baguettes de verre forment une galerie à jour entre la panse et les bords. Verre blanc irisé. H. 6 cent.

1522. — Amphore de forme allongée, à anses carrées, couverte d'irisations. Gravé, pl. XXI. H. 28 cent.

1523. — Amphore de verre opaque. Fond bleu cendré. Filets jaunes et chevrons brisés, jaunes et glauques. Acquis à la vente Debruge-Duménil, avec son piédouche moderne en vermeil. (Voyez n° 1213 du Catalogue.) H. 90 mill.

1524. — Amphore. Bleu foncé opaque avec bandes horizontales jaunes et vertes. H. 9 cent. 1/2.

1525. — Jolie petite amphore de verre bleu opaque; sur le col, raies jaunes horizontales; sur la panse, raies jaunes et vertes également horizontales. H. 9 cent. 1/2.

1526. — Amphore à base pointue. Verre bleu avec ornements jaunes et verts. H. 9 cent.

1527. — Amphore semblable à la précédente. H. 8 cent.

1528. — Petite amphore en verre bleu, avec ornements jaunes et vert d'eau sur la panse. H. 7 cent. 1/2.

1529. — Amphore de verre bleu décoré de rayures horizontales de couleur jaune et verte. H. 7 cent.

1530. — Petite amphore, à base pointue, en verre bleu à demi opaque, avec ornements jaunes et vert d'eau sur la panse. H. 7 cent.

1531. — Amphore en verre de couleur verte avec raies jaunes horizontales. H. 7 cent.

1532. — Sorte d'amphore de forme ronde, à col très-court et étroite ouverture, avec deux anses ou plutôt deux oreilles. Vert. H. 7 cent.

1533. — Petite amphore à large panse, à base arrondie. Col très-court. Verre très-épais et lourd. Gravé, pl. XXI. H. 5 cent. 1/2.

1534. — Pendant du n° 1533. H. 5 cent. 1/2.

1535. — Sorte d'amphore à deux petites anses, à col étroit et large panse arrondie à la base. Verre bleu opaque, avec ornements de couleur verte et jaune. H. 6 cent.

1536. — Amphore à base en pointe. Verre bleu, à vernis brillant, avec bandes d'ornements de couleur verte et jaune, dans le sens horizontal. H. 6 cent.

1537. — Vase sans anses, mais en forme d'amphore à base pointue. Verre chargé d'ornements jaunes dans le sens horizontal. Irisations. H. 10 cent. 1/2.

1538. — Petit cratère dont les deux anses partent du bord et qui va se rétrécissant vers la base formée par une sorte de bouton. Verre bleu couvert d'irisations. Gravé, pl. XXI. H. 8 cent.

1539. — Joli vase avec trois petites anses à la panse. Forme de cratère allongé. Bleu opaque avec ornements de couleur blanche et jaune. H. 9 cent.

Ce vase rappelle, pour la forme, celui qui est décrit sous le n° 823 parmi les Antiquités égyptiennes, parce qu'il a été trouvé en Égypte et qu'il provient de la vente Anastasi. Celui-ci est évidemment de la même fabrique. Ce fait jetterait peut-être du jour sur les lieux de fabrication de certains de ces vases de verre, que rendent si précieux aujourd'hui l'élégance de leurs formes, leur conservation malgré leur extrême fragilité et la richesse de ces belles couleurs irisées qui proviennent de leur séjour prolongé dans certaines terres.

1540. — Lécythus à oreilles; bleu opaque, décoré de colonnes de palmes blanches. H. 18 cent.

1541 et 1542. — Lécythus à oreilles, en verre bleu opaque, avec ornements rayés horizontalement de couleur jaune et blanche. H. 15 cent. 1/2.

1543. — Lécythus de verre vert, sans oreilles, couvert de belles irisations. Pendant du n° 1542. H. 11 cent.

1544. — Autre de même forme. Vert transparent, couvert d'irisations. H. 7 cent.

1545. — Lécythus à oreilles. Bleu opaque, décoré de colonnes de palmes se détachant sur un fond blanc. Pendant du n° 1546. H. 8 cent. 1/2.

1546. — Lécythus à oreilles, en verre bleu opaque, avec colonnes d'ornements jaunes. C'est le pendant du n° 1542 H. 8 cent. 1/2.

1547. — Lécythus à oreilles, en verre bleu opaque qui a gardé admirablement son vernis, décoré de raies horizontales de couleur jaune et verte. H. 9 cent.

1548. — Lécythus en verre opaque de couleur bleue, avec deux oreilles. Sur le col, raies horizontales de couleur blanche. Sur la panse, colonnes de croissants de couleur blanche. Ce joli vase se termine en pointe. H. 15 cent.

1549. — Lécythus à oreilles, en verre bleu opaque, avec ornements rayés horizontalement de couleur jaune et verte. H. 14 cent. 1/2

1550. — Lécythus avec oreilles. Verre bleu opaque irisé, avec ornements jaunes et verts. H. 14 cent. 1/2.

1551. — Lécythus en verre opaque de couleur bleue, à oreilles. Colonnes d'ornements de couleur jaune et verte en forme de palmes. H. 13 cent.

1552. — Lécythus en verre bleu opaque avec deux oreilles. Lignes horizontales de couleur jaune en relief au col. Sur la panse, godrons sur lesquels sont peintes des palmes en couleur blanchâtre. H. 12 cent. 1/2.

1553. — Lécythus avec deux oreilles. Verre opaque décoré de palmes de diverses couleurs. H. 12 cent. 1/2.

1554. — Lécythus à oreilles, en verre bleu opaque, avec ornements rayés horizontalement, de couleur jaune et verte. H. 11 cent.

1555. — Lécythus double à deux anses. Ce vase, ou ces vases jumeaux, en verre très-lourd, est décoré de filets en relief, et de plus est couvert d'admirables irisations. Gravé, pl. XXI. H. 11 cent. 1/2.

1556. — Lécythus en verre opaque bleu, avec ornements de couleur bleue et jaune dans le sens horizontal. Irisations. H. 9 cent.

1557. — Ampoule à col court, à large orifice, base arrondie. L'irisation a rendu ce verre entièrement blanc avec reflets d'opale. H. 6 cent.

1558. — Ampoule à col court, à large orifice, à base arrondie. Violet transparent; irisations. H. 5 cent.

1559. — Ampoule à col court, mais évasé, à panse large et arrondie. Verre admirablement opalisé. H. 4 cent.

1560. — Petite bouteille à panse large et aplatie, à col long et droit, en verre bleu translucide. Gravé, pl. XXI. H. 10 cent.

1561. — Autre avec col étroit et assez court, large panse à base arrondie. Bleu transparent légèrement irisé. H. 8 cent.

1562. — Autre, à base arrondie, avec de charmantes irisations. Mutilée au col. H. 5 cent. 1/2.

1563. — Autre, à grosse panse et goulot court. Verre bleu opaque irisé. H. 5 cent.

1564. — Bouteille avec col court, large panse, à base arrondie. Blanc transparent irisé. H. 4 cent. 1/2.

1565. — Bouteille avec col court et large panse, à base arrondie. Blanc transparent irisé. Gravé, pl. XXI. H. 4 cent.

1566. — Bouteille à col étroit, à panse large et arrondie à la base. Blanc transparent irisé. H. 4 cent.

1567. — Autre, ou petit flacon de forme allongée à base arrondie. Verre irisé. H. 8 cent.

1568. — Bouteille à large panse, à col étroit; base arrondie. Verre bleu irisé. H. 6 cent.

1569. — Autre à col long et étroit. Verre blanc irisé. H. 8 cent. 1/2.

1570. — Autre de verre blanc irisé. H. 6 cent.

1571 et 1572. — Une paire de flacons longs et étroits, à base arrondie. H. 11 cent.

1573. — Flacon très-étroit, à base plus large et arrondie. Vert irisé. H. 18 cent.

1574. — Flacon sans anses, à col étroit, à base arrondie. Bleu. (Voyez 1575.) H. 8 cent.

1575. — Pendant du n° 1574. H. 7 cent. 1/2.

1576. — Flacon carré long, à une seule anse. Verre vert avec irisations intérieures. H. 26 cent. L. 7 cent.

1577. — Flacon rond, de forme allongée, à large base, décoré de colonnettes en relief. Vert, avec irisations. H. 21 cent.

1578. — Flacon sans anses, en forme de sablier. La partie supérieure, en verre blanc transparent, est séparée par un cordon en relief de la partie inférieure qui est opaque. H. 10 cent.

1579. — Flacon à anse, à base arrondie. Vert irisé. Gravé, pl. XXI. H. 5 cent.

1580. — Flacon de la même forme que le n° 1579, mais de couleur violette. Irisé. Il ne reste que des vestiges de l'anse. H. 6 cent.

1581. — Vase à parfums, à col étroit, à panse se terminant en pointe. Vert avec colonnes de couleurs jaunes et rouges assez vives qui lui donnent l'aspect de certains verres de Venise. H. 4 cent. 1/2.

1582. — Gobelet ou vase à boire de forme allongée, avec pied. Vert clair irisé. H. 10 cent. 1/2.

1583. — Gobelet ou vase à boire, à base arrondie, à large orifice, décoré de filets en relief. Vert. Irisations. H. 9 cent. 1/2.

1584. — Gobelet à godrons, de forme allongée. Verre vert clair. H. 9 cent. 1/2.

1585. — Gobelet sans anse; la partie inférieure, presque aussi large que l'ouverture, est décorée de grosses perles en relief. Verre vert opalisé. H. 55 mill.

1586. — Petit vase sans anse, en forme de pyramide, en verre opaque de couleur verte, avec des bandes perpendiculaires jaune d'or. H. 9 cent.

1587. — Petit vase à anse, de la forme du pot à lait vulgaire. Vert clair à raies blanches. La lourdeur de ce petit vase semble indiquer la présence d'un émail métallique. H. 4 cent.

1588. — Pyxis ou boîte de forme ronde avec son couvercle. Irisations. H. 4 cent.

1589. — Vase à deux anses, en verre vert transparent; la panse est formée par deux têtes, l'une d'homme barbu, l'autre de femme. H. 8 cent.

1590. — Lampe avec anse ou lampadaire dont la forme rappelle celle d'un chandelier moderne. Vert clair, couvert d'irisations. H. 17 cent.

COLLIERS ET OBJETS DIVERS.

1591. — Collier composé de boules de pâte de verre rouge opaque à côtes rayées de blanc, bleu et vert, entremêlées de cylindres en pâte de verre rouge à raies blanches, Monture moderne en argent composée de nœuds ou lacs copiés d'ailleurs sur des monuments d'une incontestable antiquité. Un collier de cylindres d'émeraude et de nœuds semblables existe au Cabinet des médailles de la Bibliothèque impériale. Voir n° 2559 du *Catalogue* de M. Chabouillet. Long. 66 cent.

1592. — Collier composé de perles de pâte de verre, jaune opaque, et de cinquante-six phallus de matière semblable. Long. du collier développé, 52 cent.

1593. — Boule de pâte de verre provenant d'un collier. Cette boule, de couleur vert d'eau, est décorée de dix-huit petites éminences de pâte blanche, jaune et bleue qui figurent des yeux. Diam. 8 cent.

1594. — Bâton de pâte de verre de couleur bleue, avec enroulements de couleur blanche. Fragment. H. 9 cent.

1595 à 1655. — Sous les n°s 1595 à 1655 sont compris soixante et un fragments de pâte de verre, d'aspect analogue à celui des mosaïques. Ces fragments, qui proviennent de revêtements de murs et de petits meubles, sont intéressants pour l'étude de l'industrie du verre dans l'antiquité. Des rosaces, des ornements de fantaisie décorent la plupart de nos fragments qui sont remarquables par l'éclat et la variété des couleurs. Je citerai le n° 1595 sur lequel paraît un canard; les n°s 1596 et 1597 sur lesquels paraît une liliacée, et le n° 1598 qui nous est parvenu entièrement rond et qui est orné d'une élégante rosace. Les autres numéros de diverses grandeurs ne peuvent être décrits.

FRAGMENTS DE VASES

des premiers temps du christianisme, décorés de figures et d'inscriptions sur or.

Ce n'est guère que dans les musées de l'Italie qu'on peut étudier avec fruit les précieux monuments de la classe placée dans notre catalogue à la fin des monuments de l'antiquité. Rares même à Rome, où la piété érudite de l'Église les a toujours entourés d'une vénération particulière, les fragments de vases de verre chrétiens, à figures dessinées sur or, sont pour ainsi dire inconnus à Paris. On n'en a d'ailleurs jamais trouvé hors des cimetières de Rome, ce qui a fait conjecturer, non sans raison, au R. P. Raphaël Garrucci que cet art fut essentiellement romain, et qu'il naquit, se perfectionna et mourut dans la capitale du monde chrétien. Le musée du Louvre ne possède que trois de ces fragments; on peut les voir figurés sur les magnifiques planches de l'ouvrage publié aux frais du gouvernement français, par M. Louis Perret, sous ce titre : *Les Catacombes de Rome*, Voyez t. IV, pl. XXXIII, n°s 105, 111 et 112; encore dans ce nombre en est-il un, le n° 111 de M. Perret, qui a été depuis publié comme faux, avec l'assentiment du savant conservateur des antiques du Louvre, par le R. P. Garrucci, dans le bel ouvrage qu'il a consacré à ce point intéressant de l'archéologie religieuse. Voyez p. 83 et n° 6, pl. XL, du curieux livre intitulé : *Vetri ornati di figure in oro trovati nei cimiteri di Roma, raccolti e spiegati da Raffaele Garrucci, D. C. D. G. Roma*, 1858, f°.

Le musée des Thermes et de l'hôtel de Cluny ne possède pas un seul de ces verres ornés d'or, et on n'en compte que trois dans la collection du Cabinet des médailles et antiques de la Bibliothèque impériale. Ces derniers sont décrits sous les n°s 3471, 3472 et 3473, dans le *Catalogue des Camées*, etc., de la Bibliothèque impériale, par M. Chabouillet; deux de ces précieux monuments, les n°s 3471 et 3473, ont été publiés; voyez *les Catacombes de Rome*, de M. Louis Perret, t. IV, pl. XXVI, n°s 44 et 47, et p. 124 du tome VI qui contient le texte. Le R. P. Garrucci a publié de nouveau cette série, mais complète, dans l'ouvrage cité plus haut, p. 42 et 58, et pl. XIX, n° 2; XXVIII, n° 7, et XXIX, n° 1.

La collection de M. Louis Fould possède huit *vetri ornati di figure in oro* dont deux ont été publiés par le P. Garrucci; ce sont les n°s 1656 et 1657, qu'on trouvera décrits dans son ouvrage, p. 57 et 81, pl. XXVIII, 3, et XXXVIII, n°s 9 *a* et 9 *b*. Par une inadvertance fort excusable, le R. P. a donné notre n° 1657 comme faisant partie du Cabinet des médailles et antiques. Si je signale cette erreur qui n'a pas d'importance scientifique, c'est qu'en ma qualité de gardien des trésors de l'État, j'ai eu bien des occasions de constater les inconvénients de ces attributions fautives.

Le procédé employé pour fabriquer ces curieux dessins d'or était fort simple. Philippe Buonarotti l'a décrit dès l'année 1716 dans ses *Osservazioni sopra alcuni frammenti di vasi antichi di vetro ornati di figure trovati ne' cimiteri di Roma*, et depuis, on s'accorde à convenir qu'il l'avait fort bien compris et expliqué. On dessinait à la pointe sèche le sujet ou l'inscription sur une feuille d'or battu qu'on fixait sur une lame de verre arrondie. Cette lame ainsi préparée était ajustée au fond du vase et recouverte d'une seconde plaque; puis on soumettait le vase à l'action du feu qui soudait le tout. (Voyez aussi la préface du R. P. Garrucci qui entre à ce sujet dans de curieux développements.) Ce procédé protégeait si bien cette sorte de peinture sur or que les fragments qui arrivent jusqu'à nous ont conservé la même fraîcheur qu'au moment où ils ont été déposés dans les cimetières de la primitive Église. Je dis les fragments, et on a déjà vu ce mot dans le titre de l'ouvrage de Buonarotti qui a traité l'un des premiers ce sujet intéressant, parce qu'en effet on ne connaît pour ainsi dire pas de ces vases entiers. L'un des fragments, conservés dans la collection L. Fould, le n° 1656, est particulièrement intéressant, car ce n'est pas seulement une lame de verre, c'est le fond d'un vase; aussi figure-t-il, comme je l'ai dit, dans les planches du P. Garrucci. Un vase entier paraît dans les planches de l'ouvrage de M. L. Perret; mais celui-là n'a pas de sujet, il porte seulement une inscription sur les parois de la panse.

Sur les huit monuments dont se compose cette série dans la collection L. Fould, trois sont suspects et paraissent dus à l'œuvre de faussaires d'une époque déjà ancienne. Je ne les exclus pas cependant de ce travail, attendu d'abord que peut-être sont-ils des copies d'originaux perdus, et qu'ensuite, la comparaison du travail de ces monuments avec celui de ceux jugés authentiques est fort instructive. Le P. Garrucci semble avoir pensé comme moi à ce sujet, puisqu'il n'a pas reculé devant la publication de fragments déclarés faux par lui-même. Je signalerai l'analogie que les dessins du savant jésuite font ressortir entre le travail des fragments faux qu'on peut voir sous les n°s 3, 4 et 6 de la pl. XL et n° 3 de la pl. XLI de son ouvrage, et nos n°s 1660, 1661 et 1662. Cette analogie peut faire supposer qu'ils sortent de la même fabrique.

1656. — Fragment de vase à côtes, en verre blanc irisé, ou plutôt opalisé. Au fond, entre deux couches de verre, on lit en lettres d'or l'inscription suivante :

IVNIO
SVPESTI (*sic.*)
TIVITA

A Junius Superstes, vie ! H. 37 mill. Diam. 4 cent. C'est le n° 158 du catalogue de la vente de M. le vicomte Beugnot, rédigé par M. le baron de Witte. Comme on l'a dit plus haut, ce précieux et rare fragment de vase a été publié par le P. Garrucci dans son ouvrage sur les verres chrétiens. Voyez Préface, p. VIII et p. 81, pl. XXXVIII, n°s 9 *a* et 9 *b*. Je renvoie pour plus de détails, pour ce vase comme pour les suivants, à la brève notice qui précède cette section du présent catalogue.

1657. — Autre fragment de vase. Deux époux chrétiens, vus de face à mi-corps. Il ne reste de l'homme que la partie supérieure de la tête ; la figure de la femme est, au contraire, presque entière ; elle tient des deux mains un volumen, et est coiffée d'un reticulum. On lit ces vestiges de l'inscription :

IBA	P
BI	RE
S	IEC
VA	TA

H. du fragment, 11 cent.

Comme on l'a dit plus haut, le P. Garrucci a publié ce fragment pl. XXXVII, n° 3 ; il l'indique à tort comme faisant partie de la collection de la Bibliothèque impériale. Nous renonçons, comme le savant jésuite, à compléter le nom de l'époux ; il croit pouvoir lire celui de l'épouse, PREIECTA. Sur la cassette d'argent du ve siècle de notre ère, trouvée à Rome en 1793 avec une foule de vases et ustensiles de toilette, tous conservés aujourd'hui dans le musée Blacas, on lit un nom fort analogue à celui-ci ; c'est PROIECTA. (Voyez la lettre de E. Q. Visconti *Intorno ad una antica Supelletile d'argento, etc.* 2e éd. 1827, tav. I.)

1658. — Autre fragment. Jésus-Christ est représenté debout, la tête nue, revêtu d'une longue robe dont il relève un pan de la main gauche, tandis qu'il fait de la droite un geste de commandement. Autour, on voit sept vases. Diam. 20 mill.

Le P. Garrucci a publié ce fragment. Voyez *Vetri ornati*, etc., p. 22 et tavola VII, n° 5. Contrairement à l'opinion des auteurs qui avant lui ont parlé de médaillons offrant le même sujet, le savant jésuite voit ici, non pas les sept corbeilles du miracle de la multiplication des pains, mais bien les hydries ou vases dans lesquels le Seigneur changea l'eau en vin aux noces de Cana. Je ne suivrai pas l'ingénieux écrivain dans la discussion à laquelle il se livre à ce sujet. Il me suffira de dire que, bien qu'il soit question de six vases et non de sept dans l'évangile de saint Jean, le R. P. Garrucci, comparant certaines représentations de corbeilles à pains avec les vases figurés sur notre fragment, démontre jusqu'à l'évidence que ce sont bien des hydries qui paraissent ici. Il explique l'inexactitude du nombre par une idée symbolique dont il cherche à pénétrer le mystère. On trouvera aussi plusieurs fragments analogues à celui de M. Louis Fould gravés dans les *Catacombes de Rome*. Voyez pl. XXVIII, n° 5.

1659. — Médaillon de pâte de verre, globuleux et opaque ; sur la partie convexe, buste de face d'un adolescent, peint en or et abrité sous une feuille de verre transparent sur les bords. Diam. 3 cent. La pâte, bien qu'opaque, laisse voir au jour une nuance bleue.

1660. — Fond d'un vase sur lequel sont représentés deux bustes de face ; à droite, un vieillard ; à gauche, un jeune homme. On lit : L. CECILIVS. M. LIBERT. *Lucius Cécilius, affranchi de Marcus.* Diam. 5 cent. Une des deux plaques de verre a disparu. Voyez n° 1662.

1661. — Buste d'un jeune enfant, de face, la tête nue. Diam. 4 cent. Comme au n° 1660, l'une des plaques de verre a disparu et la peinture d'or est par conséquent exposée à la destruction. (Voyez, n° 1656, ce qui a été dit sur la fabrication des vases de verre dorés, et n° 1662.)

1662. — Fond d'un vase de verre bleu translucide. Sur la partie convexe est figuré, en or, le buste de face d'un homme jeune, aux cheveux courts, avec moustache et barbe courte. Il est enveloppé d'une robe très-ample, et paraît tenir une trompette ? Diam. 44 cent.

Ces trois derniers n°s 1660, 1661 et 1662 sont suspects.

BAS-RELIEF CHRÉTIEN EN VERRE.

1663. — Le poisson symbolique figuré en relief dans une sorte de petit bassin. Le poisson est intact. Le bassin est fragmenté. Long. 4 cent.

Le poisson était un symbole très-usité dans la primitive Église. C'était à la fois la figure de Jésus-Christ et celle du Baptême. On sait que le nom grec du poisson, ἰχθὺς, fournit en grec les initiales de cette phrase : *Jésus-Christ fils de Dieu, sauveur*. On trouvera trois figures du poisson symbolique dans les *Catacombes de Rome*, de M. Perret. Voyez t. IV, pl. XII, nos 9 et 11, et pl. XVII, n° 4. Voyez aussi, dans le *Catalogue des camées, pierres gravées, etc., du Cabinet des médailles et antiques*, les nos 1333, 1334 et 2165.

QUATRIÈME PARTIE

MONUMENTS DU MOYEN AGE

SCULPTURE EN PIERRE

1664. — Un mariage entre nobles personnages. Les deux époux sont agenouillés en face l'un de l'autre ; le chevalier prend la main droite de sa fiancée et de la main gauche tient l'anneau conjugal qu'il va lui mettre au doigt; il porte le costume du XIIIe siècle ; son armure, y compris le casque, est entièrement en mailles; il a les éperons ; son épée à poignée en forme de croix est suspendue à sa ceinture ; un manteau à franges flotte sur ses épaules; la mariée porte la couronne de roses blanches et le long voile. H. 18 cent. L. 16 cent. Gravé, pl. XXII.

Ce curieux bas-relief provient sans doute d'une série de bas-reliefs analogues. Notre fragment, qui est d'une bonne conservation, est de forme ogivale. Je trouve une gravure représentant un bas-relief semblable à celui que nous décrivons dans l'ouvrage de Ch. Heideloff, intitulé : *L'ornementation du moyen âge, ou collection d'ornements et de profils remarquables tirés de l'architecture byzantine et du style germanique*, t. I, IVe liv., pl. V et p. 31. Éd. de Paris, 1846. Ce bas-relief ornait le tympan au-dessus de la petite porte d'une tour dite de la chapelle de Notre-Dame, actuellement paroisse succursale et église du Gymnase de Rottweil, dans le cercle de la Forêt-Noire, royaume de Wurtemberg.

ORFÉVRERIE

On trouvera dans ce chapitre les objets d'orfévrerie de cuivre réunis à ceux d'or et d'argent qu'on n'en peut guère séparer. On sait que les objets d'or et d'argent de ces époques reculées ont presque entièrement disparu et qu'il ne nous reste que de très-rares spécimens de l'orfévrerie en métaux précieux. Il faut donc nécessairement se résigner à étudier cet art dans les objets en cuivre qui représentent au moins les formes et le style de l'orfévrerie proprement dite. D'ailleurs, le mot orfévrerie, qui dans son acception étroite ne devrait désigner que les objets fabriqués en or, s'applique cependant dans l'usage habituel à ceux fabriqués en argent; on est par conséquent en droit de l'étendre aux objets analogues de cuivre. Je trouve en outre que M. Edmond Du Sommerard, l'auteur de l'excellent catalogue du musée de Cluny, n'a fait également qu'une classe des objets d'or, d'argent ou de cuivre. C'est le parti qu'a pris aussi M. Jules Labarte dans le *Catalogue Debruge-Duménil*. Voyez à ce sujet, p. 296, les judicieuses observations par lesquelles le savant connaisseur commence le chapitre de l'orfévrerie dans son *Introduction historique*.

1665. — Bague d'or massif à deux chatons carrés, ornés l'un d'une émeraude, l'autre d'un saphir. H. 22 mill. L. des chatons, 20 mill.

1666. — Monstrance ou reliquaire de cuivre doré. Le cylindre de verre destiné à contenir les reliques est placé sous une coupole ou *ciborium* surmontée de clochetons dont le plus élevé porte un Christ en croix. Au-dessous du clocher et au-dessus de la coupole, une figure du roi psalmiste jouant d'une sorte de rebec ou de violon. Les niches des deux contre-forts principaux sont occupées, celle de droite par une figure de saint couronné, et tenant une flèche, peut-être saint Sébastien ; celle de gauche, par une figurine de saint évêque, tenant la crosse de la main droite, et de la gauche un cœur. Sur le pommeau qui sépare le fût en deux parties, six losanges chargées chacune d'une lettre ; ces lettres réunies paraissent former le nom de Notre-Seigneur IHECVC. Les C sont des S employés ici par imitation des légendes hybrides où le sigma lunaire des Grecs entre dans la composition du monogramme ou du nom de Jésus. Le pied de cette monstrance forme une rosace à six lobes. H. 64 cent. Travail de la fin du XIVe siècle ou du commencement du XVe siècle.

Les monstrances ou reliquaires à clochetons du type qu'on vient de décrire ont servi de modèle aux ostensoirs proprement dits qui ne remontent nécessairement qu'à l'époque de l'institution de la fête du Saint-Sacrement, c'est-à-dire à l'année 1224. Que l'on compare ce reliquaire avec le grand ostensoir, n° 1667, et l'on sera convaincu de la justesse de cette observation que j'emprunte à M. le comte de Laborde. (Voyez son *Glossaire* au mot *ostensoir*.)

1667. — Ostensoir d'argent. Le cylindre de verre destiné à contenir l'hostie a disparu, mais sa place est marquée sous la coupole soutenue par des contre-forts portant des clochetons dans l'un desquels est pratiquée une niche où paraît la sainte Vierge, debout, tenant d'une main l'enfant Jésus et de l'autre une épée flamboyante. Le croissant, avec rainure destinée à porter l'hostie, repose sur un fleuron. De chaque côté du cylindre, une figurine d'ange tenant une épée flamboyante. La tige qui supporte tout cet édifice repose sur un pied en forme de rosace ou quatre-feuilles. L'écusson émaillé des armes du donateur de cet ostensoir paraît sur le pied : d'argent à la fasce dentelée de gueules au lambel de quatre pendants d'azur. H. 59 cent. Travail du XIVe siècle. Voyez n° 1666.

1668. — Chef, ou reliquaire destiné à renfermer la tête d'une sainte, probablement une reine, car elle est revêtue d'un manteau de pourpre et porte la couronne royale. Le couvercle qui formait l'occiput manque. La sainte, dont ce reliquaire représente la tête et le haut du buste, a de longs cheveux disposés en huit grosses tresses qui flottent sur ses épaules; la couronne qui ceint son front est ornée de sept pierres d'imitation en cabochon. Le bandeau de la couronne est chargé de trèfles gravés en relief doux; le manteau de pourpre est également bordé de trèfles; sa bordure a conservé des traces de dorure. La fibule ou agrafe du manteau est décorée d'une pierre imitant le saphir. Le chef est en cuivre; il a été exécuté au repoussé et revêtu de vernis de diverses couleurs. Le vernis pourpre du manteau s'est remarquablement conservé. Gravé pl. XXIII. H. 28 cent.

On rencontre rarement des monuments de ce genre hors des églises; les collections du Louvre et de l'hôtel de Cluny ne possèdent pas un seul chef; M. Louis Fould en avait réuni trois; voyez nos 1669 et 1670; mais celui-ci, qui remonte au XIIIe siècle, est le plus remarquable par son ancienneté et la sévérité de son style. Sa provenance est inconnue.

1669. — Chef ou reliquaire exécuté au repoussé comme le précédent (n° 1668), mais auquel on a laissé la couleur jaune du cuivre. C'est le buste d'une sainte; à l'occiput, est pratiquée une petite ouverture qui permettait de voir les reliques. Les cheveux de la sainte séparés sur le front en larges bandeaux, flottent sur les épaules en deux longues tresses. Les yeux sont en argent avec prunelles en émail imitant la nature. Une couronne de fleurs, symbole de la pureté de la sainte, ceint son front; c'est un étroit bandeau cloué sur le chef et sur lequel étaient disposées régulièrement huit quintefeuilles et huit quatre-feuilles découpés et ornés de petites pierres d'imitation. Il ne reste que onze de ces fleurs et il manque aussi beaucoup des pierres qui les décoraient. Un charmant collier d'argent revêtu d'émaux incrustés est adapté sur le cou, au moyen de clous disposés quatre par quatre sur des losanges. Le motif des émaux est la croix se détachant en noir sur blanc dans un encadrement de couleur rouge. Au milieu du collier, un petit écusson armorié qui peut être blasonné ainsi : d'argent tiercé de gueules à l'étoile d'or en chef.

Ce chef, qui paraît de travail allemand, est du XIVe siècle. On croit qu'il provient du trésor de l'église de Bâle.

1670. — Chef en cuivre jaune, exécuté au repoussé comme les deux précédents; c'est encore le buste d'une sainte; celle-ci a la tête couverte d'un voile dont les plis laissant la face visible descendent jusque sur le sein et se mêlent sur les épaules à de longues tresses de cheveux. On ne distingue que la partie supérieure de la tunique plissée de la sainte; l'occiput qui fermait le chef manque. Les yeux sont sans prunelles. Ce chef qui a été exécuté au XVe siècle est enrichi d'ornements d'orfévrerie et de plaques émaillées du XIIIe siècle. Ces ornements, peut-être trop multipliés et qui ne sont pas de la même époque que le chef, lui donnent un caractère un peu étrange, mais, après examen attentif, il est facile de se convaincre que ces enjolivements, dont notre goût un peu pédantesque peut blâmer la convenance, sont loin d'être modernes et qu'ils ont été évidemment ordonnés il y a plusieurs siècles par une abbaye ou une église. On sait en effet par des passages d'inventaires qu'on conservait dans les trésors des plaques émaillées, et que l'on employait ces réserves selon les circonstances. Décrivons maintenant ces ornements : sur le sommet de la tête paraît une sorte d'olive en cristal de roche montée en cabochon; sur le front, une sorte de diadème formé par une étroite bande de cuivre, ornée de seize petites pierres en cabochon vraies et d'imitation, disposées par gradation de volume, grenat, améthyste de diverses nuances, turquoise, calcédoine, etc. Vient ensuite une sorte de collier orné de sept pierres, trois grosses et quatre petites, au milieu de fleurons en filigrane; ce collier paraît terminer la tunique. Plus bas, sur le voile, un autre collier plus étroit, orné de douze pierres placées également au milieu de douze pierres en cabochon. Plus bas, une grosse boule de cristal de roche fixée par des tenons au-dessus d'une sorte de fermail composé d'une bande de cuivre revêtue d'émaux incrustés et terminée aux extrémités par deux appendices de forme ronde qui consistent en fleurons de filigrane relevés par quatre pierres en cabochon. Sur chacune des épaules, une bande de cuivre, ornée d'émaux incrustés semblables à ceux qui viennent d'être nommés, entre deux appendices en longueur, d'inégale grandeur, mais formés comme ceux de la fibule de fleurons en filigrane et de pierres en cabochon. Ces bandes et le fermail figurent une sorte d'orfroi ou de bordure au voile de la sainte. H. 36 cent.

D'après une tradition dont je ne puis garantir l'exactitude, ce chef proviendrait de Cologne et aurait renfermé des reliques de sainte Marguerite. Quoi qu'il en soit, la richesse de son ornementation le rend digne de figurer à côté des deux qui précèdent.

1671. — Reliquaire qui a dû renfermer le bras de saint Pantaléon, évêque et martyr, c'est-à-dire, main et avant-bras en argent, contenant des reliques du bras du saint évêque. La main est figurée dans le geste consacré de la bénédiction. L'anneau épiscopal est passé au doigt medius; une pierre, verte selon l'usage, forme le chaton qui est entouré d'un encadrement de filigrane. La pierre est herborisée; c'est ce qu'on nomme une *queue de paon*. Au poignet, qui laisse voir la manche plissée de la tunique, est une bordure de filigrane, dans laquelle sont enchâssées quatorze petites pierres, turquoises, grenats, émeraudes, saphirs, agates. Le bras est revêtu d'une manche ornée également d'un orfroi de filigrane et de rosaces aussi en filigrane enrichies de petites pierres. L'intérieur de ce bras est creux et renfermait les os du saint; une petite porte avec charnières et encadrement ouvre au moyen d'une clavette de cuivre. Sur cette porte, deux écussons sur lesquels sont représentées en émail les mêmes armoiries: deux flèches en sautoir. Le fermoir de la manche est un cristal de roche taillé en cabochon avec encadrement de filigrane. On lit les deux mots suivants émaillés sur la bande d'argent qui ferme le reliquaire : PANTALEONIS + AVE. Avant et après ces mots des fleurons. S'il ne manque rien à l'inscription, il faut sous-entendre le mot *reliquia*, et par conséquent lire : *Salut, reliques de Pantaléon !* H. 48 cent.

Le travail de ce précieux reliquaire est très-intéressant à étudier; tout est fait au marteau; ce sont des feuilles de métal arrondies et réunies au moyen de clous. La forme des lettres de l'inscription, ainsi que le style des ornements nous fait attribuer le dextrochère de saint Pantaléon au XIIIe siècle. On conservait des bras analogues dans les trésors, aujourd'hui dispersés, de nos anciennes abbayes. Voyez, entre autres, les planches de l'*Histoire de l'abbaye royale de Saint-Germain-des-Prés*, par dom Bouillart, pl. XXI, lettres B et C, p. 316. Voyez aussi dans l'*Histoire de l'abbaye royale de Saint-Denys en France*, par dom Félibien, pl. I, lettres G et S, p. 537 et 538.

1672. — Reliquaire en argent, avec pied à six lobes posé sur une petite galerie découpée à jour. Le cylindre de verre destiné à renfermer les reliques est placé horizontalement et est fermé par deux médaillons sur l'un desquels est figuré saint Jean-Baptiste assis, lisant; auprès du Précurseur, l'agneau symbolique avec le nimbe et la croix; sur l'autre médaillon, saint Marc, assis, écrivant son évangile; auprès de lui, on distingue le lion ailé. Ces médaillons sont ciselés dans la masse; le cylindre est entouré et surmonté de clochetons et de contre-forts. Le pommeau qui sépare la tige en deux parties est orné d'émaux bleus en partie disparus. Sur le pied, un écusson armorié : écartelé, aux premier et quatrième de... au lion de...; aux deuxième et troisième d'or à la fasce de... H. 29 cent. Travail de la fin du XVe siècle. Les émaux de ce blason ne sont plus distincts.

1673. — Reliquaire en argent doré, figurant le portail d'une église gothique consacrée à saint André. La partie destinée à contenir les reliques représente la grande rose ou rosace; une plaque de cristal qui permettait aux fidèles de contempler les reliques ferme cette sorte de boîte. En haut, à une place d'honneur, entre les deux tours, une figurine de saint André, reconnaissable à la croix en sautoir qu'il tient à la main. Sur les côtés, quatre autres figurines de saints ou saintes. A droite, un saint dont les attributs ne sont pas distincts, et sainte Barbe, reconnaissable à la tour placée près d'elle. A gauche, sainte Catherine tenant l'épée, instrument de son martyre, et peut-être sainte Marie-Magdeleine en oraison. H. 14 cent. 1/2. L. 11 cent. Gravé, pl. XXII. Ouvrage du XVe siècle.

1674. — Reliquaire. C'est une statue de la sainte Vierge représentée debout, la couronne en tête, portant l'enfant Jésus sur son bras, et tenant de la main gauche un petit reliquaire de forme cylindrique surmonté d'un clocheton. Le socle est orné de trois pierres. H. 32 cent. Ouvrage du XIVe siècle.

1675. — Reliquaire en argent doré, figurant un buste d'évêque avec la mitre en tête. Ce buste, ciselé avec beaucoup d'art, est fixé par une charnière sur une base creuse qui contenait des reliques du chef de quelque saint évêque; cette base, qui repose sur quatre lions, est décorée de fleurons et de sept pierres en cabochon. Au milieu, sur le devant, sont rapportées trois petites figurines de haut-relief représentant les rois mages à cheval; celui du milieu et celui de gauche retirent leurs couronnes de leur tête; celui de droite a encore sa couronne sur la tête; mais il paraît aider celui du milieu à se découronner en l'honneur du Roi des rois. H. 14 cent. 1/2.

Ce singulier petit monument pourrait bien n'être qu'une copie de ces grands reliquaires de même forme destinés à contenir des restes de chefs des saints dont on trouve plusieurs exemples dans divers ouvrages. V., entre autres, dans l'*Histoire de l'abbaye de Saint-Germain-des-Prés*, par dom Bouillart, le reliquaire du chef de saint Amand, pl. XX, lettre I, p. 316; et dans l'*Histoire de l'abbaye de Saint-Denys en France*, de dom Félibien, pl. V, lettre G, p. 544.

1676. — Calice d'argent doré; la coupe large et profonde est ornée des bustes des douze apôtres gravés à la pointe et placés au-dessus des arceaux d'une colonnade qui se termine en pointe vers le pommeau. Au-dessus de chacun des bustes, sur un listel arrondi, est gravé le nom de l'apôtre; sans doute à cause de cette circonstance, l'artiste n'a pas figuré les attributs qui les caractérisent d'ordinaire.

PETRVS. PAVLVS. ANDREAS. IACOB (saint Jacques le Majeur). IOHS (Johannes). THOMAS. PHILIBP (sic, pour Philippus). IACOB (saint Jacques le Mineur). BARTHOLOMEVS. MATHEVS. SYMON. TADEVS.

Le pommeau, décoré de rinceaux en relief ciselés et découpés à jour, est placé entre deux petits cercles de filigrane. Les mêmes rinceaux se retrouvent sur le pied, variés par six médaillons dont un seul offre deux loups ou deux renards affrontés debout contre un arbuste. Dans les cinq autres médaillons on ne voit que rosaces ou fleurons divers. H. 20 cent. 1/2. Diam. 15 cent.

Je suis fort tenté de croire qu'on peut attribuer ce calice, qui date de la fin du XIIIe siècle, à l'art allemand. On remarquera qu'un B pour un P s'est glissé dans la légende de saint Philippe; je ne prétends pas que cette observation soit décisive, mais si on l'ajoute aux motifs tirés du style et du caractère du monument, elle peut avoir son importance. La conservation de ce précieux joyau ne laisse rien à désirer.

1677. — Calice d'argent doré. La coupe large et profonde est ornée, comme celle du n° 1676, des bustes des douze apôtres gravés à la pointe et placés sous des arceaux de plein cintre. Les attributs traditionnels remplacent les noms qui ne paraissent pas ici comme au n° 1676. Le pommeau, entièrement découpé à jour, se compose de rinceaux et de feuillages d'un style élégant et sobre. Sur le pied sont adaptés quatre médaillons en relief dont les sujets sont les grandes phases de l'histoire du Sauveur:

1° l'Annonciation : l'ange Gabriel tenant un lis à la main s'adresse à la Vierge debout devant lui. Le lis que tient l'ange a tout à fait la figure de la fleur de lis héraldique;

2° La Nativité : la sainte Vierge est couchée près de l'enfant Jésus emmaillotté et dormant dans la crèche. L'âne et la vache montrent leurs têtes derrière la crèche. Un ange est assis au pied de l'humble berceau;

3° Le Crucifiement : Jésus en croix entre la Vierge et saint Jean;

4° La Résurrection : l'ange montre le sépulcre vide aux saintes femmes. Entre chacun de ces médaillons, on distingue la figure en buste d'un ange gravée à la pointe. H. 20 cent. 1/2.

Voici encore un calice que j'attribuerais au XIIIe siècle et qui pourrait bien être encore dû à l'Allemagne.

1678. — Calice d'argent doré. La coupe large et profonde est unie dans la partie supérieure; la partie inférieure est décorée par des losanges disposées symétriquement tout autour. Ces losanges sont formées par des feuilles de chêne et des glands ciselés et découpés avec la plus grande délicatesse. Des feuilles et glands de chêne sont aussi le motif de l'ornementation du pommeau et du pied qui de plus sont ornés, l'un de quatre, l'autre de cinq médaillons. Les sujets représentés sur ces médaillons sont incrustés et se détachent en or sur fond d'argent; ce procédé curieux et qu'on a rarement observé a beaucoup de rapport avec celui de la niellure. Sur les médaillons du pommeau, symboles des quatre évangélistes: l'ange de saint Matthieu; le lion ailé de saint Marc; le taureau ou le veau ailé de saint Luc; l'aigle de saint Jean.

Les cinq sujets qui décorent le pied sont:

1° La Salutation angélique : l'ange est debout devant la Vierge sur la tête de laquelle vient se poser la colombe symbolique;

2° La Nativité : la Vierge est couchée; au pied de son lit, saint Joseph. Dans le fond, l'enfant Jésus emmaillotté dans la crèche près de laquelle on distingue les têtes de l'âne et du bœuf;

3° Le Christ en croix entre la Vierge et saint Jean;

4° La Résurrection : Notre-Seigneur sort du tombeau, la croix à la main;

5° Le Christ assis sur le trône céleste : Notre-Seigneur a le nimbe crucigère, et, de plus, deux croix semblent sortir de son front.

H. 19 cent. Diam. de la coupe, 14 cent. 1/2. Gravé, pl. XXIV. Ce magnifique spécimen de l'art de la fin du XIIIe siècle est aussi remarquable par les curiosités de son ornementation que par son admirable conservation.

1679. — Calice en argent doré. Sur le pied, divisé en six lobes séparés par des angles saillants, une S au milieu de trois tiges de lis a été gravée en creux à une époque postérieure à la fabrication du vase. Le pommeau est orné de six têtes d'anges en relief dans des médaillons qui se détachent au milieu de fleurons et de fleurs de lis ciselés en relief doux. Le point d'attache de la coupe à la tige est décoré de fleurons gravés à la pointe. H. 19 cent. Diam. 6 cent.

Ouvrage du XVe siècle que sa forme peut faire attribuer à l'Italie. L'S qui paraît sur le pied de ce calice ne doit pas être l'initiale d'un possesseur ; l'Église interdisait tout ornement de ce genre sur les vases sacrés. On sait que les ostensoirs, bien que consacrés au culte, ne sont pas considérés comme vases sacrés ; ce nom auguste n'appartient qu'au calice et à la patène qui seuls ne peuvent être consacrés que par un évêque. L'S de notre calice est peut-être l'initiale du mot *sanctus*.

1679 bis. — Un saint debout, la tête nue, s'appuyant sur un bâton ; il est vêtu d'une longue robe et d'un manteau ; sa tête et ses pieds sont nus. H. 21 cent. Cette statuette, qui représente peut-être saint Jacques, est en cuivre rouge repoussé au marteau, et ciselée. C'est un ouvrage de la fin du XIVe siècle qui provient d'un reliquaire.

1680. — Statuette d'argent doré de la Vierge représentée debout, couronnée, avec un grand manteau, et tenant dans ses bras l'enfant Jésus. La statuette est posée sur une colonnette. H. de la statuette, 5 cent. H. avec la colonnette, 28 cent. Fin du XVe siècle.

1681 et 1682. — Une paire de burettes d'autel, à couvercle, avec pied de forme hexagone. Des godrons en forme d'écailles de poisson décorent la panse, le col et le couvercle. A la charnière du couvercle est adaptée, sur l'une, un A découpé à jour, sur l'autre, un V. Ces lettres servaient à distinguer celle des burettes qui contenait le vin de celle qui était destinée à l'eau, *aqua*. H. 13 cent. 1/2. On trouve dans le *Glossaire* de M. le comte de Laborde la mention de burettes d'or de la chapelle du roi qui, comme celles-ci, étaient signées l'une d'un A et l'autre d'un V (voyez p. 179). Nos burettes doivent dater de la fin du XVe siècle, ou du commencement du XVIe.

1683 et 1684. — Une paire de burettes en argent. Le couvercle est surmonté d'une figure de Jésus-Christ qui, debout, la croix à la main, écrase la tête du serpent. Un autre serpent, ou dragon ailé, semblable au premier, sert d'anse. Ces figures sont dorées. Sur la panse de ces burettes, dont le pied est en forme de trèfle, on lit une inscription latine en caractères gothiques, qui commence sur l'un et finit sur l'autre : *non in anna solum sed in anna et sanguine*. Après le dernier mot, un trèfle dans un triangle double symbole de la Trinité qui paraît ici remplacer le nom de Jésus-Christ, nécessaire pour compléter le sens de l'inscription que l'on peut interpréter ainsi : *Nous ne serons pas sauvés seulement par Anne, mais par Anne et par le sang de Dieu, Notre-Seigneur*. Ces burettes appartenaient évidemment à une église dédiée à sainte Anne. H. 18 cent. Travail allemand du XVe siècle, ou du commencement du XVIe siècle.

1685. — Chandelier d'église avec porte-lumignon, à une seule pointe, reposant sur trois pieds façonnés en dragons ailés, reliés par des rinceaux. Le fût est séparé du pied par un pommeau rond sans ornements et du porte-lumignon par un second pommeau plus aplati. Trois dragons sans ailes grimpent sous le porte-lumignon. H. 38 cent. La conservation de ce chandelier est parfaite et sa forme accuse le grand style du XIIIe siècle. On peut voir dans *les Arts au moyen âge*, de Du Sommerard, la figure d'un chandelier qui a une grande analogie avec celui-ci. (Voyez Album, 9e série, pl. XVI.)

1686 et 1687. — Une paire de flambeaux en argent dont l'authenticité n'est pas démontrée. H. 35 cent.

1688. — Reliquaire ou médaillon à suspendre muni de sa bélière ancienne, en cuivre. On pourrait voir dans cet objet un de ces médaillons qu'on accrochait aux chaînes de reliquaires en surcroît de décorations. Plusieurs textes donnent à ces objets le nom de *monile*, qu'on peut voir cité dans le *Glossaire* de M. le comte de Laborde, p. 212. (Voyez au mot *chiffre*, note C.) Des rinceaux en filigrane de cuivre doré, dans lesquels alternent des rosaces et des cabochons en pâte de verre, forment un cadre à une sorte d'*emblema* d'argent sur lequel est fixée une rosace de cuivre découpée à jour pour laisser voir, dans le lobe du milieu, un cabochon de cristal ; dans celui du haut, une rose ; dans celui du bas, un lis ; et dans les deux lobes du milieu, le nom de la sainte Vierge ainsi séparé : MA RIA. Ouvrage du XIIIe siècle. Diam. 14 cent.

L'emblema paraît avoir été ajouté à une époque postérieure, ou tout au moins les lettres du mot Maria. Les traces d'un émail rouge sur les lettres sont encore visibles.

IVOIRE

1689.— Plaque d'ivoire provenant d'un diptyque. Deux sujets distincts y sont sculptés en relief sous des arceaux de style ogival. Trois des coins de la plaque sont décorés de rosaces; le quatrième est occupé par un écusson dont il semble qu'on a gratté le blason.

1° Dans la partie supérieure est représentée l'Annonciation. L'archange Gabriel fléchit le genou devant la sainte Vierge et prononce les paroles de la salutation angélique. Il est revêtu d'une longue robe et tient de la main gauche une palme et un phylactère sur lequel on distingue la première lettre de l'*Ave Maria*. La Mère du Sauveur est assise et se penche pour écouter le messager céleste; vêtue avec la plus grande simplicité, elle ramène sur sa poitrine les plis de son voile et tient un livre ouvert sur ses genoux. Le vase avec le lis symbolique est placé entre l'archange et la Vierge. Dans les cieux, Dieu le Père envoie à la Vierge le Saint-Esprit sous la forme d'une colombe qui descend au milieu de rayons.

2° Saint Jean-Baptiste dans le désert; le Précurseur est reconnaissable à son vêtement de poils de chameau et aussi au médaillon qu'il tient de la main gauche et sur lequel est figuré l'Agneau divin que son geste semble montrer au monde. On distingue une cognée fichée dans le tronc de l'un des deux arbres qui seuls croissent dans le désert habité par le Précurseur. Une certaine science du dessin s'allie dans ce précieux morceau de sculpture à une naïveté d'attitude et d'expression qui lui donne un grand charme; c'est particulièrement le petit tableau de l'Annonciation qui mérite cet éloge. Je crois pouvoir fixer la date de cet ivoire à la fin du XIVe siècle. H. 24 cent. L. 11 c. 1/2. Gravé pl. XXVI.

1690. — Ce numéro manque.

1691. — Diptyque. 1er feuillet. La Vierge assise allaitant l'enfant Jésus. Deux anges debout à ses côtés encensent le Sauveur. Un autre ange plane au-dessus de cette scène; ceux-ci ne sont point ailés. 2e feuillet. Sous un arceau gothique, Jesus-Christ en croix entre la Vierge et saint Jean. Un ange, qui plane au-dessus de la croix, tient dans ses mains le soleil et la lune. Gravé pl. XXV. Ouvrage de la fin du XVIe siècle. H. 10 cent. L. totale 13 cent.

1692.— Feuillet d'un diptyque. L'adoration des mages. Un des rois à genoux, la tête nue, sa couronne passée au bras gauche, offre son présent au Sauveur qui est debout à demi-nu, sur les genoux de la Vierge assise, la couronne en tête. Les deux autres rois sont debout, la couronne en tête, tenant leurs présents. Cette scène est placée sous trois arceaux en ogive. H. 13 cent. L. 9 cent.

Travail du XIVe siècle. On doit signaler des traces de peinture sur cet ivoire dont le style qui n'est pas dépourvu de noblesse, a cependant conservé le caractère de naïveté qui nous charme dans les œuvres du moyen âge.

1693.— Triptyque ou tableau de dévotion, à volets, avec figures sculptées peintes et dorées en bas-relief qui forment des sujets, mais sont cependant placées chacune isolément sous un arceau en ogive.

Ce triptyque est divisé horizontalement en deux parties. Les arceaux du tableau principal, creusés plus profondément que ceux des volets, sont soutenus par des colonnettes en cuivre. Les figures qui décorent ce tableau sont de très-haut relief et presque détachées du fond; celles des volets sont au contraire d'un relief doux.

Partie supérieure du tableau : le Christ assis entre la Vierge et saint Jean agenouillés. Une croix grecque rouge peinte sur le fond derrière la tête de N.-S. remplace le nimbe crucigère; les nimbes de la Vierge et de saint Jean sont peints en vert.

Partie inférieure du tableau : la sainte Vierge debout tenant l'enfant Jésus dans ses bras, entre deux anges aussi debout qui tiennent chacun un cierge. Sur les volets en haut, quatre vertus personnifiées, mais dont les attributs ne sont pas visibles. Les deux Vertus du volet gauche sont séparées par un ange sans ailes, qui sonne d'une trompette en forme d'olifant; les deux Vertus du volet droit sont séparées par un ange ailé.

Partie inférieure des volets à gauche, les trois rois mages apportant leurs présents; à droite, la présentation au temple : saint Joseph, la Vierge tenant l'enfant et le grand prêtre.

Au-dessus des arceaux de la partie inférieure des volets sont représentées des scènes du jour de la résurrection des morts : on voit des morts de tout rang et de tout âge qui soulèvent la pierre de leurs tombeaux. Travail italien du XIVe siècle. H. du tableau, 23 cent. Long. 10 cent., avec les volets déployés, 24 cent.

1694. — Diptyque. 1er feuillet. L'adoration des mages : l'un des trois rois est agenouillé davant le Sauveur auquel il offre ses présents; les deux autres sont debout derrière celui-ci. La Vierge, la couronne en tête et richement vêtue, tient l'enfant Jésus debout sur ses genoux. 2e feuillet. Le Christ en croix entre la Vierge et saint Jean : on voit la lance dans le côté du Sauveur qui a la tête penchée à gauche. Derrière ces principaux personnages, les saintes femmes et peut-être Joseph d'Arimathie. Ces deux sujets sont sculptés en relief sous des arceaux en ogive; ces petits bas-reliefs, remarquables par la naïveté de l'exécution, sont peints et dorés. Ouvrage du xve siècle. H. 7 cent. 1/2. L. totale, 11 cent.

1695. — Groupe de six figures de ronde bosse représentant l'adoration des rois. La Vierge assise tient l'enfant Jésus sur ses genoux et foule aux pieds le dragon; un des rois, agenouillé devant le Sauveur et la tête nue, lui présente une couronne; derrière ce roi, un jeune esclave portant sa couronne et la queue de sa robe, puis les deux autres rois. La couronne de la Vierge et celles des trois rois sont ornées de perles fines; celle du Sauveur qui est d'une forme beaucoup plus élevée n'a pas de perles. Ouvrage du xve siècle. H. 15 cent. L. 11 cent.

1696. — Crosse, ou du moins partie supérieure d'une crosse abbatiale ou épiscopale. La partie recourbée de la crosse est sculptée à jour, et deux sujets adossés en forment la décoration :

1° La Vierge couronnée, debout, tenant l'enfant Jésus, entre deux anges dont l'un porte une trompette;

2° Le Christ en croix entre la Vierge et saint Jean. Un ange sert de support et forme le lien qui réunissait la courbe de la crosse à la hampe. Travail du xive siècle. Voir le mémoire sur les crosses par le R. P. Martin, dans les *Mélanges archéologiques*, IV, 161. H. 16 cent. L. 11 cent.

1697. — Boîte à miroir. Quatre dragons découpés décoraient les coins de cette boîte; il n'en subsiste que deux. Sous des arceaux en ogive, trois couples amoureux vus à mi-corps. Sous l'arcade du milieu, décorée d'un tapis qui flotte sur le balcon, un jeune homme tient une fleur à la main, tandis que la jeune femme tresse une couronne ou chapel de fleurs. A droite, un jeune homme revêtu d'une sorte de froc, c'est peut-être un moine, prend le menton à une jeune fille; à gauche, un jeune homme s'entretient avec la jeune femme et lui pose la main sur l'épaule. A chacune des deux encoignures laissées libres par les ar-

N° 1697.

ceaux, un chien. Au-dessous du balcon, trois autres groupes debout. Au milieu, répétition de la scène du jeune homme en froc; mais le jeune homme ne se contente pas de prendre le menton de la jeune fille. A droite, jeune homme agenouillé devant sa mie qui lui pose sur la tête un chapel de fleurs. A gauche, répétition de la scène qui se passe au-dessus, avec cette addition que la jeune fille tient un petit chien dans sa main gauche. Diam. 12 cent. Bois dans le texte. Ouvrage du xive siècle. Voyez, n° 1723, un cadre en ivoire.

ÉMAUX

1698. — Grande croix de bois revêtue de plaques émaillées, avec figures se détachant en relief sur les plaques auxquelles elles sont fixées par des clous. La figure du Sauveur est en relief; il est nu, sauf la draperie habituelle qui est revêtue d'un émail bleu; les yeux sont en émail bleu; sur le croisillon, à sa droite, est la Vierge, vue à mi-corps; sur le croisillon, à la gauche du Christ, saint Jean, aussi à mi-corps; à l'extrémité supérieure de la croix, une troisième figure en relief comme les deux précédentes, mais sans attributs distinctifs. Au-dessous des pieds du Christ, Adam se soulevant de sa tombe pour recevoir le sang du Sauveur. (Voyez, sur le sens mystique de cette représentation, l'ouvrage aussi savant que magnifiquement exécuté des PP. Martin et Cahier, sur les vitraux de la cathédrale de Bourges, p. 102 et 206.) Cette figure est gravée à la pointe. Tout à fait en bas de la croix, une plaque ovale, sur laquelle est représenté un ange gravé comme la figure d'Adam et se détachant de même sur un fond émaillé. Toutes les plaques, qui réunies couvrent entièrement la croix, sont décorées de rosaces et d'étoiles; mais au-dessus de la tête du Christ et de son nimbe crucigère, on doit remarquer la dextre de Dieu donnant la bénédiction selon le rite latin ; puis au-dessous le nom de Jésus-Christ en lettres d'or sur fond bleu :

IHS
XPS.

H. 59 cent. Ouvrage du XIIIe siècle, remarquable par sa belle conservation. Les rosaces qui décorent cette croix lui donnent l'apparence des croix gemmées de l'Église primitive, comme on en peut voir dans les *Catacombes de Rome*, de M. Louis Perret, t. III, pl. LVII et LIX. Sur ces croix, où l'on ne voyait pas la figure du Sauveur qui n'y fut représenté qu'au VIe siècle, la piété des fidèles plaçait des pierreries que représentent les rosaces émaillées de notre croix; il ne faut pas oublier que les objets en cuivre émaillé étaient l'orfévrerie de ceux qui ne pouvaient employer l'or ni les autres métaux précieux. On conserve encore dans quelques églises de ces vénérables croix processionnelles. Récemment le *Bulletin de la Société archéologique de l'Yonne*, 1858, p. 86, en a fait connaître une fort remarquable qui fait l'ornement principal de la petite église de Vaudeurs. Le musée de Cluny en possède plusieurs. Voyez, *Catalogue*, par M. Du Sommerard, n°s 948 et suiv. Édit. de 1855.

1699. — Plaque de cuivre provenant de la décoration de la partie supérieure d'une croix sur laquelle elle était fixée par des clous. Deux anges nimbés, à mi-corps, y sont représentés; les couleurs assez vives des émaux se détachent sur un fond de cuivre doré. H. 15 cent. L. 8 cent. 1/2. J'attribue cette plaque au XIIIe siècle.

1700. — Tableau de dévotion en bois, de trois pièces, revêtu de plaques de cuivre émaillées. C'est ce que l'on appelle communément un triptyque, expression condamnée, peut-être un peu sévèrement, par M. de Laborde dans son excellent *Glossaire*, mais qui ne disparaîtra sans doute pas du langage des antiquaires, car elle est comprise de tout le monde et est très-commode par sa brièveté. Le mot triptyque a d'ailleurs pour lui une assez longue possession d'état, puisque je le trouve employé dès 1655 dans un ouvrage de Paciaudi ; voyez, p. 231 et suiv. de son savant livre intitulé : *De cultu sancti Johannis Baptistæ antiquitates christianæ.*

Composé de trois pièces liées par des charnières et se repliant sur elles-mêmes, notre triptyque est revêtu d'une feuille de cuivre doré ornée de rosaces et de fleurs de lis estampées qui occupent tout l'espace laissé libre par les plaques de cuivre émaillé. La pièce du milieu se divise en deux parties bien distinctes, la supérieure de forme circulaire, l'inférieure de forme carrée. En commençant par la partie supérieure, nous trouvons une plaque de cuivre émaillée ronde, représentant Jésus-Christ, barbu, la couronne en tête, assis, nimbé, revêtu d'une longue robe, tenant un livre de la main gauche et de la droite donnant la bénédiction selon le rite latin, c'est-à-dire les trois premiers doigts ouverts, l'annulaire et le petit doigt restant fermés. A droite et à gauche, l'A et l'Ω. La tête du Christ se détache en relief. Le cadre de ce cercle est orné de trois plaques de cuivre émaillées de dessins variés, et dans lequel au procédé de l'émail en taille d'épargne ou champlevé adopté dans toute la décoration de ce monument se mêle l'emploi du cloisonné. Les trois plaques sont séparées par quatre pierres gravées antiques d'environ 20 mill. de diamètre, montées en filigrane :

1° Une cornaline représentant Jules César, avec la couronne radiée, et une étoile dans le champ. (Voyez n° 1069);

2° Autre cornaline, de travail assez grossier, représentant une tête laurée qui pourrait être Maximien Hercule ;

3° Autre cornaline représentant l'empereur Numérien, ou peut-être Nigrinien. L'imperfection du travail ne permet pas d'affirmer, mais l'effigie est certainement celle d'un des Césars de la descendance de Carus ;

4° Un lapis-lazuli sur lequel sont représentés deux athlètes debout, dont l'un tient la palme, signe et récompense de sa victoire. Deux pierres sur semblable matière, avec sujets analogues et de travail identique, se trouvent dans la collection de la Bibliothèque impériale. (Voyez n°s 3503 et 3504 du *Catalogue des camées, etc.*, par M. Chabouillet.)

Partie inférieure du tableau : le crucifiement. Sur un fond bleu, avec bandes et rosaces de couleurs diverses, les cinq figures du sujet se détachent en relief : le Christ avec le nimbe crucigère est en croix avec quatre clous, et nu, sauf la draperie qui voile le milieu du corps ; la Vierge et saint Jean sont debout au pied de la croix. Deux chérubins en prières sont placés au-dessus de la croix. Dix-huit pierres en cabochon décorent l'encadrement immédiat de cette scène. Douze autres pierres plus grosses décorent le second encadrement; parmi ces douze pierres, il faut noter deux intailles, dont l'une, placée immédiatement au-dessus de la tête du Sauveur, est un monument chrétien du plus grand intérêt, bien que le travail en soit fort barbare. C'est un jaspe vert, de 10 mill. de haut sur 15 de large, qui remonte au IIe siècle de notre ère et qui représente un sujet chrétien exécuté en Orient, le reniement de saint Pierre. Saint Pierre nimbé est assis et se chauffe devant une sorte de brasero dont la forme orientale rappelle les pyrées ; en face du prince des apôtres, la servante qui l'interpelle ; entre les deux personnages, l'étoile du matin.

La seconde intaille, bien moins importante, est cependant aussi de travail antique, mais d'une basse époque ; c'est une cornaline sur laquelle est figuré Apollon debout, adossé à une colonne. Comme cette pierre est placée immédiatement au-dessous des pieds du Sauveur, on peut supposer qu'on y a voulu reconnaître le Christ à la colonne. H. 10 mill. L. 8 mill.

Sur les volets sont représentés les quatre évangélistes en relief et se détachant comme les figures de la scène du crucifiement sur des plaques émaillées ; cinq pierres taillées et montées en cabochon décorent chacun de ces volets ; sur celui qui est à la gauche du Christ, une de ces pierres doit être notée : c'est un jaspe vert, de travail romain, représentant deux ibis. H. totale du triptyque, 38 cent. L., les volets ouverts, 51 cent.

Rien n'est plus rare que des monuments complets d'une époque aussi reculée que celui qui vient d'être décrit et qu'on peut attribuer au XIIIe siècle. Ce tableau d'autel à volets nous est parvenu intact; il n'y a pas la moindre trace de restaurations, il a conservé toutes les pierres qui y furent placées au moment de la fabrication, et parmi ces pierres il y a un monument de premier ordre, je veux parler du jaspe représentant le reniement de saint Pierre. Au milieu des richesses en émaux du moyen âge que possèdent les musées du Louvre et de Cluny, on ne voit pas un seul tableau à volets aussi ancien que celui-ci.

N° 1701.

1701.— Reliquaire de cuivre émaillé en forme de coffret oblong surmonté d'un toit à deux rampants, avec faitage découpé à jour et figurant une église à deux pignons. Du côté de la serrure qui a conservé sa clef et dont la crémaillère est un serpent, trois médaillons au milieu de rinceaux. Sur celui du milieu, le Christ en croix entre la Vierge et saint Jean. Au-dessus de la tête du Christ, l'inscription INRI et le Soleil et la Lune. Sur le médaillon, à gauche du spectateur, sainte Agathe debout devant un ange portant dans ses bras la colonne qui figure dans presque toutes les représentations de la célèbre vierge et martyre de Catane. Sur le médaillon à droite du spectateur, Jésus-Christ, couronné, assis, couronne la sainte Vierge assise à côté de lui sur un trône. Au-dessous, sur le coffret, deux médaillons au milieu de rinceaux; à gauche du spectateur, saint Pierre; à droite, saint Jean-Baptiste. Sur le couvercle, à l'autre face du reliquaire, au milieu de rinceaux, trois médaillons sur chacun desquels est représenté un ange. Sur le coffret même, trois autres médaillons; sur celui du milieu, Jésus-Christ, assis, tenant d'une main le livre et de l'autre donnant la bénédiction latine; sur chacun des deux autres médaillons, un ange. Sur chacune des faces latérales, partie inférieure, on retrouve encore un médaillon sur lequel est figuré un ange. Sur le couvercle, de chaque côté, un écusson qu'on peut blasonner ainsi : d'or coupé d'azur au lion rampant d'or coupé d'argent, armé et couronné d'azur. Le reliquaire repose sur quatre griffes de lion; sur le couvercle règne une galerie découpée à jour, surmontée de trois grosses boules. Ouvrage du XIIIe siècle. Bois dans le texte. H. 20 cent. L. 18 cent. 1/2.

1702. — Reliquaire en bois, de la même forme que le n° 1701, revêtu de plaques de cuivre émaillées sur lesquelles les têtes des personnages, à l'exception de trois sur quinze, se détachent en relief. Sur le couvercle, en forme de toit, paraît la fuite en Égypte. Saint Joseph tient la bride du cheval sur lequel est assise la sainte Vierge portant l'enfant Jésus dans ses bras. Un ange dirige la marche qui est fermée par une femme; deux arbres figurent le pays traversé par la sainte famille; tous les personnages sont nimbés; le nimbe de Jésus est crucigère. Au-dessous de cette scène, sur la partie inférieure du reliquaire, est représentée la Nativité. La sainte Vierge, nimbée, dans une double gloire, est figurée couchée, bien qu'on ne voit pas le lit; elle pose sa main droite sur la tête de son divin Fils. Le Sauveur, vêtu d'une tunique, la tête ceinte du nimbe crucigère, paraît assis dans un berceau vu de face ou dans une sorte de baignoire; un ange nimbé qui porte un vase semble se disposer à laver l'enfant Dieu. Un autre vase est placé de l'autre côté du berceau. L'ange Gabriel, nimbé et ailé, s'avance les mains étendues vers la Vierge à laquelle il semble montrer l'accomplissement de la grande nouvelle dont il a été le messager. A gauche, saint Joseph nimbé et représenté en roi, assis sur un trône, la couronne en tête, et tenant à la main un javelot comme on figurait souvent les rois au moyen âge. Cette circonstance de l'ange qui lave l'enfant Dieu se retrouve sur divers monuments. (On peut voir la Nativité représentée avec plus de détails que sur notre émail, mais cependant avec les mêmes circonstances principales sur une tablette d'ivoire, publiée par Gori, dans son *Thesaurus diptychorum veterum*, t. I, pl. XXXIX.) Dans un angle réservé, entre saint Joseph et la Vierge, on voit, comme à un arrière-plan qui indique une scène antérieure, l'enfant divin nimbé emmaillotté dans son berceau, dans la crèche, en compagnie du bœuf et l'âne. Dans cette scène épisodique, les têtes ne sont pas en relief comme dans la tableau principal. Sur chacune des deux faces latérales du reliquaire est figuré un des quatre évangélistes; les deux autres sont figurés sur deux plaques surmontées d'une croix, clouées sur la galerie à jour qui couronne l'édicule. Les têtes de ces quatre figures ne sont pas en relief. L'autre face du reliquaire, celle où se trouve la serrure, n'est décorée que par des rosaces et autres ornements de fantaisie. H. 21 cent. 1/2. L. 22 cent.

Au milieu des rinceaux qui décorent les faces latérales, il faut remarquer deux bandes d'émail bleu sur lesquelles paraissent deux ornements qui au premier aspect ressemblent à des couronnes ouvertes. Ces prétendues couronnes ne sont autre chose que des imitations devenues presque méconnaissables de ces belles inscriptions arabes en caractères cufiques que copièrent si longtemps les artistes du moyen âge, comme de simples motifs d'ornementation. On peut voir un exemple frappant de cette ornementation sur le célèbre ciboire du musée du Louvre qui porte la signature : *mag. iter. g. alpais. me fecit. lemovicarum.* (Voyez comte de Laborde, *Catalogue des émaux du Louvre*, n° 31.) On pourrait citer bien d'autres exemples de ces *arabesques*, mais cette indication suffira. Notre reliquaire, qui est d'une excellente conservation, peut être attribué à la fin du XIIIe siècle; à cette époque et pendant que les arts étaient encore dans la période de naïveté chez nous, en Italie, Nicolas de Pise sculptait déjà les admirables monuments qu'on voit à Sienne et à Pise, et entre autres, dans le baptistère de cette dernière ville en 1260, une Nativité de N.-S. qui pourrait avoir servi de modèle à notre émail limousin, tant les détails et l'ordre de la composition offrent d'analogie.

1703. — Plaque de cuivre doré émaillé. La figure en pied de saint Marc, de ronde bosse, dorée, est ajustée sur la plaque à laquelle elle adhère par une surface plane. Le saint évangéliste est assis, tenant de la main droite une boule et de la gauche son livre; il est revêtu d'une tunique brodée de croissants, par-dessus laquelle il porte le manteau. Entre la tête et la plaque est ajusté un disque concave doré et ciselé qui forme le nimbe. Les yeux du saint sont en pâte de verre bleu imitant le saphir. Le livre et les vêtements sont ornés d'émaux en relief imitant les turquoises, les saphirs et les rubis. Les ornements du fond ou de la plaque sont des enroulements de fleurons qui se détachent sur un fond bleu. Les couleurs d'émaux sont le bleu, le rouge, le vert, le jaune et le blanc. Le siége et le coussin ne sont pas en relief comme la figure; ils sont émaillés de diverses couleurs. Une bande de métal doré et pointillé traverse les émaux du fond à la hauteur des épaules du saint; on y lit cette inscription gravée en creux et dont les traits sont remplis d'émail noir : S. MARC ALS. *Saint Marc, apôtre.* H. 29 cent. 1/2. L. 14 cent.

Cette plaque a certainement fait partie d'une suite des douze apôtres qui décorait une châsse ou un grand reliquaire dans le genre de la châsse de saint Potentien qu'on admire au Louvre. (Voyez comte de Laborde, *Catalogue des émaux du Louvre*, nos 126 à 139.) Une plaque de travail identique à celui de la nôtre, représentant saint Matthieu, se trouve au musée du Louvre; le saint Paul et le saint Thomas sont à Limoges même, chez M. Germeau; un autre apôtre se trouve chez M. le prince Soltykoff. On peut comparer la plaque de M. L. Fould avec celle du Louvre, et l'on verra que toutes deux sortent évidemment de la même fabrique et auraient pu décorer le même meuble. M. de Laborde, qui décrit le saint Matthieu du Louvre sous le n° 70, suppose que la destruction du monument a eu lieu dans Limoges même, parce que deux de ces plaques ont été acquises dans cette ville; c'est très-possible en effet, mais il ne faut pas oublier que les émailleurs limousins répétaient les mêmes types à plusieurs exemplaires. On a bien des preuves de ce fait; ainsi je connais deux exemplaires identiques d'une plaque émaillée représentant l'apôtre saint Jean. L'une de ces plaques fait aujourd'hui partie de la collection du prince Soltykoff à Paris, et a été publiée par M. Jules Labarte dans ses savantes *Recherches sur la peinture en émail*, pl. VI; l'autre se trouve dans le Musée Britannique et a été dernièrement publiée par M. W. A. Franks en tête du remarquable travail sur les émaux qu'il a inséré dans les *Treasures of art in Great-Britain.* Notre plaque est du XIIIe siècle.

1704. — Plaque de cuivre émaillée provenant d'un reliquaire, sur laquelle paraît une figure de saint Pierre en relief. Le prince des apôtres est représenté assis; ses pieds nus reposent sur un marchepied; il est vêtu d'une tunique et d'un manteau dont les bords sont brodés; de la main droite il tient les clefs et de la gauche le livre des Évangiles. La figure du saint qui a conservé la couleur du cuivre jaune, à l'exception des prunelles qui sont en pâte de verre bleu, se détache sur un fond bleu foncé, décoré de rosaces de diverses couleurs et de deux bandes horizontales de couleur vert d'eau chargées d'arabesques de la couleur du métal absolument semblables à celles dont il est parlé au n° 1702. Il faut remarquer que le trône n'est pas en relief comme la figure; il est simplement gravé sur le cuivre et émaillé de rouge à diverses places; on explique cette singularité par des convenances commerciales. Ces plaques, faites en fabrique, devaient pouvoir être offertes aux acheteurs qui, par suite de certains scrupules, n'auraient pas accepté d'images en relief, comme à ceux qui avaient des tendances opposées. On réservait donc sur ces plaques le contour du saint et on ne clouait les figures en relief qu'au fur et à mesure des commandes. Cette plaque, de forme circulaire dans la partie supérieure, est en cuivre rouge, comme on le voit par le revers qui n'a reçu ni émail ni vernis imitant l'or comme la bordure du côté historié. Notre plaque a 30 cent. de hauteur sur 16 cent. de large. Sa fabrication date du XIIIe siècle.

1705. — Plaque de cuivre émaillé de forme ogivale, provenant d'un grand reliquaire, sur lequel paraissaient les douze apôtres en haut-relief. La collection possède deux des plaques de ce reliquaire. (Voyez numéro suivant).

Sur celle-ci est figuré saint Jean, caractérisé par la coupe qu'il tient de la main gauche. Par un anachronisme dont on connaît des exemples sur des monuments encore plus anciens que ceux-ci, les apôtres sont représentés ici avec la tonsure. Voyez, entre autres, dans les *Vetera monimenta* de Ciampini, t. I, p. 275, pl. LXXVII, une figure de saint Philippe tonsuré, sur une mosaïque de Sainte-Agathe à Rome. Voyez aussi, Gori, *Thesaurus diptychorum veterum*, t. III, p. 57, et, pour citer un livre moderne et, partant, plus accessible, l'ouvrage de M^s Louisa Twining, publié en 1852, à Londres, sous ce titre : *Symbols and emblems of early and mediæval Christian arts*. Cf. pl. LV, et page 112. Saint Jean est imberbe; il est revêtu d'une tunique et d'un manteau agrafé par une fibule de forme carrée. La figure se détache en haut-relief sur un fond revêtu d'émaux champlevés. L'ornementation consiste en rosaces qui alternent avec des cartouches. Les rosaces, de couleur rouge, sont inscrites dans un carré d'émail blanc; les cartouches sont bleus. Rosaces et cartouches n'ont d'autre emblème qu'une croix d'or, très-simple dans les rosaces, historiée dans les cartouches. Sur le cuivre rouge du revers on distingue des chiffres gravés en creux et qui doivent avoir servi de repère pour la disposition de la plaque autour du reliquaire. Ces chiffres sont ici, IV et X. H. 31 cent. L. 10 cent.

1706. — Plaque de forme semblable à celle qui vient d'être décrite et qui provient certainement du même reliquaire. L'apôtre n'a pas ici de signes caractéristiques qui puissent le faire reconnaître. Vêtu comme le saint Jean de la plaque précédente, la fibule de son manteau est ornée d'une fleur de lis; il est d'ailleurs également tonsuré. La figure se détache sur un fond revêtu d'émaux champlevés, divisés en compartiments qui affectent deux formes : celle de la rosace à quatre lobes, et celle d'une sorte d'écusson ou de cartouche dodécagone. Les rosaces portent toutes la fleur de lis d'or héraldique de France en champ d'azur; les cartouches sont alternativement verts et rouges; sur les rouges paraît tantôt le lion passant ou léopard d'Angleterre, tantôt un griffon ou lion ailé ; sur les verts, une fleur de lis au naturel. Sur le revers, on voit des signes de repère analogues à ceux de la plaque précédente, entre autres le chiffre I et une croix. Les dimensions sont nécessairement les mêmes qu'au numéro précédent. Bois dans le texte.

Au milieu des symboles de fantaisie qui figurent dans l'ornementation de l'une de ces magnifiques plaques, on reconnaît les armes de France et d'Angleterre en abrégé. Ce n'est pas là une circonstance indifférente, car, indépendamment du style et du mode de fabrication qui fixent la date de ces monuments à la fin du XIIIe ou au commencement du XIVe siècle, il est évident que les léopards d'Angleterre et les lis de France ne sont réunis ici qu'en souvenir des deux alliances contractées à moins de dix ans de distance entre les deux maisons royales. On sait, en effet, que Marguerite de France, fille de Philippe III, épousa en 1299, sous le règne de son frère Philippe le Bel, le roi d'Angleterre Édouard I, dont elle était veuve l'an 1307, et que, dès l'année 1308, Isabelle de France, sa nièce, la fille de Philippe IV, épousa le roi Édouard II. On voit au

N° 1706.

Louvre un coffret dont le travail offre une grande analogie avec celui de notre reliquaire.

1707. — Plaque de cuivre provenant d'un reliquaire. Le Christ en croix, avec le nimbe crucigère, entre la Vierge et saint Jean. En haut de la branche perpendiculaire de la croix, la main de Dieu donnant la bénédiction, et le nom du Seigneur écrit ainsi en deux lignes : IHS XPS. Au pied de la croix, un mortel sortant du tombeau les mains jointes. (Voyez au n° 1698 un sujet semblable.) En haut, deux anges. Le corps tout entier du Christ est en relief; les autres figures sont gravées à la pointe, mais toutes les têtes sont en relief. H. 24 cent. L. 11 cent.

1708. — Plaque de cuivre provenant d'un reliquaire. Dans un encadrement en forme de vessie de poisson, le Christ assis, avec le nimbe crucigère, donnant la bénédiction de la main droite et tenant les Évangiles de la gauche. Aux quatre coins, l'ange et les trois animaux, symboles des quatre évangélistes. En haut, à gauche, l'ange de saint Matthieu ; à droite, l'aigle de saint Jean ; en bas, à gauche, le lion ailé de saint Marc ; à droite, le taureau ailé de saint Luc. H. 22 cent. L. 11 cent. 1/2.

1709. — Plaque provenant d'un reliquaire de cuivre émaillé, dont elle formait une des faces latérales. Un saint, qui n'a d'autre attribut qu'un livre qui désigne un évangéliste ou un apôtre, est représenté debout, les pieds nus, sous une arcade surmontée de clochetons. La tête se détache seule en relief; le corps est seulement gravé à la pointe et n'est pas orné d'émaux; ce genre de décoration a été réservé pour le fond qui est orné de rinceaux où figurent le bleu, le vert, le blanc et le rouge. H. 25 cent. L. 12 cent. On peut rapprocher cette plaque du reliquaire n° 1702; le travail est très-analogue et annonce le XIIIe siècle.

1710. — Plaque de cuivre émaillé en forme de vessie de poisson, sur laquelle est représenté Jésus-Christ, assis, donnant la bénédiction selon le rite latin. Sur le livre qu'il tient de la main gauche, l'A et l'Ω; une croix est inscrite dans l'ω. La face, les mains, les pieds et le livre sont indiqués par des traits noirs qui se détachent sur le fond qui est doré. Le nimbe crucigère, les vêtements et le siége sont en émaux champlevés de diverses couleurs. Le nimbe et la tunique sont de couleur verte; la croix est formée par des lignes d'or, remplies de bleu et de blanc. Le manteau est bleu nuancé de blanc. Le siége est vert nuancé. Le sujet est renfermé dans une bordure étroite d'émail bleu qui figure une gloire. H. 15 cent. L. 9 cent.

Cette plaque, dont le revers a conservé la couleur rouge du cuivre, paraît devoir être attribuée à l'école allemande; elle est fort intéressante à étudier à cause des procédés divers qui ont été employés pour sa décoration. Sa date paraît être le XIIIe siècle ; peut-être même pourrait-on la placer à la fin du XIIe siècle.

1711. — Plaque de cuivre émaillé provenant d'une suite des douze apôtres. Ici on voit seulement saint André et saint Philippe dont on réunit souvent les représentations, parce que les deux apôtres figurent plusieurs fois ensemble dans les Évangiles. Tous deux sont à mi-corps, nimbés; ils tiennent chacun un volume déroulé sur lequel on lit une inscription disposée perpendiculairement, une, deux et parfois trois lettres par ligne. Le commencement de la phrase se lit du côté de saint André :

CELI ET TERRE ET IN (*feri*) IHM XPM FILIVM EIVS VNICVM. *Les cieux, la terre et les enfers (nomment) Jésus-Christ son fils unique*. Les noms des deux apôtres sont écrits perpendiculairement à côté de leurs représentations :

SCS. ANDREAS. SCS. PHILIPVS. (sic).

H. 5 cent. L. 7 cent. 1/2. Ouvrage du XIIIe siècle.

Les émaux de couleurs bleu, verte et blanche, et les lettres de couleur noire se détachent sur un fond d'or.

1712. — Plaque de forme ronde. Sur un fond émaillé, le crucifiement en haut-relief. Notre-Seigneur est attaché sur la croix; il est représenté nimbé et couronné, et avec de la barbe; ses cheveux flottent sur ses épaules; il est nu, sauf le caleçon. Saint Jean et la Vierge sont debout à ses côtés. Le nimbe est crucigère; à droite est la Lune; à gauche le Soleil; on sait que l'usage de représenter le Soleil et la Lune dans les crucifiements est une tradition de l'antiquité; le Soleil et la Lune figurent l'éternité. Sur le haut de la croix, IHS XPS (Jesus Christus). Diam. 18 cent.

1713. — Chandelier en cuivre à base triangulaire reposant sur trois pieds, avec pointe pour ficher le cierge ou la chandelle. La bobèche, le pommeau et la base sont ornés d'émaux champlevés de diverses couleurs, bleu, rouge, etc., représentant des rinceaux, des rosaces et des oiseaux fantastiques. Le fût est décoré d'un treillis gravé en creux. Les pieds sont ciselés et représentent chacun un mufle fantastique. H. 25 cent. Ouvrage de la fin du XIIIe siècle.

1714. — Porte-cierge à pied, carré long décoré de quatre écussons inscrits chacun dans une rosace et chargés de symboles identiques; ces armoiries peuvent se blasonner ainsi : d'or coupé d'azur à la croix de gueules sur le tout, avec les lettres A et Ω d'azur sur l'or et I et A d'or sur l'azur. Le sens de l'A et l'Ω, *je suis le commencement et la fin*, est bien connu ; mais je n'ai pas encore rencontré l'I et l'A. Deux lions disposés à peu près comme les supports héraldiques accompagnent les rosaces qui occupent le centre du porte-cierge; trois oiseaux ailés occupent les aigles des deux autres; mais dans l'intérieur des quatre rosaces trois oiseaux se détachant en or sur champ de gueules accompagnent les écussons. La pointe du porte-cierge a conservé des traces de dorure. H. 12 cent. Long. 16 cent. Larg. 11 cent. Échantillon rare; les porte-cierges sont plus ordinairement adaptés à une base ronde; en outre, les procédés de fabrication de celui-ci méritent une attention toute particulière. C'est bien la taille d'épargne ou le champlevé, mais dont quelques parties sont en émail cloisonné. On croit cet objet de travail italien, et on peut le fixer au XIIIe siècle ou au commencement du XIVe siècle.

1715. — Bassin à laver en cuivre émaillé, muni d'un goulot ou gargouille représentant une tête de dragon dorée dont les yeux sont en émail bleu et les narines en émail rouge. Cette gargouille est en communication avec le bassin par cinq trous pratiqués dans le rebord. L'intérieur est décoré par une rosace divisée en cinq compartiments; celui du milieu, le seul qui soit parfaitement rond, est séparé des autres par une bordure dentelée d'émaux de couleurs rouge et bleue. Les quatre autres médaillons sont échancrés dans la partie inférieure par la circonférence du médaillon central. Des compositions fantastiques qui se détachent en or sur un fond d'émail bleu remplissent les médaillons. Dans celui du milieu, un guerrier, qui se couvre d'un bouclier ovale, dont le blason se compose de points entourant un ovale perce de son épée un animal chimérique à tête de loup et à queue de serpent. La scène se passe sur un pont à quatre arches. Les quatre autres représentent tous une scène semblable, deux personnages dans une galère ; mais cette scène varie dans les détails :

1° A la poupe ou arrière, un guerrier ou un chevalier, coiffé d'un bonnet avec un bouclier chargé d'une croix d'azur ; à la proue, un marinier la tête nue, ramant;

2° Deux mariniers ramant ;

3° A l'arrière, un chevalier dont l'écu est chargé d'une fleur de lis de gueules et de deux tourteaux de même, et un marinier ramant ;

4° A l'arrière, un chevalier dont l'écu est chargé d'un dauphin d'azur, et un marinier ramant. Les quatre angles qui séparent ces sujets sont décorés par des blasons répétés quatre fois ; en haut, un château d'or sur champ de gueules ; en bas, une fleur de lis d'or en champ d'azur. Les bords du bassin sont ornés d'émaux dentelés comme ceux qui entourent le médaillon central. Diam. 22 cent. 1/2. Profondeur 3 cent. Gravé, pl. XXV.

Des bassins semblables pour la forme et le style de la décoration se rencontrent dans diverses collections. On a longtemps discuté sur leur usage; mais M. le comte de Laborde a donné la solution de cette énigme dans son *Glossaire*, au mot : *Bassins à laver*. « Les auteurs ecclésiastiques parlent souvent, dit-il, de *gemelliones argentei*, qui sont les *bassins à laver les mains* qu'on rencontre dans les collections, et si l'on n'a pas bien compris le sens de cette expression, c'est qu'on a voulu y trouver une aiguière avec son bassin. On ne s'expliquait pas comment deux vases de même forme, appelés par cette raison jumeaux, pouvaient servir à deux usages différents : l'un à jeter l'eau et l'autre à la recevoir; mais ces bassins de nos collections, dont l'un est toujours à biberon, sont le commentaire naturel de ces expressions. »

M. Jules Labarte dans ses *Recherches sur la peinture en émail* a complétement adopté cette opinion. (Voyez p. 64 et 153.) Qu'on ne s'étonne pas d'ailleurs de voir appliquer à des vases de cuivre émaillé un texte qui parle de jumeaux d'argent, *gemelliones argentei ;* car il est un point qu'il ne faut pas perdre de vue ; nous n'avons presque plus de monuments anciens d'or et d'argent ; leur valeur intrinsèque a causé leur destruction, et les pièces de cuivre émaillé qui font l'orgueil et la richesse de nos collections, n'étaient alors que des imitations, faites à bon marché et en fabrique, des ouvrages d'orfévrerie en métaux précieux ; nos *gemelliones* de cuivre émaillé ont donc servi au même usage que leurs plus nobles frères, les *gemelliones argentei* leurs prototypes. M. Darcel, du Musée du Louvre, dont les connaissances variées sont au service de tous ceux qui le consultent, m'a cité une miniature de manuscrit représentant un personnage versant de l'eau d'un de ces bassins dans l'autre.

La collection ne possède pas une paire de ces bassins, puisque celui qui porte le n° 1716 est un peu moins ancien que le n° 1715 ; mais on peut se rendre compte de l'emploi de ces jumeaux, attendu que l'un est à goulot ou à biberon, *biberulus,* comme on les trouve désignés dans les inventaires, tandis que l'autre, le récipient, n'a pas de biberon. Ces bassins servaient dans l'église et hors de l'église; mais leur usage se conserva plus longtemps dans le culte que dans la vie privée. Les particuliers trouvèrent plus commode d'employer une aiguière pour répandre l'eau, tout en agrandissant jusqu'à la forme de nos cuvettes l'ancien bassin à laver. Deux de ces bassins figuraient sous les n°s 671 et 672 dans la collection Debruge-Duménil. Celui qui porte, dans le catalogue par M. J. Labarte, le n° 671 et dont le pareil a été gravé dans *les Monuments français inédits,* de Willemin, pl. CX, est presque entièrement semblable au n° 1716 du présent catalogue. Le sujet central offre seul une différence ; le guerrier combat deux monstres au lieu d'un seul. Le Louvre en possède trois décrits par M. le comte de Laborde sous les n°s 55, 56 et 57. Le n° 55 est figuré inexactement dans Montfaucon, t. I, p. 348, pl. XXXII. Il y en a un très-intéressant dans le *Recueil de monuments antiques, etc.*, de Grivaud de La Vincelle, t. II, p. 316, pl. XXXIX, n° 1, reproduit aussi dans l'ouvrage de Willemin, p. 67, pl. CXI, et sur lequel on peut consulter, dans le *Cabinet de l'Amateur et de l'Antiquaire,* t. I, p. 145, une intéressante dissertation par M. de Longpérier. Enfin on peut en voir trois autres dans le musée de Cluny. (Voyez n°s 961, 962, 963 et 2027 du Catalogue de cet établissement, rédigé par M. Edmond Du Sommerard.) Le château héraldique, qui paraît ici quatre fois répété, est presque une date qui nous apprend que la fabrication de nos bassins remonte au règne de Louis VIII et à l'époque du mariage de ce prince avec Blanche de Castille, dont les armes parlantes étaient un château d'or; on sait en effet qu'à partir de cette époque, on trouve les châteaux de Castille employés partout comme motifs d'ornementation. Cette mode se prolongea et les descendants de Louis VIII conservèrent longtemps le souvenir du noble blason de Castille puisque Jean, troisième fils de saint Louis et petit-fils de la reine Blanche, est représenté sur son tombeau qu'on peut voir à Saint-Denis, avec une robe semée de fleurs de lis et de châteaux. Voyez *Monuments français inédits,* de Willemin, p. 58, pl. XCI. Sur le bassin, n° 1716, on retrouvera les châteaux, mais dégénérés, circonstance qui autorise, indépendamment d'autres raisons, à supposer que, comme on l'a dit plus haut, ce bassin est plus moderne que celui qui vient d'être décrit.

1716. — Bassin à laver les mains, de la même forme que le précédent, mais sans goulot. (Voyez le numéro précédent.) Médaillon central, un écu d'azur chargé d'un animal fantastique à tête léonine et à queue de serpent; cet écu, entouré de rinceaux, est surmonté, en guise de casque, d'une tête de lion. Les quatre médaillons qui complètent la rosace offrent des sujets fantastiques qui se retrouvent sur le bassin cité dans l'article précédent et dont on peut voir la représentation dans l'ouvrage de Willemin, déjà cité, pl. CX :

1° Une reine debout, avec une robe doublée de vair, la couronne en tête, fait boire un paon dans une coupe qu'elle tient à la main;

2° Une sirène fait danser une femme au son d'une sorte de violon;

3° Un centaure, le tambourin à la main, accompagne les exercices d'un baladin qui, semblable aux cubistes de l'antiquité, danse sur les mains, la tête en bas;

4° Un satyre à pieds de cheval, à longue queue, accompagne au son d'une harpe une femme qui danse vêtue d'une longue robe. Les armoiries qu'on a vues sur le bassin précédent se retrouvent ici aux mêmes places, mais moins distinctes et moins régulièrement blasonnées. Cependant on reconnaît le château et la fleur de lis, mais ces deux pièces ne sont pas sur champs de gueules ou d'azur, mais sur champ de sinople. Ce bassin qui était destiné à recevoir l'eau n'a ni trous ni goulots; le revers est décoré d'une rosace à six rais, gravée légèrement et circonscrite dans un cercle dentelé. Ouvrage de la fin du XIIIe siècle, ou du commencement du XIVe siècle. (Voyez le numéro précédent.) Diam. 22 cent. Prof. 3 cent.

1717. — Colonnette de cuivre dont le fût est chargé d'émaux champlevés de couleurs. L'ornementation du chapiteau de forme ronde, basse et écrasée, dégénérescence du chapiteau corinthien, se compose de deux feuilles que leur exiguïté ne permet pas de caractériser, mais qui rappellent cependant la feuille de chou, souvent employée dans les colonnes du XIIIe siècle, époque à laquelle l'art commence à imiter les feuilles de plantes indigènes dans l'ornementation. (Voyez *Instructions du comité historique des arts et monuments*. Paris, Imprimerie impériale, 1857, page 162.) Les émaux n'ont été appliqués que sur la partie antérieure de cette colonne qui a dû être employée dans la décoration d'un grand reliquaire. Le chapiteau, la base et la face postérieure qui ne devait pas être vue, appliquée qu'elle était à la muraille, ont conservé la couleur jaune du cuivre. Pour les émaux qui représentent des fleurons étoilés symétriques, on a employé les couleurs blanche, verte et bleue. H. 10 cent.

On peut peut-être assigner une origine germanique à cette colonnette qui paraît remonter au XIIIe siècle et sort probablement de cette école établie sur les bords du Rhin, peut-être à Cologne, dont M. Jules Labarte a fort bien caractérisé les produits dans ses *Recherches sur la peinture en émail*. Il existe dans nos collections publiques de grands reliquaires analogues à celui auquel a dû appartenir notre colonnette.

1718. — Autre colonnette, analogue à la précédente (n° 1717), probablement de la même fabrique. Les motifs de l'ornementation des émaux du fût sont différents, mais les couleurs sont les mêmes. Au lieu de fleurons, nous avons ici des feuilles séparées régulièrement par une figure elliptique.

1719. — Autre colonnette du XIIIe siècle, analogue aux deux précédentes. Celle-ci, qui est plus grande, a été placée dans des temps comparativement modernes sur une base de porphyre, et sur le sommet on a fixé une statuette en argent de la sainte Vierge portant l'enfant Jésus, qui ne paraît pas remonter plus haut que le XVIe siècle. H. avec la base et la statuette, 30 cent. H. de la colonnette, 21 cent.

Le fût de cette colonnette, qui comme les deux précédentes a dû décorer un reliquaire, est entièrement émaillé; sans doute, la colonnette était placée de manière à être vue de toutes parts. Des rosaces de couleur blanche au milieu de treillis réguliers à fond bleu forment le motif de ces émaux.

1720. — Ce numéro manque.

PEINTURES

1721. — Peinture à fond d'or, sur panneau de bois. Deux saints assis : à droite, saint Laurent martyr, la palme à la main, revêtu d'une riche dalmatique, reconnaissable au gril sur lequel il pose la main; à gauche, un saint évêque, peut-être saint Andrea Corsini, évêque et archevêque de Florence. (Le saint prélat semble considérer saint Laurent comme un modèle à suivre?) XVe siècle. H. 14 cent. L. 40 cent.

1722. — Peinture à fond d'or, sur panneau de bois. Deux saints : saint Étienne, premier martyr, la palme à la main, agenouillé, revêtu d'une riche dalmatique; il est caractérisé par deux pierres posées sur sa tête qu'elles ensanglantent. En face du martyr, un saint moine, assis, tenant un livre ouvert, revêtu de l'habit des Camaldules ou Chartreux. Attribué au XVe siècle. H. 14 cent. L. 40 cent.

MANUSCRITS

1723. — Feuillet d'un manuscrit qui paraît avoir été peint au XIIIe siècle dans le midi de la France, et a été placé, à une époque évidemment fort ancienne, dans un cadre d'ivoire sculpté, qui paraît de travail oriental et qui remonte au XIVe siècle. Les plaques d'ivoire qui forment ce cadre représentent des compositions d'une grande variété. On y voit des chasses à pied et à cheval, des combats d'animaux, des hommes chargés de fardeaux, d'autres buvant ou jouant de divers instruments. Tous ces sujets, traités avec une vérité surprenante, s'enlèvent en relief sur des rosaces à jour. On peut en juger par le fragment gravé ici sur bois. La hauteur de ces plaques est de 6 cent. La miniature peinte sur le feuillet de parchemin a 16 cent. de haut sur 23 de large. Le sujet est le Jugement dernier ou plutôt un épisode du dernier jour. Jésus-Christ est assis sur les nuées, entouré des anges et des séraphins. La face de Dieu le Père et la colombe, symbole du Saint-Esprit, sont placées au-dessus de la tête du Christ auquel elles s'unissent pour représenter la sainte Trinité. A droite de Jésus-Christ, la sainte Vierge debout, en prières. A gauche, saint Joseph, barbu. Aux pieds du Sauveur, deux anges tenant chacun un coin d'un immense linceul dans lequel on voit une multitude de religieux en oraison. Une croix à laquelle a été adaptée une bannière rouge sur laquelle est peinte une crosse s'élève du milieu de cette foule. Les religieux sont vêtus de robes à capuchon; tous portent sur la poitrine une croix rouge et sur l'épaule une crosse. Aux quatre coins de l'encadrement de ce tableau sont peints autant de médaillons représentant les quatre évangélistes; quatre prophètes, parmi lesquels on reconnaît le roi Psalmiste, sont figurés sur quatre autres médaillons. En bas de la composition, un écusson sur lequel sont peintes en champ d'or une crosse d'argent et une croix de gueules; c'est évidemment le symbole d'une confrérie à laquelle ses mérites promettent le salut éternel.

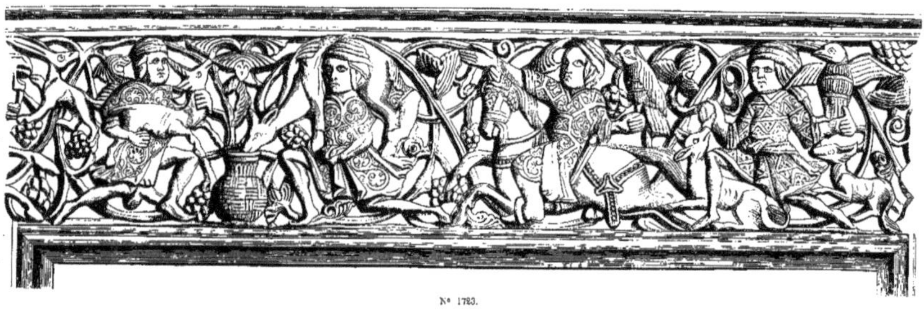

No 1723.

1724. — Livre d'heures orné de douze belles miniatures, exécuté à la fin du XVe siècle ou au plus tard au commencement du XVIe siècle. On sait qu'à défaut d'indications précises on parvient souvent à connaître la patrie des manuscrits par l'inspection attentive du calendrier et de la mention plus ou moins honorable qui y est faite de tels ou tels saints; or, ici, dans le calendrier qui selon l'usage précède les oraisons, le nom de saint Ursin est écrit en lettres d'or, son octave est indiquée, et de plus dans les litanies on remarque son nom à une place d'honneur, c'est-à-dire immédiatement après les saints apôtres et les évangélistes. Il faut donc supposer que ces heures ont été exécutées dans une contrée ou tout au moins pour une contrée qui révérait particulièrement saint Ursin; or, il y en a deux, ce sont les diocèses de Bourges et de Lisieux; on pourrait donc être embarrassé, si le manuscrit n'avait pas une physionomie toute normande qui tranche la question et nous décide, d'après l'avis de notre savant collègue, M. Léopold Delisle, à l'attribuer à la dernière de ces deux villes. Ce manuscrit, dont la conservation ne laisse rien à désirer, ne porte aucune trace de ses anciens possesseurs. Il commence par une oraison à la sainte Vierge, dont les premiers mots sont : *Obsecro te, domina sancta Maria, mater Dei, pietate plenissima*, etc..., et finit par une oraison à saint Sébastien. Les miniatures représentent les douze sujets suivants :

1. La Descente de croix. — 2. L'Annonciation ou la Salutation angélique.— 3. La Visitation.— 4. La Naissance de Jésus-Christ.— 5. L'Annonciation aux bergers.— 6. L'Adoration des mages.— 7. La Présentation au temple.— 8. La Fuite en Égypte. — 9. Le Crucifiement, la sainte Vierge et saint Jean en prière au pied de la croix. — 10. La Descente du Saint-Esprit.— 11. Le roi Psalmiste.— 12. Un Enterrement chrétien.

1725. — Livre d'heures des premières années du XVIe siècle. Les nombreuses miniatures qui ornent ce volume sont peintes dans le même style que celui des heures d'Anne de Bretagne, et quoiqu'elles leur soient inférieures par la finesse de l'exécution, on peut dire que ces charmantes images sont dues, ainsi que celles de ce merveilleux livre dont elles sont très-voisines par la date, à quelqu'un de ces habiles artistes qui continuèrent les traditions de cette grande école de peinture française dont le plus célèbre maître fut Jean Fouquet de Tours. Notre manuscrit renferme douze grandes miniatures à pleine page, vingt-deux moyennes et douze petites, neuf vignettes ou images en devises placées au bas de chacun des mois du calendrier et représentant divers sujets suivant les saisons, et enfin neuf vignettes dans le texte; en tout cinquante-cinq miniatures. De plus, toutes les pages sont entourées d'encadrements variés à l'infini. Les douze grandes miniatures, évidemment plus soignées, ne se confondent pas avec le texte comme les autres; elles sont placées dans des encadrements d'architecture dorés et le texte ne recommence qu'au verso de ces illustrations. La première de toutes est peinte sur un vélin qui est resté blanc au revers.

Avant de donner l'explication des miniatures, parlons d'abord des anciens possesseurs qui ont laissé des traces sur le manuscrit lui-même. On lit sur le dernier feuillet de vélin : « Ce livre a appartenu à la reine mère qui en a fait présent à son confesseur, et la mère du confesseur m'en a fait présent. » La signature de ce personnage a été grattée; plus bas on voit un L suivi d'un paraphe qu'on trouve également sur le premier feuillet du calendrier et sur le feuillet qui nous occupe à la suite d'une énumération fort exacte des feuilles de vélin et des *migniatures*. A côté, on lit : *Paraphe de M. Lenormand du Coudray, d'Orléans; Orléans, janvier* 1829. *Dufrene.* » La reine mère dont il est question ici ne peut être qu'Anne d'Autriche. J'ignore à qui la mère du confesseur de cette princesse avait fait présent de ce beau livre, mais ce M. Lenormant du Coudray, qui l'a paraphé en plusieurs endroits et dont le nom doit s'écrire Lenormant et non Lenormand, comme on le lit par une erreur du personnage nommé Dufrene qui a signé la note citée ci-dessus, est l'un des ancêtres de feu Charles Lenormant, membre de l'Institut.

Voici maintenant la désignation des miniatures :

1. Saint Jean en l'huile, à la Porte latine (d'après la légende dorée), p. 1. — 2. Saint Jean l'évangéliste, p. 2. — 3. Saint Luc, p. 4. — 4. Saint Matthieu, p. 6. — 5. Saint Marc, p. 8. — 6. La Vierge avec l'enfant Jésus, anges, p. 10. — 7. Descente de croix, p. 14.— 8. Adam et Ève, p. 17.— 9. La Salutation angélique, p. 18.— 10. La Visitation, p. 28. — 11. La Flagellation (on prépare la croix), p. 39. — 12. Jésus-Christ en croix, la Vierge et saint Jean, p. 40. — 13. La Résurrection, p. 43. — 14. La Descente du Saint-Esprit, p. 44.— 15. La Naissance de Jésus-Christ, p. 46. — 16. L'Annonciation aux bergers (sur le phylactère tenu par l'ange on lit ces mots : *Gloria in excelsis Deo*), p. 52.— 17. L'Adoration des mages, p. 58.— 18. La Présentation au temple, p. 64.— 19. La Fuite en Égypte, p. 70. — 20. La Purification de la Vierge, p. 79. — 21. David tuant Goliath, p. 103.— 22. David et Bethsabée, p. 104. — 23. Les Vivants et les Morts, p. 123. — 24. Job sur son fumier, p. 124. — 25. La Trinité, p. 162. — 26. Saint Michel archange terrassant le démon, p. 163.— 27. Saint Jean l'évangéliste, p. 164. — 28. Saint Jean-Baptiste, p. 165.— 29. Saint Jacques, p. 166.— 30. Saint Pierre et saint Paul, p. 167. — 31. Le Martyre de saint Étienne, p. 168.— 32. Saint Laurent, p. 169.— 33. Saint Christophe, p. 170. — 34. Le Martyre de saint Sébastien, p. 172. — 35. Saint Denis, p. 173. — 36. Saint Nicolas, p. 174. — 37. Saint Antoine, p. 175. — 38. Sainte Anne et la Vierge. Éducation de la Vierge, p. 176.— 39. Sainte Marie Madeleine, p. 177. — 40. Le Martyre de sainte Catherine, p. 178. — 41. Sainte Marguerite, p. 179. — 42. Sainte Barbe, p. 180.— 43. Sainte Geneviève, p. 181.

L'importance qu'on attachait à ce beau manuscrit nous est démontrée par l'élégance des fermoirs et des coins qui sont en argent et d'un très-beau travail. Sur les fermoirs sont représentées six figures allégoriques : 1° la Douceur; 2° l'Espérance; 3° la Foi; 4° la Charité; 5° la Force; 6° la Religion. Les coins sont décorés de figures de séraphins. Les poinçons de garantie sont une étoile, quatre étoiles et une scie. Selon M. le baron Pichon, qui depuis longtemps prépare un travail sur l'histoire de l'orfévrerie française, ces poinçons ne seraient pas français, mais allemands. Le travail de l'orfévrerie n'en est pas moins très-probablement français et paraît dater du milieu du XVIIe siècle.

SCEAU

1726. — Sceau de cire verte avec fragment du parchemin auquel il était appendu. Le type de ce sceau, d'un très-bon travail, est d'une parfaite conservation; mais la légende a beaucoup souffert et offre de fâcheuses lacunes. Voici ce qu'on y distingue : SCTA....... A. ROMAN....... S.R.

Type du sceau. Sous des arceaux gothiques, saint Pierre assis, nimbé, tenant d'une main une clef, de l'autre le livre des Évangiles. On distingue les remparts d'une ville importante. Au-dessus de la tête du saint, on lit : S. PETRVS. Contre-sceau : Buste de saint Pierre. On lit très-distinctement : CONTRA SIGILL. CIVITATIS..., contre-sceau de la ville..., puis on croit apercevoir les lettres CO. On pourrait peut-être attribuer ce sceau, qui date du XIVe siècle, à la ville de Cologne.

CINQUIÈME PARTIE

MONUMENTS DE LA RENAISSANCE

ET DES TEMPS POSTÉRIEURS

MARBRE

BAS-RELIEFS ET BUSTES.

1727. — Bas-relief. La sainte Vierge tenant sur ses genoux l'enfant Jésus, placé entre deux anges en adoration. La Vierge est nimbée ; le Sauveur a le nimbe crucigère et tient d'une main la couronne d'épines et de l'autre les trois clous de la Passion. Les nimbes, la bordure de la robe de la Vierge et quelques accessoires sont dorés. H. 70 cent. L. 54 cent.

On peut attribuer ce magnifique spécimen de la sculpture italienne au xve siècle à Mino de Fiesole, ou peut-être à Desiderio da Settignano, l'artiste auquel on attribue le buste de Béatrix d'Este conservé au Musée du Louvre qui l'a acquis à la vente Debruge-Duménil ; voyez n° 103 du Catalogue par M. Labarte. Comme les musées de Paris ne sont pas très-riches en monuments de la statuaire italienne de la belle époque, je ne crois pas inutile de rappeler ici que le Cabinet des médailles et antiques possède un grand médaillon ovale de haut-relief, représentant le buste d'une jeune fille, signé en toutes lettres : OPVS MINI. On peut comparer le bas-relief qui nous occupe avec ce chef-d'œuvre. Le bas-relief de M. Louis Fould a été acquis à Florence du marquis Alamanni.

1728. — La Vierge tenant l'enfant Jésus dans ses bras. La Vierge est nimbée et voilée. L'enfant divin aussi nimbé joue avec le voile de sa mère. Marbre blanc. H. 59 cent. L. 41 cent.

Ce marbre a été acquis à Florence. C'est une œuvre du xve siècle, la composition est parfaitement entendue, le mouvement de l'enfant est des plus gracieux, mais la tête de la Vierge n'est pas aussi heureusement traitée que dans le bas-relief précédent.

1729. — Saint Jean-Baptiste, enfant, vu à mi-corps, de profil, avec le nimbe et la croix. Le Précurseur est, selon la tradition, revêtu de peaux de bêtes ; il a la bouche entr'ouverte. Marbre blanc. H. 46 cent. L. 29 mill. Gravé, pl. XXVII.

On admire à Florence un buste de saint Jean-Baptiste en bas-relief attribué généralement à Donatello, qui est décrit en ces termes dans le livret de la Galerie de Florence, édition de 1790, p. 30 : « Et un buste fort petit du même saint (saint Jean-Baptiste) en âge puéril, en bas-relief par Donatello. » L'édition de cette notice de l'année 1827 décrit ainsi le même buste, p. 55 : « Saint Jeannin, bas-relief travaillé en pierre noire. On le croit de Donatello et il est vraiment digne d'un tel artiste. » Enfin, l'auteur de l'édition de 1850 s'exprime ainsi : « Un petit saint Jean, bas-relief en pierre noire, attribué à Donatello, et il est vraiment digne d'un tel artiste. » M. du Pays, dans son *Guide, etc.*, p. 279, dit que ce buste, placé au fond du troisième corridor, aux Uffizi, cru de Donatello, est d'une naïveté charmante. Le bas-relief de M. Louis Fould est une répétition de ce chef-d'œuvre; je ne chercherai pas si on la doit au maître illustre auquel on attribue l'original célèbre du musée de Florence, mais ce qui est certain c'est que tout le monde en admirera le modelé hardi et cependant délicat. L'expression de naïveté enfantine que signalent les divers auteurs qui ont parlé du buste des Uffizi se retrouve sur celui de M. Fould; cette naïveté s'allie heureusement à la distinction qu'exigeait le sujet. C'est une œuvre de maître. Je n'ai pas vu l'original, je n'ai même pas pu en trouver de reproduction gravée ou lithographiée à Paris; je n'en ai que plus de plaisir à faire connaître cette composition exquise en signalant la belle gravure de M. A. Varin. On la trouvera sur la pl. XXVII du présent ouvrage.

1730. — Chef de saint Jean-Baptiste. H. 12 c. L. 12 c. Ouvrage du XVIe siècle.

1731. — Médaillon de pierre lithographique. Au milieu de sujets mythologiques de fantaisie, portrait d'un personnage dont le nom est ainsi écrit : CHRISTOF FVRLEGER DER ELTTER Æ. 55. *Christophe Furleger, l'ancien, la cinquante-cinquième année de son âge.* Ce personnage est représenté la tête nue, avec une grande fraise à la mode du commencement du XVIIe siècle. Les sujets qui entourent le portrait de Christophe Furleger représentent un triomphe maritime de Silène. Le fidèle compagnon de Bacchus est représenté monté sur un monstre marin et est suivi et précédé d'une foule de petits génies ailés ou non ailés qui portent des thyrses, des corbeilles de raisins, etc., tandis que d'autres naviguent portés soit dans des barques, soit dans de modestes baquets, soit enfin sur des boucs. Calcaire compacte à grains fins. Diam. 16 cent. Gravé, pl. XXVIII.

Dans le grand armorial de Siebmacher, on trouve les armes des Furleger, parmi les familles patriciennes de Nuremberg, p. 163. Ces armes sont d'azur à deux poissons d'argent tenant dans leurs becs une sorte de fleur de lis. Je n'ai rien trouvé sur la vie, sans doute obscure, de ce patricien de Nuremberg; je signalerai seulement, dans l'ouvrage intitulé *Sammlung eines Nürnbergischen Münz-Kabinets*, de Ch. André IV, Im Hof., 2e partie du tome I, p. 752, deux jetons frappés pour deux membres de la famille Furleger. Ce remarquable monument de l'art de la renaissance provient de la vente Debruge-Duménil; voyez, Catalogue par M. Jules Labarte, no 108, p. 446.

1732. — Buste colossal d'Hadrien, la tête nue, avec le paludamentum. La tête de Méduse décore sa cuirasse. Marbre blanc. H. 78 cent. Très-bon travail du XVIe siècle.

1733. — Faustine, femme d'Antonin le Pieux, mère de Faustine la Jeune. Buste de marbre blanc. H. 43 cent. Excellent travail du commencement du XVIe siècle. Ce portrait de Faustine la mère est copié très-exactement sur les monuments antiques.

No 1733.

1734. — Marie-Antoinette d'Autriche, reine de France. Cette princesse est représentée décolletée, avec un costume de convention; ainsi une draperie à l'antique flotte autour du déshabillé moderne, tandis qu'on lui a conservé la coiffure à triple étage que l'on portait à la fin du XVIIIe siècle. Les traits de ce joli buste, dont le travail est très-fin, annoncent la jeunesse; il doit avoir été exécuté alors que Louis XV vivait encore. On pourrait l'attribuer à Augustin Pajou. Ce buste a été offert à S. M. l'Impératrice qui a daigné en accepter l'hommage.

1735. — Buste d'enfant, la tête nue, vêtu à l'antique. Marbre blanc avec socle pris dans le bloc. H. 59 cent.

VASES ET COLONNES.

1736, 1737 et 1738. — Trois colonnes de granit rose, semblables. H. 2 mètres 68 cent. Circonf. 112 mill. Socles en marbre blanc.

1739 et 1740. — Deux fûts de colonnes cannelées. Granit d'Égypte rosé. H. 92 cent. Circonf.

1741 et 1742. — Deux colonnes en granit des Vosges,

sur socle en marbre blanc décoré d'un chapelet de perles et de feuilles d'acanthe. H. 1 mètre 20 cent. Circonf. 1 mètre 10 cent.

1743 et 1744. — Deux colonnes de granit des Vosges. H. 1 mètre 19 cent. Circonf. 1 mètre 10 cent. Socle en marbre blanc sculpté. H. 10 cent.

1745 et 1746. — Deux colonnes en brèche. H. avec la base, 117 cent. Circonf. 93 cent.

1747. — Fût de colonne en granit d'Égypte. H. 91 cent.

1748. — Fût de colonne cannelée. Marbre-albâtre. H. 1 mètre. Base 15 cent.

1749. — Colonne en granit rose oriental sur un socle en granit gris orné de trois mufles de lion. H. totale 98 c. Circonf. 90 cent.

1750. — Gaîne en marbre vert de mer. H. 1 mètre 33 c. Larg. au sommet, 34 cent.

1751. — Guéridon en porphyre oriental. Le pied, en bronze doré, figure un cep de vigne autour duquel s'enroule un serpent. Diam. du porphyre, 62 cent. Épaisseur 4 cent. H. du pied, 80 cent.

1752. — Vase de porphyre oriental, de forme ovoïde allongée à deux anses prises dans la masse et sur piédouche, avec couvercle. H. 60 cent. Circonf. 65 cent.

1753. — Coupe de porphyre oriental, de forme ronde. Diam. 40 cent. H. 20 cent.

1754. — Vase en porphyre oriental, de forme ovoïde, à deux anses prises dans la masse avec piédouche. H. 45 cent. Circonf. 77 cent.

1755. — Coupe de porphyre gris. Diam. 33 cent. H. 6 cent.

1756. — Coupe de serpentin. H. 14 cent. Diam. 46 cent. Cette magnifique coupe est montée sur un pied de la même matière et absolument de la même nuance, haut de onze centimètres. Une base ronde en serpentin un peu plus foncé, montée en bronze, s'adapte à ce pied. H. de la base, 11 cent. Circonf. 71 cent.

1757. — Vase de porphyre oriental, de forme ovale, à godrons, avec couvercle cannelé sur lequel est figuré un dauphin. On trouvera dans le texte une gravure sur bois de ce vase remarquable H. 61 cent. Long. 60 cent. Larg. 43 cent.

N° 1757.

1758. — Vase de forme semi-ovoïde, en granit oriental rosé, la base est décorée de godrons. H. avec le piédouche, 65 cent. Diam. à l'ouverture, 40 cent.

1759. — Vase, forme Médicis, en serpentin, avec piédouche et base carrée. H. 48 cent. Diam. 38 cent.

1760. — Deux vases de granit rose oriental, forme Médicis, sur piédouche. H. 34 cent. Diam. à l'ouverture, 23 cent.

1761. — Deux vases, forme Médicis, en porphyre oriental, sur piédouche. H. 31 cent. Diam. de l'ouverture, 23 cent.

1762. — Vase, de forme ovoïde, à col court, avec couvercle et deux anses qui partent seulement du col et laissent la panse libre. Porphyre noir et blanc. H. 46 cent.

1763. — Deux coupes en serpentin, élevées sur piédouche. H. 15 cent. Diam. 25 cent.

1764. — Une paire de vases, forme Médicis allongée, en porphyre oriental. H. 20 cent.

1765. — Une paire de vases, forme Médicis, en porphyre oriental. H. 18 cent.

CAMÉES

1766. — Deux héros, le casque en tête, couverts de leurs boucliers, marchant au combat, la lance en arrêt; à leurs pieds, un guerrier mourant qui n'a conservé que son bouclier. De ces trois héros, deux sont barbus : le blessé et l'un des combattants; le troisième est imberbe et son casque est orné d'une aigrette, tandis que les casques des autres sont plus simples. Sur le bouclier du plus âgé des combattants, une tête de Méduse; sur les deux têtes, masques barbus. Sardonyx à trois couches. H. 45 mill. L. 48 mill.

Il est difficile de deviner le sujet qu'a voulu représenter l'artiste; on pourrait penser à Ulysse et Diomède venant de tuer Dolon; dans cette hypothèse, Ulysse, le favori de Minerve, serait celui des deux combattants dont le bouclier porte la Méduse, attribut de l'Égide; mais l'artiste aurait donc négligé de caractériser Dolon par la peau de loup dont s'était revêtu ce malencontreux Troyen. Quelques antiquaires croient ce camée antique, mais qu'il a subi de fortes retouches dans les temps modernes. Nous ne rejettons pas cette opinion que semblerait confirmer la beauté de la figure qu'on pourrait nommer Diomède. Quoi qu'il en soit, ce camée, par l'importance et la rareté de la matière, ainsi que par la beauté du travail de certaines parties, est digne de l'attention des connaisseurs.

1767. — Bustes conjugués. L'homme est barbu, lauré et costumé à l'antique; il porte le paludamentum des empereurs. On ne distingue que le profil de la femme. Sardonyx à trois couches. H. 43 mill. L. 30 mill.

Ce beau camée décore le dessus d'une boîte d'or octogone dont le dessous est gravé et représente trois Génies ailés portant l'un une palme, le second la couronne royale de France, le troisième deux sceptres et la main de Justice. L'un des sceptres est terminé par une fleur de lis, l'autre par le globe crucigère. Ces deux sceptres désignent les deux royaumes de France et de Navarre. L'encadrement du camée est également gravé, et les motifs de l'ornementation sont des sceptres et des couronnes, ce qui autorise à supposer qu'il a appartenu au roi Louis XV, sous le règne duquel cette boîte paraît avoir été faite. A l'intérieur, sur le poinçon, ID. H. 6 cent. L. 4 cent. 1/2.

1768. — Buste d'une Vestale voilée. Agate à deux couches. H. 20 mill. L. 14 mill.

1769. — Faustine jeune. Buste de profil. Calcédoine à deux couches. H. 18 mill. L. 13 mill.

1770. — Buste de jeune homme vêtu à l'antique, la tête nue. Agate à deux couches. H. 33 mill. L. 20 mill.

1771. — Guerrier barbare nu, marchant, le bouclier au bras gauche, la hache à la main. Calcédoine à trois couches. H. 26 mill. L. 13 mill.

1772. — Jésus-Christ. Buste de profil, avec la couronne d'épine. Jaspe sanguin. H. 45 mill. L. 35 mill.

On affectait souvent au XVIe siècle le jaspe sanguin aux images du Sauveur. Le Cabinet des médailles possède deux camées représentant Jésus-Christ sur cette matière. (Voyez n°s 312 et 313 du *Catalogue des camées, etc.*, par M. Chabouillet.) On comprend facilement le motif de cette préférence; les taches rouges qui donnent le nom à cette pierre rappelaient le sang du Sauveur versé pour le salut des hommes.

1773. — La sainte Vierge debout, la couronne en tête, tenant dans ses bras l'enfant Jésus. Deux anges viennent adorer le Sauveur. Calcédoine à deux couches. H. 43 mill. L. 25 mill.

1774.— La nymphe Amalthée nourrissant Jupiter enfant. Debout et vêtue d'une longue robe, la nymphe présente un ceras ou corne d'abondance à l'enfant-dieu qui, assis sur un rocher, s'en saisit et boit avec avidité. Au pied du rocher, la chèvre qui a fourni son lait à la nymphe et qui dans la mythologie se confond avec la nymphe Amalthée elle-même. A l'exergue, la signature du graveur : MORELLI. Agate à deux couches. H. 50 mill. L. 48 mill.

1775. — Un Satyre debout, jouant d'une sorte de clarinette; une nymphe entièrement nue, à demi couchée sur une peau de bête, tient entre ses jambes un enfant nouveau-né qui semble écouter la musique du Satyre. Coquille. H. 6 cent. L. 5 cent. Voyez n° 1776.

1776.— Un jeune chasseur nu, sauf une étroite ceinture, tenant au bout d'un bâton une tête de taureau, une tête de sanglier et une tête de lion, semble offrir ce trophée à une nymphe devant laquelle il fléchit un genou. Celle-ci est entièrement nue; couchée mollement sur un gazon, d'une main elle tient une corne d'abondance, tandis que de l'autre elle fait un geste de refus. Ce camée et celui qui porte le n° 1775 sont exécutés sur coquille avec la plus grande finesse; les compositions sont charmantes. On peut les attribuer au XVIe siècle. Tous deux sont placés dans des cadres en cuivre doré. H. 6 cent. L. 5 cent. Voyez n° 1775.

1777. — Porsenna, assis sur un suggestus ou tribunal, donne ses ordres à deux guerriers debout près de lui. Derrière le siége royal, Minerve debout. En face du roi, Mucius Scévola se brûlant la main à la flamme d'un autel, tandis qu'un personnage, vêtu d'une longue robe, semble implorer la pitié d'un des soldats dont la main paraît s'appesantir sur sa tête. Sur la base du siége royal, on lit en relief : ΑΥΕΑΝΔΡΟΣ (*sic*). C'est sans doute le nom grécisé de l'auteur de cette pierre. Sardonyx à trois couches. H. 12 mill. L. 22 mill.

Je crois que ce camée provient de la vente Debruge-Duménil. Voyez Cat. n° 409. Ce camée et les deux suivants datent de la fin du XVIII° siècle ou du commencement du XIX°.

1778. — Curtius, armé et à cheval, se précipitant dans le gouffre. Sardonyx à deux couches. Corniche. H. 25 mill. L. 35 mill. Voyez n° 1777.

1779. — Buste d'une jeune femme, par le graveur Rega dont on lit la signature à gauche dans le champ. Agate à deux couches. H. 30 mill. L. 20 mill. Voyez n° 1777.

INTAILLES

1780. — Jupiter assis sur son trône, ayant à sa droite Minerve, à sa gauche Mercure. Autour, les douze signes du Zodiaque. Le ciel est porté par Atlas dont on ne voit que le buste. Agate-onyx à trois couches. Diam. 50 mill.

Cette intaille, remarquable par sa dimension et la beauté de la matière, offre un sujet souvent traité par les artistes de la Renaissance et des temps modernes. Le Cabinet des médailles de la Bibliothèque impériale possède une pierre qui ne diffère de celle-ci que par la matière et par cette circonstance qu'au lieu de voir le ciel porté par Atlas, c'est Neptune armé de son trident qui semble s'acquitter de cet office. Voyez *Catalogue des camées, etc.*, n° 2391.

1781. — Enlèvement d'Europe. Calcédoine. H. 20 mill. L. 25 mill.

1782. — Mars vainqueur, debout, la lance et le bouclier à la main, le casque en tête. Devant le dieu, trophée composé d'une colonne surmontée d'un casque à laquelle sont adossés une épée, un bouclier et un javelot. Dans le champ, un coq, oiseau consacré à Mars. Cornaline. H. 15 mill. L. 10 mill.

1783. — Hébé debout, revêtue d'une longue robe, tenant d'une main l'œnochoé et de l'autre la phiale. Cornaline hexagone. H. 20 mill. L. 10 mill.

1784. — Bacchanale ou vendanges. Sous un velum tenu par deux génies ailés, Bacchants et Bacchantes réunis pour célébrer le dieu du vin. Les uns sont assis ; d'autres debout tiennent des corbeilles pleines de fruits. A droite, une femme charge une corbeille sur la tête de sa compagne. A l'exergue, on voit un homme assis au bord d'une rivière, pêchant à la ligne. H. 13 mill. L. 16 mill.

Répétition d'une pierre gravée de la Renaissance connue sous le nom mal justifié de *Cachet de Michel-Ange*. On peut voir cette pierre, beaucoup trop célèbre, au Cabinet des médailles et antiques de la Bibliothèque impériale. C'est le n° 2337 du *Catalogue des camées et pierres gravées, etc., de la Bibliothèque impériale,* par M. Chabouillet. La répétition de la Bacchanale, dite Cachet de Michel-Ange, du Cabinet L. Fould, n'est pas la seule que l'on connaisse ; il en existe plusieurs entre les mains de particuliers, et il s'en trouve une dans le Cabinet de Saint-Pétersbourg. Voyez Miliotti, p. 66.

1785. — Agate de forme cylindrique gravée sur deux faces : 1° une Bacchante dansant avec une guirlande ; 2° autre Bacchante dansant. H. 25 mill. L. 9 mill.

1786. — Scarabée de cornaline. Sur le plat, Satyre marchant appuyé sur un bâton. Travail grossier. H. 12 mill. L. 9 mill.

1787. — Jules César. Buste de profil, avec la couronne de laurier. Devant le front, une étoile. Agate rubanée. H. 21 mill. L. 16 mill.

1788. — Hadrien. Buste de profil, avec la couronne radiée. Émeraude. H. 13 mill. L. 10 mill. Excellent travail. Quelques connaisseurs auraient voulu placer cette jolie pierre dans la série antique.

VASES DE MATIÈRES PRÉCIEUSES

1789. — Coupe de cristal de roche gravé. Sur les bords, trois mascarons au milieu d'arabesques de la plus grande élégance. Sur le pied, fleurons très-fins. La coupe est godronnée. Travail exquis du xvie siècle. Objet de la plus grande rareté. On ne rencontre guère les morceaux de cette importance que dans les palais des souverains. H. 74 mill. Diam. 13 cent.

N° 1793.

1790. — Coupe de forme hémisphérique, en cristal de roche, à godrons à la base, avec arabesques gravées très-finement sur les bords qui sont garnis d'un cercle en or émaillé. Deux tiges noueuses entrelacées de bronze doré forment un pied à cette coupe. Un cachet carré en cristal de roche de travail chinois est enchâssé à la base; le manche de ce cachet est un animal chimérique. Le tout est supporté par un piédouche rond décoré d'émaux. H. totale 17 cent. Diam. de la coupe, 10 cent. H. de la coupe, 5 cent.

1791. — Vase de cristal de roche avec couvercle. Les anses, le pied et le bouton du couvercle sont en argent doré. H. 22 cent. Diam. 11 cent.

1792. — Flacon ou petite bouteille en cristal de roche, avec monture en or émaillé. H. 15 cent. Circonf. 15 cent.

1793. — Vase à deux anses cannelées, de forme ovoïde, avec col évasé, en lapis-lazuli marbré de Perse. Le pied repose sur une monture en argent doré, ciselée au xviie siècle. H. 20 cent. Bois dans le texte. Travail italien du xvie siècle.

1794. — Coupe de lapis-lazuli marbré de Perse. Au fond, dans une légère cavité, un lion en relief. H. 3 cent. Diam. 10 cent. 1/2. Travail italien du xvie siècle.

1795. — Coupe de forme ovale, en agate verte mousseuse transparente, élevée sur pied. H. 6 cent. Long. 16 cent. Larg. 10 cent. C'est le n° 634 de la vente faite après la mort de M. Lebrun, le mari de la célèbre Mme Vigée-Lebrun. A cette époque, cette jolie coupe avait de plus qu'aujourd'hui une monture en orfévrerie. Le Catalogue la donnait comme provenant de la collection du prince Charles à Bruxelles.

1796. — Oiseau à tête humaine, avec de longues moustaches. Figurine de ronde bosse en émeraude. H. 15 mill.

ORFÈVRERIE

1797. — Crucifix en or. La croix, en bois d'ébène, décorée de filets d'or, est portée sur un piédestal d'un dessin élégant au milieu duquel est encastré un petit bas-relief carré représentant une *Pietà*. Le Christ, en or travaillé au repoussé, est représenté avec la couronne d'épines, la tête penchée à droite; le Sauveur est nu, sauf le voile léger qui ceint ses reins; au-dessus de sa tête, sur le bois de la croix, est fixé un cartouche en or émaillé sur lequel on lit l'inscription consacrée : INRI. H. totale 57 cent. H. de la figure du Christ, 20 cent.; du bas-relief, 4 cent.

Voici un monument complet de l'art italien du xvie siècle. Cette figure du Christ, d'un style noble et sévère, quoique d'un modelé peut-être trop accusé, a toujours passé pour l'œuvre de Caradosso Foppa, orfèvre célèbre et graveur de médailles auquel on doit entre autres la médaille du Bramante dont il existe une épreuve en argent à la Bibliothèque impériale. Je ne me porterai pas garant de cette tradition, mais il est certain qu'un orfèvre médailleur, exercé à donner de l'élévation et de la grandeur à ses compositions bien que resserré en d'étroites limites, a seul pu être l'auteur du chef-d'œuvre qui nous occupe. Sept personnages sont groupés ici, sans confusion, dans un espace de vingt millimètres, et cependant les poses sont naturelles et pleines de noblesse ; les têtes sont toutes d'une admirable expression : en un mot, il règne dans ce petit tableau une grandeur et un sentiment de mélancolie inexprimable. Un aussi précieux morceau n'a pu être exécuté que par un maître et doit provenir de l'oratoire de quelqu'un de ces princes italiens du XVIe siècle qui ont tant fait pour les arts.

1798. — Crucifix de cristal de roche porté sur une base d'argent doré qui a dû servir de reliquaire. Cette croix, composée de plusieurs morceaux réunis par des montures en orfèvrerie, est fleuronnée et décorée d'ornements gravés. Au centre, du côté principal, une plaque ronde d'émail de couleur sur laquelle est représenté le Christ assis tenant les instruments de la Passion. De l'autre côté, une *Pietà*. La base, ou reliquaire, est décorée de quatre plaques de cristal de roche ovale qui permettaient de contempler les reliques; les interstices sont remplis par des émaux de couleur. Cette base est portée par quatre statuettes aussi en argent doré représentant deux saints évêques et deux saints munis du bâton de pèlerin. H. 54 cent.

1799. — Reliquaire en argent doré, avec traces de restauration ancienne en cuivre. Un séraphin tient le reliquaire proprement dit, boîte oblongue fermée par une plaque de cristal de roche portée sur un fût à base quadrangulaire. Le pomellum du fût est orné de rinceaux en relief et de cinq pierres dont la plus grosse est une prase. Quatre séraphins en relief décorent la partie supérieure de la base qui repose sur une galerie à jour décorée de huit pierres taillées en cabochon et de quatre petits cartouches d'émaux cloisonnés. H. 35 cent. L. de la base, 13 cent. Ce monument est assez difficile à classer. Je crois qu'il se compose de deux parties réunies à l'époque de Louis XIII que semblent accuser les figures de séraphins.

1800. — Reliquaire de cristal de roche, renfermant deux sujets sacrés sculptés en bois, et adossés l'un à l'autre : 1° la sainte Vierge, debout sur le croissant, tenant l'enfant Jésus dans ses bras; aux quatre angles de l'ovale au milieu duquel est placée la figure de la Vierge, quatre chérubins; 2° un Calvaire. Jésus-Christ sur la croix entre la Vierge et saint Jean. La Madeleine est agenouillée au pied de la croix qu'elle embrasse. La monture de ce reliquaire, qui est en forme de carré long est en or; quatre colonnes torses supportent une sorte de dais; à la partie inférieure sont suspendues deux perles. H. 30 mill. L. 19 mill.

1801. — Reliquaire de cristal de roche renfermant deux sujets sacrés sculptés en bois, adossés l'un à l'autre : 1° un Calvaire. Jésus-Christ sur la croix, comme au n° 1800; 2° la Résurrection. L'ange aide le Christ à sortir du tombeau. La monture de ce joli bijou est semblable à celle du n° 1800, deux perles. H. 33 mill. L. 20 mill.

1802. — Reliquaire semblable au n° 1801; mais avec un seul sujet, l'Adoration des mages. H. 30 mill. L. 18 mill.

1803. — Reliquaire de cristal de roche renfermant un Calvaire exécuté en bois, avec figures de ronde bosse : Jésus-Christ sur la croix entre les deux larrons ; la Vierge et saint Jean sont debout au pied de la croix. De l'autre côté est représentée la Descente de croix. Ce reliquaire est de forme hexagone; il est fermé en haut par un élégant couvercle d'or enrichi d'émaux et de grenats et muni d'une belière. La partie inférieure est également en or avec des émaux. Sans doute, un fragment de la vraie croix est renfermé dans cet élégant étui. H. 4 cent.

1804. — Cylindre d'agate, avec fermoirs en or émaillé. Belière et pieds également en or émaillé. Sur l'un des fermoirs est figuré en relief Moïse tenant les tables de la loi; sur l'autre, Jésus-Christ donnant la bénédiction. Les représentants de l'ancienne et de la nouvelle loi sont tous deux à mi-corps. H. 40 mill. L. 25 mill. Gravé, pl. XXIX.

1805. — Médaillon de cristal de roche, monté en or émaillé et fermant. A l'intérieur deux sujets en or émaillé exécutés en relief : 1° le Christ en croix. On distingue les têtes des deux larrons et tous les instruments de la Passion. On lit autour : CHRS. MORTVVS. EST. PROPTER. PECCATA. NOSTRA. RO. 6. : *Le Christ est mort à cause de nos péchés. — Épître aux Romains*, cap. VI. C'est au verset 10.

2° La Résurrection. Le Christ sortant du tombeau, la croix à la main ; autour du sépulcre les soldats endormis. On lit autour : CHRS. RESVRREXIT. PROPTER. IVSTIFICATIONEM NOSTRAM. : *Le Christ est ressuscité pour notre justification. — Ép. aux Romains*. IV. V. Ce joli bijou était destiné à être porté suspendu. H. 30 mill. L. 20 mill. Gravé, pl. XXIX.

1806. — Cylindre en cristal de roche, renfermant une figurine de la Vierge avec l'enfant Jésus, en or émaillé. La Vierge est représentée debout, tenant l'enfant Jésus dans ses bras ; elle a la couronne en tête ; ses cheveux descendent en tresses épaisses presque jusqu'à la cheville et se détachent en or sur son manteau de pourpre. La robe de la Vierge est verte. Le cylindre de cristal est fermé aux deux extrémités par des couvercles en orfèvrerie de très-bon style. H. 45 mill. Circonf. 6 cent. 1/2. Gravé, pl. XXIX.

1807. — Plaque d'or émaillé, représentant la Mise au tombeau. Les figures sont en relief et découpées. Deux anges agenouillés tiennent les deux extrémités du linceul sur lequel est couchée la dépouille mortelle du Sauveur. La Vierge est à genoux en prières entre les deux anges. Le linceul ne laisse voir que le buste et les mains de la mère du Christ. H. 12 mill. L. 18 mill.

Ce joyau sacré est d'une finesse d'exécution qui se rencontre rarement. La pose des figures et l'expression des têtes sont admirables, et cependant l'exiguïté de ce petit bas-relief laissait peu de ressources à l'artiste auquel on doit ce petit chef-d'œuvre.

1808. — Petit bassin rond de cornaline, dans lequel est placé le chef de saint Jean en or émaillé. La barbe, les cheveux et l'auréole du saint sont en or; la figure est en émail blanc. Le bassin est orné d'un encadrement en or émaillé auquel sont suspendues trois perles. Joli bijou du XVIe siècle destiné à être porté suspendu. Diam. 25 mill. Gravé, pl. XXIX.

Je trouve dans le Catalogue de la collection Debruge-Duménil un joyau qui offre avec celui que je viens de décrire une analogie si frappante que, n'était la matière du bassin qualifiée jaspe et non cornaline, on croirait que c'est de cette vente que vient notre n° 1808. Voyez, Catalogue Debruge-Duménil, n° 1057.

1809 et 1810. — Aiguière et son bassin en étain. Ouvrage de François Briot. H. de l'aiguière, 30 cent. Diam. de l'aiguière, 45 cent.

Il s'agit ici d'un des plus remarquables ouvrages de l'un des grands orfévres du XVIe siècle. Le musée de Cluny possède un exemplaire de cette merveille qui provient de la collection de feu Du Sommerard qui l'a fait connaître dans son grand ouvrage : *Les Arts au moyen âge*. (Voyez, ATLAS, ch. XIII, XXII et XXIV, pl. II. Le *Magasin pittoresque* l'a reproduit de nouveau en 1852, p. 212.) Il y en avait aussi un exemplaire dans la collection de feu Charles Sauvageot : grâce à la libéralité de ce célèbre amateur, celui-là appartient aujourd'hui au Musée du Louvre; enfin, on en a vu un autre avec quelques variantes dans la décoration de l'aiguière, dans la collection Debruge-Duménil; voyez le Catalogue par M. Jules Labarte, n° 970. Ici, l'aiguière est couverte d'arabesques d'une grande richesse; la panse est décorée de trois médaillons représentant les trois Vertus théologales, la Foi, l'Espérance et la Charité. Le bassin est consacré à glorifier une idée morale, qui est là parfaitement à sa place, c'est à savoir que la tempérance est nécessaire à l'homme qui veut exceller dans les arts et les sciences; aussi le sujet principal placé au centre est-il la Tempérance assise, avec son nom en latin. Dans des cartouches disposés avec une symétrique élégance autour du médaillon où figure la Tempérance, et sur les bords, paraissent diverses allégories, entre autres les quatre éléments et les sept arts libéraux. Sous le pied de l'aiguière, on voit un médaillon sur lequel l'artiste s'est représenté en buste avec cette légende : *Sculpebat Franciscus Briot*.

Sur le bassin de l'exemplaire de M. Louis Fould, on remarque, sur le bord intérieur, l'écusson armorié, gravé à la pointe, d'un ancien possesseur accolé à celui de sa femme, et la date 1583; sur l'un de ces écussons paraît un bouc; c'est peut-être le blason de la famille patricienne des Endörfer d'Augsbourg; sur l'autre paraît une figure insolite que j'ai cherchée vainement dans l'armorial de l'empire germanique de Siebmacher.

1811. — Tasse à couvercle et à anse, en argent doré. Trois sujets au repoussé, reciselés, décorent cette tasse : 1° l'Annonciation; 2° l'Adoration des bergers; 3° l'Adoration des rois. H. 18 cent. Gravé, pl. XXX. Le travail de ce précieux morceau est du XVIe siècle. On croit pouvoir l'attribuer à l'un des meilleurs orfévres de la célèbre école de Nuremberg.

1812. — Médaillon d'argent exécuté au repoussé. Horatius Coclès défendant seul le pont Sublicius que l'on achève de couper derrière lui. L'illustre défenseur de Rome naissante est représenté à cheval, l'épée haute, le bouclier au bras. Les Étrusques qu'il combat sont comme lui montés sur des chevaux sans bride. Dans le fond on distingue les monuments de la ville éternelle et entre autres le château Saint-Ange. Très-beau travail du XVIe siècle. Ce médaillon a été exécuté au repoussé et reciselé. Selon l'usage de la Renaissance qui respectait fort peu l'exactitude, l'artiste fait figurer dans sa vue de Rome des monuments qui ne devaient être élevés que bien des siècles après la guerre de Porsenna. Mod. 18 cent.

1813. — Les forges de Vulcain. Vénus nue est couchée sur un lit somptueux; à ses côtés, Vulcain forgeant un arc pour l'Amour qui semble attendre son arme. Dans le fond, un des compagnons de Vulcain activant le feu de la forge au moyen d'un soufflet. Médaillon ovale d'argent, travaillé au repoussé. H. 7 cent. L. 8 cent. 1/2. Travail du XVIe siècle.

1814. — Prix d'arbalète en argent, doré par endroits. Ce rare et curieux objet consiste en une sorte de cartouche décoré de rinceaux sur lequel sont fixées deux statuettes de ronde bosse. Le cartouche est suspendu par une chaînette à une sorte de couronne ouverte découpée à jour; une seconde chaînette adaptée au bas du cartouche soutient l'oiseau sur une branche but des arbalétriers et l'arbalète elle-même. L'une des deux statuettes qui décorent le cartouche est la Vierge tenant l'enfant Jésus dans ses bras; l'autre est un saint guerrier, car il est armé d'un poignard, d'une lance et d'un bouclier. Une croix est gravée sur la banderole de sa lance et sur son bouclier. Son nom est écrit sur une banderole placée au-dessus de sa tête; mais les plis de cette banderole en rendent la lecture difficile; on croit cependant distinguer : *Sanctus Hermetus*. En revanche, on lit facilement IHS MA pour *Jésus, Maria*, audessus de la figure de la Vierge. H. totale 28 cent. Ce prix d'arbalète est de travail allemand et a été exécuté au XVIe siècle. H. 30 cent. Gravé de la grandeur de l'original, pl. XXXI.

1814 bis. — Médaillon en or émaillé avec belière. D'un côté, deux écussons armoriés, les lettres BD. D.B.P, enfin la date 1647. Au revers, une inscription en allemand écrite avec l'ancienne orthographe : EIN. EH. PFENIG. SO. WARICH. ZWAREN. VOR. ONGEFAR. 46. IAREN. SO. BIN. ICH IEZ ERNEWERT WORDEN WIL DIE EHLVT NOCH NIT GESTORBEN. VON. GOTTES. GNAD. IST ES ERWORBEN. AMEN : *J'ai été ainsi renouvelée d'une médaille faite il y a environ 46 ans, parce que les époux ne sont pas encore morts, par la grâce de Dieu. Amen.* Dans sa naïveté, cette légende nous donne une complète explication de cette jolie pièce de mariage qu'on serait tenté de regarder comme un objet de bon augure. J'ignore le nom de ces époux qui cachèrent sans doute le bonheur de leur longue union dans quelque ville impériale de l'Allemagne; ils appartenaient sans doute à une famille obscure; je n'ai pas trouvé leurs armoiries dans Siebmacher. Diam. 4 c.

1815. — Cœur en filigrane formant médaillon fermé du côté principal par une glace à facettes, en cristal de roche, qui laisse voir le buste d'une reine découpé en or et se détachant sur un fond rouge foncé. Une couronne royale fermée est placée sur la tête de la reine dont le buste de profil est encadré de fleurons de filigrane. Une couronne royale fermée et un anneau servaient à suspendre ce joyau. J'avoue ne pas pouvoir dire avec certitude le nom de la princesse ici représentée; l'exiguïté du portrait, l'absence d'attributs sur les couronnes ne permettent même pas de désigner le pays auquel elle appartient. On peut cependant dire que ce bijou semble remonter au commencement du XVIIe siècle et que les traits de la reine rappellent ceux de Marie de Médicis. H. totale 3 cent.; du buste de la reine, 12 mill.

1816. — Pendant de ceinture de femme en or. Ce magnifique joyau est de forme ovoïde, découpé à jour et enrichi d'émaux de diverses couleurs du meilleur goût. Quatre perles sont suspendues, l'une à la pointe, les trois autres un peu plus haut. H. 91 mill. Gravé, pl. XXIX. Ce magnifique joyau, l'une des raretés les plus intéressantes de la série de la Renaissance, provient de la collection Debruge-Duménil. Voyez n° 1004 du Catalogue. On le trouvera gravé en cul-de-lampe à la page 858 de cet excellent ouvrage que l'on doit à M. Jules Labarte, ainsi que dans la traduction de cet ouvrage qui a été publiée il y a quelques années en Angleterre. On peut se rendre compte de la manière dont on portait ce bijou en examinant le portrait de la dame de Maldeghem qui se trouve dans la collection. (Voyez plus loin, nos 2365 et 2366.)

1817. — Pendant d'oreille en or émaillé. Le motif est un Triton tenant une palme. Des brillants enrichissent la queue de poisson du Triton; une perle termine ce joyau. H. 25 mill.

1818 et 1819. — Fourchette et cuiller décorées de mascarons ciselés. La fourchette a trois dents. H. 16 cent. Cuiller 17 cent. Élégants ustensiles en argent avec leur ancien poinçon.

1820. — Cuiller de bois avec joli manche en argent, élégamment ciselé, dont l'extrémité est un torse d'homme barbu sans bras se terminant en terme. Long. du manche, 7 cent. Long. totale, 15 cent.

1821. — Petit couteau de toilette en or; une perle fine orne le haut du manche. H. 7 cent.

BAGUES DE L'ÉPOQUE DE LA RENAISSANCE.

1822. — Bague en or. Sur un anneau très-large, entièrement décoré d'ornements en filigrane entremêlés d'émaux vert clair et vert foncé, s'élève une maison dont le toit, orné d'émaux de couleur verte qui figurent les tuiles, s'ouvre au moyen d'une clavette. Cette maison sert de chaton et l'intérieur pouvait renfermer des parfums ou quelque souvenir. Quatre petites couronnes d'or sont suspendues à l'anneau. H. 45 mill. Larg. de l'anneau, 22 mill. Gravé, pl. XXIX.

Cette bague et celle qui porte le n° 1823 sont des anneaux de mariage des Israélites de l'Allemagne. Le travail annonce le XVIe siècle.

1823. — Bague d'or décorée dans le même goût que la précédente, mais moins grande. Il semble que c'en est le diminutif; ainsi, au lieu d'une maison, le chaton représente simplement le toit d'une maison. Les émaux du toit ne sont pas tous verts; ils alternent avec des émaux blanc et rouge brique. Ceux qui décorent l'anneau sont blancs, vert clair et vert foncé. H. 40 mill. L. de l'anneau, 16 mill. Gravé, pl. XXIX.

1824. — Bague d'or formée de deux anneaux brisés; chacun des anneaux a un chaton : l'un formé d'un rubis, l'autre d'une émeraude. Ces deux chatons se réunissent et semblent n'en faire qu'un seul. A l'intérieur des anneaux, on lit en lettres d'émail noir ces mots de l'Écriture :

SOL. DER. MENSCH. NIT. SCHAIDEN. SA MEN. FLEGT. DAS. WAS. GOT. ZV.

Voici le texte latin dont on vient de lire la traduction allemande; je cite d'après la Vulgate : Évangile selon saint Matthieu, XVIII, 6 : *Quod ergo Deus conjunxit homo non separet.* — *Donc, ce que Dieu a uni que l'homme ne le sépare pas!*

1825. — Bague d'or. Le chaton en or émaillé figure un livre ouvert, sur lequel on lit ces mots de l'Écriture sainte :

T' LEVEN IS MYN IS MYN GEWIN CHRISTI STERVEN. PHI. I, V. 21.

Voici, d'après la Vulgate, le texte latin dont on vient de lire la traduction; c'est le verset 21 de l'épître de saint Paul aux habitants de Philippi : *Mihi enim vivere Christus est et mori lucrum.* — *Le Christ est ma vie et mourir est un gain.* Sur l'anneau même, mais à l'intérieur, on lit en lettres émaillées en noir : ONS LEVEN IS EEN SCHADU OP AERDE. C'est ce passage des Paralipomènes, l. XXIX, 15 : *Dies nostri quasi umbra super terram.* — *Notre vie est comme une ombre sur la terre.* A la droite du livre, une tête de mort et deux os en sautoir posés sur un sablier; à gauche, un chérubin.

1826. — Bague d'or émaillé d'une grande élégance, avec chaton rond sur lequel paraissent des émaux sur paillon rouge et sous cristal, ce qui se rencontre rarement. Deux écussons conjugués décorent ce chaton; celui de gauche porte le chiffre de Jésus-Christ, IHS, en lettres d'or sur champ d'azur; sur le second écusson, on distingue deux fleurs d'azur et de sinople également sur champ d'or. Au-dessus des écussons on lit : VMIV; au-dessous, 1574. Si, comme je le crois, cette bague est un anneau de mariage, les lettres VMIV seraient les initiales des époux; à moins qu'on ne veuille y voir la date du jour de la cérémonie, le 5 du mois de juin ou de juillet 1574. Mon ami M. Albert Way, dont tous les archéologues connaissent le savoir et l'expérience, me signale cette bague comme un morceau très-curieux et un exemple intéressant de ce procédé dont on connaît peu de monuments. Une bague qui a appartenu à Marie Stuart et que l'on conserve au Musée britannique, porte, m'a-t-il dit, les armoiries d'Écosse émaillées par le même procédé. Dans le Catalogue de la belle collection Denon on trouve la description d'une bague aux armes de Bourgogne qui paraît aussi avoir été émaillée comme le bijou que je viens de décrire. Voyez plus loin, n° 2043; voyez aussi ce qu'a écrit sur ce curieux procédé M. le comte de Laborde dans sa *Notice des Émaux*, etc., p. 148, n° 164 et p. 143.

1827. — Bague d'or émaillé. Cinq brillants et un rubis, disposés en rosace, décorent le chaton qui s'ouvre et renferme une boussole. Gravé de grandeur naturelle, pl. XXIX.

1828. — Bague d'or richement émaillé. Le chaton est un rubis. Gravé, pl. XXIX.

1829. — Bague d'or émaillé avec large chaton orné d'un saphir.

1830. — Bague d'or très-sobrement émaillé. Le chaton est un diamant taillé en pointes à quatre faces.

1831. — Bague d'or dont le chaton est une émeraude.

1832. — Bague d'or dont le chaton en sardonyx, à trois couches, figure un mufle de lion dont la gueule est imitée par un rubis.

BAGUES MODERNES.

1833. — Bague d'or ornée d'une perle.

1834.— Anneau d'or formé de dix losanges ornées chacune d'une perle.

1835. — Bague d'or ciselée, ornée de trois brillants. XVIII° siècle.

1836.— Bague d'or ciselée, dont le chaton est une améthyste.

JOYAUX MODERNES.

1837. — Croix d'or et de grenats taillés à facettes. C'est, je pense, une croix pastorale d'évêque ou d'abbé. H. 75 mill. L. 50 mill.

1838. — Deux flacons en vermeil. La panse, de forme ronde, est décorée d'émaux translucides sur cuivre, figurant fleurettes de couleur et des croissants en émail blanc, posés en imbrications. Le pied, le bord et le bouchon sont décorés de grenats et de turquoises. H. 8 cent.

1839. — Souvenir en or émaillé, en forme de lion, avec cette inscription : « *Souvenir d'amitié.* » Voyez aux Camées de la Renaissance, n° 1767, une boîte d'or. La série des boîtes ou tabatières est placée plus loin sous le titre *objets usuels*. H. 8 cent. L. 5 cent.

IVOIRE

1840. — La Vierge tenant l'enfant Jésus dans ses bras. La Vierge a la couronne en tête; elle tient un chapelet; l'enfant-Dieu est vêtu d'une longue robe; il a la tête nue et tient d'une main le globe, tandis que de la droite il fait le geste consacré de la bénédiction. Ouvrage du XVI° siècle ou de la fin du XV°. H. 47 cent.

1841. — Jésus-Christ au moment de l'ascension. Le Sauveur s'élève vers les cieux porté sur une nuée; sauf de légères draperies qui laissent voir la plaie du côté et celles des pieds, il est représenté nu. Figure d'applique qui a pu faire partie d'un bas-relief. Gravé, pl. XXXII. H. 18 cent.

Le travail de cet ivoire est très-remarquable; on ne pourrait lui reprocher qu'un peu d'exagération dans la maigreur des formes et une certaine sécheresse; mais la noblesse et l'expression de la tête, qui est véritablement divine, rachètent ces imperfections. Une partie du bras manque; mais comme la tête du Christ s'empare de toute l'attention du spectateur, et que d'ailleurs les draperies dissimulent très-heureusement cet accident, il est difficile de s'en apercevoir. M. Louis Fould a rapporté ce beau morceau d'un voyage en Espagne; le style de la figure ne dément pas cette origine. C'est bien là le Christ de certains peintres ascétiques et cependant presque réalistes de l'Espagne.

1842. — Saint Pierre tenant d'une main le livre du Nouveau Testament et de l'autre la clef. Il est barbu, debout, la tête nue, revêtu d'une tunique et d'un manteau; ses pieds sont chaussés de sandales. H. 14 cent. 1/2.

Cette statuette, ainsi que le saint Paul qui lui fait pendant, est placée sur une colonnette de marbre jaspé, avec base et chapiteaux de bronze doré.

1843. — Saint Paul tenant d'une main le livre du Nouveau Testament et de l'autre son épée. Il est représenté debout, la tête nue, avec une longue barbe, et revêtu d'une tunique et d'un manteau; ses pieds sont chaussés de sandales. Voyez n° 1842. H. 14 cent. 1/2.

1844. — Vidrecome avec anse et monture en cuivre doré. Sur la panse, une bacchanale. Bacchus, couronné de lierre, ivre, s'avance en chancelant, soutenu par un Faune et par un Satyre; d'autres Faunes, des Bacchants, accompagnent le dieu du vin, portant des vases, des raisins et des fruits; de jeunes enfants sonnent de la trompette. Sur le couvercle, cinq enfants couchés au milieu de fruits. H. 22 cent. Circonf. 31 cent.

On retrouve sur ce beau vase un de ces sujets si fréquents sur les vases à boire, mais l'artiste a su rajeunir ce thème banal par la variété qu'il a su donner à l'expression et au mouvement des nombreux personnages qu'il a réunis sans confusion dans cet étroit espace. Je signalerai, pour la hardiesse du mouvement et la distinction du style, une femme qui se retourne en donnant la main à un enfant. A la vérité, le Bacchus est moins noble; cette figure s'écarte du type que nous a transmis l'antiquité, mais l'abandon de l'ivresse est si bien rendu qu'on pardonne facilement à l'auteur le parti qu'il a cru devoir prendre. La monture en cuivre avait souffert; elle a été restaurée; mais l'ivoire est de la plus parfaite conservation. Ouvrage de la seconde moitié du XVIe siècle.

1845. — Bas-relief provenant d'un coffret. Glaucus et la nymphe Scylla dans la mer. Glaucus est représenté avec le corps humain, sauf les jambes qui finissent en queues de poisson; Scylla représentée entièrement en femme; elle tient d'une main un roseau et de l'autre s'appuie sur l'épaule de Glaucus. Deux génies montés sur des dauphins escortent ce couple. Un de ces génies sonne dans une conque, l'autre tient une grenade. En haut, on lit en creux ces mots en flamand : GLAUCUS EN SCYLLA, *Glaucus et Scylla*. Gravé, pl. XXVIII. H. 10 cent. L. 23 cent.

Ce joli bas-relief doit être de la fin du XVIe siècle et peut-être même du commencement du XVIIe siècle.

1846. — Cippe de forme circulaire, monté en bronze doré, avec sujet sculpté en bas-relief. Neptune, debout au

N° 1846.

milieu des flots, le trident à la main, reçoit des tributs de diverses nations. Des Tritons lui amènent des Nymphes, tandis que d'autres lui apportent des coquillages dans une grande conque. H. de l'ivoire, 13 cent. Circonf. 45 cent. avec la monture, H. 24 cent.

1847. — Cacique ou roi caraïbe. Il est représenté la tête ceinte d'une couronne ouverte, ornée de pierreries, barbu. Sa nudité n'est voilée que par une large ceinture de plumes ornée de joyaux; il porte un collier de plumes auquel est suspendu un joyau et des épaulières également de plumes. Il a la main droite sur la hanche; de la main gauche, il s'appuyait sur une arme qui manque, peut-être un arc. Il est chaussé de sandales et pose le pied sur un poisson. Au milieu des fleurs dont est parsemé le terrain qui le porte, on distingue une grenouille et un rat. Travail de la fin du XVIe siècle. H. 30 cent.

1848. — Gourde chargée de sculptures en bas-relief : Sur la face principale, Jésus-Christ en croix entre les deux larrons; à la gauche du Christ, soldats à pied et à cheval et spectateurs; à sa droite, saint Jean soutenant la Vierge qui est accompagnée de plusieurs saintes femmes. Sur la croix, l'inscription INRI. Au pied de la croix, une tête et un os de mort. Sur la deuxième face, la Descente de croix; les saintes femmes, aidées par Joseph d'Arimathie, descendent le corps du Sauveur et lavent ses plaies; d'autres se livrent au désespoir; à droite, un vieillard tient respectueusement la couronne d'épines. Sur le col de la gourde, huit anges en prières. Deux dragons forment les anses auxquelles est attachée une chaîne d'ivoire destinée à suspendre la gourde. H. 25 cent.

Les costumes des cavaliers et le style des sculptures qui décorent ce rare morceau accusent la première moitié du XVIe siècle.

1849. — Gobelet de cuivre à pied, en forme de calice, décoré de bas-reliefs et de figurines de ronde bosse en ivoire. Sur le sommet du couvercle, un Triton enfant, de ronde bosse, prêt à frapper d'une massue; plus bas, cinq enfants couchés, jouant et se partageant des fruits. Autour du calice, en bas-relief, quatre groupes érotiques : Jupiter et Junon, Mars et Vénus, le centaure Nessus enlevant Déjanire, Mercure et Maia. L'Amour enfant, l'arc à la main, est placé entre le premier et le second couple. Trois enfants enlacés forment le fût. Sur le pied, six enfants disposés comme ceux du couvercle. Ouvrage flamand du XVIe siècle H. 33 cent.

1850. — Chapelet en ivoire, composé d'un dizain et de trois gros grains, deux à l'une des extrémités, un à l'autre. Sur ce dernier, de forme aplatie, et qui représente un portique d'architecture du style de la Renaissance, sont sculptés en bas-relief, d'un côté la sainte Vierge, de l'autre saint Jean l'évangéliste, le calice à la main. Les deux autres gros grains sont tous deux de forme triangulaire; chacune des faces du premier présente un buste sous une arcade du style de la Renaissance. Ces bustes représentent le Pape, l'Empereur et le Roi, c'est-à-dire les trois grandes puissances de la terre. Le dernier gros grain représente trois têtes réunies, une jeune fille, un homme d'âge mûr couronné de lauriers et la Mort, sur le front de laquelle paraît une couronne de lauriers inachevée. Si je ne m'abuse, la moralité de ce gros grain est que la jeunesse et le génie n'échappent pas à la mort. Viennent ensuite les grains du dizain; taillés de forme triangulaire, ils offrent sur chaque face une tête en relief. Ces têtes figurent des personnages de tous rangs et de tout âge, rois, saints évêques, princes, belles, etc., jusqu'à une tête de mort que l'on peut voir au troisième grain du dizain. Longueur totale de ce chapelet, 37 cent.

On trouve dans le Catalogue de la collection Debruge-Duménil, sous le n° 172, la description d'un chapelet qui offre de tels points de ressemblance avec celui-ci qu'on pourrait croire que c'est le même; il n'en est rien cependant, mais il s'y trouve comme au nôtre un gros grain qui offre trois bustes dont l'un porte la tiare, le second la couronne impériale, le troisième la couronne royale. M. Labarte déclare que bien que les têtes soient un peu usées par le frottement, on ne peut cependant méconnaître les portraits du pape Adrien VI, de l'empereur Charles-Quint et du roi Henri VIII d'Angleterre, tous trois unis contre le roi François Ier de France par le traité du 3 août 1523. La supposition de M. Labarte n'a rien d'inadmissible, et peut-être en effet, sur le chapelet décrit par M. Labarte, l'artiste a-t-il cherché à reproduire les traits du pape, de l'empereur et d'un des rois de l'Europe; mais je l'avoue, je doute un peu de cette intention historique, et suis plutôt porté à croire que cette réunion de têtes était un type banal, une sorte de moralité dans le genre de celles qu'exprime la triple tête qui termine notre chapelet. Quoi qu'il en soit, ce chapelet est un des plus artistement travaillés que l'on puisse voir; sans parler des trois gros grains, les trente têtes qui décorent le dizain sont toutes merveilleusement ouvrées.

1851. — Amorçoir chargé de sculptures. Sur le col, d'un côté, Neptune frappant la terre de son trident et donnant ainsi naissance au cheval; de l'autre côté, une tritonide. Sur la panse, Neptune dans son char enlevant une Nymphe; une autre Nymphe s'efforce vainement d'arrêter la course rapide du char qui vole emporté par quatre chevaux. Le mouvement et la délicatesse de sculptures font de ce petit ustensile un véritable bijou. H. 9 cent.

1852 et 1853. — Couteau et fourchette. Les manches en ivoire représentent deux enfants enlacés, tenant des fruits portés par un troisième enfant assis. Travail élégant du XVIe siècle. Long. 19 cent.

1854. — Peigne. Des arabesques et trois bustes de fantaisie composent la décoration, dans laquelle on distingue deux chiens de chasse. Les médaillons sont sculptés sur les deux faces; d'un côté, deux hommes et une femme dans le costume du temps de François Ier; de l'autre, deux hommes et une femme, dieux et déesse. H. 10 cent. Long. 15 c. 1/2. Ouvrage du XVIe siècle, d'une conservation parfaite.

1855. — L'enfant Jésus nu, assis sur un rocher, foulant aux pieds le serpent qui rampe sous des fleurs et va s'attaquer à une tête de mort sur laquelle est posée la main divine. De la main droite, l'enfant Jésus tenait une croix dont il ne reste qu'un fragment. Cette statue est posée sur un piédestal d'un autre morceau d'ivoire, mais qui doit avoir été fait exprès, car non-seulement les figures qui le décorent sont en parfaite harmonie avec le sujet religieux, mais encore l'exécution est très-probablement sinon de la même main, du moins de la même école. Ce piédestal, de forme ronde, est décoré de quatre figures de haut-relief, représentant des enfants nus, sauf un seul qui est vêtu d'une courte tunique. Ces enfants, dont les traits expriment la douleur, sont étroitement enlacés ensemble. Un dauphin se dresse entre chacun d'eux. Une guirlande de palmettes décore la base ronde qui repose sur leurs têtes et sur laquelle est placée la figure de Jésus. H. de la statuette, 14 cent. H. totale du piédestal, 17 cent. 1/2. Voyez n° 1856.

Jésus vainqueur de la mort et du mal, tel est le sujet de cette charmante statuette. Quant aux quatre figures d'enfants, elles représentent sans doute les quatre âges de la vie humaine. Les dauphins paraissent trop souvent sur les monuments chrétiens et sur les pierres sépucrales des premiers âges du christianisme pour qu'on s'étonne de les voir ici. On sait que c'était une des formes du poisson mystique. (Voyez *Catacombes de Rome*, par Perret, description des planches, p. 115, 117, etc.) J'attribue la statue à François Flamand; le piédestal, quoique d'un très-bon travail, n'est peut-être pas de la main du maître.

1856. — Génie de Bacchus, assis, tenant un cep chargé de raisins. Au pied de cet enfant, un tambourin. On ne peut méconnaître ici la même main qui a sculpté l'enfant Jésus décrit sous le n° 1855. Ces deux figures qui se font pendant par leur dimension et l'analogie des attitudes sont en parfait contraste par les idées qu'elles éveillent; aussi est-il très-probable qu'elles n'ont pas été exécutées pour se faire pendant. Les piédestaux, quoique de même dimension, offrent de grandes différences; ici les figures sont au nombre de trois et non de quatre; elles sont de ronde bosse et non sculptées en haut-relief et de plus la plate-forme qui porte la statuette est du même morceau d'ivoire que les figurines; enfin on n'y remarque pas la guirlande de palmettes qui ornait celle dont on vient de parler; au lieu de cette guirlande uniforme, la bordure de cette base est ornée d'attributs en rapport avec chacun de ces trois génies, fruits, coquillages et raisins que chacun d'eux soulève de ses deux mains. L'un est un génie de Vertumne; le second est un jeune Triton ou suivant de Neptune, le troisième est un Satyre enfant ou suivant de Bacchus. Aux pieds de celui-ci gît un bouc; un cygne, placé derrière le génie de Vertumne, mord la queue du dauphin qui s'enroule autour du Triton. H. de la statuette, 14 cent. H. du piédestal 18 cent.

1857. — La sainte Vierge, debout sur le croissant, tenant l'enfant Jésus dans ses bras. La figure est posée sur un demi-globe. Ouvrage du XVIIe siècle. H. 15 cent.

1858. — Saint revêtu du froc, représenté à mi-corps, la main droite placée sur le cœur. Ce personnage lève les yeux au ciel avec l'expression d'une ardente dévotion. Ouvrage du XVIIe siècle. H. 11 cent.

1859. — Le tireur d'épine. Un très-jeune homme nu, assis, tirant une épine de son pied; ses traits expriment la douleur; des larmes s'échappent de ses yeux. H. 16 cent.

C'est une copie réduite, à la fin du XVIe siècle, de la célèbre statue du musée du Capitole, connue à Rome sous le nom de *Mazzio*, et qui existait déjà dans cette collection en 1562, puisqu'on trouve la mention de cet admirable bronze dans le Catalogue d'Aldroandi, cité par le comte de Clarac dans son Musée de sculpture (III, p. CXCIX). Notre copie, fort exacte quant à la pose, s'est éloignée de la donnée antique en faisant verser des larmes au jeune Éphèbe. Dans l'original, la figure exprime l'attention naturelle à l'action du personnage, mais elle est loin d'indiquer une douleur assez vive pour arracher des larmes. On peut voir une belle gravure du tireur d'épine dans le choix de statues de Piranesi, sans pagination, dans le recueil plus abordable de Reveil et Audot, t. XI, pl. DCCVI, et enfin dans l'ouvrage du comte de Clarac, pl. DCCXIV, n° 1702. Une note sur la planche de ce dernier ouvrage, par une erreur corrigée dans le texte, indique cette belle statue comme faisant partie du musée du Vatican. Dans ces derniers temps, un pensionnaire de l'Académie de France, M. Chapus, en a fait une excellente copie en marbre, de la grandeur de l'original (65 cent.), que l'on peut voir au Palais des Beaux-Arts, à Paris. Mais la possession de ce beau marbre n'empêchera pas les archéologues et les artistes de se souvenir que l'original antique a fait partie du musée du Louvre; on le trouve mentionné dans le livret de l'an IX et gravé dans le t. II du *Musée des antiques*, de Bouillon.

1860. — Groupe. Deux enfants nus, assis, se donnant la main. L'un d'eux pose la main gauche sur l'épaule de l'autre. Provient de la collection Debruge-Duménil; n° 210 du Catalogue. H. 12 cent. L. 10 cent.

1861. — Enfant nu, dansant et jouant des castagnettes. Excellent travail du XVIe siècle. Voy. n° 1862. H. 13 c. 1/2.

1862. — Enfant nu, dansant et jouant du tambourin. Pendant du n° 1861. H. 13 cent. 1/2.

1863. — Cippe décoré d'un bas-relief. Bacchanale dont les acteurs sont des enfants. L'un d'eux est monté sur un bouc que les autres tirent en tous sens; d'autres luttent, d'autres font des provisions de fruits au milieu d'espiègleries de tout genre. Bon ouvrage du XVIIe siècle. H. 8 cent. 1/2. Circonf. 25 cent.

1864. — Cippe de forme circulaire. Bacchanale dont les acteurs sont des enfants nus. Le groupe principal est composé d'enfants qui portent un des leurs qui est ivre; d'autres sonnent de la trompe. H. 11 cent. Circonf. 33 cent.

1865. — Cippe circulaire, monté en bronze doré, avec bas-relief. Des enfants jouent; les uns font des bulles de savon, d'autres font voler des oiseaux qu'ils tiennent au bout d'une corde; l'un d'eux est monté sur un bouc que deux autres s'efforcent d'entraîner par ses cornes, tandis qu'un autre retient l'animal par la queue. Bon travail du xviie siècle. H. 8 cent. Circonf. 36 cent.

1866 et 1867. — Deux petites plaques carrées représentant : l'une, deux génies étudiant les mathématiques ; l'autre, trois génies faisant de la musique. Ces jolies plaques proviennent d'un coffret. Travail du xviie siècle. H. 7 cent. L. 6 cent.

1868. — Boîte à thé. Première face : le Grand Turc porté par quatre esclaves sur une litière découverte ; un esclave tient au-dessus de sa tête un parasol ; un musulman, le cimeterre au côté, s'inclinant devant Sa Hautesse, lui présente un placet. Le cortége va passer sous un arc de triomphe. Dans le fond, des édifices à la mode orientale. Sur l'un des côtés, trois musiciens, dont deux sonnent de la trompette, tandis que l'autre joue du tambourin. Deuxième face : une salle de festin richement décorée ; deux hommes, vêtus de longues et larges robes, coiffés de chapeaux à larges bords, sont assis sur de grands fauteuils devant une table servie ; une femme apporte une pyramide de mets ; un homme apporte un grand flacon. Derrière les deux importants personnages, deux autres hommes assis plus modestement et qui semblent aussi se disposer à manger. Sur le dernier côté, en haut, une jeune femme presque entièrement nue, assise au pied d'un arbre et mangeant un fruit ; dans le lointain, on distingue un personnage agenouillé remplissant une corbeille de fruits qu'il cueille dans un verger. Dans la partie inférieure, un musulman tenant une boîte à thé semblable à celle que nous décrivons et conversant avec un esclave à demi-nu. Cet ivoire est de travail flamand ou hollandais du XVIIe siècle. H. 15 cent.

1869. — Baigneuse d'après Falconet. H. 16 cent.

On sait quel succès eut cette statue qui, malgré ses grâces un peu mignardes, n'est certainement pas une figure sans mérite. On la reproduisit de toute manière. Cette jolie copie en ivoire provient de la collection Debruge-Duménil. (Voyez le Catalogue, n° 267.) On l'a placée sur une colonne de marbre jaspé, dont le chapiteau ionique est en bronze doré.

BUSTES ET STATUETTES DE BRONZE

1870. — Guerrier vainqueur. Il est représenté debout, barbu et nu, sauf une peau de lion jetée sur l'épaule gauche, tenant de la main gauche une statuette de la Victoire, et de la droite son épée, dont il ne subsiste plus que la poignée. Une cuirasse sert de support à la statue. H. 35 cent.

Copie réduite, exécutée par un habile sculpteur de la Renaissance, d'après une statue de marbre antique qui appartenait au siècle dernier au marquis Verospi. On peut voir une figure de cette statue dans l'ouvrage de Bracci, *Memorie degli antichi incisori*, t. I, planche supplémentaire XXIII, p. 240. Bracci, qui a publié cette statue à l'occasion d'une pierre gravée représentant un gladiateur, y voyait un gladiateur victorieux, et tout en nous apprenant, ce que l'on croira facilement en voyant la copie, qu'elle n'est pas d'un médiocre travail, il ajoute qu'elle est en grande partie restaurée. Cet aveu rend difficile l'interprétation du type primitif ; toutefois, et bien qu'une statue presque semblable, conservée d'abord à la villa Albani, puis au musée du Louvre et qui se trouve aujourd'hui dans la Glyptothèque de Munich, ait été décrite par Winckelmann et d'autres antiquaires comme représentant un gladiateur vainqueur, j'avoue que je serais plutôt tenté d'y reconnaître Commode Nicéphore en Hercule. On peut voir la figure de la statue de Munich dans les ouvrages de Piroli et de Bouillon, ainsi que dans le *Musée de sculpture* du comte de Clarac, qui l'a donnée deux fois sous deux aspects, pl. DCXXXIII et DCCCLXXI, n°s 1438 A et 2219. La différence principale entre ces deux statues qui me paraissent représenter toutes deux Commode, c'est que le support est un arbre pour la statue de Munich, tandis que celle du marquis Verospi, dont la copie nous occupe, repose sur une cuirasse. Je n'insiste pas sur mon attribution qui, ne s'adressant qu'à une copie d'un ouvrage antique restauré et que je ne connais que par une gravure comme on les faisait au xviiie siècle, n'aurait pas de bases suffisantes ; mais je ferai remarquer que les traits de Commode qui se fit si souvent représenter en Hercule, offrent une réelle analogie avec le beau bronze de M. L. Fould. J'ignore ce qu'est devenue la statue du marquis Verospi. Le comte de Clarac, qui a fouillé tous les cabinets de l'Europe pour compléter son musée de sculpture, ne paraît pas l'avoir connue.

1871. — Mercure assis, coiffé du pétase ailé avec la chlamyde sur l'épaule et les ailerons aux pieds. La main gauche manque. Sur le sol, un lézard et une tortue, animaux consacrés à Mercure. H. 31 cent.

On trouvera une représentation de cette figurine dans *l'Antiquité expliquée*, par Montfaucon, Supplément, t. I, p. 96. A l'époque où écrivait le zélé bénédictin, la critique des monuments n'était pas encore fort avancée, aussi, malgré sa vaste érudition, a-t-il décrit comme antiques bien des monuments faux ou du moins moulés sur l'antique. Notre statuette, qui paraît être celle du cabinet Fauvel décrite comme antique par Montfaucon, est un surmoulé dont l'original est inconnu. D'ailleurs, le type est intéressant; les figures de Mercure assis sont rares. La Bibliothèque impériale, qui possède beaucoup de statuettes de Mercure debout, n'en a qu'une de Mercure assis. (N° 2992 du *Catalogue.*) On peut voir aussi Mercure assis dans les *Monuments des arts du dessin*, recueillis par M. le baron V. Denon, décrits et expliqués par Amaury Duval. Voyez t. I, pl. XXIX. Cette remarquable figure fait aujourd'hui partie de la riche collection de M. le vicomte H. de Janzé.

1872. — Mercure debout, la chlamyde sur l'épaule, la bourse à la main gauche; le caducée qu'il devait tenir de la droite a disparu, ainsi que son pétase. Surmoulé qui n'est pas sans quelques rapports pour la composition du bronze avec le Mercure assis, n° 1871. H. 32 cent.

1873. — La Vénus de Médicis. Jolie réduction exécutée d'après l'antique au XVIIe siècle. H. 34 cent.

1874. — Apollon, ou l'*Apolline*. Jolie réduction de cette célèbre statue qui orne, comme chacun sait, la tribune de la galerie de Florence (Voyez, Clarac, *Musée de sculpture*, t. III, p. 201, n° 952 C, pl. CDLXXVII.). Le dieu est debout, entièrement nu; il s'appuie de la main gauche sur un tronc d'arbre auquel est appendu son carquois. Le bras gauche est gracieusement posé sur la tête. H. 25 cent. avec la base de bronze.

Au mérite de nous donner la représentation en miniature d'un des chefs-d'œuvre de l'antiquité, ce bronze joint ceux d'une parfaite conservation et d'une patine remarquable.

1875. — Bacchus debout, couronné de lierre, nu, sauf la nébride, tendant de la main gauche une grappe de raisin à une panthère qui se dresse pour la saisir. Le bras droit posé sur la tête laisse pendre une autre grappe de raisin. H. 23 cent.

La pose et le mouvement de ce groupe de Bacchus et de la panthère semblent imités d'un groupe du musée de Munich, gravé sur la pl. DCLXXVIII *B*, n° 1583, dans le musée de sculpture du comte de Clarac. La figure de Bacchus bien qu'un peu trop longue n'est pas dépourvue de style et de noblesse. Ouvrage de la fin du XVIe siècle.

1876. — Faune dansant. Entièrement nu et le front muni de deux petites cornes, il semble jouer à la balle; de la main gauche il va recevoir la balle qu'il vient de lancer de la main droite. Bon ouvrage florentin du XVIe siècle. H. 29 cent.

1877. — Antinoüs ou jeune athlète assis. Fragment; les bras et les jambes manquent. H. 17 cent.

L'excellent style de cette figure me persuade que l'on a ici soit une réduction d'après une grande statue, soit une épreuve de quelque statuette. En tous cas, c'est une excellente copie de l'antique. La patine annonce un bronze du XVIe siècle.

1878. — Cléopâtre. L'aspic qu'elle tient de la main droite lui mord déjà le sein; la douleur contracte ses traits et lui fait porter la main gauche sur sa tête. La reine d'Égypte est représentée debout, nue, sauf une légère draperie. A ses pieds un petit amour affligé. Ouvrage du XVIIe siècle. H. 30 cent.

1879. — Deux lutteurs. C'est une excellente imitation, exécutée au XVIe siècle, du célèbre groupe de marbre du musée de Florence, qu'on dit avoir été trouvé en même temps que les Niobides et que l'on admire dans la tribune. H. 33 cent. L. 38 cent.

J'emprunte au comte de Clarac sa brève description de ce groupe : « l'un des lutteurs est renversé sur les « genoux, et son adversaire lui tire en arrière la main « droite et menace encore de le frapper. C'est sans doute « la représentation de ce qu'on appellerait le coup décisif. « Un des plus habiles sculpteurs de la Grèce a formé de « ce groupe un des premiers modèles de sculpture tant « par la beauté des formes que par le sentiment avec le- « quel ses figures sont exprimées. Quoique les membres « des deux figures soient entrelacés de la manière la plus « hardie, le groupe offre toujours un coup d'œil satisfai- « sant. » Voyez *Musée de sculpture*, t. V, p. 117, n° 2176 et pl. 862.

1880. — Groupe. Deux lutteuses entièrement nues. Ouvrage florentin du XVIe siècle, comme le n° 1885. H. 23 cent.

1881. — Héros entièrement nu, barbu, debout, dans une attitude menaçante; de la main droite il tient une arme dont la poignée seule subsiste; de la gauche il fait un geste qui indique qu'il va terrasser un ennemi. H. 39 cent.

L'expression de cette figure, qui respire la colère, fait penser involontairement à Spartacus. Cependant, on ne peut affirmer que c'est le chef de la guerre servile qui a été représenté par l'artiste italien auquel on doit cette statuette que je crois pouvoir attribuer au XVIe siècle. L'objet que tient ce personnage n'est pas une épée; c'est encore une raison pour penser à un esclave révolté qui s'arme de ce qu'il trouve sous sa main. On pourrait penser aussi à Neptune au moment où il prononce le célèbre *Quos ego;* l'irritation exprimée par la figure convient fort bien à ce sujet, mais il ne semble pas qu'on puisse voir le bout du trident dans l'arme dont il n'existe que des vestiges.

1882. — Négrillon nu, portant un flambeau. Ouvrage du XVIIe siècle. H. 15 cent.

1883. — Figurine représentant un adolescent ithyphallique, debout, à demi enveloppé d'un manteau à capuchon. H. 7 cent.

Cette statuette a pour piédestal une colonnette haute de 20 centimètres, en jaspe fleuri avec base et chapiteau corinthien en cuivre doré. Cette colonnette repose sur un petit socle carré en marbre noir. Le pendant porte le n° 1884.

1884. — Figurine représentant un homme nu, barbu, à face de satyre, portant la main gauche à sa bouche et élevant l'autre. H. 7 cent.

Cette statuette est le pendant du n° 1883 par sa dimension, mais elle lui est bien supérieure par l'exécution. Le modelé de cette statuette est d'une délicatesse exquise, et le style est digne de l'antique. Colonnette et socle semblables au n° 1883.

1885. — Groupe. Silène ivre, couronné de lierre, entièrement nu, soutenu par un jeune Satyre et par une jeune

N° 1885.

Bacchante également nus. Aux pieds de la Bacchante, un tambourin. H. 19 cent.

Excellent ouvrage florentin du XVIe siècle. Malgré la différence de style, je ne puis me défendre de rapprocher ce groupe d'une représentation de Silène soutenu par deux Satyres qui paraît sur un remarquable vase étrusque de la collection. Voyez pl. XVIII. n° 1366.

1886. — Faune agenouillé faisant un geste grotesque. Cette figure, qui a pu servir de lampe, est posée sur un chapiteau d'ordre corinthien qui couronne une sorte de tronc d'arbre terminé par quatre grandes griffes. H. totale, 17 cent.

Malgré la singularité du sujet, on ne peut méconnaître la main d'un grand artiste dans la tête et même dans le torse de cette figure. C'est l'ouvrage de quelque Florentin du XVIe siècle. Le chapiteau et les extrémités des griffes sont de restauration.

1887. — Mars imberbe, le casque en tête, avec une cuirasse à la romaine, portant la main gauche à la garde de son épée et s'appuyant de la droite sur son bouclier dont l'emblème est le foudre de Jupiter.

Jolie statuette qui date du XVIe siècle. Les ornements de l'armure sont ciselés avec une grande finesse. H. 18 cent.

1888. — Centaure enlevant une jeune fille qui se débat dans les bras du ravisseur. Une légère draperie ne voile pas la nudité de la victime. H. 22 cent.

On peut reconnaître ici Eurytion enlevant Hippodamie, fille de Pirithoüs, roi des Lapithes. Ce groupe, bien composé et d'une exécution très-fine, est un bon ouvrage du XVIIe siècle.

1889. — Taureau en marche, le pied gauche levé. H. 23 cent. 1/2 avec la base de bronze. Bronze florentin, de belle conservation et d'excellent style.

1890. — Loup couché endormi. H. 7 cent. Long. 15 c.

1891. — Le Christ à la colonne. H. 17 mill.

Ouvrage du XVIe siècle, attribué à Alfonso Lombardi de Ferrare. Les artistes ont traité sur toutes sortes de matières ce sujet qui était fort affectionné. Le musée du Louvre possède un Christ à la colonne en jaspe sanguin qui rappelle beaucoup notre bronze. (Voyez *Notice des Émaux*, etc., par M. le comte de Laborde, n° 598.)

1892 et 1893. — Vénus et Adonis. Ces deux figures, qui se font pendant, paraissent avoir été destinées à l'usage auquel elles servent aujourd'hui, c'est-à-dire à décorer des chenets. Cependant, ce ne sont pas des œuvres vulgaires, et, malgré de grandes hardiesses d'exécution, on y reconnaît la main de quelqu'un de ces grands sculpteurs du XVIe siècle, dont les défauts nous plaisent presque à l'égal de leurs qualités.

La Vénus (n° 1892), nue, sauf une légère draperie, pose la main gauche sur la tête d'un petit Amour qui, debout auprès d'elle, semble chercher une flèche dans son carquois. L'Adonis (n° 1893) est représenté au moment où il part pour la chasse; comme Vénus, il est presque entièrement nu; son chien l'accompagne en jappant de joie. Ces statues, hautes, la première de 53 cent., la deuxième de 55 cent., sont évidemment de la première moitié du XVIe siècle; elles sont montées sur d'élégants piédestaux de bronze de 29 cent. de hauteur. Les motifs de la décoration de ces piédestaux, qui sont du meilleur style du XVIe siècle, sont des dauphins, des génies et une tête de séraphin. Ces chenets décorent la cheminée de la galerie.

1894 et 1895. — Jupiter et Junon. Ces deux figures se font pendant et, comme celles que l'on vient de décrire, ont été exécutées au XVIe siècle pour décorer des chenets, usage auquel elles sont encore consacrées aujourd'hui.

Le Jupiter (n° 1894), nu, sauf une légère draperie, tient son foudre d'un air menaçant; à ses côtés est l'aigle. Le paon, placé près de la seconde figure, empêche qu'on ne méconnaisse la reine sévère de l'Olympe dans cette jeune fille aux traits agréables, mais sans noblesse, qui folâtre plus court vêtue qu'il n'appartient à Vénus elle-même. La hauteur de chacune de ces figures est de 23 cent. Les piédestaux qui les supportent et qui sont ornés de mascarons, de génies, de satyres, ont 57 cent. de haut. Ces chenets, d'une grande élégance, ornent la cheminée du cabinet qui précède la galerie.

1896. — Groupe d'une Faunesse et d'un Faunisque formant la décoration d'une écritoire. La Faunesse est assise posant la main gauche sur l'épaule du petit Faune debout à ses côtés; elle élève de la main droite une sorte de rhyton qu'elle vient de remplir dans un coquillage placé devant elle; c'est le récipient de l'encre. H. 20 cent.

1897. — Vénus diadémée, entièrement nue, debout, tenant à la main gauche un vase à parfums. H. 19 cent.

Fonte pleine dorée et ciselée. Ouvrage du XVIe siècle. Le sol sur lequel elle pose, qui n'est pas du même temps, provient peut-être de quelque meuble.

1898. — Vénus Callipyge. H. 13 cent.

Réduction de la célèbre statue antique du musée Borbonico à Naples. On sait que cette statue, qui a fait partie de la collection Farnèse, a été trouvée à Rome avec des mutilations réparées par le sculpteur Albaccini. (Voyez Clarac, *Musée de sculpture*, pl. DCXI, n° 1352, t. IV, p. 97.)

1899. — Atalante en course; elle est vêtue d'une robe courte qui laisse voir les bras, le sein droit et les jambes. Ouvrage du XVIIe siècle. H. 12 cent.

1900. — Diane chasseresse, le carquois sur l'épaule, dans le geste de tirer de l'arc. A ses pieds, un chien. Bronze florentin à patine rougeâtre du XVIIe siècle. H. 24 c.

1901. — Victoire ailée en course; elle tenait sans doute une palme et une couronne. Ouvrage du XVIIe siècle. H. 25 cent.

1902. — Jeune homme en habit militaire, le chapeau à plumes sur la tête, écharpe sur l'épaule, la main gauche sur la hanche et tenant son gant de la main droite. Jolie statuette de travail flamand du XVIIe siècle, dont le pendant porte le numéro suivant. H. 21 cent.

1903. — Jeune bourgeoise se rendant au marché, le panier au bras. Voyez le numéro précédent. H. 21 cent.

1904. — Cheval nu, debout, au repos. La tête petite rappelle les chevaux de Van der Meulen, et d'ailleurs le style annonce un ouvrage flamand du XVIIe siècle. H. 14 cent.

BUSTES DES XVIIe ET XVIIIe SIÈCLES.

1905. — Apollon. C'est une réduction de la tête de l'Apollon du Belvédère, dont l'original en marbre grec est, comme chacun sait, l'une des gloires du musée Pio Clementin au Vatican. Socle en marbre rouge. H. 32 cent. avec sa base en bronze. Voyez le pendant sous le n° 1906.

1906. — Diane. C'est une copie de la tête de la Diane à la biche du musée du Louvre, mais drapée différemment. Voyez le pendant n° 1905. Ces deux copies paraissent avoir été exécutées au XVIIe siècle.

1907. — Bacchus ou jeune Bacchant couronné de lierre et de corymbes, riant. Ce buste est habillé d'une sorte de chlamyde. Ouvrage du XVIIe siècle. H. 12 cent.

1908. — César avec la couronne de laurier. H. 22 c. On verra sous le numéro suivant le pendant de ce buste. Les traits d'Auguste ne sont pas aussi bien caractérisés que ceux de son père adoptif, mais il est évident qu'on a voulu faire les deux premiers Césars. Ces bustes de cuivre rougeâtre sont du XVIIe siècle et me paraissent de travail français. Tous deux sont montés en bronze doré et posés sur des socles en marbre vert.

1909. — Auguste. Voyez le numéro précédent.

1910. — Buste avec couronne fermée, dans laquelle des fleurs de lis alternent avec des feuilles d'ache. H. 26 cent. Malgré la présence de cette couronne qui semble indiquer le portrait de quelque reine ou princesse, je crois que ce buste est de pure fantaisie, ainsi que son pendant, n° 1911. Ces deux têtes se ressemblent, et cependant ni l'une ni l'autre ne rappellent un type connu. Les costumes ne sont ni antiques ni modernes; ils appartiennent comme les têtes à la fantaisie. Ces deux bustes me paraissent dater du commencement du XVIIe siècle.

1911. — Buste de femme avec couronne ouverte. Voir au n° 1910. H. 26 cent.

1912. — Buste d'enfant avec les cheveux bouclés, portant des traces de dorure. Socle en marbre serpentin. H. 57 cent.

1913. — Buste de Mercure, coiffé du pétase ailé, avec la chlamyde. H. 32 cent.

BAS-RELIEFS EN BRONZE.

1914 à 1919. — Six bas-reliefs représentant des scènes de la vie de Notre-Seigneur J.-C. Tous sont de la même main et de la même dimension : 28 cent. de hauteur sur 39 de largeur. Cette suite a dû être exécutée au XVIe siècle en Italie.

1914. L'Adoration des bergers. — 1915. La Présentation au temple. — 1916. Jésus au jardin des Olives; à gauche, sur le second plan, on distingue le Sauveur en prière; sur le premier plan, Jésus est livré par Judas, et saint Pierre frappe Malchus de son épée. — 1917. Ecce homo. — 1918. Le Portement de croix. — 1919. La Mise au tombeau.

1920 à 1923. — Quatre bas-reliefs de forme ronde représentant des sujets de l'Ancien Testament.

1920. — La chute d'Adam. Ève debout vient de cueillir un fruit de l'arbre de science et l'offre à Adam qui, assis au pied de l'arbre, se soulève pour recevoir le présent fatal. Le tentateur, sous la forme d'un serpent à tête humaine qui s'enroule autour de l'arbre, paraît contempler cette scène avec plaisir.

1921. — La fin du Déluge. Noé et sa famille sont déjà sortis de l'arche et contemplent les animaux qui en descendent par couples. La colombe rapporte le rameau d'olivier.

1922. — Noé fait le sacrifice d'actions de grâces au Seigneur après la sortie de l'arche. Le patriarche est en prière devant un autel sur lequel brûle le feu sacré. Ses trois fils amènent les victimes, tandis que déjà l'un des serviteurs immole un bélier et qu'un autre en amène un second.

1923. — Moïse fait jaillir l'eau du rocher. Le prophète est représenté au moment où l'eau commence à couler des roches. Des Israélites, groupés derrière lui, témoignent de leur admiration et de leur surprise. Audessus de la roche, on distingue le Seigneur entouré d'anges.

Ces quatre bas-reliefs doivent être attribués à la fin du XVIe siècle. Diam. 43 cent.

1924. — Lion en marche. Dans le fond, à gauche, un arbre. H. 15 cent. L. 27 cent.

1925. — Médaillon exécuté au repoussé. Le sujet représente une allégorie empruntée à un poëme ou à quelque roman de chevalerie. Au milieu des mers, sur un îlot, s'élève un arbre unique qu'embrasse d'une main une belle jeune femme nue, dont les cheveux sont rejetés en arrière par le vent; de la main droite elle élève une couronne qu'elle semble offrir comme prix de la valeur à trois guerriers qui dirigent leurs chevaux vers ce but; l'un de ces guerriers paraît indiquer du geste cette couronne à des compagnons qu'on ne voit pas; les deux autres cavaliers sont aux prises et vont se frapper de leurs épées. D'autre part, trois autres guerriers qui, comme les précédents voulaient aborder l'îlot, paraissent ne pouvoir supporter l'éclat des rayons du soleil qui les aveugle; l'un d'eux est déjà englouti dans les eaux; les deux autres sont en proie à la plus grande terreur. Dans le fond, on voit d'un côté un vaisseau voguant à toutes voiles vers le tant désiré îlot, de l'autre, c'est-à-dire du côté des trois guerriers dont nous venons de parler, un vaisseau dont le mât est brisé et qui va s'abîmer. Diam. 16 cent.

1926. — Médaillon ovale, d'applique, exécuté au repoussé et découpé. Jules César, voilé comme souverain pontife, sacrifiant sur un autel, placé au pied d'une statue de Diane. Une hure de sanglier est placée dans les branches d'un des arbres au milieu desquels s'élève la statue. Trois personnages l'assistent dans cette cérémonie. En bas, dans un demi-cercle, la Renommée et un guerrier. Voyez n° 1927. H. 16 cent. L. 12 cent.

1927. — L'empereur Hadrien au moment de monter à cheval pour aller à la chasse. Antinoüs représenté avec une légère chlamyde caresse le chien de son maître; deux autres personnages tiennent l'un le cheval, l'autre le javelot de l'empereur. Un arc de triomphe fait à droite le fond de la composition; à gauche, un arbre. En bas, dans un demi-cercle, l'égide entre deux personnages à demi couchés. Voyez n° 1926. H. 16 cent. L. 12 cent.

Ces sujets de pure fantaisie sont exécutés avec une grande élégance; le travail annonce le XVIe siècle.

VASES ET OBJETS DIVERS DE BRONZE.

1928 et 1929. — Une paire de flambeaux de bronze, à pied circulaire, couverts d'arabesques finement ciselées et damasquinées en argent. (L'argent a disparu en partie.) H. 20 cent.

On attribue ces flambeaux qui datent du XVIe siècle et dont l'élégance est remarquable à des artistes de Venise qui perpétuèrent dans cette ville les traditions de l'art arabe. On connaît dans les cabinets des flambeaux de travail oriental qu'on confondrait avec ceux-ci, tant leurs formes sont analogues, si on n'y lisait des inscriptions arabes et même des signatures d'artistes arabes.

1930. — Boîte ronde chargée d'arabesques et damasquinée. H. 7 cent. 1/2. Diam. 13 cent. 1/2.

Ouvrage vénitien du XVIe siècle. Voyez ce qui a été dit au sujet de cette fabrication dans le goût arabe aux nos 1928 et 1929.

1931 et 1932. — Burettes de cuivre doré. Le bec représente une tête de lion béante au-dessus d'un mascaron. L'anse, d'une grande élégance, s'attache à la panse par un mascaron ailé. La partie supérieure est une femme dont le corps se termine en griffe de lion. H. avec l'anse : 19 cent. Circonf. 26 cent. 1/2.

Ces jolis vases qui ne servirent sans doute jamais au culte, ce que leur décoration profane donne lieu de supposer, sont d'excellents spécimens de l'art de la Renaissance.

1933. — Bénitier formé par une tête du Christ couronné d'épines. Traces de dorures. H. 9 cent.

On peut voir un bénitier presque semblable à celui-ci dans *Les arts au moyen âge* de Du Sommerard. Atlas. Ch. XIV, pl. III.

1934. — Bassin à ombilic en cuivre repoussé et ciselé. Sur l'ombilic, écusson aux armes du possesseur surmonté d'un casque de profil. Les armes sont une aile. On lit autour de l'écusson : *Martini Carlo* 1570. Dans le fond du bassin, on lit cette devise allemande quatre fois répétée : *Gott sei mit uns*. — *Dieu soit avec nous*. Les bords sont décorés d'entrelacs et ronds. Diam. 50 cent.

1935. — Plat en cuivre, repoussé, à ombilic, autour duquel est gravée, en léger relief, une légende en caractères gothiques. C'est la même devise pieuse qu'on vient de voir sur le bassin n° 1935 : *Gott sei mit uns*; elle est de même répétée quatre fois. Sur les bords, palmettes. XVIe siècle. Diam. 45 cent.

1936. — Bassin en cuivre repoussé, décoré d'oves et d'une rosace. Inscription en léger relief, en caractères romains, qui est peut-être un nom propre de fabricant RAMEWISHNEI quatre fois répété, si ce ne sont pas tout simplement des lettres décoratives, comme on en connaît bien des exemples.

1937. — Plateau en cuivre repoussé sur lequel sont figurés deux Hébreux portant la grappe de Chanaan. Fin du XVIe siècle. Diam. 42 cent.

1938 et 1939. — Une paire de vases de bronze. — 1938. Vase à deux anses; le pied est chargé d'ornements de fantaisie en relief; sur la panse, bas-reliefs représentant Amphitrite et sa suite. Amphitrite est assise dans un char attelé de deux chevaux, qui volent sur la mer; elle est escortée par des Amours et des dieux marins; à la suite de la déesse de la mer, une nymphe portée sur un dauphin; deux Tritons la soutiennent. Plus loin, un Centaure marin portant sur sa tête une corbeille de fruits et soutenant sur sa croupe une nymphe; enfin, un Triton enlevant dans ses bras une nymphe ou une mortelle qui semble implorer la protection d'Amphitrite. Deux têtes de bélier forment les anses de ce vase qui est de la forme dite Médicis. H. 44 cent. Diam. de l'ouverture : 27 cent. V. n° 1939 le pendant.

1939. — Pendant du n° 1938. Les sujets ont la plus grande analogie; au lieu d'Amphitrite, le personnage principal est Hellé traversant l'Hellespont sur le bélier. V. n° 1938. Ces vases doivent être comptés au nombre des plus remarquables productions en ce genre du XVIe siècle.

1940 et 1941. — Une paire de vases. Les sculptures qui décorent ces vases représentent, sur l'une des faces, des enfants entraînant un bouc sous une vigne; l'un d'eux s'efforce de grimper sur le dos de l'animal; sur l'autre face, trois enfants mangeant des raisins. Deux têtes de bélier placées à la séparation de la panse et du pied pourraient à la rigueur remplacer les anses. XVIIe siècle. H. 19 cent. 1/2.

1942 et 1943. — Une paire de flambeaux en bronze, avec pied circulaire très-élevé. Le fût et le pied sont richement décorés d'ornements et de mascarons. Ouvrage du XVIIe siècle. H. 22 cent.

1944. — Poignée ou marteau de porte formé par une Sirène, les cheveux épars, dont le corps gracieux se termine en un double poisson qui lui fait un entourage de la plus grande élégance. H. 24 cent. L. 18 cent.

Excellent travail du XVIe siècle. Est-il besoin de rappeler que la Sirène des modernes est tout autre que la Sirène de l'antiquité.

1945. — Poignée ou marteau de porte formé par une sorte de Sirène dont le corps repose sur une gaîne contournée à tête de bélier. H. 23 cent. L. 9 cent.

On peut répéter ici ce qui vient d'être dit pour le n° 1944.

1946 et 1947. — Deux battants de porte; le motif est une tête de lion avec un collier dans la gueule. Le collier sert de battant. Travail du XVIe siècle. H. 19 cent.

1948. — Trépied. Le bassin circulaire qui est doré à l'intérieur est décoré de godrons et de trois mascarons représentant des têtes de femme surmontées chacune d'une palmette. Des Tritons ailés, dont le corps humain finit en poisson, forment les trois pieds de cet élégant petit meuble qui paraît du XVIe siècle. H. 13 cent.

1949. — Écritoire. Le motif est une coupe posée sur une guirlande supportée par trois génies enfants assis sur des dauphins. Un amour ailé décore le couvercle. Élégante composition du XVIe siècle. La fonte ne paraît pas remonter à cette époque. H. 8 cent. Diam. à la base, 13 cent.

1950. — Poids de forme ronde, à deux faces aplaties.

Sur l'une, en creux, on lit : H B; ces deux lettres sont séparées par une sorte de grand double 4, au pied duquel sont deux V en sens contraire. Au revers, un écusson qui porte les armes de Hongrie, une croix partie de fasces. H. 1 cent. 1/2.

1951. — Dé à dix-huit faces numérotées en chiffres romains. H. 2 cent. 1/2.

1952. — Encensoir en cuivre jaune. H. 15 cent.

1953. — Œnochoé à ouverture en trèfle. Sur la panse, sur une tablette d'argent, on lit :

GENIO DAVIDIS
FOELICI
PICTVRAE SERVATORI
VAS HOC ANTIQVVM AHENEVM
PETRVS REVOIL
DEDICA.

H. 27 cent. Ce vase de bronze, imité de l'antique, convenait parfaitement à sa destination. Pierre Revoil, le peintre, l'avait consacré, selon le dire un peu emphatique de l'inscription, *au génie de David, heureux sauveur de la peinture !*

MÉDAILLES

1954. — Lionel d'Este, duc de Ferrare. Buste de profil, la tête nue, revêtu d'une armure richement ciselée. Légende : LEONELLVS. MARCHIO. ESTENSIS D. FERRARIE. REGII. ET MVTINE. GE. R. AR. *Lionel, marquis d'Este, duc de Ferrare, de Reggio et de Modène....* Revers : un génie ailé présente à un lion une banderole portant des ordres dont le roi des animaux semble prendre connaissance. Derrière le lion, une colonne carrée sur laquelle est sculptée l'*impresa* du duc de Ferrare : un mât avec une voile enflée par le vent. Plus bas, la date MCCCCXLIII. A gauche, un aigle posé sur un rocher. Dans le champ, à droite, la signature de l'auteur de la médaille : OPVS. PISANI. PICTORIS. *Ouvrage de Pisano, peintre.* Bronze. Module : 10 cent.

Cette belle médaille a été gravée dans les *Famiglie celebri d'Italia,* du comte Litta. Malheureusement, je ne rencontre pas dans ce savant ouvrage l'explication des initiales GE. R. ARM. qui indiquent peut-être des seigneuries de moindre importance que celles énumérées au commencement de la légende. On trouvera aussi cette médaille gravée dans le *Trésor de numismatique,* pl. III, n° 3, p. 3 de la première partie des *Médailles italiennes.* Les auteurs du texte ont donné des lettres GE. R. ARM. une explication qui ne nous satisfait pas aujourd'hui. Lionel d'Este, duc de Ferrare, naquit en 1407 et mourut en 1450.

1955. — Cécile de Gonzaga. Buste de profil avec costume d'une grande simplicité et sans joyaux. Légende : CICILIA. VIRGO. FILIA. IOHANNIS. FRANCISCI. PRIMI. MARCHIONIS. MANTVE. *Cécile, vierge, fille de Jean François, premier marquis de Mantoue.* Revers : une jeune fille à demi-nue, assise sur des rochers auprès d'une licorne accroupie sur la tête de laquelle elle pose la main. Au ciel, le croissant. Sur une base carrée, on lit : OPVS. PISANI. PICTORIS. MCCCCXLVII. *Ouvrage de Pisano, peintre.* 1447. Bronze. Diam. 8 cent. 1/2.

On sait que la licorne ne se laisse approcher que par les vierges; le type de ce revers est donc une allusion à la chasteté de la pieuse princesse à laquelle on a donné la qualification de vierge dans la légende de la face. Le croissant de Diane, la chaste déesse des nuits, est encore une allusion à la pureté de Cécile de Gonzague qui vécut en effet dans la virginité et prit l'habit de saint François dans le monastère de Sainte-Paule fondé par sa mère Paola Malatesta. Elle mourut en 1450 et est célèbre par sa sainteté sous le nom de la bienheureuse Claire. Cécile de Gonzague était fille de Jean François de Gonzague, marquis de Mantoue.

1956.— Jeanne Albizzi, femme de Laurent Tornabuoni. Buste de profil de cette jeune femme, la tête nue, portant un joyau suspendu au cou. Légende : IOANNA. ALBIZZI. VXOR. LAVRENTII DE TORNABONIS. *Jeanne Albizzi, femme de Laurent des Tornabuoni.*

Revers : Groupe de trois femmes nues, personnifiant les vertus et les qualités de Jeanne Albizzi, la charité, la beauté, l'amour conjugal, ainsi désignées par la légende : CASTITAS. PVLCHRITVDO. AMOR. Bronze. module : 77 mill.

Ce revers est imité du groupe antique des trois Grâces, l'un des plus célèbres monuments de la sculpture antique, que la nudité des figures a fait cacher dans les magasins du musée du Vatican et qui a inspiré tant d'artistes en y comprenant Raphaël lui-même. (Voyez Clarac, *Musée de sculpture,* pl. DCXXXII, n° 1427, t. IV, p. 130.) Magnifique épreuve d'une médaille célèbre qui provient de la vente de feu M. Préaux, si connu pour la perfection et la beauté des monuments qu'il admettait dans sa collection. Cette médaille a été publiée souvent; on la trouve, mais sans son revers, dans la *Storia della scultura* de Cicognara, t. I, pl. XLII; dans le *Trésor de numismatique et de glyptique,* médailles italiennes, IIe partie, pl. XLIV, n° 2, page 39, et dans les *Famiglie celebri d'Italia* du comte P. Litta. Jeanne Albizzi, fille de Thomas Albizzi, épousa en 1486 Laurent Tornabuoni, riche patricien de Florence, dont Ange Politien loue en maints endroits le goût pour les lettres et auquel il dédia deux de ses ouvrages. Laurent Tornabuoni fut décapité en 1497 à l'âge de trente-deux ans, comme ayant trempé dans une conspiration dont le but était de donner l'autorité souveraine dans Florence, à Pierre de Médicis, son proche parent. La date de notre médaille doit donc être placée entre les années 1486 et 1497, puisque Jeanne Albizzi n'est pas qualifiée de veuve dans la légende. Elle donna à son mari une fille et deux fils, dont l'un, Léonard, fut évêque d'Ajaccio; on peut voir dans l'ouvrage du comte Litta, cité plus haut, une médaille du mari de Jeanne Albizzi, due évidemment à la main habile, mais inconnue, qui a exécuté celle que nous venons de décrire. Au revers on voit Mercure. La représentation du dieu du commerce et de l'éloquence était un emblème fort convenable pour Laurent Tornabuoni qui fut l'associé de ses parents, les Médicis, dans leurs grandes opérations commerciales, et qui, comme eux, aimait et protégeait les savants et les artistes.

Face. N° 1956. Revers.

1957. — Buste de profil d'une femme inconnue, belle, mais avec des traits accentués. Ses cheveux abondants, tressés avec symétrie, sont enroulés dans une longue queue qui descend sur les épaules. La légende de la face, VIRTVTE PVLCRIOR, paraît signifier que cette dame, dont la médaille ne révèle pas le nom, était plus belle encore par sa vertu que par la noblesse de ses traits. L'énigme proposée par le revers est encore moins facile à résoudre que celle de la face. On y voit une femme, vêtue d'une robe de religieuse, courbée par les ans, qui s'avance un chapelet à la main, en s'appuyant sur un long bâton. La légende est : ETIAM IN DETERIVS. Quel est le sens de cette singulière devise? Malgré la différence de costume, on peut reconnaître dans la triste vieille du revers la belle jeune femme de la face; mais comment traduire et expliquer ceci. Faut-il y voir une leçon d'une moralité bien banale, à savoir que les ans ne détruisent pas la beauté de la vertu, et que même dans le pire côté de la carrière humaine *etiam in deterius*, la personne dont il s'agit sera toujours belle par sa vertu.

Face. N° 1957. Revers.

Médaille de bronze. Module, 6 cent.

On a donné jadis, dans un catalogue de vente, le nom de Lucrèce Borgia à la femme représentée ici; mais c'est une erreur évidente que démontre facilement l'examen des portraits et des médailles à légendes explicites de la célèbre duchesse de Ferrare. Après de longues recherches, j'ai renoncé à l'espoir de résoudre ce problème. Tout ce que je puis dire, c'est que cette belle personne a dû faire partie de cette cour d'Urbin, si célèbre dans les fastes de l'Italie et dont l'éclat fut au plus haut point à la fin du XVe siècle et au commencement du XVIe. Que l'on compare les médailles d'Éléonore de Gonzague duchesse d'Urbin et d'Émilie Pia de Montefeltro, sa belle-sœur, publiées dans le *Trésor de numismatique, Méd. Ital.* IIe partie, pl. XXIV, n°s 3 et 4, p. 22, avec notre anonyme, et l'on sera frappé non-seulement de l'analogie de style qui fait penser qu'on doit ces trois médailles à la même main, mais de la ressemblance absolue de la singulière coiffure qui vient d'être décrite. Quelque érudit Italien nous révélera peut-être un jour ce nom qui doit être écrit à plusieurs reprises dans le *Cortegiano* de Balthasar Castiglione.

1958. — Combat entre un guerrier à pied, coiffé d'un casque et couvert d'un bouclier, et un cavalier entièrement nu. Ce médaillon du XVe siècle provient de la décoration de quelque meuble, ou n'est que le revers d'une médaille? Module : 6 cent.

1959. — Jacoba de Correggio. Buste de profil d'une jeune femme coiffée d'une résille, et portant au cou deux chaînes d'or auxquelles sont suspendus des joyaux. Dans le champ, une tige de lis. Légende : IACOBA. CORRIGIA. FORME. AC. MORVM. DOMINA. *Jacoba de Correggio, dame de beauté et de vertu.*

Revers : l'Amour enchaîné à un arbre; l'arc et le carquois sont placés auprès du dieu. Légende : CESSI DEA MILITATISTAT. Ces mots doivent être supposés prononcés par l'Amour; celui qui a écrit cette légende doit avoir par ignorance mal disposé les lettres, au lieu de *militatistat*, il faut lire, *at militasti.* — *J'ai cédé, déesse, mais j'ai combattu.* Dans le champ, les lettres PM. Bronze. Diam. 5 cent.

1960. — Jérôme Cornaro et sa femme. Buste de profil, la tête nue, avec une barbe frisée, vêtu à l'antique. Légende : GIROLAMO CORNELIO — *Jérôme Cornaro.*

Revers : buste de profil d'une femme. Légende : HELENA SVA MOGLIE. *Hélène sa femme.* Bronze. Diam. 47 mill. Le personnage dont le nom paraît ici latinisé sous la forme Cornelio doit être un membre de l'illustre famille Cornaro de Venise. Une généalogie complète de cette famille pourrait seule fournir quelques renseignements sur sa vie qui fut sans doute obscure. Jérôme Cornaro doit avoir vécu au XVIe siècle. Le travail de cette médaille, qui est d'excellente conservation, accuse le commencement de cette époque si brillante pour les arts.

1961. — Altobello Averoldo. Buste de profil, coiffé d'un bonnet. Légende : ALTOBELLVS AVEROLDVS BRIXIENSIS POLENSIS EPS (episcopus) VENetiis LEGTS (legatus) APOSTOLICVS. — *Altobello Averoldo de Brescia, évêque de Pola, légat apostolique de Venise.*

Revers : deux hommes nus s'efforcent de voiler la vérité qui résiste énergiquement et reste nue. On lit à l'exergue : VERITATI Dicatvm. — *Consacré à la vérité.* Médaillon de bronze. Altobello Averoldo de Brescia, évêque de Pola, fut deux fois légat apostolique à Venise, trois fois gouverneur de Bologne, et mourut en 1532. Notre médaille est gravée dans le *Museum mazzuchellianum*, pl. XLIV, n° 1. (V. page 199 du T. I.) On connaît un antiquaire de cette famille, J. Antoine Averoldo.

1962. — Aurelio dall'Acqua. Buste de profil, la tête nue. Légende : MAGNificvs AVRELIVS AB AQVA VICENTINVS IVRISCONSVLTVS EXCELLENS COMES PALATINVS ET EQVES. *Le magnifique Aurèle dall'Acqua de Vicence, excellent jurisconsulte, comte palatin et chevalier.* La Justice assise, tenant d'une main les balances et de l'autre l'épée. Légende : IN MEMORIA ÆTERNA ERIT IVSTVS. *La mémoire du juste sera éternelle.* (Ps. CXI, v. 7.) A l'exergue, signature de l'artiste, auteur de la médaille : OP. IV. TVR. *Ouvrage de Jules della Torre.*

Malgré les promesses de célébrité éternelle annoncée au personnage représenté sur cette belle médaille par la légende du revers, et en dépit des titres pompeux que lui donne celle de la face, il faut avouer qu'il ne s'agit ici que d'une gloire locale et que les érudits seuls connaissent aujourd'hui, du moins hors de l'enceinte de Vicence. On chercherait vainement le nom de Aurèle dall' Acqua dans les dictionnaires biographiques, mais ce jurisconsulte est mentionné au livre II de la *Historia di Vicenza, de J. Mazzari,* qui nous apprend (p. 163) qu'il florissait vers 1530. Aurelio dall'Acqua remplit avec honneur divers emplois de judicature, et tout en conservant sa réputation d'intégrité, il acquit une fortune assez considérable pour se trouver en situation d'élever dans l'église cathédrale de sa patrie un autel magnifique, orné de marbre, de porphyre, d'albâtre et d'autres matières précieuses.

Une autre médaille de ce personnage, due au même artiste que la nôtre, fait allusion aux richesses du savant jurisconsulte; on lit au revers : DEO DVCE, VIRTVTE COMITE, FORTVNA FAVENTE. *Avec Dieu pour guide, avec la vertu pour compagne et la faveur de la fortune.* Aux faits qu'on vient de citer se borne l'histoire d'Aurelio dall' Acqua qui, en mourant, laissa la gestion de ses biens à sa ville natale qu'il chargea de les employer à doter convenablement toutes les filles de sa famille. *Giulio della Torre ou Torriani,* auteur des médailles d'Aurelio dall' Acqua, était de Vérone; on connaît de cet artiste un certain nombre de médailles qui, pour la plupart, sont citées par M. Bolzenthal dans ses *Skizzen zur Kunstgeschichte der modernen Medaillen Arbeit,* p. 70. La médaille d'Aurelio dall' Acqua, décrite ici, et celle dont il vient d'être parlé, sont gravées dans le *Museum mazzuchellianum* (Voyez T. I, pl. XXXVI).

1963. — Hippolyte de Gonzague. Buste de profil d'une jeune fille, avec colliers et pendants d'oreilles. Légende : HIPPOLYTA. GONZAGA. FERDINANDI. FILia. AN. XVII. *Hippolyte de Gonzague, fille de Ferdinand, à l'âge de 17 ans.* A l'exergue : IAC. TREZ. (*Jacques de Trezzo*). Revers : l'Aurore dans un char traîné par un cheval ailé. Un coq est placé devant le char. Légende : VIRTVTIS. FORMÆQ. PRÆVIA. — *Préludes de vertu et de beauté.* Bronze, Diam. 7 cent.

Hippolyte de Gonzague, fille de Ferdinand, comte de Guastalla, et d'Isabelle, fille du duc Ferdinand de Capoue de Termoli, épousa, en 1458, Fabrice Colonna, duc de Tagliacozzo, et en 1554, Ant. Carafa, duc de Mondragone. Elle mourut à Naples en 1563. On trouvera notre médaille gravée dans les *Famiglie celebri d'Italia du Comte Litta. Tav.* VIII. (Article des Gonzaga.)

1964. — Faustine la Jeune, avec Antonin et Faustine ses père et mère, au revers. Buste de Faustine jeune, de profil. Légende : FAVSTINA DIVA AVGVSTA DIVÆ. *Faustine déesse auguste, fille de la déesse Faustine.* Revers : DIVS (sic) ANTONINVS. DIVA FAVSTINA. *Le dieu Antonin et la déesse Faustine.* L'empereur Antonin le Pieux et sa femme Faustine, assis, se donnant la main. A l'exergue : S. C. (*frappé en vertu d'un sénatus-consulte*). Module, 11 cent. Ce beau médaillon fait partie de ces suites des empereurs qu'on exécutait en Italie au xve siècle, d'après les médailles romaines; le nôtre doit dater du milieu du xve siècle; les lettres sont tout à fait dans le caractère de celles qu'employait le Pisan.

1965. — Louis XII et Anne de Bretagne. Le roi, représenté de profil presque à mi-corps, est coiffé d'un bonnet orné de la couronne royale fleurdelisée ouverte, et revêtu d'une robe sur laquelle il porte le collier de l'ordre de Saint-Michel. Le champ est semé de fleurs de lis. Légende : au commencement une croix : FELICE. LVDOVICO. REGNATE. DVODECIMO. CESARE ALTERO. GAVDET. OMNIS. NACIO. *Sous l'heureux règne de Louis XII, second César, toute nation se réjouit.* A l'exergue, un lion, armes de la ville de Lyon. Revers : Anne de Bretagne, représentée de profil et presque à mi-corps comme son mari. La reine porte la couronne royale ouverte posée sur ses longues coiffes; son cou est décoré d'un collier de perles ; sur sa poitrine, un joyau est suspendu à une double chaîne d'or. Le champ est semé à gauche de fleurs de lis, à droite d'hermines. Légende : LVGDVNensi RE. PVBLICA. GADENTE. BIS. ANNA. REGNANTE. BENIGNE. SIC. FVI CONFLATA. 1499. (La médaille prend elle-même la parole.) *La cité de Lyon se réjouissant du second règne de la bonne reine Anne, j'ai été ainsi fondue.* 1499. A l'exergue, un lion comme du côté du roi. Bronze. 11 cent. 1/2.

La légende de cette médaille est assez explicite pour ne pas nécessiter de longs commentaires. Cependant si nous apprenons par la médaille elle-même que c'est la cité de Lyon qui la fit fondre en 1499, il n'est pas sans intérêt de savoir positivement que ce fut à l'occasion de l'entrée de la reine Anne dans cette ville que le corps de ville la fit exécuter et de connaître les noms des artistes auxquels on la doit. Les recherches de M. le comte Georges de Soultrait ont apporté sur ce fait les plus complets éclaircissements. Deux documents publiés par ce savant dans la *Revue numismatique*, année 1855, p. 45, nous apprennent que cette médaille fut modelée par Nicolas et Jean de Saint-Priest pour le prix de quatre écus d'or, puis que *la façon de la médaille en or donnée et présentée à la Reyne notre souveraine dame à la joyeuse venue de son second règne fut payée huit écus d'or à Jean Lepère, orfèvre,* qui de plus et pour ce prix de huit écus d'or, *devait faire et bailler sur le patron de ladite médaille une autre médaille de cuivre brute, pour la garder en la maison de ville.* Ainsi les artistes auteurs de ces deux portraits si précieux nous sont connus; c'étaient sans doute deux frères. M. de Soultrait fait remarquer qu'il ressort de ces documents qu'après avoir fait leurs modèles en cire, les sculpteurs les remettaient à des orfèvres qui les fondaient et sans doute les reciselaient. Il ne faudrait cependant pas induire des détails que nous fournissent ces comptes de dépenses que les choses se passaient toujours ainsi ; souvent les sculpteurs ont pu et dû reciseler eux-mêmes leur œuvres. On pourrait citer bien des preuves de cette habitude ; pour finir, disons que la médaille d'or d'Anne de Bretagne n'existe sans doute plus, que la médaille de cuivre brut n'est pas aujourd'hui dans la maison de ville de Lyon, mais qu'en revanche le Cabinet des médailles de la Bibliothèque impériale possède de ce type un magnifique exemplaire en argent fondu et ciselé qui est certainement contemporain de l'entrée de la reine Anne à Lyon. On trouvera peut-être un jour dans quelque autre document la trace de la commande par la cité lyonnaise d'une médaille d'argent reciselée qui aurait figuré plus dignement dans la maison de ville que la médaille de cuivre brut citée plus haut. On trouvera une gravure de la médaille de Louis XII et d'Anne de Bretagne dans le *Trésor de numismatique.* Voyez, *Méd. françaises,* Ire partie, pl. V, no 1.

1966. — Médaillon sans revers de Catherine de Médicis, reine de France. Buste de trois quarts de la reine avec de grandes coiffes; les cheveux disposés à la mode de son temps, ce que nous nommons aujourd'hui à la Marie Stuart. Légende : KATHARina REGINa HENRICI II VXOR FRANCIsci CAROLI ET HENRici REGVM MATER. *Catherine reine, femme de Henri second, mère des rois François, Charles et Henri.* Bronze. Module : 17 cent.

On rencontre éparpillés dans les cabinets une série de médaillons évidemment de la même main qui représentent Henri II, Catherine de Médicis et les trois rois nés de cette union. On ignore malheureusement le nom de l'éminent artiste auquel on les doit; il précède dans l'ordre des temps le célèbre Guillaume Dupré qui fit aussi des médaillons de cette dimension. Notre exemplaire du portrait de Catherine de Médicis provient de la collection d'Henneville. Voyez une gravure de cette médaille dans le *Trésor de numismatique, Méd. françaises*, Ire partie, pl. XV, n° 2.

1967. — Henri IV et Marie de Médicis. Buste conjugué de profil du roi et de la reine, tous deux la tête nue. Le roi porte un col plat rabattu; sur sa cuirasse, richement ciselée, on voit le Saint-Esprit et l'écharpe célèbre. La reine porte la grande fraise. Légende : HENRICVS IIII. REX CHRISTIANISSIMVS MARIA AVGVSTA. *Henri IV, roi très-chrétien. Marie reine*. Sous les bras du roi, la date 1603 en creux. Plus bas, en relief, la signature de l'artiste : G. DVPRE. F.

Revers : le roi en Mars, la tête nue, la javeline dans la main gauche donnant la droite à la reine en Minerve. Entre les deux époux, leur fils enfant, nu, le pied droit sur un dauphin, essayant de poser sur sa jeune tête le lourd casque de son père surmonté du panache historique; l'aigle de Jupiter apporte une couronne à l'enfant royal. Aux pieds du Dauphin le bouclier du Mars français et la lance de Minerve. Marie de Médicis est représentée le casque en tête, l'égide sur la poitrine et tenant son bouclier du bras gauche. Légende : PROPAGO IMPERI*i*. *Perpétuité de l'empire*. A l'exergue : 1603. Argent. Diam. 67 mill.

Cette médaille est une des plus connues de l'œuvre du célèbre Guillaume Dupré, mais il est rare de la rencontrer aussi belle d'épreuve. Les artistes faisaient alors comme aujourd'hui des modèles en grand des médailles qu'ils voulaient exécuter. On ne s'étonnera donc pas de trouver dans la collection un exemplaire en bronze du type du revers de cette médaille d'un module supérieur. (V. n° 1968.) Il en existe même dans les cabinets des modèles encore plus grands. J'en ai vu un en plâtre d'environ 30 centimètres de diamètre dans le cabinet de M. Depaulis, l'un de nos plus habiles graveurs de médailles. Louis XIII était âgé de deux ans en 1603, date de cette médaille dont la composition simple et élégante a été inspirée par sa naissance.

1968. — Médaillon représentant le même sujet qu'au n° 1967, différencié du côté de la face, mais absolument semblable au revers, sauf la dimension et le troisième I du mot IMPERII omis sur la médaille d'argent et qu'on trouve sur le grand médaillon de bronze. Bustes conjugués de Henri IV et de Catherine de Médicis. Le roi, la tête nue, est représenté presque entièrement de face en haut relief; la reine, au contraire, est en profil, et sa tête n'a presque pas de saillie. Comme sur la médaille précédente (n° 1967), Henri IV a la cuirasse, le Saint-Esprit et l'écharpe. Sous le bras, on lit en creux la date : 1605, et plus bas, à l'exergue : G. DVPRE. F. 1605. Légende : HENRIC*vs* IIII REX CHRIS*tianissimvs*. MARIA AVGVSTA. *Henri* IV, *roi très-chrétien. Marie reine*. Le revers, qui est séparé du droit, offre le type décrit au n° 1967; comme on l'a dit plus haut, le mot *imperii* y est écrit in extenso. On lit de nouveau la signature du graveur : G. DVPRE. F. Bronze. Module, 19 cent. Voyez au n° 1967.

1969. — Médaille de Henri IV, sans revers. Buste de profil du roi, la tête nue, portant sur une cuirasse richement ciselée le Saint-Esprit et l'écharpe blanche. Le champ de la médaille est semé de fleurs de lis et de fleurons. Bronze. Médaillon coulé et ciselé. Module, 12 cent.

Je n'ai jamais vu d'autre exemplaire de ce médaillon qui est peut être unique et provient de la belle collection de feu le baron d'Henneville qui avait réuni un grand nombre de portraits de Henri IV.

1970. — Médaillon de bronze de Pierre Jeannin. Le célèbre ministre des rois Henri IV et Louis XIII est représenté en buste, la tête nue, avec le manteau des gens de robe, comme il convient à un président au parlement. Légende : PETRVS IEANNIN REGIS CHRIST*ianissimi* A SECR*eto* CONSIL*io* ET SACR*i* ÆRA*rii* PRÆFECTVS. *Pierre Jeannin, membre du conseil privé du roi très-chrétien et surintendant des finances*. Exergue : G. DVPRE. F. 1618. (Ces lettres sont à rebours.) Module 18 cent.

1971. — Marc-Antoine Memmo, doge de Venise. Buste de profil, coiffé de la corne ducale et revêtu d'une robe de riche brocard. Légende : MARCVS ANTONIVS MEMMO DVX VENETIARVM. Exergue : G. DVPRE. F. 1612. — *Œuvre de Guillaume Dupré*, 1612. Bronze. Mod., 9 cent. Exemplaire remarquable par la finesse de la fonte et du ciselé d'un médaillon recherché par tous les connaisseurs comme un des chefs-d'œuvre de Guillaume Dupré, l'un de nos plus célèbres graveurs français. On rencontre toujours ce médaillon sans revers.

1972. — Jean Warin, le célèbre graveur en médailles, sa femme et sa fille. Tous trois sont représentés en buste et de profil; la fille de Warin est coiffée d'une sorte de plume d'un effet plus singulier qu'agréable; une grosse perle lui sert de pendant d'oreilles. On lit en haut la date 1648, et en bas, la signature VARIN. On sait que Jean Varin, originaire de Liége, signait tantôt avec le double W, tantôt à la française avec le V simple. Médaillon oblong. H. 9 cent. L. 13 cent. Avant d'accepter la tradition qui veut que ce médaillon, ouvrage de Jean Warin, représente l'artiste lui-même avec sa femme et sa fille, je l'ai comparé attentivement avec un curieux tableau que l'on conserve à l'Hôtel des monnaies de Paris, et qui, d'après l'inscription, représente *J. Warin, graveur, montrant une médaille antique à Louis XIV enfant, MDCCL.* Les traits du célèbre artiste sont ceux de notre médaillon; le nez, d'une forme caractéristique, est grand comme celui que l'on voit ici; les cheveux sont de même longs et flottent sur les épaules; en un mot, je ne doute pas de l'authenticité de l'inscription. Existe-t-il d'autres portraits contemporains de Warin; je ne le sais, mais le Cabinet des Estampes de la Bibliothèque impériale, dans sa nombreuse collection de portraits, n'en possède pas un seul qui soit de l'époque de cet éminent artiste. Il y en a un gravé par Édelinck en 1697, longtemps après la mort de Warin; un autre, par Balechou, puis une copie de celui d'Édelinck. Ces portraits n'offrent pas un caractère d'individualité bien frappant, et je ne leur accorde pas une grande confiance; cependant, tous sont d'accord avec le portrait de l'Hôtel des Monnaies de Paris et avec notre médaillon pour donner au nez de J. Warin les proportions qui durent le faire remarquer. Il ne faut pas oublier de signaler deux médailles représentant le célèbre artiste, toutes deux avec son nom, qu'on trouvera gravées dans le *Trésor de numismatique. Médailles françaises*, IIe partie, pl. XXVI, N° 1, et IIIe partie, pl. XXII, N° 10. La première n'est ni signée ni datée, et l'auteur, peut-être Warin lui-même, paraît avoir flatté son modèle. La seconde, signée Dufour, est datée de l'an 1683. Quoique gravée plusieurs années après la mort de Warin, on y retrouve les traits saillants de son visage. Je ne répéterai pas ici l'histoire de Warin qui est assez connue; il suffit de rappeler que cet habile homme, né au pays de Liége en 1604, mourut à Paris en 1672 et non en 1692, comme on le lit dans la Biographie de Michaud. La *Gazette burlesque* de Loret a fait connaître le funeste événement qui attrista sa vieillesse; sa fille, sans doute l'enfant que l'on voit ici, s'empoisonna, dit-on, le lendemain de ses noces, de désespoir d'avoir épousé, malgré elle, un homme qu'elle n'aimait point. (Voyez *Lettre* du 3 décembre 1651.) J'allais négliger de dire que le tableau conservé à l'Hôtel des Monnaies, dans le salon des séances de la Commission des monnaies, est peint sur panneau de bois et qu'il est signé : *F. Marius. pingebat.* La prétendue médaille antique, montrée par Warin à Louis XIV, n'est pas autre chose qu'un médaillon représentant Alcibiade qui doit être, soit l'ouvrage de quelque artiste de la Renaissance, soit une œuvre de Warin lui-même. On trouvera le médaillon de Warin avec sa famille gravé dans le *Trésor de numismatique et de glyptique; Médailles françaises*, IIe partie, page 20, pl. XXXII. N° 5.

1973. — Philippe IV, roi d'Espagne. Buste de profil, la tête nue, cuirassé et portant la grande collerette à godrons. Sur la cuirasse richement ciselée, le collier de la Toison d'or. En bas, à gauche, le monogramme d'un artiste inconnu. Revers : LVSTRAT ET FOVET. *Il parcourt la terre et la féconde.* Le roi en Apollon dirigeant le char du soleil. En bas, à gauche, le même monogramme d'artiste qu'au droit. Argent. Diam. 5 cent.

1974. — Marguerite de Carslagen. Buste de profil. Légende : MARG*areta*. A. CARSLAGEN. IOACH*imi*. POLITÆ. CONIVNX. *Marguerite de Carslagen, femme de Joachim Polites.* Argent. Diam. 6 cent. 1/2. Marguerite Koppier de Carslagen, fille de Jacques Koppier de Carslagen, avait épousé Joachim Polites, de Tergoes en Zélande, greffier d'Anvers et poëte; en 1594, elle était remariée à un autre greffier de la même ville, nommé Guillaume Martini. Si mes souvenirs ne me trompent point, il existe au musée de Boulogne-sur-Mer un médaillon semblable au nôtre qui présente au revers le premier mari de Marguerite de Carslagen. Van-Loon, qui a publié la médaille de Marguerite de Carslagen dans son *Histoire métallique des Pays-Bas*, (Voyez T. I, p. 199), la donne comme ici sans revers.

1975. — Érasme. Buste de profil, avec le bonnet de docteur, et une robe à fourrures. Dans le champ, son nom en abrégé : ER. ROT. *Erasme de Rotterdam.* A l'exergue, la date 1519. Autour du portrait, on lit une légende en latin et une en grec. 1° IMAGO AD VIVA*m* EFFIGIE*m* EXPRESSA. *Image exécutée d'après nature.* 2° ΤΗΝ ΚΡΕΙΤΤΩ ΤΑ ΣΥΓΓΡΑΜΜΑΤΑ ΔΕΙΞΕΙ. *Ses écrits offrent de lui la plus fidèle image.* Médaillon d'argent sans revers. Module, 10 cent. Le revers de cette médaille, que l'on rencontre quelquefois, est la célèbre devise d'Érasme, le dieu Terme, avec la légende *Concedo nulli.* Voyez, *Trésor de numismatique, Médailles allemandes*, pl. XI, n° 2, page 20.

1976. — Adolphe de Bourgogne, seigneur de Beures. Buste de profil, coiffé d'un chapeau à forme plate, avec toute sa barbe; le sire de Beures porte le collier de la Toison d'or. Légende : GENEROSVS NOBILIS AC ILLVSTRISS*imus* DOMINVS ADOLPHVS DE BVRGVNDIA DOMINVS DE BEVERICO DE VL*issinga Admiralis* MARIS. MDXXVIII. *Le généreux, noble et très-illustre seigneur, Adolphe de Bourgogne, seigneur de Beures, de Flessingue, amiral de la mer*, 1528. Médaillon d'argent sans revers. Module, 5 cent. 1/2. Si le personnage représenté sur cette médaille n'a pas joué un rôle très-important sur la scène du monde, on peut supposer que les circonstances seules lui ont fait défaut, car, comme il est dit dans l'*Histoire généalogique de la maison de France*, du P. Anselme, (t. I de l'édition en 9 vol., p. 256), Adolphe de Bourgogne, seigneur de Beures, a mérité d'être loué par Érasme pour ses bonnes qualités. L'observation du P. Anselme est fondée; Adolphe de Bourgogne, seigneur de Beures ou Beverne et de Flessingue, prince de Veere, dont le portrait se trouve sur notre curieuse médaille, paraît avoir été assez avant dans l'amitié d'Érasme pour que le savant Hollandais ait consenti à donner quelques soins à l'éducation de son fils Maximilien. Érasme a même adressé à Adolphe de Bourgogne une épître latine datée de Paris l'an 1498, dont le titre est : *De virtute amplectenda.* (V. l'édition de ses œuvres de Leyde, 1706, t. V, p. 65.) Ce prince descendait de la maison royale de France par la main gauche; il était petit-fils d'Antoine fils naturel de Philippe le Bon duc de Bourgogne, dit le grand Bâtard. Adolphe de Bourgogne fut amiral de Flandre, chevalier de la Toison d'or en 1516, et mourut en 1540, laissant plusieurs enfants d'Anne de Berghes, sa femme, qu'il avait épousée l'année même de son admission dans l'ordre de la Toison d'or.

1977. — Henri de Bréderode, chef des Gueux de Belgique en 1566. Buste de trois quarts, la tête nue, avec l'armure; il porte, suspendue au cou, la célèbre médaille des Gueux dont un exemplaire figure dans la collection. (Voyez n° 1978.) La légende est ainsi conçue : HENRICVS XXI BREDERODI DOMINVS NATVS 1531, OBIIT 1568. *Henri, 21e seigneur de Bréderode, né en 1531, mort en 1568.* Revers : Henri de Bréderode, un genou en terre, suivi d'une foule de gentilshommes, présente en leur nom une supplique à la gouvernante des Pays-Bas, Marguerite d'Autriche. La princesse, assise sur un trône sous un dais et entourée de sa cour, tend la main à Bréderode pour prendre la supplique. Légende : QVI VVLT AMARI LANGVIDA REGNET MANV. — *Qui veut être aimé, doit régner avec douceur.* Cette maxime est tirée d'une tragédie intitulée la *Thébaïde* qu'on attribuait jadis à Sénèque, mais qu'on ne réunit plus aux dix que la critique moderne lui accorde. (Voyez la *Thébaïde* dans le Sénèque de l'imprimerie Plantinienne d'Anvers de 1586, acte IV, vers 659.) A l'exergue, on lit : CCCC NOB*iles* SUPPLICES MDLXVI DIE 5 APRIL*is*. *Quatre cents nobles suppliants le 5 avril 1566.* Argent. Module, 8 cent.

Il est facile de voir que cette médaille n'est pas contemporaine de l'événement dont elle retrace le souvenir. On la doit à quelque curieux, soit à un admirateur de Bréderode qui la fit exécuter dans le cours du XVIIe siècle, comme le croit Van Loon qui publie cette médaille dans son *Histoire métallique des Pays-Bas*, t. I, p. 79, ou plutôt à une spéculation commerciale analogue à celle qui a fait naître la médaille décrite n° 1980. La supplique dont il est question dans la légende fut remise en effet à la gouvernante des Pays-Bas, Marguerite d'Autriche, fille naturelle de Charles-Quint, par Henri de Bréderode, seigneur de Vianen, accompagné du comte Louis de Nassau et de près de quatre cents gentilshommes, le 5 avril 1566, à Bruxelles. Bréderode adressa un discours à la gouvernante et lui remit une requête dans laquelle les suppliants demandaient entre autres choses l'abolition des édits du roi d'Espagne sur l'Inquisition et une assemblée générale des États. C'est de ce moment que date le surnom de Gueux donné aux gentilshommes confédérés. On raconte diversement l'origine de cette dénomination; celle-ci est la plus accréditée : le baron de Barlemont ayant traité les confédérés de gueux, ceux-ci acceptèrent cette injure comme un titre d'honneur, et, dès le lendemain, Henri de Bréderode, à un grand banquet, parut avec une besace au cou, et, après avoir rempli de vin une tasse de bois semblable à celles que portaient les véritables gueux, il y fit boire à son exemple tous les convives, et on cria : *Vivent les gueux!* Le lendemain, beaucoup de ces gueux volontaires parurent habillés de bure grise et portant à la ceinture une petite besace et une tasse. Puis on fabriqua des médailles à l'effigie du roi auquel on prétendait vouloir rester *fidèles jusques à porter la besace.* (Voyez n° 1978.) Henri de Bréderode, qui joua un rôle important dans les troubles de la Belgique, ne vécut pas assez pour en voir la fin. Il mourut en 1568, deux ans après l'audience solennelle retracée sur la médaille. Il avait, avant l'affaire des gueux, lutté seul contre le tout-puissant et inflexible Philippe II; un historien rapporte qu'il avait osé emprisonner un huissier du Roi Comte de Hollande, *pour avoir voulu exercer sa commission* dans sa seigneurie de Vianen qu'il prétendait libre et indépendante. (Voyez *Revue numismatique*, article de M. Chabouillet sur une monnaie d'or de Henri de Bréderode, seigneur de Vianen. Année 1849, p. 217 et suiv.)

1978. — Médaille ovale en argent des Gueux de Belgique, avec un élégant encadrement et une bélière. D'un côté, le buste de profil de Philippe II, roi d'Espagne, la tête nue, avec l'armure. Légende : EN TOVT FIDELLES AV ROY IVSQVES A PORTER LA BESACE. Cette phrase se lit moitié du côté de la face, moitié au revers. Revers : deux gentilshommes de la ligue des Gueux, debout, se donnant la main en signe d'union; ils portent à la ceinture la besace et la tasse des mendiants. H. 5 cent. L. 4 cent.

On a déjà parlé des Gueux dans l'article consacré à la médaille de Henri de Bréderode, n° 1977. Ici nous avons un rare et curieux exemplaire de la médaille que portaient comme lui les gentilhommes belges qui voulaient secouer le joug de la maison d'Autriche. Soit pour conserver une apparence de légalité à leur association, soit par un reste de scrupule, les Gueux se prétendaient fidèles au roi *jusques à porter la besace*, comme dit la médaille. Van Loon, dans l'*Histoire métallique des Pays-Bas*, a publié, t. I, nos 79 à 84, plusieurs variantes de ce rare et intéressant monument des troubles religieux et politiques de la Belgique à la fin du XVIe siècle. Sur quelques-unes de ces médailles on lit de plus que sur la nôtre les mots : *Vivent les Gueux,* écrits en abrégé : V. L. G. L'une des médailles données par Van Loon est entourée d'un encadrement semblable à celui de notre pièce qui offre, du reste, quelques particularités qui la différencient de toutes celles qu'on peut voir dans cet ouvrage.

1979. — Robert Dudley, comte de Leicester. Buste de trois quarts, coiffé d'un bonnet à plume, avec une armure richement ciselée, et la longue barbe. Légende : ROB*ertus* CO*mes* LEIC*esterii* ET IN BELGIO GVBER*nator*. 1587. *Robert,* *comte de Leicester et gouverneur des Pays-Bas.* Revers : NON GREGEM SED INGRATOS INVITVS DESERO. *J'abandonne malgré moi, non le troupeau, mais les ingrats.* Un chien qui quitte un troupeau dont la plus grande partie lui tourne le dos, tandis qu'un petit nombre semble vouloir le suivre. Argent. Diam. 5 cent.

On trouvera cette médaille gravée dans l'*Histoire métallique des Pays-Bas,* de Van Loon, t. I, p. 375. On n'a pas à retracer ici l'histoire si connue du célèbre favori de la reine Élisabeth d'Angleterre.

1980. — Guillaume Ier d'Orange et quatre illustres amiraux hollandais. Buste de face, de haut relief, de Guillaume Ier, prince d'Orange, premier stathouder de Hollande. Il est représenté la tête nue, avec la cuirasse et la collerette à godrons. La légende forme deux vers hollandais :

DEN OVDEN WILLEM VORST VAN NASSOV EN ORANIEN.
DIE WAS DER STAATEN ARM, EN GRESSELROE VAN SPANIEN.

Le vieux Guillaume, prince de Nassau et d'Orange, fut le bras des États et le fléau de l'Espagne. — Au revers, on voit réunis autour d'une table, comme pour un conseil, quatre illustres marins hollandais qui périrent tous au service de leur patrie et dont les noms forment la légende. Leurs quatre épées sont pendues entre les colonnes de la salle où ils délibèrent; tous sont assis, le manteau sur les épaules et le chapeau sur la tête. Les noms inscrits dans la légende, sont :

RIDDER MARTEN HARPERTSEN TROMP, PIETER PIETERSEN HEYN, IACOB HEEMSKERCK, IAN VAN GALEN. *Le chevalier Martin Tromp, fils de Harpetz ou Herbert; Pierre Heyn, fils de Pierre; Jacques Heemskerck, Jean van Galen.*

Les noms de ces amiraux, tous quatre tués glorieusement en combattant, appartiennent à l'histoire et il suffit de les nommer pour réveiller le souvenir des temps héroïques de la marine hollandaise. Je me contenterai donc de rappeler que Pierre Heyn, plus connu sous le nom de Pit-Hein, fut tué en 1629 à côté de Tromp, que celui-ci fut tué en 1653, qu'en cette même année J. Van Galen fut tué en servant bravement sa patrie d'adoption, et que Jacques Heemskerck fut tué en 1607. La médaille n'est pas datée, mais le travail indique une époque postérieure aux événements dont elle consacre le souvenir. C'est évidemment une commémoration, mais sans caractère officiel. Je trouve sur une médaille conservée au Cabinet des médailles le même type, moins quelques détails sans grande importance, et avec une légende qui n'a pas de rapport avec les quatre marins. Van Loon, qui a publié notre médaille dans son *Histoire métallique des Pays-Bas,* t. II, p. 360, ne nous instruit pas des motifs qui la firent fabriquer. Je crois que c'est une pure spéculation. Le portrait du fondateur de la République et celui des quatre marins morts pour leur pays devaient se vendre facilement en Hollande; mais le marchand utilisait cette composition pour d'autres opérations, et c'est ce qui explique qu'on trouve à la Bibliothèque impériale une médaille semblable à la nôtre avec une légende qui donne un tout autre sens au sujet et d'autres noms aux quatre personnages. Je place la fabrication de notre médaille vers la fin du XVIIe siècle.

1981. Frédéric-Henri, comte de Nassau, prince d'Orange, et sa femme Amélie de Solms. Médaillons d'argent du module de 11 cent. 1/2 destinés à être réunis en une seule médaille. Malgré l'absence de légende, on peut affirmer que ces portraits sont ceux que l'on indique, car il existe au Cabinet des estampes une foule de gravures avec lesquelles il est facile de comparer nos médaillons. J'ajouterai que Van Loon les a publiés dans son *Histoire métallique des Pays-Bas.* (V. t. II, p. 159.) Le prince Frédéric-Henri est représenté de trois quarts, la tête nue, avec cuirasse, collerette de dentelle rabattue et écharpe. La princesse est représentée également de trois quarts, avec des plumes et un bouquet de perles dans les cheveux et une haute fraise à la Marie de Médicis. On peut placer l'exécution de ces deux médaillons, dont le travail est fin et élégant, à l'année 1625, date du mariage des deux illustres époux. Frédéric-Henri succéda comme prince d'Orange et stathouder de Hollande à son frère le grand Maurice de Nassau, et mourut en 1647. Sa femme lui survécut jusqu'en 1675. Van Loon a publié deux autres médaillons de ces mêmes personnages presque semblables à ceux-ci, également anonymes, mais avec les devises des deux époux : *Patriæque patrique* est la devise du prince; celle de la princesse est : *Quid reddam domino?*

1982. — Buste de face d'un général, d'un prince ou d'un roi, représenté la tête nue, avec une cuirasse sur laquelle est jeté un manteau orné de fourrures. Médaillon ovale, d'argent. Travail du XVIIe siècle. H. 11 cent. L. 9 cent. 1/2.

ÉMAUX DES PEINTRES

1983 et 1984. — Une paire de salières avec peintures en grisaille teintée, et arabesques d'or. Ces salières font partie d'un service décoré par Pierre Raymond et dont d'autres pièces figurent dans cette collection. (V. n°s 1985 et 1986.) La collection Pourtalès renferme également un plat de ce service.

1983. — Un buste de guerrier casqué, Mars, décore le fond de la salière; les bords sont ornés de cartouches avec mufles de lions, fleurs et fruits. Autour du pied sont peintes des chasses. D'une part, deux guerriers vêtus à l'antique, dont l'un est armé d'un arc et l'autre d'un épieu, poursuivent un cerf et une biche que les chiens vont atteindre. D'autre part, un chasseur vêtu à la mode du règne de François Ier menace de son épieu les mêmes animaux qui lui présentent le front. On remarquera l'inadvertance du peintre qui, ayant vêtu deux de ses figures à l'antique, habille la troisième à la moderne. Un écusson aux armes du possesseur du service est placé sur ce pied, entre les deux groupes de personnages. Ce blason écartelé au premier quartier d'argent au croissant de...; aux deuxième et troisième d'or à deux lions passants de gueules; au quatrième, ondé coupé de.., à l'étoile de.. au chef de gueules. Ces armoiries, qu'on retrouvera avec variantes sur d'autres pièces du même service dans cette collection, nos 1985 et 1986, et sur le plat de la collection Pourtalès n° 194 du *Catalogue* rédigé par feu M. Dubois, ne me paraissent pas appartenir à une maison connue. On les chercherait vainement dans les armoriaux français. Peut-être sont-elles de fantaisie, ce que divers indices me feraient supposer. Sur le pied on lit en lettres d'or, P. R., initiales bien connues de Pierre Raymond, de Limoges. (Voyez sur cet artiste l'excellente notice de M. le comte de Laborde dans son *Catalogue des Émaux du Louvre*, p. 210 et suiv.) H. 11 cent. Diam. 8 cent. 1/2. Diamètre du pied : 12 cent. Voir ci-dessus, nos 1983 et 1984, et l'article qui suit.

1984. — (Voy. n° 1983.) La décoration est analogue à celle du n° 1983 avec quelques variantes; ainsi, au lieu de Mars, c'est un buste de femme, les seins nus, Vénus, qui décore le fond de la coupe. Autour du pied, on voit également des chasses; d'une part, deux cavaliers, presque nus, arrivent pour la mort d'un cerf aux abois. D'autre part, deux chasseurs à pied, vêtus à l'antique, poursuivent un ours qui a déjà terrassé un des chiens, mais que l'épieu va atteindre. Le blason décrit au n° 1983 et les lettres P. R. se retrouvent ici. Même dimension qu'au n° 1983.

1985 et 1986. — Deux assiettes peintes en grisaille teintée. Les bords sont décorés d'arabesques et de figures de fantaisie, satyres dansant, bacchants assis dans des chars, grappes de raisin, etc. Diam. 20 cent. Des numéros d'ordre qui se suivent, 19 et 20, en émail noir sur blanc, annoncent que ces deux assiettes faisaient partie d'un même service, ce que l'on reconnaîtrait d'ailleurs facilement; car les deux assiettes sortent évidemment de la même main, celle de P. Raymond, et de plus les sujets se font suite. Les armoiries peintes au revers de ces assiettes nous donnent aussi le droit de supposer que les salières nos 1983 et 1984, malgré des variantes singulières, ont fait partie d'un même service, ainsi que le grand bassin d'aiguière de la collection Pourtalès, cité plus haut. C'est donc à Pierre Raymond que l'on peut attribuer ces assiettes, bien qu'elles ne soient pas signées, puisque les salières le sont.

1985. — (Voyez nos 1985 et 1986 ci-dessus.) Le sujet adopté pour les assiettes dont nous possédons les nos 19 et 20 est l'histoire de Médée, non pas comme la rapportent les textes de l'antiquité, mais comme l'imagination de la Renaissance se la représentait. Le fond de l'assiette marquée n° 19 représente la cour infernale. Pluton et Proserpine sont assis sur leur trône; le dieu des enfers, entièrement nu, tient un bident à la main; à ses pieds, on voit Cerbère. Proserpine est presque entièrement nue; elle porte seulement une coiffe plate et une légère draperie sur la cuisse. A la droite de Pluton, sur un piédestal, la statue d'Hécate tenant un pot à feu à la main; à la gauche de Proserpine, la statue d'une déesse infernale, nue, mais portant la même coiffure que Proserpine, et tenant de la main droite une palme. Devant Pluton, une femme nue, les cheveux épars, immolant un taureau qu'elle tient terrassé. C'est sans doute Médée dont on voit le char dans les nuages. Sur le sol, on voit une pelle et un vase renversé d'où s'échappe un flot de sang. Le revers de cette assiette est décoré avec la même richesse que le dessus. Les bords sont décorés d'arabesques en grisaille sur fond noir; puis, une guirlande d'or courant également sur fond noir; enfin, le milieu est occupé par l'écusson armorié du possesseur placé au milieu d'un cartouche. L'Amour avec son carquois sur le dos figure un des supports; Vénus, qui tient une des flèches de son fils, figure l'autre; au-dessus de l'écusson, un pot à feu semblable à celui que l'on vient de voir dans les mains d'Hécate; en bas, un casque ailé orné d'une guirlande de lauriers placé sur deux flûtes en sautoir. Sur cette assiette l'écusson est presque semblable à celui de la salière n° 1984, mais aux yeux d'un héraldiste il en diffère assez notablement pour me confirmer dans la croyance où je suis que ces armoiries sont de fantaisie; car si c'était le service d'une famille noble, chaque pièce porterait le même blason, et à moins de supposer une négligence inconcevable de la part de l'émailleur, on n'y verrait pas des différences capitales au point de vue héraldique, bien qu'insignifiantes aux yeux des personnes qui n'ont point étudié ce vénérable grimoire. On retrouve les quatre quartiers disposés de même, mais les émaux sont changés; ainsi, sur la salière n° 1984, le croissant de sable est sur le champ d'argent; ici, il est bien aussi de sable, mais sur champ d'or. Au deuxième quartier, sur la salière, les deux lions de gueules sont sur champ d'or, au lieu qu'ici ils sont sur champ d'argent; au troisième quartier, on a ajouté un chef de gueules; au quatrième, l'étoile est sur champ d'or, tandis que sur la salière elle est en champ d'argent.

1986. — (Voyez, ci-dessus aux nos 1985 et 1986.) Assiette avec le n° 20. Dans le fond de l'assiette, le sujet est

Médée ressuscitant Éson. La célèbre magicienne debout, les cheveux épars, nue, sauf une légère draperie nouée sur les cuisses, fait bouillir dans un trépied les herbes destinées à remplacer le sang du vieillard; auprès de cette chaudière, le vieil Éson couché entièrement nu.

Au revers, écusson où paraissent deux des quartiers que nous avons vus sur l'assiette marquée n° 19, mais à la place des troisième et quatrième quartiers, un autre blason qui héraldiquement doit être ainsi décrit : d'azur au dauphin d'argent, au chef d'or. Autour de cet écusson, trois cartouches; celui d'en haut représente trois vaisseaux chargés de guerriers voguant, celui de gauche, une femme nue, debout, qui semble avoir laissé échapper un vase dont la liqueur se répand. A droite, un vieillard barbu, à longue robe, ailé, marchant avec des béquilles. Serait-ce le Temps que Médée force à prendre des béquilles? Ces deux derniers cartouches sont portés chacun par un enfant : celui de droite tient de chaque main un javelot; celui de gauche, un trident.

1987. — Salière, avec peintures en grisaille. Dans le fond, buste de femme de profil; sur les bords, cartouches et enfants. Autour du pied, sujets de fantaisie. Un homme nu, assis au pied d'un arbre, retient sur ses genoux une femme également nue qui tient une pomme. Est-ce Adam et Ève? Plus loin, au pied d'un rocher sur lequel est posté un griffon, un homme armé d'une massue et un genou en terre se défend contre un lion; trois hommes nus, armés de massues et protégés par des boucliers, combattent un autre lion. Un Satyre s'enfuit d'un bois épais; enfin, un enfant joue avec une espèce de singe. Le bord du pied est décoré d'ornements peints en or. On lit au revers, au fond, les initiales P. R. en lettres d'or (*Pierre Raymond*). H. 7 cent. 1/2. Diam. du haut, 9 cent.; du pied, 13 cent.

1988. — Salière peinte en grisaille teintée, avec ornements en or. Dans le fond, buste de femme de profil; autour, sur les bords, fruits, fleurs et masques. Sur le pied, combats dans le genre de ceux de la salière n° 1987. Des guerriers nus forment divers groupes. Dans l'un, un guerrier est tombé sur les genoux; il est blessé, son sang coule, mais il brandit son épée d'un air menaçant et tient de la main gauche la tête de son ennemi qu'il vient de trancher. Entre le cadavre du vaincu et son adversaire, on voit un troisième guerrier debout, le bouclier au bras gauche et une massue à la main, qui paraît atterré. Plus loin, un guerrier, posant le pied sur le cadavre d'un ennemi décapité tient tête à deux assaillants armés chacun d'une massue; il va les écraser de la sienne qu'il brandit des deux mains d'une manière formidable. Un autre guerrier, qui paraît l'allié de celui-ci, est placé derrière lui et brandit aussi une massue. Le dernier groupe est formé par deux lutteurs. H. 88 mill. Diam. du haut : 9 cent. Diam. du pied, 12 cent.

1989. — Médaillon rond convexe. Le sujet, peint en grisaille avec de rares rehauts d'or, est un combat de cavaliers vêtus à l'antique. En bas, la marque de Pierre Raymond, P. R. Gravé, pl. XXXIII. Diam. 13 cent.

Le comte de Laborde distingue deux hommes dans Pierre Raymond, l'un de ces hommes est un habile artiste, l'autre est un fabricant. Je ne crains pas d'être démenti par ce juge aussi éclairé que sévère, en attribuant ce médaillon au premier de ces deux hommes. N'oublions pas de noter que la composition est imitée d'un des épisodes de la bataille de Constantin contre Maxence par Raphaël. On trouvera ce médaillon gravé sur notre planche XXXIII avec la plaque n° 2037.

1990. — Coupe avec pied fort élevé et couvercle. Dans l'intérieur de la coupe est représenté un banquet de divinités de la mer; la table est dressée au pied d'un arbre sur un îlot; trois Néréides nues prennent des poissons et des coquillages des mains d'un Centaure marin; une quatrième serre un Triton dans ses bras. Peintures en grisaille teintée encadrées dans une bordure d'arabesques en or. Le pied est décoré d'arabesques en grisaille au milieu desquelles paraissent des poissons, circonstance qui pourrait faire supposer que ce vase était plutôt destiné à contenir quelque sauce à poisson qu'à servir de coupe. Sur le couvercle, quatre médaillons représentant des bustes de personnages mythologiques avec leurs noms en lettres d'or. Ce sont : PALLAS, PARIS, VÉNUS ET HERCULE. Entre les médaillons, arabesques, casques, bouclier, arc et carquois. Au revers du couvercle, arabesques se détachant en gris avec quelques rehauts d'or sur un émail brun foncé. H. 18 cent., sans le bouton de cuivre qui représente un page. Diam. 19 cent.

1991. — Coupe à pied avec couvercle. Dans l'intérieur de la coupe, un sujet peint en grisaille teintée avec de rares rehauts d'or et entouré d'une bordure de rinceaux en or. J'y reconnais le festin donné par Didon à Énée. (*Énéide*, V, vers 657, 699, 717). Sous un dais magnifique, Didon, la couronne en tête, est assise auprès d'Énée devant une table servie; le jeune Ascagne, ou plutôt l'Amour qui a pris les traits du fils d'Énée, vient se cacher sur le sein de la reine de Carthage qui le presse dans ses bras; *et interdum gremio fovet*. Cinq esclaves, dont l'un porte un bonnet phrygien, apportent les vins et les mets; un sixième joue de la lyre. Sur la tige, Neptune dans son char attelé de quatre chevaux, suivi d'une Sirène montée sur un bouc marin. Sur le pied, l'enlèvement d'une femme. Trois soldats vêtus à l'antique entraînent une femme sur un rivage où elle est attendue par un guerrier debout dans une barque dirigée par deux rameurs. Un homme armé de pierres va les lancer sur les ravisseurs qui s'empressent de se dérober à ses coups. Sur le couvercle, marche triomphale de Bacchus. Le dieu du vin est représenté enfant, couronné de lierre; il est nu, assis dans son char que traînent un bouc et une panthère de fantaisie, et tient d'une main une grande œnochoé et de l'autre un cep de vigne; sur le char, deux petits Génies bacchants et un Satyre enfant. Silène, ivre, monté sur son âne et soutenu par deux Satyres accompagne Bacchus, suivi et précédé de Satyres des deux sexes. Le dessous du couvercle est décoré d'arabesques d'or qui entourent quatre cartouches dans chacun desquels est peint en grisaille teintée un enfant nu jouant du violon. Le dessous de la coupe est décoré d'arabesques d'or et de mascarons en grisaille. Un petit Triton de bronze doré sert de bouton pour saisir le couvercle. H. 15 cent. Diam. 16 1/2 cent. Bois dans le texte.

Cette belle coupe, du genre de celles qu'on nomme coupes d'accouchée, est tout à fait dans le style de Pierre Raymond; mais, comme elle n'est pas signée, ce peut être l'œuvre d'un de ces artistes, dont parle M. le comte de Laborde, qui ne peignaient sur émail que par occasion et qui n'ont pas cru devoir signer leurs produits. (Voy. *Notice*, p. 242). On peut l'attribuer aussi à l'un des élèves de Pierre Raymond qui, « venant à le quitter, cherchaient à débiter leurs productions comme provenant de l'atelier qu'ils avaient déserté. » (Comte de Laborde, *Notice*, p. 236.) Quoi qu'il en soit, cette coupe, d'une admirable conservation, est un véritable joyau; la décoration en est riche sans profusion et les figures y sont traitées avec une rare élégance. Que l'on examine les quatre petits joueurs de violon qui décorent le dessous du couvercle, et l'on conviendra qu'il est difficile de varier plus heureusement les poses et les expressions dans quatre sujets identiques.

N° 1991.

1992. — Coupe décorée de peintures et d'arabesques avec quelques ornements en or. Le jugement de Pâris occupe le fond de la coupe. Les trois déesses sont debout devant le fils de Priam, qui remet la pomme à Vénus, aux pieds de laquelle on voit l'Amour enfant. Les noms des personnages se lisent ainsi en lettres d'or : PALLAS. VENVS. IVNE. PARIS. Peinture en grisaille teintée de diverses couleurs parmi lesquelles domine le bleu, dans une bordure d'arabesques en or. Le revers du couvercle et le pied sont également décorés d'arabesques. H. 12 cent. D. 17 cent.

1993. — Flambeau. Le pied, très-large, est orné de douze médaillons relevés en bosse, de forme ovale, sur chacun desquels est peint un sujet mythologique. 1° Hercule étouffant Antée; 2° Hygie; 3° Hercule enchaînant Cerbère; 4° Apollon; 5° Hercule enlevant une femme au dieu Pan; 6° Mercure; 7° Hercule portant le ciel; 8° Minerve; 9° Hercule perçant d'une flèche un Satyre; 10° Cybèle ou Ops (voyez le n° 1999); 11° Hercule vainqueur de la biche aux cornes d'or; 12° Méléagre. La tige du flambeau est séparée en deux parties par une sorte de bobèche décorée de groupes d'enfants traités avec une grâce et une naïveté délicieuses; les uns font danser un ours; un autre chevauche sur un bâton à tête de cheval; un autre sur un véritable cheval; enfin un dernier sonne de la trompe. Sur la partie supérieure de la tige, Neptune et Amphitrite sur un char traîné par des chevaux marins, précédés et suivis de Tritons. Le contre-émail du pied est bleu, semé de fleurs de lis d'or. H. 17 cent. Diam. du pied, 19 cent.

J'ai cherché vainement la signature de Jean Courtois sur ce flambeau, mais bien qu'elle n'y soit pas, je l'attribue sans hésitation à ce maître qui en a signé un semblable de ses initiales I. C. Ce flambeau, qui ne diffère du nôtre que par sa dimension (il a 29 centimètres de hauteur) et par la couleur de l'émail du pied qui est pourpre et non bleue, faisait partie de la collection Debruge-Duménil et est décrit dans le catalogue de M. Labarte, sous le n° 739, parmi les œuvres de Jean Courtois. (V. p. 600.) Je sais que M. le comte de Laborde a cru pouvoir distinguer parmi les émaux signés I. C, les beaux qu'il attribue à Jean Courtois, des médiocres qu'il pense avoir été exécutés par un inconnu signant des mêmes initiales. (V. *Notice* p. 299.) Mais la beauté de notre belle pièce autorise à l'attribuer à Jean Courtois, et non à l'inconnu I. C, si tant est qu'il faille admettre son existence, ce qui n'est peut-être pas nécessaire, car le même artiste peut avoir fait des œuvres de mérite inégal. On rencontre rarement de ces splendides flambeaux. Le Louvre en possède deux ou trois, non compris dans la notice de M. le comte de Laborde, qui me paraissent devoir être attribués à Jean Courtois; mais il n'y en avait qu'un dans la riche collection Debruge-Duménil, et il n'y en a pas un seul au musée de Cluny.

1994. — Coffret de cuivre ciselé et doré, orné de douze petits tableaux sur émail, peints en grisaille légèrement teintée, avec inscription en lettres d'or. Sur le couvercle, au-dessous de la poignée, au milieu de rinceaux, on lit en creux, sur un cartouche, cette devise : DEVM TIME. —

Crains Dieu! L'histoire de Tobie a fourni les sujets de ces tableaux; mais l'artiste, peu soigneux de la partie littéraire de son œuvre, n'a pas placé ses plaques dans l'ordre naturel de l'histoire, et de plus les inscriptions sont pleines de fautes, des mots sont oubliés, d'autres répétés; aussi, ne m'astreindrai-je pas à décrire les plaques dans l'ordre qu'elles occupent sur le coffret; je préfère suivre l'histoire de Tobie dans la Bible :

1° Débuts de l'histoire; chapitre I, v. 1. Inscription : DE NEPTALI EN GALILEE FVN LE SAIT HOME TOBIE LA PRINT FEMME QUI FV DE SA LIGNEE.

Tobie debout, contemplant son fils nouveau-né auquel une nourrice assise donne le sein, tandis qu'une servante apporte à manger à sa femme Anne, qui est dans son lit.

N° 1994.

2° Inscription très-fautive, en lettres noires sur blanc : TOBIE QUI ES; puis en lettres d'or : ANNE LA FEMME DE LA SAIN HOME TOVS LES IOVRS GOVVE (*rne*).

Anne, femme de Tobie, donne un vêtement à un pauvre enfant, en présence de son époux et du jeune Tobie qui, assis devant sa mère et un livre sur ses genoux, apprend dès l'enfance à faire le bien et à craindre Dieu. Chap. I, v. 10. La devise du coffret DEVM TIME est empruntée également à ce verset.

3° Dès les premiers versets du chap. I, il est dit que Tobie fut emmené captif du temps de Salmanazar, roi des Assyriens. On voit en effet ici un soldat, la hallebarde sur l'épaule, qui emmène Tobie, sa famille et sa tribu. On lit : LE BO TOBIE FV MENE PRISONES.

4° Au milieu de la persécution, Tobie trouva grâce devant Salmanazar qui lui donna pouvoir d'aller partout où il voudrait, et la liberté de faire ce qu'il lui plairait. Ch. I, v. 13. Le tableau représente Tobie, le bonnet à la main, s'inclinant devant le roi d'Assyrie qui, entouré de toute sa cour, lui donne dix talents d'argent. On lit : DEPVIS QVIL FVRENT PRISONNIES.

5° Sennachérib, successeur de Salmanazar, persécuta les Juifs; il en fit tuer plusieurs; ch. I, v. 20 et 21. Un Juif à genoux devant le roi ou un juge. Un soldat est à la porte, la main sur la garde de son glaive. On lit : DEPVIS QVI FVRET PRISONIES EN NINIVE.

6° Le roi Salmanazar avait donné une somme de 10 talents d'argent à Tobie; « parmi le grand nombre de ceux de sa race, voyant que Gabelus ou Gabaal, qui était de sa tribu, était fort pauvre, il lui donna sous son seing cette somme d'argent. » Sur le coffret, Tobie donne ses dix talents d'argent à Gabelus qu'il rencontre avec sa femme près des murs de la cité. On lit : LE BOVN TOBIE ALLAT PAR LA CITE VIT GABEL EN GRAN AFFLICIOVN.

7° Le même sujet. Gabelus est assis en grande affliction, entouré de sa femme et de ses proches. On lit : YAT (craignant) SA FEMME ET SES PROCHAIS PER (ir) EL LAVERSITE.

8° La persécution à Ninive. Un soldat lève le glaive pour tuer un Juif agenouillé en prières. Deux vieillards assistent à cette scène; on lit : SANACHERIB DES IVIZ PERSECVTEVR. TEMPLE POVR ADORER OIANT SES FILZ. Ces trois phrases fort estropiées se rapportent à divers traits de l'histoire de Tobie.

9° Même sujet. Un soldat massacrant des Juifs dont les corps sont amoncelés à ses pieds. Deux témoins de ce spectacle expriment par leurs gestes l'horreur qu'il leur inspire. On lit : SANACHERIS EN NINIVE DES IVIF FIT TVER PARMI LA VILLE.

10. Dans les chapitres I, v. 20 et 21, et ch. II, 1 à 9, il est dit que Tobie ensevelissait les corps des Juifs tués par ordre du roi. On le voit, en effet, ici, aidé par un de ses serviteurs relevant le corps nu d'un Juif qu'il va ensevelir. On lit : VOIAT (voyant) TOBIE VN IVIF MORT PAR LES RVES.

11° Dans le verset 20 du chapitre, il est parlé d'un chevreau apporté à la maison par Anne, femme de Tobie; « il arriva donc qu'ayant reçu un jour un chevreau, elle l'apporta à la maison. » Sur notre émail le chevreau est devenu un agneau par une erreur qui n'étonnera pas au milieu des légendes bizarres que l'on vient de lire; le moment choisi par l'artiste est celui où un homme présente l'agneau à Anne. On lit : LA BONNE DAME VN ANIEAV A.

12° Sara, fille de Raguel, qui devint plus tard la femme du fils de Tobie, avait eu sept maris tous tués par le démon Asmodée. Or, un jour, une des servantes lui reprocha ces morts répétées : c'est le sujet de cette dernière peinture qu'explique fort bien la légende : LVNBLE SARA FV DE SA CHAMBRIERE INIVRIEE. (Ch. III, v. 7 et suiv.) Sara, accompagnée d'un jeune enfant, écoute avec douceur une servante qui lui montre le poing et lui adresse des injures. — Haut., 11 cent. Longueur, 16 cent. Largeur, 11 cent.

J'ai fini la description de ce monument exquis et complet de l'art du XVIe siècle; mais je me garderai d'en écrire moi-même l'éloge, puisque je le trouve fait de main de maître dans la *Notice des émaux du Louvre*, de M. le comte de Laborde. Traitant la question des émaux anonymes, M. de Laborde (p. 143) dit qu'il en est où l'on retrouve « le fini précieux et le sentiment délicat des plus habiles de nos miniaturistes. » A l'appui de cette assertion, M. de Laborde cite dans la note 3 de cette même page le coffret de M. Louis Fould. « Les compo-« sitions en grisailles, ajoute-t-il, légèrement teintées, « illustrent la vie touchante de Tobie. Du sentiment, de « l'élégance, un peu de manière et beaucoup d'hésitation, « caractérisent le talent du peintre miniaturiste, qui s'est « surpassé dans la petite scène intitulée : *Voyant Tobie* « *un Juif mort par les rues*. Les petits tableaux de nos « meilleurs manuscrits de la première moitié du XVIe siècle « sont égalés par ce fin pinceau dont je ne connais pas « d'autre ouvrage. »

Il n'y a rien à ajouter à cette appréciation; je dirai seulement que M. Louis Fould, qui affectionnait particulièrement ce joyau de sa collection, avait choisi ces petits sujets comme motifs de la décoration des voussures de la galerie de son hôtel. Copiée en grand et librement par M. Frappaz, cette histoire de Tobie fait un excellent effet.

1995. — Triptyque monumental en ébène doré, présentant une arcade de plein cintre dans la partie principale et une demi-arcade dans chacun des volets. Ce triptyque est le cadre de six plaques d'émail dont trois, de forme rectangulaire, occupent les parties droites au-dessous des cintres, tandis que les trois autres remplissent les cintres. La peinture est en grisaille teintée légèrement et avec des rehauts d'or sobrement distribués. Partie centrale et principale : *Prédication de saint Jean-Baptiste*. Le saint s'est enfermé dans un épais fourré d'arbres; des hommes, des femmes et des enfants l'entourent. Au-dessus, dans la partie cintrée, Dieu le Père, porté sur les nues, bénissant. Sur le volet de gauche, en bas, le Baptême de Jésus-Christ. Saint Jean, agenouillé sur le rivage du Jourdain, verse l'eau sur la tête de Notre-Seigneur, qui est debout dans le fleuve, les mains jointes. Dans les cieux Dieu le Père et le Saint-Esprit descendant sous la forme d'une colombe sur la tête du Fils de l'homme. Sur le volet de droite, la décollation de saint Jean-Baptiste. Le saint est agenouillé, les mains jointes, devant la prison; le bourreau lève le glaive sur sa tête. Dans chacune des deux parties cintrées qui surmontent ces volets, un ange sonnant de la trompette. H. avec le cadre, 60 cent. L. 70 cent. H. du sujet central, 30 cent. L. 22. Larg. des volets, 11 cent.

Ce magnifique triptyque est depuis longtemps connu parmi les amateurs comme provenant de l'atelier de l'émailleur si célèbre sous le nom de Pape auquel M. le comte de Laborde a récemment restitué les noms sous lesquels il fut célèbre au XVIe siècle. (Voyez *La Renaissance des Arts à la Cour de France*, t. I, p. 246 et p. 280 de l'excellent ouvrage du même auteur qui, sous le titre modeste de *Notice des Émaux* etc., *du Musée du Louvre*, renferme un véritable traité de la matière.) M. de Laborde, dans ces deux ouvrages, a démontré que les signatures MDPP, MDPP avec un I dans le D, MPAPE, MDPAPE désignaient toutes un même artiste et que cet artiste n'était autre qu'un émailleur du roi dont il a découvert la mention sur des comptes royaux de l'an 1599. « *A Martin Didier, émailleur de S. M., la somme de* 30 *livres tournois, à lui ordonnée pour ses gayes.* » M. le comte de Laborde n'a pas cru devoir chercher l'explication du mystère que cachent les lettres PP ou le mot PAPE qu'on rencontre sur les ouvrages de ce maître. Je n'ai certes point la prétention de compléter la découverte du savant académicien; je me permettrai pourtant une simple conjecture. D'abord, les lettres PP ou le mot PAPE c'est tout un; évidemment PP est Pape en abrégé; il ne reste donc qu'à rendre compte de ce nom; pourquoi n'y verrait-on pas le nom patronymique du fameux émailleur; dans cette hypothèse, Martin et Didier seraient les noms de baptême de cet artiste. On pourrait citer un grand nombre d'exemples de l'habitude fort répandue au XVIe siècle de désigner les artistes très-connus soit par des surnoms qui faisaient oublier leurs noms, soit par leurs noms de baptême. Michel-Ange et Raphaël en Italie, Jehannet en France, ne sont-ils pas des noms plus familiers à toutes les oreilles que Sanzio, Buonarotti ou Clouet? Je ne m'étonnerais donc nullement de voir désigné par les noms de Martin Didier, sous lesquels il était universellement connu, un artiste qui s'appelait sans doute *Martin-Didier Pape*.

M. Didier-Petit, de Lyon, le célèbre collectionneur, avait attribué notre triptyque à ce maître, et cette opinion est constatée dans le Catalogue de sa vente, d'où il est venu dans le cabinet de M. Louis Fould. (Voyez p. 5, n° 36.) M. Jules Labarte, qui parle de notre triptyque dans sa description de la collection Debruge-Duménil, p. 603, n° 749, ne paraît pas repousser cette attribution; enfin, M. de Laborde la mentionne également avec approbation dans sa *Notice des Émaux du Louvre*, p. 282, note 3, où il parle de l'entrée de ce triptyque dans la collection de M. Louis Fould. Cette attribution n'était pas fondée uniquement sur le style et sur la manière de Martin-Didier ou de Pape, comme on voudra le nommer; elle avait des bases encore plus solides. Il existe à Venise, dans le palais Manfrin, un triptyque offrant les mêmes sujets que celui de la collection Louis Fould, avec cette seule différence que les sujets sont distribués en cinq compartiments au lieu de six; or, ce triptyque est signé MDPP avec l'I dans le D.; il est donc très-probable que l'émail de M. Louis Fould est comme celui-là l'ouvrage de Martin-Didier Pape, ainsi que celui qu'a décrit M. Labarte dans le Catalogue Debruge-Duménil, p. 603, n° 749. Ce dernier est beaucoup moins grand que le nôtre, et présente d'assez notables différences dans la disposition des groupes; on peut le voir lithographié dans les *Arts au moyen âge* de Du Sommerard, dernière ligne du n° 1905. (Voyez *Album*, VII° série, pl. XXI°. Texte, t. V, p. 187.)

1996. — Plaque carrée, peinte en grisaille teintée, représentant l'Astronomie sous les traits d'une belle jeune femme nue; elle est assise sur un cippe décoré d'un bas-relief, et de l'index indique le ciel. Cinq enfants ou génies groupés autour d'elle écoutent ses leçons. L'un d'eux mesure le globe céleste. Dans le ciel, les neuf planètes. On lit le mot ASTRONOMIA en lettres d'or comme les planètes. H. 22 cent. L. 16 cent.

Ce sujet fait partie d'une suite dont deux pièces se trouvent dans la collection. (Voy. n° 1997.) On en trouverait peut-être bien le modèle dans les œuvres des maîtres du XVI° siècle. J'attribue ces deux belles plaques à l'un des plus célèbres émailleurs du XVI° siècle, malgré l'absence de signature, circonstance qui s'explique fort naturellement; on sait qu'on ne signait pas toujours sur chacune des pièces d'une série; or nous n'avons ici que deux numéros d'une suite.

1997. — Pendant du n° 1996. — La Dialectique, représentée par une femme couronnée de laurier, nue et assise comme l'Astronomie sur un cippe décoré d'un bas-relief. Elle fait avec ses doigts un geste qui indique qu'elle énumère ses arguments. Six génies écoutent ses leçons. On lit en haut, en lettres d'or, DIALETICA (*sic*). Voy. n° 1996.

1998. — Plaque convexe ovale. David et Bethsabée. La femme d'Uri sort du bain; nue, sauf de légères draperies, elle se tient debout dans un bassin où trempent ses pieds. Une de ses femmes arrange sa coiffure; deux autres placées derrière celle-ci s'entretiennent ensemble. La messagère de David remet une lettre à la belle baigneuse, près de laquelle on distingue un miroir. La scène se passe dans de magnifiques jardins décorés de vases précieux et de statues; la fontaine qui alimente le bassin est ornée de riches sculptures que surmonte un Pégase. Un paon est posé sur le bord du bassin supérieur. Dans l'éloignement on distingue la ville de Jérusalem, et, à gauche, un palais où l'on reconnaît David sur son balcon, la couronne en tête et le sceptre en main. Peinture en émaux de couleurs, avec rehaut d'or. H. 30 mill. L. 41 cent.

Cette magnifique plaque a été attribuée à Jean Courtois par M. le comte de Laborde, qui la mentionne parmi les œuvres non signées de cet artiste dans sa *Notice des émaux du Louvre*. Voy. p. 265. L'opinion nettement formulée d'un juge aussi compétent me dispense de tout commentaire sur ce précieux morceau, dont le coloris est arrivé jusqu'à nous avec sa fraîcheur première. Le même sujet a été traité en plus grand sur un bassin attribué par M. de Laborde à Jean Limosin.

1999. — Plaque ovale. La déesse Ops, entièrement nue, pressant ses seins, debout, au milieu d'animaux divers, louve, lion, cerf, bouc, ours et âne. A gauche, un cippe sur lequel paraît un bas-relief simplement esquissé, mais dans lequel figurent un cavalier et une femme couchée. Ops est placée au milieu d'un paysage verdoyant; dans l'éloignement une ville. On lit en lettres noires sur une banderole d'or qui se déroule dans les airs, ce mauvais vers hexamètre :

OPIS SATVRNI CONIUNX MATERQVE DEORUM.

Ops, épouse de Saturne et mère des dieux.

H. 27 cent. L. 21 cent.

La déesse de la Fécondité, dont les mythographes latins font la femme de Saturne, et qu'ils assimilent à Rhée et à Cybèle, est représentée ici d'après une composition du Rosso, gravée plusieurs fois, d'abord par Jacques Caraglio de Vérone en 1526, par Jacobus Binck en 1530, et enfin par Jacques Androuet Du Cerceau. Le peintre émailleur n'a rien changé au type de la déesse créé par le Rosso; mais il s'est donné carrière pour les fonds et pour les accessoires. Dans les gravures, on ne voit ni paysage, ni cippe; la déesse est placée sous une sorte de niche, comme une statue. Quant à la légende qui figure sur notre émail, on la retrouve au bas des estampes, avec le n° 2 que porte le dessin du Rosso, dans la suite de vingt dieux de la fable dont il fait partie. Le n° 1 de cette suite est Saturne. Voyez Bartsch, *Le Peintre-Graveur,* t. XV, p. 77. Voyez aussi Vasari, qui donne des détails sur ces estampes qui avaient été commandées au Rosso par le Baviera. (T. II, p. 422 et suiv., édit. de Rome, 1759.)

Je répéterai à propos de cette plaque, qui bien que remarquable à tous égards n'est pas signée, que la signature du maître auquel on la doit se trouvait sans doute sur un autre numéro de la série à laquelle elle appartient, et qui existe peut-être encore dans quelque cabinet.

2000. — Plaque ovale. La Charité. Au milieu d'une prairie, une jeune femme debout allaite un enfant qu'elle tient de la main droite; elle pose la gauche avec un geste et un regard bienveillants sur un autre enfant qui la saisit par sa robe. Deux autres enfants, debout à ses pieds, l'embrassent. Dans le fond, à droite, une chaumière; à gauche, une ville. Émaux de couleurs. H. 26 cent. L. 20 cent.

L'émailleur inconnu auquel on doit cette belle plaque dont je n'ai pas à faire l'éloge, car le comte de Laborde s'est chargé de ce soin dans sa *Notice des émaux du Louvre,* a copié textuellement une gravure de Jacques Matham, qui est le n° 3 d'une série des sept Vertus, exécutée par cet habile homme d'après les dessins de H. Goltzius, son beau-père (Voyez Bartsch, t. III, p. 199, n° 266.) On lit au bas de la gravure :

OMNIA DIVA AGAPE DIVINO NECTIT AMORE
ET SUPERIS VINCLO NOS PROPIORE LIGAT.

M. de Laborde cite ce précieux morceau comme un de ces ouvrages remarquables qu'on ne signait pas, par diverses raisons qu'il énumère, et dont quelques-uns, dit-il, sont du fait d'artistes distingués. — Je copie textuellement la note 2 de la p. 243 de sa *Notice*, etc. : « Collection de M. Louis Fould. Une Charité, qui réunit l'élégance d'un Primatice à quelques grandes qualités d'un Raphaël. Plaque ovale. H. 26 cent. L. 20 cent. 1/2. Cet émail trahit dans le traitement de ses diverses parties, dans les fonds surtout, une inexpérience et une hésitation qui semblent le fait d'un peintre qui s'essaye, et pour essai fait un chef-d'œuvre. » J'ajouterai que si notre émailleur a montré ici certaines qualités de Raphaël, c'est à Goltzius, auteur de la composition, qu'il est redevable en grande partie d'avoir mérité l'éloge que nous venons de citer. Jacques Matham, auteur de la gravure qui a servi de modèle à ce magnifique tableau sur émail, naquit vers 1571 et mourut en 1631.

2001. — Plaque ovale convexe. Le sujet est copié du n° 19 de l'Histoire de Psyché par Raphaël, dont on possède des gravures par divers artistes. Psyché, cherchant les traces de son époux, arrive au temple de Cérès, qui s'élève au milieu d'un riant paysage. La déesse des moissons est debout, le pied posé sur le soubassement du temple; Psyché est agenouillée dans l'attitude d'une suppliante. Sur le sol, une corne d'abondance remplie de fruits et d'épis dorés, une faucille, un fléau, un râteau et autres instruments d'agriculture. Sur la plinthe sur laquelle pose le pied de Cérès et dans l'ombre on découvre les lettres P. C., initiales de Pierre Courtois, dont l'or est bruni en partie. H. 28 cent. L. 21 cent. (V. le n° 2035.) Je n'ai pas à faire longuement l'éloge de ce magnifique émail : la composition est de Raphaël; l'exécution sur émail du célèbre P. Courtois; il ne reste qu'à renvoyer à la page 251 de la *Notice* de M. de Laborde et à la page 598 du Catalogue de la collection Debruge-Duménil, par M. Labarte. J'ajouterai seulement que la conservation de notre plaque est parfaite.

2002. Plaque carrée, légèrement convexe; avec émaux de couleurs richement rehaussés d'or. L'Adoration des Bergers. La Vierge, nimbée, est agenouillée devant son divin Fils qui repose nu dans son humble berceau, dont l'âne vient brouter la paille. Les trois bergers, dont l'un porte un agneau sous son bras, contemplent l'enfant Jésus. Trois femmes dont on ne distingue que les têtes, assistent à cette scène qu'éclaire une étoile radieuse. Sur le premier plan, un agneau couché. Le revers est revêtu d'un émail léger qui laisse voir le cuivre rouge. H. 25 cent. L. 17 cent. 1/2.

Il n'y a pas de signature sur cette plaque qui faisait sans doute partie d'un meuble dont un autre panneau était signé; mais on peut l'attribuer à un des plus célèbres peintres émailleurs de la belle époque de cet art, c'est-à-dire, du milieu du XVIe siècle.

2003. — Plaque de cuivre carrée, en émaux de couleurs avec détails dorés et paillettes ou imitations de pierreries sur paillons en relief. L'Annonciation. L'ange Gabriel fléchit le genou devant la Vierge assise, qui l'écoute avec un geste de chaste étonnement. Le Saint-Esprit, sous la forme d'une colombe, descend vers la Mère du Sauveur. Dans le vase placé entre ces deux personnages on voit, non pas seulement le lis blanc traditionnel, emblème de pureté, mais un bouquet de fleurs figurées par des gouttelettes d'émail sur paillon de couleur qui jouent les pierreries. On retrouve ces paillettes d'émail disposées en rosaces ou éparpillées sur le tapis vert de la chambre, et à la fibule de la robe de l'ange. Les cheveux de la Vierge et ceux de l'ange sont dorés ainsi que la bordure de leurs vêtements. Autour d'une baguette d'or que l'ange tient de la main gauche s'enroule un phylactère sur lequel on lit : AVE GRACIA PLENA. Ces paroles sacramentelles sont peintes en noir dans ce type gothique particulier à Limoges, si bien caractérisé par M. de Laborde (*Notice*, p. 129). Derrière la sainte Vierge, un prie-Dieu sur lequel est un livre ouvert. Les fenêtres ouvertes laissent voir le ciel, dans l'azur duquel on a figuré des nuages en or. Par la fenêtre du milieu on distingue la campagne et une ville. Le revers est revêtu d'un émail vitreux, jaspé, dans lequel dominent le vert et le rouge. H. 25 cent. L. 20 cent. 1/2.

On ne peut méconnaître dans cette belle pièce un précieux échantillon de la première époque des émaux peints de Limoges. On y retrouve non-seulement tous les procédés de fabrication décrits par les historiens de la peinture sur émail, et entre autres par M. de Laborde et par M. W. A. Franks, du British Museum, mais encore cette naïveté de style, cette bonhomie et cette gracieuseté presque recherchée qui caractérisaient l'art à la fin du XVe siècle. Les carnations violacées et opaques sont encore un des traits qui accusent les origines de la peinture en émail à Limoges : nous sommes donc bien certain de n'être pas contredit en plaçant la date de cette Annonciation de 1480 à 1490.

2004. — Plaque d'émail sur cuivre. Quatre anges agenouillés en oraison. Les têtes, qui sont d'une expression véritablement angélique, se détachent en blanc sur le fond qui est bleu semé d'étoiles d'or et représente le ciel. Les cheveux sont d'or; les ailes sont vertes et les robes brunes. Le revers de cette jolie plaque d'émail dont le travail annonce la fin du XVe siècle est revêtu d'un vernis verdâtre. H. 56 mill. L. 21 cent.

2005. — Plaque de cuivre émaillé, arrondie dans la partie supérieure, sur laquelle est représenté Jésus-Christ en croix entre la Vierge et saint Jean. La croix en forme de TAU est surmontée de la tablette portant les lettres consacrées INRI. Peinture en grisaille légèrement teintée de diverses couleurs. La croix et les nimbes sont distingués par un semis d'or. Les gouttes de sang du Sauveur sont peintes en rouge. H. 4 cent. L. 2 cent. 1/2.

Ouvrage précieux de la fin du XVe siècle ou du commencement du XVIe. C'est peut-être une Paix.

2006, 2007 et 2008. — Trois plaques de cuivre avec émaux de couleur, de forme carrée, provenant d'un même meuble, sans doute d'un reliquaire. H. 15 centim. 1/2. L. 12 cent.

2006. — Le Christ à la colonne ou la Flagellation. Deux bourreaux fustigent Notre-Seigneur, qui est représenté nu, sauf la draperie à la ceinture, et avec la tête ceinte d'un nimbe radieux. Deux Juifs, dont l'un s'appuie sur un bâton et porte une longue barbe blanche, tandis que l'autre est imberbe, sont les seuls témoins de cette scène. V. n°s 2006 à 2008.

2007. — Le Portement de croix. Jésus-Christ succombe sous le poids; un soldat le menace d'une massue et le repousse du pied; des saintes femmes en prières accompagnent le Sauveur. Dans le fond, foule, soldats, cavaliers. Voy. n°s 2006-2008.

2008. — Le Crucifiement. Jésus est en croix entre les deux larrons. Au-dessus de la tête radiée du Sauveur on lit : INRI. A droite de la croix, la lune; à gauche, le soleil. Au pied de la croix, la sainte Vierge et les saintes femmes à genoux en prières; soldats, cavaliers, un prince des prêtres avec mitre épiscopale, etc. V. n°s 2006 à 2008.

2009. — Plaque provenant d'un coffret. Le martyre de saint Laurent, copié exactement d'après la gravure de Marc-Antoine. Grisaille sur fond plutôt bleu, avec rares rehauts d'or. H. 66 mill. L. 82 mill. La belle composition de Baccio Bandinelli, peinte en grisaille et réduite aux petites proportions d'une plaque de 66 millimètres de hauteur, n'a rien perdu de sa grandeur. Le peintre émailleur auquel on doit ce chef-d'œuvre, l'un des joyaux de la série si riche des émaux de cette collection, a signé son œuvre, mais en cachant son petit monogramme dans le coin le plus modeste. On l'y découvre cependant, c'est un M. et un P.

M. de Laborde cite p. 302 une grisaille de la collection de M. Gatteaux avec la même signature. Ce monogramme cache peut être l'artiste qui signait MDPP, MD avec un I dans le D, MD. PAPE, et, enfin, MPAPE, comme sur une belle plaque de la célèbre collection de feu Charles Sauvageot, et qu'on peut voir au Louvre grâce à la libéralité de cet antiquaire éclairé. Si cette conjecture était fondée, on devrait encore ce précieux émail à Martin-Didier Pape, auquel nous attribuons le grand triptyque, n° 1995. Je n'y verrais rien d'impossible; le travail du grand tableau et de la petite miniature pourraient très-bien être de la même main. (Voyez au n° 1995 ce que nous avons dit des diverses signatures qu'on croit pouvoir attribuer à un seul et même peintre, qui se nommait sans doute Martin-Didier Pape.)

2010. — Plaque dont la partie supérieure est échancrée. La composition est encadrée d'un filet d'or. Grisaille teintée avec rehauts d'or. Le sujet est Jésus mis au tombeau. Joseph d'Arimathie et Nicodème déposent dans le tombeau le corps de Notre-Seigneur, dont les plaies sont encore saignantes. Marie-Madeleine aide à soutenir le saint fardeau. Un ange et, contrairement à la tradition, deux figures d'apôtres nimbés, comme le sont aussi Joseph et Nicodème, assistent à cette scène. Au revers, sur une couverte jaune, on distingue le petit poinçon des Pénicaud; c'est celui qu'on voit figuré dans la note de la page 159 de l'ouvrage de M. de Laborde. Gravé pl. XXXIV. H. 8 cent. L. 10 cent. 1/2.

Pierre Pénicaud a traité le même sujet en grand. Voyez comte de Laborde, p. 170, n° 184. Cette plaque, qui porte le poinçon des Pénicaud, peut donc être attribuée à cet habile homme, pour lequel M. de Laborde a été un peu sévère. Le bel échantillon de son talent que nous venons de décrire pourrait peut-être plaider en sa faveur. La composition et le dessin rappellent de loin la manière d'Andrea del Sarte.

2011. — Le Passage de la mer Rouge. Les Égyptiens sont submergés; on voit leur foule innombrable du milieu de laquelle se distingue, sur le premier plan, Pharaon monté sur un magnifique cheval et regardant le ciel avec colère. Peintures en grisaille, avec quelques teintes de couleur aux chairs et des rehauts d'or très-sobrement appliqués. Plaque carrée provenant d'un coffret. H. 8 cent. 1/2. L. 9 cent.

Jean Courtois a traité plusieurs fois ce sujet; M. le comte de Laborde décrit parmi ses œuvres, sous le n° 392, une plaque ovale, en émaux de couleur, dans laquelle le Pharaon, au lieu d'être à cheval, est dans un char. Je trouve le même sujet peint et presque identique à notre plaque sur une coupe de la collection de M. le colonel Bourgeois, publiée dans les *Arts au moyen âge*, de Du Sommerard. (Voyez *Album*, 7e série, pl. XXXII, ch. IX). On peut donc supposer que cette petite plaque est du même maître. La signature manque, il est vrai, mais M. le comte de Laborde ne la signale pas non plus sur l'émail du Louvre qu'il lui donne, et d'ailleurs cette signature pouvait se trouver sur une autre des plaques du coffret dont provient cet objet.

2012. — Plaque carrée, mais arrondie dans la partie supérieure. Deux sujets d'inégale grandeur décorent cette belle plaque : le premier et le moindre représente l'Annonciation; l'ange Gabriel se présente devant la Vierge, représentée nimbée, à genoux et en oraison. L'ange tient à la main une épée autour de laquelle s'enroule une banderole sur laquelle on lit en lettres d'or imperceptibles les mots consacrés de la salutation : AVE MARIA. En outre, autour de cette composition, on lit en gros caractères : AVE MARIA GRACIA PLENA. Une ligne d'arabesques sépare cette première partie de la seconde, qui représente ce qu'on appelle le Mariage de sainte Catherine. La sainte Vierge, assise, tient l'enfant Jésus sur ses genoux; le Sauveur tient de la main gauche le globe crucigère et tend la droite à sainte Catherine qui s'incline devant lui. La sainte est caractérisée par la roue qu'elle tient à la main gauche. Une vigne chargée de raisins occupe le fond du tableau. H. 16 c. 1/2. L. 10 cent.

Grisaille avec rehauts d'or. Excellent travail. La figure de la Vierge rappelle par la pose et le style les madones de Raphaël, dont elle est une copie ou tout au moins un reflet.

2013 et 2014. — Deux plaques provenant du même coffret. H. 9 cent. L. 12 cent.

2013. — L'Adoration des bergers. La sainte Vierge à genoux en oraison devant l'enfant Jésus qui est couché sur la crèche à côté de l'âne et de la vache. D'un côté saint Joseph nimbé accourt une lumière à la main; de l'autre un des bergers entre dans la cour. A gauche, on distingue Dieu le Père dans le ciel, puis l'ange qui annonce la bonne nouvelle aux bergers, enfin un des bergers qui se hâte de venir adorer le Sauveur. V. n°s 2013 et 2014.

2014. — L'Adoration des rois. La sainte Vierge assise à la porte de la crèche tient sur ses genoux l'Enfant divin qui saisit les joyaux renfermés dans un coffret que lui offre à genoux l'un des rois mages; les deux autres, également chargés de présents, attendent leur tour pour adorer le Sauveur. Derrière la Vierge, on distingue saint Joseph et les animaux dont Jésus partagea l'humble asile. Dans le ciel, on distingue l'étoile qui guida les rois mages, et, au dernier plan, les gardes qui les accompagnent. V. n°s 2013 et 2014.

2015. — La Fuite en Égypte. La sainte Vierge portant l'enfant Jésus dans ses bras est montée sur un âne que dirige saint Joseph. Dans le fond, à gauche, on distingue la terre d'Égypte, dont la fertilité est indiquée par un moissonneur formant ses gerbes. Au ciel, on distingue Dieu le Père. Dans le fond, à droite, les gens d'Hérode qui poursuivent la sainte Famille. H. 84 mill. L. 87 mill.

Cette jolie plaque est de la même main que les n°s 2013 et 2014.

2016. — Plaque oblongue. La Cène. Le Christ est placé au milieu de la table; saint Jean s'est endormi sur le sein du Seigneur; les autres apôtres sont autour de la table, les uns assis, les autres debout. Le plat est renversé au pied de la table, sur laquelle on ne voit que le calice. A droite, sur le sol, un vase. Au revers, un poinçon que l'on ne peut lire, caché qu'il est par une tache noire dans le vernis jaunâtre. H. 56 mill. L. 80 mill.

Cette plaque, dont je ne me risque pas à désigner l'auteur, est certainement d'un des meilleurs émailleurs du XVIe siècle. Le style accuse l'imitation des petits maîtres allemands.

2017. — L'Annonciation. La Vierge est représentée en oraison; l'ange Gabriel prononce les paroles sacramentelles AVE MARIA qu'on lit écrites sur un phylactère. Un autre ange place un voile vert sur les épaules de Marie. Le Saint-Esprit descend sous la forme d'une colombe. H. 8 cent. L. 6 cent. 1/2.

La composition est fort bien entendue. La peinture très-fine. Les rehauts d'or, sans être prodigués, ajoutent à la richesse de cette jolie plaque qui date de la première moitié du XVIe siècle.

2018 à 2023. — Sous ces numéros figurent six petites plaques carrées mais arrondies dans la partie supérieure qui proviennent d'un coffret ou d'un reliquaire. On pourrait les attribuer à Pierre Raymond, dont je trouve la signature au revers d'une plaque de même forme, mais un peu moins grande, qui porte dans notre Catalogue le n° 2024 et qui représente, comme le n° 2023, la Descente de croix. La composition est presque identique; les variantes ne touchent qu'au paysage, et le faire est aussi distingué et paraît de la même main.

2018. La Nativité. L'enfant Jésus est couché sur les plis du grand voile de la Vierge à genoux en oraison et vers laquelle s'avance saint Joseph. On voit la crèche, l'âne et le bœuf. Dans le ciel, groupe d'anges. H. 8 cent. L. 6 cent. 1/2. V. l'article qui commence la série de 2018 à 2023.

2019. — La Vierge assise, dans une grande chaise dorée à dossier, tient l'enfant Jésus sur ses genoux. Les lettres IHS. M., *Jesus Maria*, se détachent en or sur un fond bleu. H. 8 cent. L. 6 cent. V. l'article qui commence la série de 2018 à 2023.

2020. — Le Baptême de Jésus-Christ. Saint Jean debout sur les bords du Jourdain verse l'eau sur la tête de Notre-Seigneur qui est debout dans le fleuve les mains jointes. Sur la rive gauche du fleuve, un ange garde les vêtements du Sauveur. Dans les cieux, Dieu le Père porté sur les nuées. On lit en lettres d'or ces paroles de l'Évangile : HIC EST FILIVS MEVS. *Celui-ci est mon Fils.* Plus bas les lettres SM. (pour *secundum Matthæum.*) Ces paroles sont en effet dans le verset 17 du chap. III de l'Évangile selon saint Matthieu. H. 8 cent. L. 6 cent. V. l'article qui commence la série de 2018 à 2023.

2021. — Les Bergers. Avertis par l'ange, les bergers s'empressent autour de l'Enfant divin qui est couché devant la sainte Vierge agenouillée et en oraison. Dans le ciel, au-dessus de portiques d'une riche architecture romaine, deux anges tenant une couronne. H. 8 cent. L. 6 cent. 1/2. V. l'article qui commence la série de 2018 à 2023.

2022. — Le Christ en croix. La Mère de douleur est assise au pied de la croix entourée par les anges. H. 8 c. L. 6 c. V. l'article qui commence la série de 2018 à 2023.

2023. — La Descente de croix. Le corps du Sauveur est soutenu par saint Jean sur les genoux de la Vierge ; une des saintes femmes essuie les larmes que lui arrache ce douloureux spectacle. H. 8 cent. L. 6 cent. 1/2. V. l'article qui commence la série de 2018 à 2023.

2024. — Plaque de la même forme que les six qui précèdent. La Descente de croix. Même composition qu'au n° 2023, traitée dans de moindres proportions et avec variantes dans le paysage. Sur le vernis rouge clair du revers, on distingue en creux les lettres P. R. qui doivent désigner Pierre Raymond. H. 7 cent. L. 5 centim. 1/2. V. l'article qui commence la série des n°s 2018 à 2023.

2025. — L'Adoration des Mages. Les rois entourent le Sauveur assis sur les genoux de sa mère ; l'un d'eux est agenouillé et lui offre les présents. Dans le fond, un portique. H. 7 cent. L. 6 cent.

Plaque de même forme que les huit précédentes, mais d'une main moins habile et d'un coloris plus pâle et sans rehauts d'or.

2026. — Plaque ronde. La Décollation de saint Jean-Baptiste. Au pied d'une tour, un bourreau lève le glaive dont il va trancher la tête du saint qui attend le coup fatal à genoux. Un ange debout derrière lui l'assiste. On lit en lettres d'or : DECOLATIO SANTI IOHANNIS. Diam. 6 cent. 1/2.

2027. — Plaque ronde. Sainte Barbe debout près d'une tour comme on la représente habituellement et comme nous la voyons dans la vignette représentée page 180 du manuscrit de la collection, n° 1726. On lit en lettres d'or : SANCTA BARBARA. Diam. 6 cent. 1/2.

2028. — Plaque ovale. Jahel et Sisara. Le guerrier est endormi, nu, sauf une draperie, aux pieds de Jahel qui semble veiller sur son sommeil, tout en se préparant à le tuer. La scène se passe dans un paysage animé par deux cygnes. H. 9 cent. L. 6 cent. 1/2.

Le sujet de cette plaque n'est pas très-clair. On pourrait y voir une scène mythologique, Hercule dormant aux pieds d'Omphale, ou même Samson et Dalila ; mais le dormeur n'a pas les cheveux longs qui caractérisent Samson. Je crois plutôt qu'il y faut voir Jahel et Sisara, bien qu'on ne distingue pas le clou fatal.

2029 à 2034. — Six plaques de cuivre, revêtues d'émaux peints en couleur avec rehauts d'or, provenant d'une suite qui devait orner un reliquaire. Les six plaques, dont la première représente l'Adoration des bergers, tandis que sur la dernière est figurée la Descente de croix, devaient évidemment faire partie d'une suite plus nombreuse. Ces plaques, d'un excellent travail du XVIe siècle, ont été placées, dans le dernier siècle, dans des cadres en cuivre découpés à jour, ornés chacun d'une fleur de lis et d'un cartouche sur lequel est gravée une inscription relative au fait représenté sur l'émail. Hauteur de chacune des plaques sans le cadre : 10 cent. L. 8 cent. Avec le cadre : H. 14 cent. L. 10 cent. 1/2.

2029. — L'Adoration des bergers. A l'entrée de la crèche, deux bergers agenouillés devant l'Enfant divin qui est couché dans son berceau auprès duquel prient deux petits anges. En face des bergers, la sainte Vierge, à genoux, en oraison ; derrière la mère du Sauveur, saint Joseph debout. Dans le fond, à un arrière-plan, on voit l'Annonciation aux bergers, figurée dans de petites proportions ; on distingue l'ange qui apporte la bonne nouvelle aux bergers qui paissent leurs troupeaux. On lit sur le cadre : VIDEAMVS HOC VERBVM QVOD FACTVM. *Voyons ce qui est arrivé et ce que le Seigneur nous a fait connaître.* Évangile selon saint Luc, II, 15. Traduction de Lemaistre de Sacy. Voyez l'article qui commence la série des n°s 2029 à 2034.

2030. — Jésus enseignant la parole divine. Deux femmes assises et un soldat debout écoutent avec recueillement le Sauveur qui, tout en leur annonçant la loi, leur donne sa bénédiction selon le rite latin. Dans le fond, à gauche, portiques d'un palais. On lit sur le cadre : VIRTVS DE ILLO EXIBAT ET SANABAT OMNES. *Il sortait de lui une vertu qui les guérissait tous.* Évangile selon saint Luc, VI, 19. Voyez l'article qui commence la série des n°s 2029 à 2034.

2031. — Jésus insulté par les soldats. Le Sauveur assis à la porte du prétoire est entouré par cinq soldats qui l'insultent ; l'un d'eux lui bande les yeux ; un autre lève la main pour le frapper au visage ; un troisième sonne d'une trompe ; un quatrième, agenouillé devant Jésus, le montre du doigt et le salue avec ironie ; enfin, le cinquième, assis par terre, se lave les mains. On lit sur le cadre : MILITES IESVM DVXERVNT IN OSTIVM PRÆTORII. *Alors les soldats l'ayant emmené dans la cour du prétoire.* Évangile selon saint Marc, XV, 16. Voyez l'article qui commence la série des n°s 2029 à 2034.

2032. — Le Portement de la croix. Le Cyrénéen aide Jésus à porter sa croix sous le poids de laquelle l'Homme-Dieu succombe ; un des bourreaux frappe Notre-Seigneur d'un bâton. On distingue dans la foule, au premier plan, sainte Véronique qui tient le linge dont elle essuie la sainte face. Dans le fond, la ville de Jérusalem. On lit sur le cadre : REGVLANS SIBI CRVCEM EXIVIT IN CALVARIÆ LOCVM. *Et portant sa croix il vint au lieu appelé le Calvaire.* Évangile selon saint Jean, XIX, 17. Voyez l'article qui commence la série des n°s 2029 à 2034.

2033. — Jésus cloué sur la croix. La croix est posée sur le sol ; l'un des bourreaux cloue la main gauche du Christ ; tandis qu'un autre se prépare à clouer la droite. Des soldats occupent le premier plan ; dans le fond, on distingue le groupe des saintes femmes. On lit sur le cadre : FODERVNT MANVS MEAS ET PEDES MEOS. *Ils ont percé mes mains et mes pieds.* (Ps. XXI, v. 17.) Voyez l'article qui commence la série des n°s 2029 à 2034.

2034. — La Descente de croix. Un homme, tenant dans ses bras le corps du Sauveur, descend à reculons l'échelle placée contre la croix ; on distingue la couronne d'épines sur l'un des croisillons. Les saintes femmes et Joseph d'Arimathie assistent à ce lugubre et pieux spectacle. On lit sur le cadre : CORPVS IESV DEPOSITVM INVOLVIT SINDONE. *Et l'ayant ôté de la croix il l'enveloppe d'un linceul.* Évangile selon saint Luc, XXIII, 53. Voyez l'article qui commence la série des n°s 2029 à 2034.

2035. — Plaque de forme oblongue. Le sujet est copié du n° 30 de l'histoire de Psyché par Raphaël, à laquelle est empruntée aussi la grande plaque, n° 2001. C'est l'arrivée de Psyché dans l'Olympe. Mercure apporte dans ses bras la belle rivale de Vénus ; celle-ci semble se plaindre à Jupiter de cet affront. Les autres dieux sont rangés autour de Jupiter qui paraît insensible aux plaintes de Vénus. Grisaille teintée avec légers rehauts d'or. Peut-être faut-il attribuer cette belle plaque à l'un des Pénicaud. Gravé, pl. XXXIV. H. 9 c. 1/2. L. 15 cent.

2036. — Plaque en forme d'œil provenant d'un coffret. Apollon assis au sommet du Parnasse et entouré des Muses. Par une inadvertance de l'artiste, il n'y a que huit Muses ; l'instrument dont joue le dieu est une sorte de violon et non la lyre ; à sa gauche, Pégase ; à droite, un laurier que deux génies ailés dépouillent pour tresser des couronnes. Un troisième génie apporte ces couronnes aux poëtes qui gravissent le Parnasse ; on en distingue deux qui se mêlent à la troupe des Muses et qui déjà sont laurés. Peinture en émaux de couleurs avec rehauts d'or. H. 6 cent. L. 17 cent.

Un beau et grand plat de forme ovale en grisaille sur fond noir, conservé au Musée du Louvre, peint avec chairs légèrement colorées, avec quelques détails dorés, offre la même composition que nous avons ici en couleurs. Le plat du Louvre est signé : *par Pierre Corteys, à Limoges.* Je ne sais si on peut sur ce rapprochement attribuer notre joli émail à ce célèbre artiste, mais on devait tout au moins le signaler, d'autant plus que la manière dont ce morceau est traité répond de tous points aux caractères distinctifs de Pierre Courtois, tels que les a si nettement exposés M. de Laborde. En tous cas, il appartient à son école et d'ailleurs la signature se trouvait peut-être sur un autre fragment faisant pendant à celui-ci. J'ai dit que la composition était semblable ; elle est même presque identique, sauf des différences occasionnées sans doute par l'exiguïté de notre plaque ; ainsi, on y chercherait vainement les fontaines sacrées et la nymphe Castalie, et j'ai déjà fait remarquer qu'il manque une des neuf Muses. On peut du reste lire la description qu'a donnée de l'émail du Louvre M. de Laborde dans sa *Notice*, p. 256, n° 380. J'ajouterai à ces observations que la composition originale appartient à un maître autrement illustre que Pierre Courtois ; on la doit à Raphaël qui peignit ce sujet au Vatican. (Voyez la gravure de la fresque de Raphaël, par Vouillemont ; voyez aussi Bartsch, t. III, p. 181, n° 199.)

2037. — Plaque oblongue provenant d'un coffret. Le sujet est une chasse. Sur le premier plan, trois cavaliers vêtus à l'antique, accompagnés de chiens ; deux de ces cavaliers sont tête nue et à peine vêtus d'une tunique ; le troisième a le casque en tête et le bouclier au bras. Dans la profondeur des bois, on distingue à gauche un voyageur à pied, le bâton sur l'épaule ; plus loin deux hommes, dont l'un poursuit l'autre. Peinture en grisaille légèrement teintée, avec de rares rehauts d'or. Gravé pl. XXXIII, avec le n° 1989. H. 8 cent. 1/2. L. 17 cent. 1/2.

Notre plaque a fait partie d'un coffret ; aussi y cherche-t-on vainement la signature qui devait se trouver sur une autre partie du meuble. On peut la comparer à celle que nous décrivons n° 1989, et qui est signée par Pierre Raymond ; même faire, mêmes nuances, même sobriété dans l'emploi de l'or, qui ici, comme dans le Combat de cavalerie, n'est appliqué que sur quelques accessoires. Ces deux plaques remplissent la pl. XXXIII.

2038. Plaque d'émail sur cuivre. Temple fantastique de Minerve. La déesse est représentée sous une sorte de dais, debout sur un vase. Elle est vêtue d'une longue robe bleue qui laisse apercevoir le bras et le sein gauche nus ; elle est coiffée d'un casque orné d'un panache blanc et tient sa lance de la main droite. Deux chouettes sont posées à droite et à gauche de la déesse, sur des rinceaux que supportent deux figures de femmes fantastiques nues jusqu'à la ceinture et sans jambes qui posent sur des volutes d'architecture animées par deux cerfs courant en sens inverse. Au pied de cette sorte de piédestal de la déesse, deux Tritons accroupis dans un ruisseau. On lit : I. C. *Jean Courtois.* H. 12 cent. L. 9 cent. 1/2.

Cette plaque, comme celle qui porte le n° 2039, nous offre un exemple très-intéressant de l'émaillerie multicolore. Quant au sujet, il appartient à la fantaisie. Voyez le numéro suivant.

2039. — Plaque d'émail sur cuivre. Temple fantastique de Vénus. La déesse est représentée entièrement nue, sauf sa célèbre ceinture ; elle tient d'une main le flambeau de l'Amour et de l'autre la main du petit dieu qui cherche à voiler la nudité de sa mère. A droite et à gauche de ce groupe, on voit un serpent, un limaçon et deux cœurs enflammés. Au-dessous, deux Satyres à demi nus et le globe du monde sur lequel règnent Vénus et l'Amour. Au-dessus de la déesse, une tête de chérubin et deux colombes. Les initiales du peintre émailleur se lisent vers le milieu à droite. I. D. C. Haut. 13 cent. L. 10 cent.

On suppose que le maître émailleur qui signait J. D. C. s'appelait Jean de Court. Cependant, on peut croire aussi que c'était un membre de la famille des Courtois ou Courteys, avec deux prénoms indiqués par les initiales J. D. Ce point de l'histoire des peintres émailleurs n'est pas encore éclairci. (V. comte de Laborde, *Notice des Émaux*, p. 275.) Quoi qu'il en soit, cette plaque peinte de diverses couleurs, avec emploi de paillon, a été exécutée d'après une gravure d'Étienne de Laune, dont la collection possède un exemplaire sous le même numéro que la plaque. Ces deux objets proviennent de la collection Debruge-Duménil. Voyez le Cat., n° 751, p. 604.

2040. — Médaillon offrant deux bustes conjugués avec cette légende : PARIS SVIS ET LA BELLE HELENE. Ce médaillon, de forme ronde, est placé au milieu d'un élégant encadrement en losange. H. 16 cent. L. 16 cent.

2041. — Persée reconnaissable à la tête de Méduse placée sur sa cuirasse. Buste au milieu d'un losange. H. 15 cent. 1/2. L. 15 cent. 1/2.

2042. — Plaque ronde de bourse émaillée sur ses deux faces. Sur le côté concave, le sujet, Jupiter et Calisto, est peint en grisaille, avec des rehauts d'or. Il faut se souvenir que Jupiter emprunta les traits de Diane afin de séduire cette nymphe, pour reconnaître le maître de l'Olympe dans la jeune femme représentée ici auprès de Calisto. On lit au reste en haut ces mots en or : IVPITER ET CALISTO. Au revers, ou côté convexe, le sujet, peint en émaux de couleurs, est CEPHALE ET PROCRIS, comme l'indique l'inscription qui se perd un peu dans le cadre. Procris est représentée au moment où elle remet à Céphale le javelot fatal. D. 13 cent.

2043. — Deux sujets du Nouveau-Testament peints en or et couleurs sur deux plaques de cristal de roche de forme ovale, taillées à facettes et réunies dans une sertissure en vermeil. L'un de ces sujets est la Flagellation de Notre-Seigneur; l'autre Jésus portant sa croix. La bordure de chacun de ces sujets est ornée de petits cartouches sur lesquels sont peints par le même procédé des anges et des chérubins. H. 5 cent. L. 4 cent. Peinture italienne du XVIe siècle exécutée par un procédé dont on ignore le secret et dont les œuvres sont de la plus grande rareté. Voyez plus haut, n° 1826.

2044. — Médaillon ovale sur lequel est représenté un vase de faïence rempli de fleurs. Sur ce vase on voit, se détachant en bleu sur fond blanc, deux personnages en face l'un de l'autre; l'un, qui est assis, écoute un mendiant qui joue de la clarinette. En bas, signature de l'émailleur, HB en monogramme. Travail du XVIIIe siècle. H. 5 cent. 1/2. L. 4 cent. 1/2.

VASES EN CUIVRE ÉMAILLÉ

DE FABRIQUE VÉNITIENNE.

2045. — Aiguière en cuivre émaillé, à anse surélevée. Sur fond d'émail blanc visible à l'intérieur et à l'extérieur, à l'attache de l'anse et près du pied est appliquée une couche d'un bel émail bleu sur lequel sont semés à profusion des ornements de fantaisie en or. Un cordon d'émail vert sépare la panse du pied. La couleur blanche est semée d'étoiles d'or à l'intérieur et à l'extérieur. Sur la panse de l'aiguière, grand écusson aux armes du possesseur. Cet écusson, qui a pour supports deux sauvages armés de massues, est surmonté, en guise de casque, d'un arbre émaillé vert et or qui ressemble au rouvre ou chêne des armes parlantes de la maison de la Rovere. On peut blasonner ces armes, qui sont certainement espagnoles, de gueules à la bande d'azur engoulée par deux têtes de lions d'or, cantonnée de deux chaudières d'azur. H. 29 cent.

Cette aiguière, ainsi que les quatre objets qui suivent, n°s 2046-7, 8 et 9, est de fabrique italienne. On attribue même généralement, mais sans beaucoup de certitude, cette série de précieux objets à des artistes vénitiens. Cette fabrication dura peu de temps, éclipsée qu'elle fut par le succès des émaux peints de Limoges; aussi ses produits sont-ils aujourd'hui de la plus grande rareté. On n'en compte que six pièces dans le Musée du Louvre; c'est seulement une de plus que dans la collection L. Fould, et je n'en trouve pas du tout dans le catalogue du Musée de Cluny.

Notre aiguière, qui est tout à fait semblable à celle du Louvre que M. de Laborde décrit sous le n° 171, sauf qu'elle est de plus armoriée du blason de son possesseur, est mentionnée par M. de Laborde dans l'aperçu qu'il a donné de cette branche des arts dans sa *Notice des émaux* (voy. p. 145, note). Appréciateur éclairé des œuvres de l'art, M. de Laborde fait remarquer avec raison que les figures d'hommes sauvages qui servent de support aux armoiries « sont indignes de la beauté et de l'élégance de la pièce. » On peut en conclure que les artistes italiens dignes de ce nom ne daignèrent pas s'occuper de la décoration de ces objets qui fut confiée à de simples artisans, mais ces artisans furent certainement guidés par des artistes quant à la forme et aux contours des pièces, car elles sont d'une élégance remarquable.

2046. — Plateau d'aiguière, à grands godrons, émaillé dans le même style et aux mêmes couleurs que l'aiguière n° 2045, à laquelle on pourrait croire qu'il a dû appartenir si le pied s'adaptait plus exactement sur l'ombilic. D. 46 c.

2047. — Vase en forme de vidrecome, à une seule anse et à goulot, émaillé aux mêmes couleurs que les deux précédents. L'ornementation est à peu près la même; il faut cependant signaler ici la présence d'un semis de fleurs de lis héraldiques d'or qui alternent avec des étoiles ou rosaces. Le nœud qui sépare le pied du vase est blanc avec un semis de pois bleu clair. H. 19 cent.

2048. — Petit plateau à godrons, décoré dans le même style et aux mêmes émaux que le n° 2046. D. 22 cent.

2049. — Vase à pied, sans anses, mais avec vestiges des attaches d'un couvercle.

Ce joli vase, décoré dans le même style et aux mêmes émaux que les quatre objets qui précèdent, est godronné comme les n°s 2046 et 2048. H. 12 cent.

FIGURES ET BAS-RELIEFS EN FAÏENCE ÉMAILLÉE

PAR LUCA DELLA ROBBIA ET SON ÉCOLE.

2050. — La sainte Vierge debout, en oraison, les mains jointes, et levant les yeux vers le ciel. Statue en terre revêtue de vernis blanc. L'auréole radiée est dorée. La base est coloriée en vert. H. 1 mètre.

On peut attribuer cette jolie figure à la fin du XVIe siècle. L'expression de la figure de la Vierge est réellement céleste; les gestes sont d'une grande vérité. V. le n° 2051, pendant de cette statue.

2051. — Statue d'une sainte debout; de la main droite elle tenait un attribut qui aurait pu la faire reconnaître, mais il n'en subsiste que le socle revêtu de dorures. L'expression des traits de cette sainte est une noble assurance; c'est sans doute une martyre qui défie ses bourreaux. (V. le n° 2050.) H. 1 mètre.

2052. — Bas-relief. La Vierge assise dans une prairie tenant sur ses genoux l'enfant Jésus qui se penche en avant pour cueillir un lis. La Vierge et Jésus sont nimbés; le Sauveur est entièrement nu. La Vierge est revêtue d'une tunique par-dessus laquelle se déploie, à grands plis, une longue robe brodée d'or. Les figures se détachent en blanc sur un fond bleu. Les cheveux, les nimbes, les broderies sont dorés : les fleurs et le gazon sont de leurs couleurs naturelles. Gravé pl. XXXV. H. 45 cent. L. 36 cent.

Magnifique morceau exécuté par Luca della Robbia. C'est certainement une des meilleures œuvres de ce maître. Le style de la composition, l'élégance sévère des draperies, la noblesse et l'expression des figures de la sainte Vierge et de son divin Fils sont indescriptibles. On ne peut se lasser d'admirer ce tableau en relief qui tiendrait sa place honorablement à côté de telles bonnes peintures de l'école italienne. L'action de l'enfant Jésus qui saisit un lis rappelle le verset 24 du livre IV d'Esdras : *Domine, elegisti lilium tibi*. Ces mots ont été souvent placés autour de l'écusson fleurdelisé des rois de France. Le docteur Waagen, dans ses *Treasures of art in Great-Britain*, mentionne un bas-relief qui doit être une répétition de celui-ci comme un des plus beaux spécimens de Luca della Robbia. Ce bas-relief dont l'écrivain n'indique pas les dimensions et qu'il ne cite évidemment que parce que cet objet l'a frappé particulièrement, car il s'occupe bien plus de la peinture que des autres branches de l'art, est conservé dans la collection de James Morrison, esquire.

2053. — Bas-relief. La sainte Vierge agenouillée adorant l'enfant Jésus couché à ses pieds. Dans les cieux, Dieu le Père représenté à mi-corps, ouvrant ses bras avec un geste de suprême bonté. Sur sa poitrine, on distingue la colombe, emblème du Saint-Esprit, ce qui complète la représentation du mystère de la Trinité. La figure de Jéhovah est entourée de six chérubins. Plus bas, quatre autres anges dans les airs en adoration. On lit sur une banderole tenue par deux chérubins ces mots : GLORIA IN EXCELSIS DEO ET IN TERRA. (*pax hominibus bonæ voluntatis*, est sous-entendu.)

Les figures se détachent en blanc sur un fond bleu. La bordure, également en faïence, se compose d'une large guirlande de fleurs et de feuillages émaillée en blanc et en vert. Diam. 1 mètre 93 cent.

Il faudrait répéter ici les épithètes admiratives que nous avons si justement prodiguées au bas-relief qui précède. On admire au Musée de Cluny un médaillon de la même dimension que le nôtre et dont le sujet ne diffère que par quelques variantes. V. le n° 2034 dans le Catalogue rédigé par M. E. Du Sommerard, éd. de 1858. On peut voir une gravure de ce remarquable morceau dans le *Magasin pittoresque*, année 1850, page 245.

2054. — Médaillon rond. La sainte Vierge, vue à mi-corps, tenant dans ses bras l'enfant Jésus. Une couronne de feuilles et de fruits coloriés au naturel encadre ce médaillon qui est teinté de quatre couleurs. Les figures sont en blanc, sauf les prunelles qui sont en noir; les nimbes sont en jaune; le fond est bleu. Diam. 43 cent. Fabrique de della Robbia. Terre émaillée en couleur (terra invetriata), comme le n° 2055.

2055. — Médaillon rond. Saint Jean assis écrivant son Évangile; un ange tient son encrier. Diam. 38 cent.

M. Jules Labarte, dans l'Introduction du Catalogue de la collection Debruge-Duménil, cite ce précieux médaillon comme pouvant servir à faire apprécier le mérite des compositions en émail colorié de Luca della Robbia. (V. p. 291.) En effet, on y voit fondues avec habileté les couleurs habituellement employées par le célèbre inventeur des bas-reliefs émaillés de blanc et du coloriage de cet émail. Notre bas-relief provient de la vente Debruge-Duménil. (Voyez n° 1139 du Catalogue.)

2056 et 2057. — Deux médaillons semblables avec sujets émaillés en couleur. Le Phénix sur le bûcher allumé par les rayons du soleil. Bordure composée d'une guirlande de feuilles et de fruits. Diam. 80 cent.

2058. — Médaillon circulaire sur lequel paraît une tête de Bacchus de très-haut relief. La tête d'émail blanc est ceinte d'une couronne de raisins et de pampres de couleurs naturelles; sur le cou paraît une sorte de collier également composé de raisins et de pampres. Diam. 75 cent.

Ouvrage du XVIe siècle qui doit être attribué à Andrea, neveu de Luca ou à l'un de ses fils.

2059. — Fragment d'une frise sur laquelle paraît en haut-relief un chérubin au milieu d'arabesques. Terre émaillée blanche sur fond bleu. H. 30 cent. L. 63. cent. On peut faire dater ce précieux fragment du XVIe siècle.

2060, 2061, 2062 et 2063. — Quatre figures d'esclaves maures enchaînés, en terre revêtue d'un vernis blanc analogue à celui de Luca della Robbia. H. 40 cent.

Ces remarquables figures sont des copies réduites des fameux esclaves de la statue pédestre du grand-duc de Toscane Ferdinand Ier, que l'on admire à Livourne, devant le port, et qui fut commencée par Cosme II, son fils. La statue colossale, en marbre blanc, est de Giovanni Bandini, dit dell' Opera, et non pas, comme l'ont écrit divers auteurs et entre autres le comte Litta, dans ses *Famiglie celebri d'Italia, art. Medici*, de Jean de Bologne. Les quatre esclaves sont de P. Tacca, qui termina le monument avec l'aide de deux de ses élèves, sous le règne de Ferdinand II, en 1627. Une tradition dont on ne garantit pas l'authenticité prétend que Tacca prit pour modèles de ses esclaves un Turc et ses trois fils prisonniers de la bataille de Lépante. Quoi qu'il en soit, ces quatre esclaves jouissent d'une célébrité méritée, et on peut dire avec Valery (*Voyages d'Italie*, t. III, p. 376,) « que jamais monu« ment ne fut mieux mérité, » car c'est au grand-duc Ferdinand Ier que le port de Livourne doit sa prospérité. On croit pouvoir attribuer ces figures de faïence vernissée à la manufacture établie près de Florence, au commencement du XVIIe siècle, par le marquis Ginori.

MAJOLIQUES

COUPES, VASES, FLAMBEAUX.

2064. — Coupe à pied chargée d'arabesques peintes. Au centre, un petit médaillon sur lequel sont représentés Vénus et l'Amour debout. Gravé, pl. XXXVI. Diam. de la coupe 24 cent. H. avec le pied 10 cent.

Il est à peine nécessaire de signaler cette coupe et son pendant. Ce sont deux magnifiques échantillons de la fabrique d'Urbino au XVIe siècle. Les arabesques sont tout à fait dans le style de celles de Raphaël, dont l'influence se faisait sentir plus directement dans sa ville natale que dans les autres cités de l'Italie.

2065. — Coupe à pied chargée d'arabesques peintes. Au centre, sujet dans un grand médaillon : un jeune homme s'embarque sur un fleuve, dont on voit le dieu couché et répandant l'eau de son urne. Un rameur assis dans le bateau paraît recevoir les instructions du passager. Mêmes dimensions que le numéro précédent. Voy. n° 2064.

2066. — Coupe d'accouchée, à couvercle, avec son plateau. Des arabesques dans le même style raphaëlesque que celles qui décorent les coupes 2064 et 2065, couvrent le couvercle, la coupe et le plateau. Le fond de la coupe est décoré d'un sujet : une jeune mère assise tenant son enfant nu sur ses genoux. Au milieu du plateau, autre sujet faisant encore allusion au bonheur conjugal, l'Amour captif. H. totale 17 cent.

Rare et précieuse pièce de la fabrique d'Urbino au commencement du XVIe siècle.

2067. — Coupe d'accouchée, sans plateau ni couvercle. A l'intérieur, une femme vient d'accoucher sur le fauteuil usité jadis en pareille circonstance, et qu'on retrouve encore aujourd'hui dans certaines contrées de l'Orient. Trois femmes s'empressent autour de la nouvelle accouchée. L'extérieur est décoré d'arabesques et de camées. On distingue l'aigle à deux têtes de l'Empire sur la face principale. H. 13 cent.

Fabrique d'Urbino, mais d'une époque basse.

2068 et 2069. — Une paire de flambeaux revêtus de peintures. H. 19 cent.

2068. — Dans la partie supérieure, des Amours; sur la partie intermédiaire, quatre trompettes romains en marche avec la peau de loup comme sur les monuments antiques; deux sonnent de la trompette droite, *tuba;* les deux autres sonnent le *lituus,* ou trompette recourbée à large pavillon. Dans la partie inférieure, un paysage sans figures. Voyez ci-dessus et le numéro suivant.

2069. — Partie supérieure : Amours. Partie intermédiaire : deux guerriers sortant de leurs tentes, réveillés évidemment par les trompettes qu'on voit sur l'autre flambeau. Partie inférieure : au milieu d'un paysage riant, un jeune guerrier assis au pied d'un rocher.

Ces flambeaux, d'une admirable conservation, sortent des fabriques d'Urbino. Le style des peintures qui les décorent est excellent et accuse le milieu du XVIe siècle. Les costumes sont copiés sur les monuments de Rome avec une exactitude qui se ressent de l'amour enthousiaste que l'on portait aux restes de l'antiquité dans la ferveur de la renaissance. Voyez n° 2068.

2070. — Aiguière à une anse dont le bec est sculpté en gueule de lion. Si l'on ne se rappelait à quel point la fantaisie, au XVIe siècle, se donnait de licences, on chercherait vainement à expliquer les peintures qui ornent ce beau vase. Mais en n'oubliant pas que les artistes de cette époque se permettaient tout, comme ceux dont parle Horace au commencement de son Épître aux Pisons, on peut tenter l'aventure. Sur le col de notre aiguière paraît l'aigle de Jupiter armé du foudre; au-dessous de l'anse, le dieu d'un fleuve couché et appuyé sur son urne; voilà des sujets païens; mais ensuite il faut passer sans transition comme sans raison au moins apparente à des sujets évidemment empruntés à l'histoire sainte, mais qu'il n'est pas facile d'interpréter. On voit d'abord deux personnages, un homme et une femme, qui font penser à Adam et Ève quittant le Paradis terrestre, ou à Abraham et Agar, bien qu'on ne voie pas le jeune Ismaël; plus loin, un homme agenouillé tenant une aiguière sur ses genoux et dont les traits expriment le désespoir. Cet homme, qui semble abandonné dans un désert, est secouru par un ange; c'est peut être Élie ou Élisée. H. 27 cent.

Cette aiguière, remarquable par son excellente conservation et l'éclat des peintures, est de la fabrique d'Urbino et date du XVIe siècle.

2071. — Aiguière en forme d'oiseau. Le bec se rattache à l'anse unique par un mufle de lion; la queue de l'oiseau est décorée d'un mascaron en relief. Sur la panse de l'aiguière, un paysage au milieu duquel paraît une figure allégorique qui personnifie la Force : c'est une jeune femme debout s'appuyant sur un bouclier. Fabrique d'Urbino, XVIe siècle. Couleurs vives et harmonieuses. H. 20 c.

2072. — Ce numéro manque.

2073. — Vase sans anses ou urne de forme presque ronde, à col étroit et petite ouverture, avec deux sujets séparés par des feuillages. D'un côté, tête de vieillard chauve et barbu; de l'autre, tête de jeune femme. Ces têtes se détachent sur un fond jaune. Les feuillages et arabesques sont peints en jaune et blanc sur fonds bleus et verts de tons très-harmonieux. Fabrique de Faenza. H. 28 cent. Cir. 81 cent.

2074. — Vase en forme de Sirène. Ce n'est pas la Sirène de la mythologie, qui est une femme à corps d'oiseau, c'est la Sirène des modernes, une femme se terminant en poisson, qui fait penser au monstre décrit par Horace : *Desinit in piscem formosa superne.* Nous avons en effet ici une tête et un buste de jeune femme avec un corps d'oiseau finissant par une queue de serpent qui servait d'anse. Cet être chimérique est perché sur deux pattes de palmipède. Le vase n'a pas d'autre ouverture que deux trous pratiqués à la bouche; c'était une de ces malices qu'on aimait beaucoup au XVIe siècle. Notre oiseau est peint de diverses couleurs. On croit pouvoir le donner à la fabrique de Faenza, mais on peut hésiter entre cette ville et Urbino. H. 21 cent.

2075. — Aiguière à une anse avec goulot réuni au col par une tresse. La panse de cette aiguière, séparée en deux par une large cannelure, est décorée d'arabesques qui se détachent en bleuâtre sur un beau jaune. Au-dessous de l'anse, sur et au-dessous du goulot, dans un cartouche, marque de fabrique peinte en noir; on y distingue une S et une N surmontées d'une F dont le haut forme la croix patriarcale. Fabrique de Faenza, commencement du XVIe siècle. H. 27 cent.

2076. — Grand vase de pharmacie de forme ovoïde, sans anses. Sur la face principale, buste de Minerve casquée, se détachant sur un fond jaune. Des feuillages, des arabesques et rosaces décorent le reste de ce vase. Fabrique de Faenza ou, selon quelques-uns, de Castel-Durante, aujourd'hui Urbania. H. 37 cent.

2077. — Vase à deux anses, de forme semi-ovoïde, décoré d'arabesques bleues et jaunes sur fond blanc, avec reflets nacrés. Fabrique italo-mauresque, XVIe siècle. H. 21 c.

2078. — Grand vase à couvercle, surmonté d'une boule

à pointe à l'orientale. La décoration de ce vase, de la plus grande élégance, est divisée en grands quartiers; sur les uns, fleurons jaunes sur fond blanc; on distingue sur les autres, des imitations de lettres arabes qui se détachent en blanc avec semis de jaune sur fond bleu. Le couvercle est aussi grand que le vase lui-même. H. totale 55 cent. Circonf. 1 m. 41 cent.

Ce magnifique échantillon des fabriques italo-mauresques a été rapporté de Sicile; on est donc en droit de l'attribuer à Caltagirone.

2079. — Vase à deux anses, à reflets nacrés, décoré d'ornements de diverses couleurs, parmi lesquelles domine le jaune. Sur les deux faces, dans un cartouche ovale, le monogramme de Notre-Seigneur, IHS, tel qu'il a été adopté particulièrement par la Société de Jésus. Fabrique de Pesaro. H. 30 cent.

2080. — Vase à pied, à couvercle pointu, avec couverte jaune à reflets opalisés. La forme de ce vase et les écailles ou clous en relief qui le décorent rappellent la pomme de pin. Attribué à Pesaro. H. 27 cent.

2081. — Vase à couvercle et à deux anses en faïence vernissée brune, couvert d'ornements en relief représentant des fleurs et des fruits et rappelant les Palissy. Ces ornements se détachent sur le fond en blanc, vert et bleu. Fabrication toscane du XVIIe siècle. H. 34 cent.

2082. — Plat de fabrique hispano-mauresque, avec bords godronnés. L'ombilic proéminent est décoré d'un écusson sur lequel on reconnaît un lion grossièrement dessiné avec la tête traversée par une sorte de flèche à deux pointes. Les peintures de ce plat sont jaunes sur fond blanc avec reflets nacrés. Diam. 46 cent.

2083. — Plat de fabrique hispano-mauresque, décoré à peu près dans le système de celui qui a été décrit sous le n° 2078. Ici, les imitations d'inscriptions arabes sont plus distinctes. Sur l'ombilic, écusson armorié: d'azur à trois fasces d'argent à la bande d'or brochant sur le tout. Diam. 47 cent.

2084. — Plat profond de fabrique hispano-mauresque, avec ombilic proéminent sur lequel paraît un écusson chargé d'un lion rampant. Les ornements sont peints en jaune sur blanc avec reflets nacrés comme au n° 2079. Le revers est décoré d'arabesques. Diam. 37 cent.

2085. — Plat de fabrique hispano-mauresque avec ornements de même couleur que les précédents. Sur l'ombilic, écusson chargé d'un aigle. Sur les bords, pas de légende comme sur le précédent, mais godrons. Diam. 47 cent.

2086. — Plat de fabrique hispano-mauresque, dont l'ombilic bombé et godronné est chargé d'un écusson chargé d'un taureau et d'une rose. Une légende imitant les inscriptions arabes entoure le fond; cette légende est séparée de l'ombilic par d'élégants fleurons jaunes sur blanc. Les bords sont peints de fleurons de même couleur, divisés également en sections, dont quelques-unes sont en outre décorées de cartouches sur lesquels l'azur, l'or et le blanc harmonieusement mariés, forment une élégante ornementation. Diam. 49 cent.

2087. — Plat de fabrique hispano-mauresque chargé d'ornements peints en jaune à reflets d'or de style oriental avec ombilic proéminent sur lequel paraît un écusson chargé d'un bouquetin et d'un objet qui ressemble au gonfanon de l'Église romaine. Sur les bords, légende en relief de la même couleur; cette légende où le même mot reparaît sans cesse n'a pas de sens. C'est une imitation des inscriptions arabes, qu'on ne peut s'étonner de trouver sur un plat de fabrique hispano-mauresque. Diam. 49 cent.

2088. — Plat décoré d'ornements bleus sur fond blanc. Sur l'ombilic, écusson ovale armorié; d'azur à six montagnes d'argent, à la bande de sable. Diam. 47 cent.

Ce plat et les quatre suivants sont de fabrique italo-mauresque, c'est-à-dire qu'on les croit faits en Italie à l'imitation des plats mauresques.

2089. Grand plat décoré de fleurons bleus sur fond blanc. Sur l'ombilic, le monogramme de Notre-Seigneur, IHS, en caractères gothiques d'or. Fabrique italo-mauresque, peut-être de Faenza. Diam. 45 cent.

2090. — Grand plat de fabrique italo-mauresque. La décoration principale consiste en quatre écussons chargés d'arabesques qui se détachent en blanc sur fond d'or. Les intervalles entre les écussons sont remplis par des entrelacs et des imitations d'inscriptions or et blanc sur fond bleu. Le revers est décoré d'un grand griffon qui se détache en or sur fond blanc au milieu de feuillages. Reflets nacrés. Diam. 44 cent.

2091. — Grand plat sur l'ombilic duquel paraît un écusson chargé d'un lion rampant. Ornements de fantaisie bleus et jaunes. Fabrique italo-mauresque. Diam. 47 cent.

2092. — Grand plat à reflets métalliques et opalisés, décoré de fleurons bleus et jaunes sur fond blanc. Au centre, l'écusson de l'illustre famille des Strozzi de Florence. Diam. 45 cent.

Comme on le remarquera aussi plus loin, n°s 3128 et 3129, les armes ne sont pas rigoureusement aux couleurs de la maison dont on a voulu figurer le blason. La maison Strozzi porte *d'or à la fasce de gueules chargée de trois croissants d'argent;* ici on distingue bien le fond d'or et la nuance rougeâtre de la fasce, mais les croissants ne sont pas d'argent. Les beaux reflets métalliques et opalisés de ces plats ne permettaient évidemment pas de peindre scrupuleusement les blasons. On croit ce plat de fabrique italo-mauresque.

2093. — Plat portant au centre les armoiries d'un pape de la maison de Médicis, car l'écusson est surmonté de la tiare et des clefs en sautoir. Les bords sont décorés d'ornements de fantaisie parmi lesquels dominent de gros fleurons bleu foncé. Fabrique de Faenza. Diam. 35 cent.

Ce beau plat pourrait être celui que Passeri, dans son *Istoria delle pitture in majolica*, etc. p. 41, désigne comme lui ayant appartenu et qui portait, dit-il, les armes de Léon X; cependant, il faut dire que l'absence des lettres L. X., qui accompagnent souvent le blason de ce pontife, ne permet pas de choisir entre les deux papes de la maison de Médicis qui se succédèrent en l'espace de dix ans sur la chaire de saint Pierre.

2094. — Plat chargé d'arabesques en relief qui se détachent en jaune sur fond blanc. Sur les bords, trophées également en relief, peints aussi en jaune sur une couverte bleue. Sur l'*emblema* est peint un lion assis qui se détache en jaune sur un fond blanc avec lointains bleus. Au revers sont peintes de belles arabesques bleues. Fabrique de Faenza. Diam. 38 cent.

2095. — Plat décoré d'un buste de jeune femme de profil en robe jaune; dans sa coiffure, une aile. Le fond est mi-parti bleu et blanc. Sur le bleu, banderole jaune avec cette devise : ORARE. SECRETO. E.MOLTO. ACET.A.DIO. (*Sic.*) *Prier en secret est chose agréable à Dieu*. Sur le fond blanc, une tige fleurie jaune. Les bords sont décorés de feuillages et d'écailles jaunes sur fond bleuâtre qui alternent. Reflets nacrés. Fabrique de Pesaro, XVIe siècle. Diam. 38 cent.

2096. — Plat peint dans le même système de couleurs que le n° 2095. Buste de trois quarts d'une jeune femme, à l'expression douloureuse, aux cheveux noués en tresses sur le cou. On lit sur la banderole : CHI SERVE INGRATO DOLORE AQVISTA. *Qui sert un ingrat se prépare douleur*.

Revers revêtu d'un enduit jaune. Trous de suspension. Fabrique de Pesaro. Diam. 41 cent.

2097. — Plat décoré du portrait de fantaisie de Scipion l'Africain avec cette légende : SEPIONE AFRICANO. Le héros est représenté en buste de profil, le casque en tête. Couleurs vives parmi lesquelles dominent le bleu et le jaune. Les bords sont décorés de feuillages et d'écailles. Vieux Faenza. Diam. 39 cent.

2098. — Plat profond, sorte de terrine, avec buste de jeune femme de profil, en robe jaune. On lit son nom : BRIGITTA. Fond mi-parti de bleu et de blanc. Les bords sont décorés de zig zags de diverses couleurs. Fabrique de Faenza. Diam. 37 cent.

Passeri, dans l'ouvrage cité plus haut, p. 40, parle de vases de Pesaro avec *Portraits d'épouses* qu'on offrait aux jeunes mariées au moment de leurs noces. Cet usage devait être général dans l'Italie ou au moins dans le voisinage de Pesaro. On ne s'étonnera donc pas d'en trouver un exemple à Faenza, où l'on croit qu'a été fabriqué le plat qui nous occupe.

2099. — Plat profond (terrine) décoré d'un buste de jeune femme, avec robe verte, se détachant sur un fond bleu. A gauche, dans le lointain, une ville. Sur les bords, entrelacs verts sur fond blanc. Le revers est enduit d'un vernis jaune, et est percé de deux trous de suspension. Vieux Faenza ou peut-être de Pesaro; fin du XVe siècle. Diam. 36 cent.

2100. — Plat rond, décoré de bâtons rompus et d'oves de diverses couleurs. Fabrique de Faenza; fin du XVe siècle. Diam. 43 cent.

2101. — Grand plat avec armoiries à l'ombilic. L'écusson se détache sur un fond jaune. Les armes sont trois chevrons d'argent sur champ d'azur; le cimier du casque est une étoile. Des arabesques du meilleur style et qui rappellent celles de Raphaël décorent tout le reste de l'espace. Celles qui entourent immédiatement l'ombilic sont teintées en bleu tendre; le jaune domine dans les autres. Fabrique d'Urbino, du meilleur temps, c'est-à-dire vers 1530. Diam. 47 cent.

2102. — Plat décoré d'arabesques dans le style raphaëlesque. A l'ombilic, sujet mythologique : Jupiter et une Nymphe assis se tenant embrassés. Fabrique d'Urbino. Fin du XVIe siècle. Diam. 31 cent.

2103. — Plat de crédence. L'*emblema* ou ombilic est décoré du buste de profil d'une jeune femme vêtue d'une robe rouge à bords jaunes. Ce buste se détache sur une bande bleu foncé placée entre deux vertes; les bords sont décorés d'ornements de fantaisie; les reflets métalliques nacrés et opalisés de ce plat sont admirables. Ouvrage de la fin du XVe siècle qui pourrait être de Pesaro, cependant quelques-uns pourraient être tentés de le donner à Gubbio. Diam. 35 cent.

2104. — Grand plat profond aux armes de la famille florentine des Boverelli, qui, d'après le *Prioriste manuscrit* de la Bibliothèque impériale, portaient : d'azur à trois chevrons d'or, au chef d'or. Sur notre beau plat, le chef d'or est chargé de plus des tourteaux des Médicis, y compris celui aux fleurs de lis de France. Cette addition provient d'une concession des Médicis aux Boverelli. Deux cornes d'abondance figurent les supports de cet écu. Les bords du plats sont décorés de feuillages et d'écailles alternés, jaune sur bleu, comme tout le plat. Le revers est enduit d'un vernis jaune. Fabrique de Pesaro. D. 43 cent.

2105. — Grand plat historié dont le sujet est une allégorie, qui, si elle fait bon effet comme décoration, n'est pas fort intelligible. Deux figures nues sont assises dans un char traîné par deux cygnes montés par deux Amours ailés. L'une des figures paraît être Vénus; l'autre est une divinité panthée; c'est un adolescent radié comme Apollon, mais tenant le bâton d'Esculape et entouré des attributs de diverses divinités, comme le cerbère de Pluton, le trident de Neptune, la lyre d'Apollon, l'aigle de Jupiter et les raisins de Bacchus. Un Amour ailé, assis au pied de Vénus, tient le casque de Mars. Le char traverse un paysage riant; à l'horizon des montagnes bleues et une ville. Fabrique d'Urbino ou de Pesaro (XVIe siècle). D. 45. cent.

2106. — Grand plat de crédence, avec les deux trous destinés à faire passer les cordons de suspension dont parle Passeri. Le sujet peint en bleu léger sur fond blanc est un guerrier à cheval armé d'une massue et combattant une bête monstrueuse, une sorte de dragon à quatre pattes, sans ailes, qui darde une langue enflammée et est posté à l'entrée d'une grotte. Les bords sont décorés de *foglie,* comme s'exprime Piccol-Passi, divisés en quatre compartiments; deux à fond jaune, avec feuillages bleus; deux bleus sur bleu avec quelques fruits jaunes. Le revers est enduit d'un vernis rougeâtre. On peut attribuer ce beau plat à la fabrique de Castel-Durante, à cause du passage de Piccol-Passi auquel je viens de faire allusion; mais des connaisseurs exercés le croient plutôt de Faenza (XVIe siècle). Voyez *I tre libri dell' arte del vasajo, del cav. Cipriano Piccol-Passi Durantius.* Ce curieux livre, écrit en 1548, a été réimprimé à Rome en 1857. J'en dois la communication à M. Riocreux, qui est aussi connu pour son obligeance que pour le goût et l'érudition dont il a fait preuve dans le classement et la description du Musée céramique de Sèvres. D. 43 cent.

2107. — Assiette ou coupe peu profonde. *L'emblema* est décoré d'une composition qui semble copiée de quelque maître allemand. C'est, je crois, le martyre d'un saint. Le bourreau a traversé la tête du martyr avec le bois de sa hallebarde; le saint, dont les cheveux épars ne laissent pas distinguer les traits, est incliné devant le tourmenteur, dont l'aide, un lourd marteau sur l'épaule, tient les chaînes qui lient les mains du patient. Les bâtiments et la figure du saint sont en bleu; le bourreau et son aide sont peints de diverses couleurs parmi lesquelles le jaune et le vert dominent. La bordure est décorée de petits génies et d'arabesques dans le meilleur style italien qui se détachent en blanc sur un fond bleu foncé admirable. L'extérieur est orné de traits bleus et rouges; sur le fond, on lit en lettres romaines : IN FAENCA. D. 16 cent.

On sait combien sont rares les pièces qui portent le nom du lieu de fabrication. Cette coupe n'aurait pas besoin de cette particularité pour mériter d'être signalée à l'attention. Elle doit dater de la première moitié du XVIe siècle. Dans l'appendice fort curieux joint par M. Delange à sa traduction de l'ouvrage de Passeri sur les majoliques, ce connaisseur cite deux fois notre jolie coupe de Faenza. Voy. p. 103 et 111.

2108. — Assiette à larges bords, avec ombilic profond, ou *présentoir* décoré d'un buste de fantaisie, qui se détache en jaune sur un fond bleu. Comme l'indique l'inscription CHLAVDIO, cette assiette faisait partie d'une série qui représentait sans doute les douze Césars et des héros de l'antiquité (voy. n° 2109). Malgré la légende, il ne faut pas chercher ici la moindre ressemblance avec la tête bien connue de l'empereur Claude. Les traits sont positivement de fantaisie; mais le buste est costumé à la romaine. Les arabesques des bords sont en bleu tendre sur bleu foncé. Fabrique de Faenza. D. 25 cent.

2109. — Présentoir semblable au n° 2108 et faisant partie d'une série de guerriers célèbres. Ici le buste est baptisé : ANIBAL.

2110. — Coupe ou bassin peu profond, avec pied peu élevé, à bords godronnés. L'ombilic en bosse est décoré d'un buste de guerrier à la romaine qui se détache en bleu sur fond jaune. Les bords sont ornés d'arabesques blanches sur fond bleu et d'une sorte d'étoile jaune rayée de vert. A l'extérieur, larges lignes jaunes et bleues. Faenza. D. 24 cent.

2111. — Bassin ou *fruttiere* à godrons décorés de feuillages et d'ornements distribués dans des compartiments symétriques, de couleurs vives et variées. Au centre, Amour ailé, courant, un fruit rond ou une boule à la main. Cette figure se détache sur un fond jaune. A l'extérieur, lignes bleues, blanches et jaunes. Fabrique de Faenza. D. 31 c.

2112. — Bassin profond, ou fruttiere. Dans le fond, buste d'un jeune époux, la tête nue, de face. Il est vêtu d'une robe jaune avec bordure bleue, par-dessus laquelle il porte un manteau à raies jaunes et brunes à bordure verte ouverte sur la poitrine. Ce buste se détache sur un fond jaune. Les bords godronnés sont décorés de feuillages de couleurs diverses d'une harmonieuse vivacité. L'extérieur est décoré de larges lignes de bleu, de jaune et de blanc. Fabrique de Faenza. D. 26 cent.

2113. — Bassin ou fruttiere, à godrons, avec arabesques de diverses couleurs parmi lesquelles domine le bleu. Sur l'ombilic bombé, une guerrière vue à mi-corps s'appuyant sur sa lance; cette figure est peinte en jaune et bleu sur bleu. Bel échantillon des fabriques de Faenza. Les couleurs sont d'une harmonie parfaite. Diam. 24 cent.

2114. — Petit plat, présentoir à larges bords, avec ombilic profond, décoré d'une tête casquée de fantaisie qui se détache en blanc sur fond bleu foncé. Des arabesques également blanches sur fond bleu décorent les bords. Fabrique de Faenza. Diam. 23 cent.

2115. — Assiette à larges bords, profonde. Sujet : deux Amours montés en sens inverse sur un cheval nu. Sur les bords, rinceaux bleus sur fond jaune. Fabrique de Faenza. Diam. 22 cent.

2116. — Plat creux décoré de fruits et de feuilles de couleurs variées. Au centre, un gros fruit rond. Le revers est décoré de lignes bleues. Attribué à Faenza. Le dessin et la peinture sont faits largement. Diam. 27 cent.

2117. — Plat creux godronné. Le sujet du fond est un petit Amour ailé qui court et va tendre des filets. Les bords sont décorés de losanges de diverses couleurs ornées de fleurons. Le revers est décoré de lignes bleues, jaunes et rouges. Même fabrique que le n° précédent. Diam. 27 cent.

2118. — Bassin ou fruttiere à godrons. Au centre, sur fond jaune, buste d'Hector, de profil, le casque en tête. On lit le nom du héros sur une banderole : ATORE. Des quartiers chargés de rinceaux de diverses couleurs harmonieusement nuancées entourent le sujet. L'extérieur est peint en bleu, blanc et jaune. Fabrique de Faenza ou de Castel-Durante, XVIe siècle. Diam. 26 cent.

2119. — Présentoir à larges bords. Un seul et même sujet décore tout le plat. C'est un combat : deux guerriers à cheval, nus et dont un seul est cuirassé, semblent vouloir s'emparer d'un pays escarpé situé au bord d'un fleuve ou de la mer. Des guerriers nus à pied cherchent à les repousser. Fabrique d'Urbino, XVIe siècle. La composition de ce plat n'est pas très-intelligible, mais l'action est retracée avec énergie et les couleurs sont aussi vives qu'harmonieuses. Diam. 28 cent.

2120. — Bassin à pied peu élevé. Un seul sujet en fait la décoration. C'est Mars et Vénus surpris dans les filets de Vulcain que l'on voit assis devant son enclume et achevant de river ses chaînes perfides. Il s'entretient avec Apollon qui lui a révélé le mystère. On lit au revers : VENERE. ET. MARTE. Fabrique d'Urbino. Diam. 25 cent.

2121. — Bassin ou fruttiere godronné décoré d'arabesques dans le style de celles de Raphaël. A l'ombilic, Amour jouant des cymbales, bleu sur bleu. Fabrique d'Urbino. Diam. 23 cent.

Passeri parle d'un plat de sa collection signé par Maestro Giorgio da Ugubio, 1528, qui offre le sujet de notre fruttiere. Ce fait et mille autres prouvent que les fabriques se copiaient les unes les autres ou au moins imitaient les sujets qui avaient du succès.

2122. — Assiette ou petit plat pour présenter des bonbons. Une jeune mère, assise sur un escabeau auprès de son lit, embrasse son enfant qu'elle tient nu sur ses genoux. Devant elle, un chien. Sur les bords, quatre Amours dans des nues. Au revers, au milieu, l'Amour captif ; il a les yeux bandés et les mains liées derrière le dos. Sur les bords, quatre Amours dans les nuées. Fabrique d'Urbino ou de Pesaro ; fin du XVIe siècle. Diam. 22 cent.

2123. — Plat décoré sur les côtés de trophées et dont le sujet du milieu est un petit Amour monté sur un aigle qu'il a dompté. Sur le cartel d'un des trophées se trouve une devise que je ne déchiffre pas. Reflets nacrés. Fabrique de Pesaro. Diam. 26 cent.

2124. — Présentoir à reflets rouge et or, ou plat *amatorio*, comme dit Passeri (voyez p. 77 de l'édition italienne de son *Istoria delle pitture in majolica*, 1838). Dans la partie profonde est un buste de profil de mariée ou d'épouse, pour me servir encore des termes de Passeri. Sur une banderole, on lit le nom de l'épouse avec la date du mariage, qui nous donne celle de la fabrication du plat : 1529. GIVSTINA. Les bords, larges et plats, sont décorés d'arabesques jaunes et rouges sur fond bleu. Au revers, on lit au milieu, en rouge, cette même date 1529, et sur les bords, une inscription en lettres cursives incorrectement tracées. J'y crois reconnaître un G plusieurs fois répété. C'est probablement la marque de maestro Giorgio de Gubbio qui signait souvent avec une grande négligence. Diam. 26 cent.

Parmi les bassins à reflets d'or et rouges, celui-ci est un des plus beaux qu'on puisse voir. Il se distingue par la date de sa fabrication qu'on y lit sur les deux faces, ainsi que par la signature du célèbre maestro Giorgio de Gubbio.

2125. — Assiette ou petit plat profond. Au centre, le chérubin, symbole de saint Matthieu, en relief. Sur les bords, feuilles et fruits en relief. Au revers, G. cinq fois répété; c'est la signature de maestro Giorgio, qui peut en même temps indiquer la ville de Gubbio, où travaillait ce célèbre artiste. Diam. 24 cent.

Cette jolie assiette d'un des plus célèbres artistes en majoliques, de maestro Giorgio Andreoli, qui, né à Pavie, était venu s'établir à Gubbio, est remarquable par le beau rouge qui caractérise cette fabrique, ainsi que par ses admirables reflets métalliques. Ce plat faisait partie d'une série des quatre évangélistes, dont deux se trouvent réunis dans la collection. Voy. le saint Marc, n° 2126.

2126. — Pendant du n° 2125. Dans le fond, le lion ailé de saint Marc tenant les Évangiles.

2127. — Bassin de la forme des fruttieri. L'ombilic bombé est décoré d'une figure en relief peinte de l'*Agnus Dei* avec la bannière crucigère. Le sol est un échiquier blanc et rouge. L'agneau est peint en jaune. Les bords, légèrement godronnés, sont décorés de feuilles de chêne qui se détachent en jaune sur un fond blanc et sont séparés par les pointes rouges d'une étoile. Les couleurs vives de ce plat chatoient avec d'admirables reflets nacrés et métalliques. D. 24 cent. 1/2.

Bel échantillon de la fabrique de Gubbio, XVIe siècle.

2128 et 2129. — Deux assiettes semblables chargées de fleurettes de fantaisie qui se détachent en jaune sur fond blanc. Au centre, un écusson armorié dont le champ est violet et les charges d'or. J'y reconnais le blason des Morelli de Florence, qui portaient : de gueules à deux griffes de lion d'or au roc de même mis en chef. La couleur violette donnée ici au champ doit provenir d'un accident de la cuisson. On trouve beaucoup de ces dérogations aux lois du blason sur les majoliques, ce qui fait souvent hésiter dans la désignation des familles auxquelles appartiennent les écussons qui les décorent. Ici, il n'y a pas de doute possible. Les armes des Morelli ne sont pas de celles dont on rencontre les analogues fréquemment. On peut voir ces armes dans le beau manuscrit de la Bibliothèque impériale, connu sous le nom de *Prioriste de Florence*. (Voy. p. 78 de l'exemplaire de d'Hozier.) Ces belles assiettes sont à reflets métalliques. L'extérieur est décoré de fleurons comme l'intérieur. D. 27 cent.

On ne sait trop à quelle fabrique attribuer ces assiettes. Quelques connaisseurs cependant supposent qu'elles pourraient bien provenir de Caltagirone, en Sicile; je me contente de citer cette opinion.

OUVRAGES DE BERNARD PALISSY

2130. — Groupe. Neptune monté sur un hippocampe ailé qui nage sur les flots. Le dieu de la mer tient de la main gauche un dauphin et de la droite son trident. H. 27 cent. L. 23 cent.

On connaît des variantes de ce groupe, qui est généralement attribué à Bernard Palissy.

2131. — Joueur de cornemuse. Il est représenté debout, adossé à un arbre et jouant de son instrument. Son costume annonce la première moitié du XVIIe siècle. H. 26 c.

Cette figure de faïence émaillée est de la fabrique de Palissy, ou plutôt de l'un de ses imitateurs.

2132. — Plat ovale. Des flots, au milieu desquels nagent quatre poissons. Au centre, dans une sorte d'îlot, quatre coquillages en relief se détachant en blanc sur un fond bleu tracé par une couronne d'autres coquillages. En dehors de la couronne de coquillages, un escargot, une grenouille et d'autres coquillages. Les flots sont presque blancs; l'îlot est vert. Les bords du plat sont décorés de larges feuillages, au milieu desquels paraissent des lézards, des grenouilles, des coquillages, des papillons et autres insectes. L. 50 cent. L. 39 cent.

2133. — Plat rond. Six mascarons en relief, de deux types différents, de couleur blanche et surmontés de couronnes violettes semblant sortir d'une draperie verte, forment la principale décoration de ce joli plat. Au centre une rosace. Les bords sont ornés de fleurs découpées de couleurs diverses. Le ton général de cette pièce est doux; il n'y a pas de couleurs éclatantes. D. 26 cent.

2134. — Plat ovale. L'ornementation consiste en cornes d'abondance en relief, qui alternent avec des cartouches creux et des rosaces. L. 33 cent. H. 25 cent.

2135. — Plat ovale. Un serpent, un lézard, un gland, des coquilles et des feuilles en relief. L. 33 cent. H. 25 c.

2136. — Plat ovale. On y voit, en relief, un serpent, un lézard, une grenouille, une écrevisse, des m[ou]ches, des papillons, des coquillages, des fleurs et [des] feuilles. L. 33 cent. L. 25 cent.

2137 et 2138. — Deux plats absolument semblables, de forme ovale, avec petit récipient au centre de couleur bleu foncé diapré. Les bords sont divisés en deux larges zones, dans l'une desquelles domine le blanc, tandis que dans l'autre domine le brun diapré. Des torsades bleues divisent ces deux zones en nombreux compartiments. H. 7 cent. L. 32 cent. L. 23 cent.

Ces deux plats, très-fins d'exécution, sont d'une admirable conservation.

SCULPTURE EN TERRE CUITE

2139. — Médaillon de haut relief. Un jeune Satyre embrassant une nymphe ou une mortelle; une Satyresse qui favorise les amours du Satyre adossé sur son sein, répand des fleurs sur ce couple. Dans le fond, un hermès de Priape. On lit la signature et la date sur le sol : *Clodion*, 1765. D. 28 cent.

GRÈS

2140. — Canette à une anse, avec couvercle en étain, en grès, à pâte grise. Sur la panse, frise d'ornements en relief dans le style de la renaissance. Des mascarons, des oiseaux et des branchages forment le motif de cette frise, qui reparaît sur le col. H. 23 cent.

Je ne sais de quelle fabrique est ce joli vase; mais le style des ornements est italien et annonce le XVIe siècle.

2141. — Gourde ou bouteille avec quatre petites anses destinées à des cordons de suspension. La panse, de forme ovoïde, se termine élégamment par un col long et étroit. Le grès est revêtu d'un beau vernis bleu semé de fleurs de lis en relief d'un ton rougeâtre. De chaque côté, sur la panse, en relief, un écusson aux armes du possesseur, avec ses noms et titres en légende, et la date 1678 :

FRIDERICH EMICH GRAF ZV LEININGEN VND TAXSBVRG HERR ZV APPIRMVN. *Frédéric Emich, comte de Linanges et de Dagsbourg, seigneur d'Aspremont.* L'écusson est écartelé aux 1er et 4e quartiers de Leiningen (Linanges en français), aux 2e et 3e, d'argent à la bordure de gueules, au lion de sable chargé de huit sceptres d'or fleurdelisés en croix, qui est de Taxburg ou Dagsbourg; brochant sur le tout, l'écu d'Aspremont, de gueules à la croix d'argent. Cet écusson est surmonté des trois casques et cimiers des domaines de Linanges, Dagsbourg et Aspremont. H. 30 c.

Ce beau vase, d'un service dont j'ai vu d'autres pièces, a été fait pour le comte Fréd. Emich de Linanges, fils de Jean Philippe, de la branche de Hartenburg. (V. Spener. *Opus heraldicum*, pars specialis, et Im Hoff, *Notitia Procerum*, etc.) Ce seigneur, né en 1621, mourut en 1698. Les comtes de Linanges étaient souverains immédiats de leurs domaines et battaient monnaie à leurs coins et armes. Au siècle dernier, ils échangèrent leur rang de comtes du Saint-Empire contre celui de princes. Le premier mari de Marie-Louise-Victoire de Saxe-Saalfeld-Cobourg, duchesse de Kent, mère de la reine d'Angleterre, Victoria Ire, était un prince de Linanges nommé Emich, comme celui auquel appartint cette gourde.

VASES DE VERRE

VERRERIE VÉNITIENNE.

2142. — Gobelet de verre blanc avec peintures où l'or s'unit à la pourpre. Au bord, une frise composée de vingt-cinq compartiments chargés chacun d'une rosace à quatre lobes rayée par un ornement en forme de double X ou plutôt de croix de Saint-André. Au-dessous de cette frise, arabesques, rinceaux, fleurs et oiseaux au milieu desquels on distingue, comme motif principal deux fois répété, l'aigle héraldique éployé. Sur le pied du gobelet l'ornementation figure une inscription arabe. Gravé pl. XXXVII. H. 13 cent. 1/2.

Très-rare spécimen de verrerie. Quelque-uns attribuent ce gobelet à des artistes byzantins; mais il paraît avoir été exécuté à Venise au XVe siècle. Les inscriptions imitant l'arabe se trouvent sur maints monuments italiens. Faut-il rappeler qu'on en voit même de peintes sur les franges de la robe de la Vierge dans des tableaux de l'école italienne?

2143. — Grand flacon aplati, à long col, en forme de gourde, avec quatre petites anses dorées destinées à le suspendre au moyen d'un cordon ou plutôt à compléter la ressemblance de ce vase aussi élégant que fragile avec la gourde usuelle dont il reproduit la forme. Verre blanc décoré de dorures et de perles d'émail en relief de diverses couleurs. La bordure extrême du pied est émaillée de bleu et de blanc. Diam. 18 cent. Gravé pl. XXXVII. H. 33 cent. 5 millim.

Ce genre de vase est aussi remarquable par son élégance que par sa grande rareté. La collection en possède cependant deux si parfaitement semblables pour la forme et la décoration qu'on peut dire qu'ils forment la paire; je crois même qu'ils ont été effectivement fabriqués pour faire une paire, car celui qui porte le n° 2144 n'a que deux millimètres de hauteur de moins que le n° 2143 avec un centimètre de diamètre de plus. Ces différences sont à peine perceptibles à l'œil. La collection Debruge-Duménil possédait deux gourdes du même genre que celles-ci, mais moins grandes, dont l'une est gravée dans le Catalogue de M. Labarte, p. 712. Il y en a aussi trois ou quatre de diverses grandeurs dans la collection donnée par feu Charles Sauvageot au Musée du Louvre.

2144. — Flacon semblable au n° précédent. H. 33 c. Diam. 19 cent.

2145. — Vase de verre blanc, en forme de calice, à couvercle. La panse est bordée en haut et en bas d'une guirlande dorée et émaillée. Le couvercle et le pied sont couverts d'imbrications d'or bordées de blanc et chargées de perles en relief d'émail bleu blanc et rouge. On trouvera ce beau vase sur notre planche XXXVII. Diam. du pied, 11 cent. 1/2. H. totale : 28 cent.

M. Jules Labarte, dans son Catalogue de la collection Debruge-Duménil, décrit un vase analogue à celui-ci, mais un peu moins grand. (V. n° 1270, et page 691 le bois 1271.) Les imbrications étaient fort en vogue, au xve siècle, parmi les artistes. Des plats de la fabrique d'Urbin sont ornés d'imbrications dans le même genre que celles de notre calice. On en pourrait trouver des exemples dans la collection. Était-ce une imitation des vases antiques ? On serait tenté de le croire en comparant ces écailles à celles qu'on voit sur des vases de Vulci. (Voyez n° 1418.)

2146. — Coupe de forme basse sans pied, en verre bleu, décorée d'émaux et de perles en émail de diverses couleurs. H. 6 cent. Diam. 13 cent.

2147. — Burette ou aiguière de verre blanc avec fleurons peints en or. Au col, une étroite torsade en verre bleu en relief ; à l'anse, deux ornements également en relief en verre bleu. H. 21 cent.

2148. — Gobelet rond, sans pied ni anses, décoré sur les bords d'un semis de rosaces d'or et de perles en relief à l'extérieur. La panse est semée de perles dorées. A la base, une bordure peinte figurant des grelots blancs et rouges. H. 14 cent. Diam. 8 cent. 1/2.

2149. — Vase à fleurs, en forme d'entonnoir, sans pied ni anses. Le bord est décoré de perles en émail bleu, blanc, vert, jaune et rouge, ainsi que de fleurons en émail blanc léger imitant les cristaux gravés. La partie inférieure du vase, séparée de la partie supérieure par un cordon bleu en relief, est décorée d'un semis de grosses mouchetures en relief peintes en jaune, bleu et rouge, ainsi que d'oiseaux et fleurons en émail blanc simulant des gravures. H. 22 cent. Diam. 18 cent. 1/2.

2150. — Bassin en verre blanc avec pied à bords évasés, décoré sur les bords d'un semis d'or en écailles et de bordures de perles d'émail blanches et bleues en relief à l'extérieur. Trois filets teintés en bleu dessinent les contours de ce bassin. H. 60 cent. Diam. 23 cent.

2151. — Bassin en verre blanc, profond, avec pied peu élevé, décoré sur les bords d'un semis d'or et de perles en émail blanc, bleu et rouge en relief à l'extérieur. H. 8 cent. Diam. 21 cent.

2152. — Bassin en verre blanc, avec pied, décoré sur les bords d'un semis d'or en écailles avec perles d'émail en relief à l'extérieur bleues, rouges et blanches ; l'intérieur est décoré d'un zigzag doré en relief à l'extérieur, et l'ombilic est orné d'une rosace en émaux de couleurs diverses en relief. H. 8 cent. Diam. 22 cent.

2153. — Bassin en verre blanc, assez profond, à bords plats, décorés d'un semis d'or et de perles d'émail de couleurs blanche, verte et rouge en relief à l'extérieur, et en outre d'un filet teinté de bleu. L'ombilic est en relief. H. 5 cent. Diam. 22 cent.

2154. — Gobelet à pied, en forme de calice, à couvercle, en verre bleu, décoré dans le même genre que la coupe n° 2156. Les perles en émail sont rouges, bleues et blanches. La tige qui réunit le pied au calice est en verre blanc avec torsade bleue. Le couvercle et le pied sont ornés d'un semis d'or à l'intérieur du verre. Le pied est à godrons. H. totale 24 cent. Diam. 8 cent. 1/2.

2155. — Coupe ou bassin, avec pied, en verre blanc. Les bords sont décorés d'une guirlande d'imbrications en or, avec semis de perles en émail bleu, blanc et rouge, en relief à l'extérieur. Le fond de la coupe et le pied à godrons. H. 12 cent. Diam. 18 cent. 1/2.

2156. — Gobelet à pied, en verre bleu, décoré de fleurons peints en or et de perles en émail blanc et couleur de chair en relief à l'extérieur. Le pied à côtes est orné d'un semis d'or à l'intérieur du verre. H. 16 cent. Diam. 11 c.

2157 et 2158. — Une paire de bassins, à pied très-peu élevé, à bords plats décorés d'une bordure d'or. Cette bordure n'est pas appliquée sur le verre ; elle est coulée à la matière par un procédé décrit par M. Labarte, dans son Catalogue Debruge-Duménil, p. 692, n° 1218. Le fond est creux ; il est orné d'un écusson aux armes du possesseur au milieu d'une bordure dorée comme celle des bords et de deux rangs de perles en émail en relief à l'intérieur. Les armoiries sont en émail : d'azur à un arbre d'or feuillé de sinople planté sur six montagnes d'or. On a voulu reproduire ici les armoiries de l'illustre famille romaine des Cesi, dont un membre, Federigo Cesi, prince de Sant-Angelo, Monticelli, etc., mort en 1630, fut le fondateur de la célèbre académie des Lincei. A la vérité, les six montagnes des princes Cesi, qui sont ici en or, sont figurées en argent dans le savant ouvrage du comte Litta, *Famiglie celebri d'Italia;* mais on a déjà pu remarquer que, sur la verrerie comme sur les majoliques, les blasons ne sont pas rigoureusement aux couleurs des maisons auxquelles ils appartiennent ; c'est ainsi que sur le beau plat n° 2092, sur lequel paraissent incontestablement les armes des Strozzi, les couleurs ne sont pas exactes. Les croissants devraient être d'argent comme ici les montagnes, tandis qu'au contraire ils sont d'or ; d'ailleurs, si l'on voit quelquefois de l'argent sur les verres de Venise, je ne sache pas qu'on en voie sur les majoliques; cela tient sans doute à des impossibilités de fabrication. H. 3 cent. Diam. 17 c.

2159. — Plateau sur piédouche, décoré d'armoiries, d'une bordure d'ornements dorés et de perles de verre de couleurs. Les armoiries placées dans le fond sont celles d'un prélat; sur un champ de gueules paraissent deux clefs d'argent en chef et en pointe trois massacres de cerf de même, posés deux et un. L'écusson est posé sur une croix d'or et surmonté d'un chapeau de cardinal, avec les fiocchi, au nombre de six. Diam. 25 cent.

2160. — Burette à une seule anse, en verre bleu. Sur la panse sont peintes des arabesques en or et de diverses couleurs, et l'*impresa* du dauphin et de l'ancre qu'on rencontre si souvent, particulièrement sur les éditions des Aldes. Gravé pl. XXXVII. H. 15 cent. 1/2.

2161. — Plateau sur piédouche en verre blanc. Sur les bords une ligne d'imbrication en or et perles en émail bleu en relief à l'extérieur. L'ombilic est décoré d'un sujet émaillé; renard cherchant à s'emparer de fruits placés dans une corne d'abondance. Rinceaux. H. 6 c. Diam. 21 c.

2162. — Coupe de verre blanc décorée sur les bords de dorures et de perles en émail dans le genre des nos 2157 et 2158. L'ombilic en relief et le fond sont à godrons. H. 6 cent. Diam. 17 cent.

2163. — Coupe à peu près semblable à la précédente, mais dans la décoration des bords moins les perles; on lit sur la bande d'or cette inscription empruntée au vers 69 de la xe églogue de Virgile : ONIAM VINCIT AMOR (*oniam* pour *omnia*). *L'amour triomphe de tout.* H. 5 cent. Diam. 15 cent.

2164. — Coupe de verre blanc, avec petites anses et filets d'or aux bords. La base est à godrons. H. 6 cent. Diam. 9 cent.

2165. — Gobelet en verre blanc uni, sur pied élevé, à côtes teintées en vert avec semis d'or. H. 22 cent. Diam. 7 cent. 1/2.

2166. — Coupe en verre vert, avec légères dorures appliquées à l'extérieur et deux petites anses. H. 8 cent. Diam. 10 cent.

2167. — Grand vase à couvercle, en verre violet, semé d'or, à côtes saillantes qui ont été moulées lorsque la pièce n'avait pas encore atteint toute sa dimension par le soufflage. A l'attache du pied, collier en relief en verre blanc. L'extrémité du couvercle et un collier qui la décore sont aussi en verre blanc. H. 48 cent. Diam. 20 cent.

Ce beau vase du XVIe siècle provient de la vente Debruge-Duménil. Voyez le Catalogue par M. J. Labarte, pl. I, n° 3, et p. 696, n° 1250.

2168. — Flacon cannelé en verre pourpre ou violet foncé craquelé. Diam. de l'ouverture, 6 cent. 1/2. H. 15 c. Circonf. 34 cent.

2169. — Buire en verre bleu, à col cannelé; la panse est décorée de zigzags en relief. (La forme est à peu près celle du vase gravé, pl. I, n° 15, Cat. Debruge-Duménil.) H. 18 cent.

2170. — Gobelet en verre bleu, octogone, avec pied peu élevé en verre blanc. (Forme, voyez Cat. Debruge-Duménil, pl. XI, n° 27.) H. 15 cent. 1/2. Diam. 9 cent. 1/2.

2171. — Buire ou pot au lait, en verre violet, avec fleurons en émail blanc très-légers. L'anse et le pied de forme basse en verre blanc. L'orifice en trèfle est décoré de deux bordures fines en émail blanc en relief. H. 14 cent.

2172. — Gobelet à pied peu élevé, en verre vert, avec fleurons en or sur le bord et sur le pied. H. 12 cent. Diam. 8 cent. 1/2. Voy. n° 2173.

2173. — Plateau en verre vert légèrement godronné du gobelet qui précède. Il est décoré de la même manière. H. 3 cent. 1/2. Diam. 21 cent.

2174. — Grand gobelet en verre blanc légèrement teinté de vert. Le pied est plus foncé que la coupe. Le plateau de ce gobelet est le n° 2175. H. 21 cent. Diam. 13 cent.

2175. — Plateau ou soucoupe du gobelet précédent. Verre vert à godrons. H. 2 cent. 1/2. Diam. 21 cent.

2176. — Plateau sur piédouche en verre bleu, légèrement godronné. H. 7 cent. 1/2. Diam. 22 cent.

2177. — Buire en verre bleu, couverte de fleurs et arabesques émaillées de diverses couleurs. L'anse est décorée d'un semis d'or. H. 26 cent.

Ce vase, de ceux que l'on nomme *fioriti* ou *millefiori*, est très-élégant de forme et d'une excessive rareté.

2178. — Flacon de forme ronde aplatie, à côtes, avec couvercle. Verre granité, blanc opaque, bleu, vert et rouge sur une paraison de verre blanc. H. 11 cent.

C'est encore un de ces vases *fioriti* dont il a été parlé au n° précédent.

2179. — Flacon de forme ronde, à étroit orifice, fermé par un bouchon d'étain. Verre violet de la plus belle nuance moucheté de blanc laiteux. (Forme à peu près identique au n° 34, pl. III, du Cat. Debruge-Duménil.) Hauteur totale, 11 cent.

On ne peut pas négliger de signaler le rapport frappant entre ce joli flacon, ouvrage des Vénitiens du XVIe siècle, et le beau vase décrit dans la verrerie antique sous le n° 838. C'est une imitation évidente des procédés de l'antiquité.

2180. — Gobelet à pied et à couvercle en verre blanc. La panse et le couvercle, en verre craquelé, sont décorés de la même manière par trois mascarons en relief dorés et trois rosaces décorées chacune d'une turquoise. La tige est dorée. H. totale, 29 cent.

Ce joli vase est gravé pl. XXXVII.

2181. — Seau en verre octogone, en verre craquelé. L'anse représente un serpent. H. 14 cent. Circonf. 46 c.

Les verres craquelés sont d'une grande rareté. On sait que, malgré toutes les recherches des plus savants verriers de notre époque, le procédé n'a pû être imité d'une manière satisfaisante. (V. Jules Labarte. Description de la collection Debruge-Duménil, p. 694, n° 1228.)

2182. — Vase à fleurs, sur piédouche. Les côtes ont été moulées avant que la pièce eût atteint par le soufflage la dimension voulue. Verre sardonisé à veines bleu lapis obtenues par différentes matières où l'argent domine, avec semis d'or. H. 13 cent.

Ce curieux vase provient de la collection Debruge-Duménil. V. le n° 1255 du Catalogue. Notre numéro 2183 a la même origine, c'est le 1256 de ce Catalogue. Bien qu'il y ait quelques millimètres de différence entre ces vases et que les nuances ne soient pas tout à fait identiques, il semble qu'ils ont été destinés à se faire pendant.

2183. — Pendant du n° 2182. Voyez l'article précédent. H. 125 mill.

2184. — Gobelet à pied peu élevé, en verre imitant l'agate. H. 12 cent. Diam. 12 cent. 1/2.

2185. — Coupe à pied, de forme ovale, à bords évasés en verre imitant l'agate. H. 10 cent. 1/2.

2186. — Aiguière sans anses, avec trois goulots à la panse. Verre imitant l'agate. H. 25 cent. Diam. 9 cent.

2187. — Buire en verre imitant l'agate; la panse et le pied à côtes. L'anse est plus foncée que le vase. H. 25 cent. 1/2.

2188 — Flacon à côtes, en verre marbré imitant l'agate avec semis d'or. H. 17 cent.

2189 et 2190. — Une paire de burettes en verre opalisé, ornées de petits mascarons dorés en relief. H. 12 c. 1/2.

L'une de ces burettes est imperceptiblement moins grande que l'autre. On doit supposer qu'il était fort difficile d'obtenir une parité absolue, car on ne rencontre pas d'objet rigoureusement de la même dimension; il y a trois ou quatre millimètres de différence entre l'une et l'autre de ces jolies burettes. Deux burettes semblables, mais moins grandes, sont décrites dans le Catalogue Debruge-Duménil. Voyez p. 696, n° 1254, et pl. III, forme 39.

2191 et 2192. — Une paire de burettes en verre opalisé absolument de même dimension. L'anse est attachée par un nœud d'une rare élégance. H. 15 cent. 1/2.

2193. — Petite bouteille à long col en verre opalisé. Le plateau porte le n° 2194. H. 12 cent.

2194. — Plateau avec piédouche de la bouteille n° 2193, en verre opalisé légèrement godronné. H. 3 cent. Diamètre, 16 cent.

2195. — Flambeau en verre opalisé, à large pied godronné, à tige torse. H. 22 c. 1/2. Dam. du pied, 18 c. 1/2.

2196. — Burette en verre opalisé. Forme à peu près semblable à celle qui est figurée dans le catalogue Debruge-Duménil, pl. III, n° 39, et aux burettes en verre opalisé de la collection Louis Fould décrites sous les n°s 2189-2190. Voyez n° 2197. H. 9 cent.

2197. — Plateau absolument plat, sur pied, à tige cannelée. Verre opalisé. (La petite burette n° 2196, et les quatre petites tasses de verre absolument pareilles n°s 2198 à 2201, sont destinées à être placées sur ce plateau.) H. 6 c. 1/2. Diam. 16 c. 1/2.

2198 à 2201. — Quatre tasses à deux anses. H. 3 c. 1/2. Diam. 4 c. 1/2. Voyez n° 2197.

2202. — Flacon à deux goulots, à filigranes ou *ritorti*, avec lignes serpentines blanc de lait. Ce vase, d'une forme aussi élégante que rare est gravé sur la planche XXXVII. H. 19 cent.

2203. — Gobelet à pied, à ritorti. (Pour la forme, voy. Catalogue Debruge-Duménil, pl. II, n° 24.) H. 16 cent. Diam. 10 c. 1/2.

2204. — Coupe à pied, à ritorti. (Forme, voy. pl. III du Catalogue Debruge-Duménil, n° 45.) H. 6 c. 1/2. Diam. 15 c. 1/2.

2205. — Coupe à pied, à ritorti. H. 19 cent. Diam. 16 c. 1/2.

2206. — Coupe à pied, à ritorti. H. 8 c. 1/2. Diam. 16 c. 1/2.

2207. — Porte-bouquet, à ritorti, avec rubans, blanc opaque. H. 20 cent. Diam. 14 cent.

2208. — Bouteille en forme de gourde, en verre blanc, à ritorti, avec rubans bleus. Les deux anses sont en verre blanc avec légers filigranes blanc de lait. La panse est godronnée. Pied en cuivre ciselé. H. 24 cent.

2209. — Gobelet à couvercle, à ritorti. (Forme presque identique au n° 23 de la pl. II du Catalogue Debruge-Duménil, voy. n° 2208.) H. 12 cent.

2210. — Soucoupe ou petit plateau en verre blanc, à ritorti, des modèles A et B. (Voyez pl. V, Catalogue Debruge-Duménil.) H. 2 cent. Diam. 12 c. 1/2.

Plateau du n° 2209.

2211. — Gobelet sur tige, en verre blanc uni, avec coupe à ritorti et rubans blanc de lait. H. 21 c. 1/2. Diam. 9 c. 1/2.

2212. — Gobelet à pied, à couvercle, en verre blanc, avec rubans blanc de lait. La tige, divisée en cinq bourrelets qui vont en se rétrécissant, est haute et continue la coupe de forme sphérique à bords évasés. L'extrémité du couvercle est en verre blanc uni. H. totale 37 cent. Diam. 9 c. 1/2.

2213. — Gobelet à pied, en verre blanc, à ritorti fins, avec rubans blanc de lait; la tige, divisée en cinq bourrelets qui vont en se rétrécissant, est haute et continue la coupe de forme sphérique. H. 17 cent.

2214. — Coupe avec pied, à ritorti. H. 9 cent. Diam. 18 c. 1/2.

2215. — Coupe avec pied, à ritorti. H. 8 cent. Diam. 16 c. 1/2.

2216. — Gobelet de forme cylindrique, à facettes et ritorti blanc de lait, croisées. (Forme, voy. Catalogue Debruge-Duménil, pl. I, n° 1.) H. 19 cent. Diam. 8 c. 1/2.

2217. — Vase à fleurs de forme cylindrique, à pied évasé, alterné de filets à ritorti blanc de lait. H. 20 cent. Diam. 5 c. 1/2.

2218. — Plateau à ritorti blanc de lait. Diam. 37 cent.

2219 et 2220. — Deux plateaux semblables, à ritorti blanc de lait. Diam. 26 cent.

2221. — Hanap ou vase à couvercle, à deux anses, en verre doublé, à *reticelli* ou réseau de filigranes (*vasi à reticelli*). Les anses ne sont pas à *reticelli*, mais en verre presque entièrement opaque avec quelques ritorti blanc de lait. Ce joli vase est gravé sur notre planche XXXVII. H. 16 c. 1/2, avec le couvercle 25 c. 1/2. Diam. 10 c.

2222. — Gobelet à pied, en verre doublé, à reticelli, avec rubans blanc de lait. H. 16 c. 1/2.

2223. — Autre semblable. H. 16 cent.

2224. — Gobelet à pied, en verre doublé, à reticelli. (Forme de nos verres à vin de Champagne, mais pas très-élevés.) H. 16 cent. Diam. 7 1/2.

2225. — Autre presque semblable. H. 16 cent. Diam. 8 cent.

2226. — Gobelet à pied, en verre doublé. (Forme de nos verres à vin de Champagne allongés, voy. Catalogue Debruge-Duménil, pl. II, n° 25.) H. 22 cent. Diam. 9 cent.

2227. — Coupe avec pied, en verre blanc doublé, à filigranes entre-croisés ou à reticelli. H. 13 cent. Diam. 13 cent.

2228 et 2229. — Une paire de grands gobelets de la forme de nos verres à vin de Champagne allongés, en verre blanc doublé, à reticelli. H. 32 cent.

2230. — Coupe à pied, en verre blanc, à reticelli croisés par des rubans étroits blanc de lait. H. 10 c. Diam. 22 c.

2231. — Gobelet verre blanc doublé, à reticelli, sans tige. H. 11 c. 1/2. Diam. 8 c. 1/2 en haut et à la base.

2232. — Gobelet en verre doublé, à reticelli; pied peu élevé. H. 16 c. 1/2.

2233. — Coupe à pied, en verre doublé, à réseau de filigranes ou reticelli. H. 8 cent. Diam. 17 cent.

2234 et 2235. — Une paire de flacons, en verre blanc doublé, à réseau de filigranes. H. 11 c. 1/2. Diam. à la base 5 cent.

2236 et 2237. — Une paire de bouquetières en verre blanc doublé, à réseau de filigranes. Au col, collier en verre blanc, avec filigrane blanc de lait. H. 15 cent. Diam. à la base 7 cent.

Vente Debruge-Duménil, n° 1365 du cat., voy. pl. III, forme 33.

2238. — Petit gobelet de verre blanc, doublé, avec trois pieds ronds peu élevés, à reticelli. H. 7 cent., avec les pieds 8 cent. Diam. 6 c. 1/2.

2239 et 2240. — Une paire de gobelets à pied, en verre doublé, à reticelli. H. 19 cent. Diam. 8 cent.

2241. — Coupe à pied, en verre blanc doublé, à reticelli. La tige, en verre non doublé, est à filigranes d'une extrême ténuité. H. 12 c. 1/2. Diam. 9 c. 1/2.

2242 et 2243. — Une paire de burettes, à peu près de la même forme que celles qui ont été décrites sous les n°s 2189-2190, mais avec ornements filigraniques bariolés, de couleurs jaune, rose, verte et blanche. H. 9 cent.

2244. — Gobelet, forme de nos verres à vin de Champagne, étroit à la base, à côtes, avec ornementation filigranique de deux modèles différents, dont les cannes sont séparées par des rubans bariolés blanc, rouge et vert. H. 16 c. 1/2.

2245. — Gobelet à pied, en verre blanc. La coupe est décorée de fleurons en émail blanc léger; à sa base, deux anneaux d'émail blanc en relief entremêlés de filigranes blanc de lait et rose. Le pied est en verre blanc avec rubans de blanc de lait. H. 14 c. 1/2. Diam. 9 c. 1/2.

2246. — Verre à liqueur, à pied. La coupe pointue à la base est décorée de filigranes à *latticinio* ou blanc de lait et de rubans de couleur rouge. H. 12 cent.

2247 et 2248. — Deux verres presque semblables; la coupe des mêmes couleurs arrondie à la base. H. 11 c. 1/2.

2249. — Flacon de forme cylindrique, des mêmes couleurs que les numéros précédents. H. 7 c. 1/2. Diam. 5 c. 1/2.

2250. — Coupe plate, sur piédouche, avec filigranes des mêmes couleurs que les numéros précédents. H. 4 c. 1/2. Diam. 19 cent.

2251. — Gobelet de verre blanc, avec tige décorée d'enroulements torsinés en verre blanc avec filigranes blancs. (Pour la forme, voy. *Catalogue Debruge-Duménil,* par M. Labarte, pl. IV, n° 47.) H. 29 cent. Diam. 8 c. 1/2.

2252. — Gobelet semblable au n° 2251, avec cette différence que les enroulements de la tige sont en verre blanc avec filigranes rose et blanc de lait. H. 27 c. 1/2. Diam. 8 c. 1/2.

2253. — Gobelet à pied, en verre blanc, tige à enroulements bleus et blancs; les blancs ont en outre à l'intérieur des ornements filigraniques blanc de lait. H. 17 c. 1/2.

2254. — Gobelet à pied, en verre blanc, tige à enroulements bleus et blancs; les blancs ont en outre à l'intérieur des ornements filigraniques de couleur rose et blanc de lait. H. 16 c. 1/2.

2255. — Gobelet de verre blanc, avec coupe, en forme de nos verres à vin de Champagne allongés, sur haute tige, avec enroulements blancs à filigranes rose et blanc de lait bordés d'ornements découpés en verre bleu. H. 25 cent. Diam. 9 c. 1/2.

2256. — Autre de forme à peu près semblable au numéro précédent, avec coupe arrondie à la base. Les enroulements de la tige en verre blanc, avec filigranes jaune et blanc de lait, sont bordés d'ornements découpés en verre bleu. H. 25 cent. Diam. 9 cent.

2257. — Gobelet en verre blanc, avec coupe de forme hémisphérique, sur haute tige, avec enroulements bariolés. H. 28 cent. Diam. 10 cent.

2258. — Gobelet à peu près de la même forme que le 2274, mais avec coupe hémisphérique, et non décoré de fleurons. La tige est décorée dans le même style; mais les enroulements ici sont blancs avec filigranes blancs bordés par des ornements en verre blanc. H. 27 cent. Diam. 8 c. 1/2.

2259. — Gobelet à pied et à couvercle en verre blanc, Au milieu de la tige, enroulements à jour qui paraissent former une M; les extrémités de cette lettre sont teintées en bleu. Le couvercle est surmonté d'un enroulement analogue surmonté d'un petit canard. H. 26 cent. Avec le couvercle, 39 cent.

2260. — Autre semblable, mais un peu moins grand. H. 25 c. 1/2. Avec le couvercle, 37 cent.

2261. — Gobelet à pied, en verre blanc, forme de nos verres à vin de Champagne, mais à bords évasés. La tige est décorée d'ornements découpés en verre bleu, qui forment à peu près la silhouette de deux lions. Gravé pl. XXXVII. H. 20 cent. Diam. 10 c. 1/2.

2262. — Gobelet à pied, en verre blanc avec légers ornements en émail blanc. Deux petites oreilles en verre bleu à la tige. H. 13 c. 1/2.

2263. — Gobelet à pied, en verre blanc, à tige torse, avec bords carrés très-larges, très-évasés et repliés. Gravé, pl. XXXVII. H. 19 cent. Larg. 13 cent. sur 9.

2264. — Coupe de forme plate, à godrons, avec pied et longue tige torse. Verre blanc. H. 15 c. Diam. 17 c. 1/2.

2265. — Gobelet en verre blanc, à pied. Les deux anses cannelées se rattachent à la panse par une coquille. La tige est décorée de deux mascarons et de deux cartouches en relief. H. 20 c. 1/2. Diam. 9 cent.

2266. — Gobelet en verre blanc, à pied. La panse décorée de deux têtes de Méduse et de deux cartouches imprimés en relief par le soufflage de la pièce dans un moule. La base et le pied sont à godrons. H. 22 cent. Diamètre de l'orifice, 10 cent.

2267. — Gobelet à pied, en verre blanc, à tige torse, surmontée d'une boule communiquant avec le récipient principal. H. 18 cent.

2268. — Coupe à pied en verre blanc avec ornements en émail blanc de lait. Au fond, petite rosace à feuilles alternativement bleues et blanches. H. 9 cent. Diam. 15 c.

2269. — Buire en verre bleu, décorée de légers fleurons en émail blanc. L'anse en verre blanc. H. 14 cent.

2270-2271. — Une paire de gobelets en verre blanc, avec fleurons imitant la gravure en émail blanc sur le pied et sur la coupe en forme d'entonnoir. La tige est décorée de deux oreilles découpées en verre bleu et blanc. H. 16 c. 3/4.

2272-2273. — Une paire de flambeaux de verre blanc, avec légers ornements en émail blanc sur le pied qui est fort large et sur la partie supérieure de la tige. Ouvrage du XVIIe siècle. H. 27 cent.

2274. — Gobelet de verre blanc, porté sur une haute

tige, décoré de fleurons et d'un écusson qui lui donne l'aspect des cristaux gravés. L'écusson placé entre deux palmes et surmonté d'une couronne royale porte le monogramme radieux de Jésus-Christ, IHS, avec la croix partant de l'H, et au-dessous, le cœur de Jésus percé des trois clous de la Passion. La tige de ce vase est décorée d'enroulements blancs à filigranes blanc de lait bordés par des ornements découpés en verre bleu. Le blason doit être celui de quelque maison de la Compagnie de Jésus. H. 26 cent. Diam. 9 c. 1/2.

2275. — Lustre en verre blanc, à vingt lumières, avec bouquet de fleurs de couleurs et clochettes. H. 2 mètres. Diamètre à la base, 1 mètre 47 cent.

2276. — Fruit qui offre quelque analogie de forme avec la pomme de pin. Sur les deux faces principales, on voit en relief une fleur de lis entre deux palmes surmontée de la couronne royale de France. Verre de Venise jaune étamé à l'intérieur. Cet ornement, aussi élégant que curieux à étudier au point de vue des procédés de fabrication, a dû servir de pendeloque dans un lustre ou objet d'ameublement analogue. On peut l'attribuer à la fin du XVIIe siècle. H. 23 cent.

2277. — Glace de forme ovale. Buste de saint Paul gravé dans un médaillon entouré d'ornements détachés sur l'un desquels on lit le nom du saint : S. PAVLVS. L'épée et le livre figurent aussi en bas. Bordure en bois sculpté et doré. H. 1 m. 16 c. Larg. 58 cent.

2278. — Glace de Venise dont le cadre est orné de larges fleurons dans le goût du XVIIe siècle. H. 60 cent.

2279. — Glace de forme carrée, avec cadre en bois sculpté et doré dans l'ornementation duquel figurent au sommet un Amour de ronde bosse, et de chaque côté, un enfant nu sonnant de la trompe. Ces trois figures sont portées sur des feuillages découpés à jour. H. 70 cent.

VERRERIE D'ALLEMAGNE.

2280. — Gobelet à pied en verre blanc. Sur la panse, deux écussons peints : 1° de gueules à la bande de sable chargée de trois pommes de pin d'or. L'écusson est timbré d'un casque surmonté d'un vol aux armes de l'écu, et entouré de lambrequins aux couleurs de l'écu; 2° D'or au cheval de trait d'argent, avec harnachement d'azur; l'écu est timbré d'un casque portant pour cimier la tête et le col du cheval de l'écu; lambrequins aux couleurs de l'écu. Verre blanc du XVIIe siècle. H. 22 cent. Diam. 13 c. 1/2.

2281. — Gobelet à pied, en verre blanc, avec armoiries peintes. Le fût du pied est orné de mascarons et de guirlandes en relief dorées. En haut, règne une guirlande dorée, puis au milieu d'une autre guirlande on voit un écusson aux armes du possesseur dont les initiales C G, ainsi que la date 1606, sont peintes en or. Ces armes sont d'argent coupé de gueules, au gland de chêne d'or sur le tout. L'écusson est surmonté d'un casque et de deux cimiers formés de deux vols aux armes de l'écu. H. 24 c. 1/2.

PORCELAINES

PORCELAINES DE SAXE.

2282. — Buste de jeune fille, coiffée d'un fichu blanc rattaché sous le menton et orné d'un bouquet de fleurs en relief. Elle porte une marguerite au corsage. H. 23 cent. Voyez le pendant 2283.

2283. — Buste de jeune fille, coiffée d'un béguin vert orné de fleurs en relief. Pendant du n° 2282. H. 25 cent.

2284. — Jardinier enfant s'appuyant sur sa bêche. H. 13 c.

2285 à 2288. — Quatre vases de forme ovoïde, dont l'ouverture figure des feuilles découpées et teintées en vert. Sur la panse, oiseaux perchés sur des arbustes. Sur le pied, des papillons. H. 11 cent.

PORCELAINES DE SÈVRES.

2289 et 2290. — Deux tasses et soucoupes blanches, avec légers filets bleus et bordure en or. Marque : LL. Vieux Sèvres, avant les dates. H. 6 cent. Diam. 13 c. 1/2.

2291. — Tasse à deux anses, avec sa soucoupe. Porcelaine blanche décorée de guirlandes entrelacées vert et or. Marque : Ù au-dessus des L, et C M au-dessous. H. 4 cent. Diam. de la soucoupe, 9 cent.

2292. Tasse et soucoupe de même forme que la précédente, décorée des mêmes couleurs. Sujet sur la tasse et la soucoupe, rinceaux, oiseaux et roses. Marque : deux LL; selon M. Riocreux, c'est celle du peintre Bouillat (vers 1752). H. 6 cent. Diam. de la soucoupe, 13 cent.

2293 et 2294. — Deux tasses et soucoupes blanches. Les bords sont décorés d'ornements en or. V dans les L et &. C'est la marque de Baudouin en 1773. H. 7 cent. Diam. de la soucoupe, 13 c. 1/2.

2295. — Tasse et soucoupe, bleu au grand feu et rinceaux d'or en relief. Sujet : marins embarquant un tonneau. On lit sur un ballot : SEVE 1774. BUILARD. Soucoupe : pêcheur et sa femme, debout au bord de la mer. Marque : X dans les deux C et M. c'est la marque de 1774. H. 6 c. 1/2. Diam. de la soucoupe, 13 cent.

2296 et 2297. — Deux tasses et soucoupes, fond gros bleu, avec bordure d'or, médaillons blancs avec bouquets de fleurs sur les tasses et les soucoupes. Marque : deux L et la fleur de lis. C'est l'œuvre de Taillandier vers 1775. H. 6 cent. Diam. de la soucoupe, 13 cent.

2298. — Tasse dite trembleuse avec soucoupe et couvercle, décorée de guirlandes de fleurs et d'ornements en or et couleurs. Marque : deux D dans les LL. C'est l'œuvre de F. B. Barral en 1780. H. 10 cent. Diam. de la soucoupe, 13 c. 1/2.

2299. — Tasse et soucoupe dans le même style que la précédente. Sujet de la tasse : Vénus nue, couchée, couronnée de roses par un Amour. Un autre Amour lui baise la main. On distingue à gauche le char de la déesse. Sujet de la soucoupe : Vénus désarmant l'Amour. Marque : deux FF dans les LL et au-dessous K; plus bas, en or, H. P. C'est la marque de l'année 1782; d'après M. Riocreux les peintures sont de Dadin. H. 7 cent. Diam. de la soucoupe, 15 cent.

2300. — Tasse et soucoupe, décorées, sur fond blanc, de fleurs et d'ornements d'or et de couleurs. Marque : Ω et GG dans les L; selon M. Riocreux, c'est l'œuvre de Noël en 1783. H. 6 cent. Diam. de la soucoupe, 12 cent.

2301. — Tasse et soucoupe, à cul de poule, gros bleu avec guirlandes d'or. Sur le cartouche et sur la soucoupe, corbeille de fleurs. Marque : NN dans les L. C'est l'œuvre du peintre J. Cornaille en 1789. H. 6 cent. Diam. de la soucoupe, 13 cent. Voy. n° 2302.

2302. — Tasse et soucoupe semblables au n° 2301. Voy. n° 2301.

2303 et 2304. — Deux tasses et soucoupes, décorées de bouquets de fleurs sur fond blanc, avec bordure en or. Marque : PP dans les L, et J. P. C'est 1791. On ne connaît pas le nom du peintre. H. 7 cent. Diam. de la soucoupe, 15 cent.

SCULPTURE EN BOIS

2304. — Médaillon en bois sculpté placé dans une sorte de petite monstrance d'argent à volets, surmontée d'une figurine de Jésus-Christ, aussi en argent, posée sur un cartouche décoré d'une tête de chérubin. Le sujet du médaillon est un mariage chrétien. Les fiancés, vêtus à la mode du temps de Louis XII, sont agenouillés les mains jointes en face l'un de l'autre et séparés par deux escabeaux sur lesquels sont placés leurs livres de prières. Sur la draperie qui recouvre les escabeaux, on distingue les écussons des fiancés. Au-dessus de cette scène, sur un trône élevé, paraissent la Vierge tenant l'enfant Jésus, debout sur ses genoux, à côté de sainte Élisabeth, qui prend la main du Sauveur. Saint Joseph et un ange, debout, le premier derrière l'époux, l'autre derrière l'épouse, bénissent cette union. Diam. du médaillon, 3 c. 1/2. H. de la monstrance, 9 cent. Avec le socle en bois, 11 c. 1/2.

On aimait beaucoup ces sortes de bijoux en bois sculpté aux XVe et XVIe siècles, comme l'a très-bien dit M. Jules Labarte. *Introduction à la description des objets d'art de la collection Debruge-Duménil*, p. 36 : « Si les artistes qui ont fait ces petits ouvrages ne se recommandaient que par la patience qu'il leur a fallu pour les terminer, il y aurait à leur tenir peu de compte de ce mérite; mais plusieurs de ces fines sculptures joignent à l'extrême délicatesse de leur exécution une composition sage, un dessin correct, des figures et des attitudes pleines de sentiment et d'expression. » Il semblerait qu'en parlant ainsi M. Labarte a pensé au charmant médaillon qui vient d'être décrit, tant les éloges qu'il donne à certains de ces petits monuments lui conviennent à tous égards. J'attribue ce joyau de bois à l'époque de Louis XII.

2305. — Arabesques découpées à jour et sculptées sur les deux côtés d'une pièce de bois de 5 millimètres d'épaisseur de forme hémisphérique. Diam. 13 millim.

Travail très-fin du XVIe siècle. Provient de la vente Debruge-Duménil, n° 35 du Catalogue, p. 426.

2306. — Piédestal en bois en forme de gaîne qui a sans doute supporté une figure du Christ. Sur les quatre faces de ce piédestal sont pratiquées des niches ornées de petits bas-reliefs merveilleusement sculptés. Au-dessous de ces niches sont de petites arcades ou niches de moindre dimension également décorées de sculptures.

Première face. Deux sujets superposés : 1° Jésus agenouillé priant pendant que les Apôtres dorment; sur des rochers, devant le Sauveur, le calice qu'il prie son Père de détourner de ses lèvres. 2° Le baiser de Judas. Les soldats viennent saisir le Sauveur que Judas leur désigne en le serrant dans ses bras.

Deuxième face. Deux sujets : 1° La Flagellation ; Jésus est attaché à la colonne; deux bourreaux lèvent sur lui leurs verges. 2° Les soldats insultent Jésus.

Troisième face. Encore deux sujets : 1° Jésus amené devant le prétoire. 2° Le Portement de la Croix. Jésus ploie sous le fardeau.

Quatrième face. Un seul sujet décore cette niche : c'est le Crucifiement. Jésus est sur la croix entre les deux larrons. On distingue la Vierge et saint Jean, les soldats à cheval, le peuple, etc. Dans chacune des quatre niches de la base figurent l'un des quatre Évangélistes : saint Matthieu et l'Ange, saint Luc et le Taureau, saint Marc avec le Lion, saint Jean avec l'Aigle.

Des rinceaux finement fouillés décorent la partie supérieure de ce piédestal. H. 12 c. 1/2.

Le travail de ce bois est très-précieux; le mouvement des nombreuses figures est vrai; enfin, malgré l'exiguïté des proportions, on reconnait parfaitement non-seulement tous les sujets, mais même jusqu'aux plus minces détails des compositions. Le style annonce le commencement du XVIe siècle.

2307. — Râpe à tabac, dont la monture en bois imitant le maroquin est ciselée avec la plus grande finesse. Au milieu de délicates arabesques dorées on voit sur un cartouche octogone l'aigle à deux têtes de l'empire; en bas, dans un médaillon rond, un lion passant, et en haut, un cygne. Long. 18 cent. Larg. 4 cent.

2308. — Torchère, dont le motif est une sirène, ou plutôt une femme dont le corps finit en poisson, *desinit in piscem formosa superne*. Elle tient des deux mains une sorte de corne qui devait porter la bougie. Cette corne est décorée de fleurons, au milieu desquels on distingue une tête de vieillard qui tire la langue et dont la sirène semble ouvrir la bouche de force.

2309. — Salière. Trois enfants nus groupés autour d'un pilastre, portant chacun une coquille au-dessus de la tête. H. 19 cent.

Travail du XVIIe siècle. Provient de la collection Debruge-Duménil, n° 67 du Catalogue. Voy. p. 440.

2310. — Cadre avec bordure découpée à jour entièrement sculpté dans le même morceau de bois. Quatre Amours ailés en ronde bosse, posés sur des coquilles, occupent les coins; ils tiennent les liens d'une guirlande de fleurs. Dans la bordure, des oiseaux, des insectes et des fleurs. H. 36 cent. L. 31 cent.

2311. — Cadre. En haut, bas-relief représentant Vénus donnant une flèche à l'Amour. Pendant du n° 2312. H. 17 c. L. 14 cent.

2312. — Cadre. En haut, bas-relief représentant Bacchus tendant à un Satyre sa coupe dans laquelle celui-ci presse des raisins. Pendant du n° 2311. Voy. n°s 2390-1-2-3. H. 17 cent. L. 14 cent.

ÉBÉNISTERIE

2313. — Grand coffre vénitien en bois sculpté. Le bas-relief qui décore la face principale est séparé en deux parties par l'écusson du possesseur. A gauche, le sujet est un combat de guerriers vêtus à la romaine. A droite est représenté le triomphe du général victorieux; on le voit assis dans un char traîné par deux chevaux, suivi et précédé de captifs, de trompettes, etc. L'écusson du possesseur, dont les supports sont deux enfants nus, est surmonté d'un casque grillé de face avec lambrequins. Les pieds sont façonnés en griffes de lion. H. 70 cent. Larg. 1 m. 85 c. Travail du XVIe siècle.

2314. — Bureau en ébène, garni de quatre tiroirs, surmonté d'un cabinet divisé en trois parties garni de douze tiroirs et au milieu d'une petite armoire surmontée d'un tiroir. Les tiroirs sont décorés d'arabesques en marqueterie. Sur la tablette du bureau, trois petits paysages en marqueterie. H. 1 m. 30 c. Larg. 1 m. 10 c. Travail du XVIIe siècle.

2315 et 2316. — Deux tables semblables en marqueterie, portées sur quatre pieds. Les motifs de marqueterie qui décorent ces meubles élégants sont du meilleur goût et d'une exécution parfaite. H. 75 cent. Long. 1 m. 42 c. Larg. 70 cent. Travail du XVIIIe siècle.

2317. — Table de trictrac en bois de rose. Le dessus est orné d'une tablette de marqueterie de divers bois avec marque en chiffres romains. Encoignures, bordures, entrée de serrure et pieds en bronze doré et ciselé. H. 79 cent. Long. 77 cent. Larg. 61 cent. Travail du XVIIIe siècle.

HORLOGERIE

2318. — Montre en argent de forme hexagone allongée portant à l'intérieur la signature *P. Durant à Rouen.* Le dessus taillé à biseau est décoré d'un sujet ciselé représentant le martyre de saint Étienne. Sur le biseau, fleurons et deux anges. Au bas, un cœur ailé. Au revers, Suzanne et les deux vieillards. Les côtés sont dorés et ornés de petits fleurons. H. 4 c. 1/2. Larg. 3 cent. Épaiss. 2 c. 1/2.

2319. — Montre d'or décorée de grenats. Le cadran est orné d'émaux. Sur le mouvement on lit le nom du fabricant : *C. F. Fister.* Diam. 29 mill.

2320. — Pendule de Boule, en marqueterie de cuivre sur écaille. Pilastres ornés de consoles en bronze doré et ciselé supportant un fronton au sommet duquel est une lampe de forme antique. Au-dessous du cadran, le Temps enlevant l'une des Heures. A la base, un baromètre de forme hémisphérique, supporté par un socle en bois noir sur lequel on lit en lettres d'or : DIRIGIT ATQUE MOVET. Sur les côtés, sphinx accroupi. Sous les pilastres, socle carré orné aux coins de deux masques de Méduse et pieds en hélice. H. 1 m. 10 cent. Larg. 43 cent. Socle, larg., 50 cent.

Ce modèle est un des plus beaux de Boule. On peut le voir gravé dans l'ouvrage en cours de publication de M. A. Destailleur, et qui est intitulé : *Recueil d'estampes relatives à l'ornementation des appartements aux* XVIe, XVIIe *et* XVIIIe *siècles.* Voy. pl. XXV.

2321. — Pendule en marqueterie, dans le style de Boule, de forme contournée, surmontée d'un groupe en bronze représentant Jupiter et Léda. Le cadran, en bronze, avec chiffres en émail, est surmonté d'un fronton en bronze doré. Au bas du cadran, un écusson d'attente surmonté d'une couronne ducale, dont les supports sont une Renommée et un enfant qui sonne de la trompette, et le cimier un aigle. Quatre figures de femmes fantastiques dans des arabesques forment les pieds qui reposent sur un socle décoré d'une figure en bronze d'applique, en haut relief, représentant un dragon. H. totale 1 m. 28 c. Larg. 40 c.

2322. — Pendule en marqueterie de cuivre sur écaille dans le genre de Boule. Pilastres ornés de cariatides et terminés en volutes. Au sommet, une coupole sur laquelle paraît une figure du Temps ou Saturne tenant la faux. Quatre lions fantastiques décorent le haut des pilastres. En bas, figure de déesse. Au-dessous du cadran, on lit en émail : *Masson, à Paris.* H. 1 m. 12 cent. Larg. 45 cent., à la base 51 cent.

2323. — Grosse montre de cabinet, en argent, à échappement à roue de rencontre et réveil. Cadre en émail blanc. La boîte est décorée d'un bas-relief ciselé avec une grande finesse, représentant un jardin et les instruments du jardinage. Cette belle pièce est dans sa contre-boîte en argent, recouvert en galuchat clouté d'argent. Diam. 13 cent.

2324. — Cartel en bronze doré et ciselé. La boîte ronde, dont le cadran porte le nom *Chevreau, à Paris,* est entourée de pilastres et de guirlandes. Elle est surmontée d'un vase et se termine par un cul-de-lampe. H. 70 c. Larg. 42 c.

2325. — Cartel en bronze doré et ciselé. Le cadran, qui porte la signature *Leblond l'aîné, à Paris,* est posé au milieu de deux volutes se raccordant par le bas et terminées par une tête de bélier. Les volutes supportent deux trophées à l'antique. Au-dessus du cadran règne un entablement qui supporte un socle chantourné sur lequel est posé un buste d'empereur romain. Époque de Louis XV. H. 80 cent.

2326. — Pendule en bronze doré. Boîte ronde soutenue par deux volutes de feuilles d'acanthe qui reposent sur une plinthe, décorée d'une bordure de feuilles d'acho. Une fleur épanouie surmonte la boîte. Socle en bois violet, sur lequel est une frise d'anneaux fleuronnés et enlacés reposant sur quatre pieds. Sur le cadran, on lit : *Étienne Lenoir, à Paris.* H. totale, 54 cent. Larg. 25 cent. Long. 48 cent.

Le style est simple et de bon goût. Les bronzes sont d'une exécution parfaite. Style de l'époque de Louis XVI.

SERRURERIE

2327. — Serrure en fer poli et ciselé, qui a été exécutée dans le siècle dernier pour un roi d'Espagne, comme l'indiquent le lion de Léon, le château de Castille, les fleurs de lis de Bourbon et les couronnes royales qui figurent dans l'ornementation. L'auteur de ce remarquable ouvrage de serrurerie était un Français, *Jean Dutartre,* qui a pris soin d'y mettre son nom et d'indiquer sa nationalité, non-seulement en laissant la forme française à son prénom, mais encore en inscrivant en lettres d'or sur la clef le cri de *Vive le Roi* en langue française. Du côté du pène règne une sorte de treillis à jour interrompu par quatre trophées d'armes. Du côté de la clef, ornements gravés en creux; deux lions héraldiques découpés semblent soutenir le porte-clef, au-dessous duquel on lit cette inscription gravée en creux et en caractères cursifs : JEAN DUTARTRE ME FECIT A VITORIA. *Jean Dutartre m'a fait à Vittoria.* Sur les deux épaisseurs sont gravés des sujets de chasse : 1° un chien quêtant; 2° deux chiens faisant lever une perdrix. Huit couronnes découpées à jour servent de motifs pour placer les vis qui devaient fixer cette serrure. Voy. n°s 2328 et 2329. H. 17 cent. Larg. 29 cent.

2328. — Clef de la serrure n° 2327. Cette clef, richement ciselée, est surmontée d'une couronne fermée posée au-dessus d'un château que supportent deux lions héraldiques. On lit sur l'épaisseur de la poignée de cette clef, cette inscription incrustée en or et deux fois répétée : *Vive le Roi.* Le défaut d'espace a fait omettre l'*e* du mot *vive* dans les deux inscriptions. Voy. n°s 2327 et 2329. H. 13 cent.

2329. — Cache-entrée de la serrure n° 2327. Deux lions héraldiques soutiennent une sorte d'écusson ovale percé pour l'entrée de la clef et au-dessus duquel est figuré un château avec les trois fleurs de lis de la maison de Bourbon gravées au-dessus du portail. Une couronne royale fermée surmonte le tout. H. 22 cent.

2330. — Clef dorée de chambellan, avec les armoiries et les insignes de l'empereur Charles VII. La poignée de la clef, sculptée et découpée à jour, représente l'aigle de l'empire avec la couronne impériale posée entre ses deux têtes; sur le corps de l'aigle, l'écusson de famille de l'empereur surmonté d'une couronne fermée et entourée du collier de l'ordre de la Toison d'or. Cet écusson est écartelé aux premier et quatrième quartiers de Bavière, aux deuxième et troisième quartiers de Palatinat; l'écusson qui broche sur le tout porte le symbole de la dignité héréditaire de grand maître de l'empire (*archi-dapifer*), affectée aux électeurs de Bavière, de gueules au globe crucigère impérial d'or. Un collier, sans doute celui de l'ordre de Saint-Georges de Bavière, est tenu par l'aigle à deux têtes. Au-dessous de l'étoile de cet ordre on lit en relief : C. VII. (Charles VII). L. 18 cent.

Le prince dont les armoiries paraissent sur cette clef est Charles-Albert, électeur de Bavière, qui fut élu empereur en 1742 et mourut en 1745. La date de cette clef doit donc être fixée entre les années 1742 et 1745. Bien qu'on ne puisse pas discerner très-nettement, à cause de leur exiguïté, les signes distinctifs du collier d'ordre que tient l'aigle à deux têtes, on est en droit de supposer que c'est l'ordre de Saint-Georges que Charles-Albert, qui n'était encore qu'électeur de Bavière, avait rétabli en 1729 à Munich. Cet ordre est encore aujourd'hui l'un des plus illustres de la Bavière. Il existe au Cabinet des estampes de la Bibliothèque impériale un portrait de Charles VII portant au cou le collier de Saint-Georges avec cette épithète *Restaurator;* près de l'empereur on distingue le livre des statuts de l'ordre. Cette estampe porte la signature de *Zimmermann, graveur à Munich.*

2331. — Clef de chambellan en cuivre doré. Sur la poignée sont sculptées les armes de Bavière décrites au n° 2330, entourées des colliers de la Toison d'or et de Saint-Georges de Bavière. L. 19 cent.

2332. — Clef de chambellan en cuivre doré aux mêmes armes que le n° 2331. L. 19 c. 1/2.

2333 et 2334. — Deux clefs de chambellan en cuivre doré. La poignée est décorée par un chiffre composé de lettres découpées à jour surmonté de la couronne électorale. Au-dessous du chiffre, un écusson aux armes de Saxe. L. 16 c. 1/2.

Je n'ai pu retrouver dans les généalogies des nombreuses branches de la maison de Saxe le prince dont le chiffre assez obscur paraît ici. C'est peut-être Jean-Georges IV, électeur de Saxe, électeur de 1691 à 1694.

2335. — Clef de chambellan en cuivre doré. La poignée est décorée de la roue, symbole héraldique des électeurs de Mayence, surmontée de la couronne électorale. V. le n° 2336. L. 16 cent.

2336. — Clef de chambellan en cuivre doré, portant à la poignée la roue des électeurs de Mayence, mais ornée de plus que la précédente du chiffre découpé de l'électeur, C. P., c'est-à-dire, Charles-Philippe d'Eltz-Kempenich, électeur de Mayence de 1732 à 1743. L. 17 cent.

2337. — Clef de chambellan en cuivre doré; la poignée est ornée d'un chiffre surmonté de la couronne électorale. C'est peut être Charles-Joachim, prince de Fürstemberg. Voyez Schlickeysen, *Erklarung der Abkürzungen auf Münzen*, etc., *Berlin*. 1855. L. 15 c. 1/2.

2338. — Clef de chambellan en cuivre doré; la poignée est ornée d'un chiffre surmonté de la couronne électorale; le tout entouré de palmes. L. 14 c. 1/2.

2339. — Une paire de ciseaux en fer. Le manche est orné de rinceaux finement ciselés en relief. Ouvrage du XVIe siècle. L. 17 cent.

TABATIÈRES, BOITES, ETC.

2340. — Tabatière d'or, ornée d'un portrait sur émail du maréchal de Turenne, par Petitot. Buste de trois quarts avec la perruque et un grand col brodé par-dessus la cuirasse. Ce beau portrait forme le dessus d'une tabatière d'or et d'écaille; il se détache sur un fond d'or sur lequel est sculptée, dans le style du temps de l'empire, une couronne de laurier. La glace est encadrée d'or et d'émail bleu. Cette tabatière a appartenu à l'empereur Napoléon Ier. Le certificat suivant accompagne cette boîte précieuse. « Je « certifie que la tabatière en or, ornée du portrait de Tu- « renne, appartenant à M. Poggioli, a fait partie de celles « appartenant à l'empereur Napoléon, rapportées de « Sainte-Hélène, dont j'ai été le dépositaire. Comte Mar- « chand, exécuteur testamentaire de l'empereur Napoléon. « Paris, 25 janvier 1853. » Sur la gorge de la boîte, on lit : *Étienne Nitot et fils, joailliers-bijoutiers de Sa Majesté l'Impératrice et Reine, à Paris.* L'émail de Petitot est ovale. H. 31 mill. L. 25 mill. La tabatière à 52 mill. de longueur sur 73 de largeur.

2341. — Tabatière d'écaille, ornée d'un portrait de l'empereur Napoléon Ier, par Isabey. L'Empereur est représenté en buste de trois quarts, la tête nue, avec habit bleu brodé d'or. On lit à gauche la signature de l'artiste : *J. Isabey.* La miniature est entourée d'un cadre d'or fort simple. Diam. de la boîte, 8 cent. H. de la miniature, 5 cent. L. 37 mill.

2342. — Tabatière en écaille, de forme ronde, ornée d'une miniature représentant le portrait de Rubens. Diam. 6 c. 1/2.

2343. — Boîte carrée de jaspe vert fleuri, monté en or, avec brillant à la charnière. H. 3 c. 1/2. L. 9 c. 1/2.

2344. — Tabatière d'or octogone à cage, avec émaux, ornée de plaques en malachite. On lit à la gorge : *Ouizille, bijoutier à Paris.* Travail du XVIIIe siècle. H. 29 mill. Larg. 78 mill.

2345. — Boîte ronde en agate rouge à veines marbrées grisâtres. Monture en or finement ciselée. Diam. 7 cent.

2346. — Tabatière de forme ovale, à gorge en or, formée de plaques d'agate rubanée blonde ; le dessus est décoré de trois papillons en cristal de roche peint incrustés. Travail florentin moderne. Long. 8 cent. Larg. 5 c. 1/2.

2347. — Tabatière en écaille, de forme ronde, à gorge en or. Le dessus est décoré d'une mosaïque de Florence de travail fin, représentant un vase. XIXe siècle. Diam. 9 cent. Épaiss. 2 cent.

2348. — Boîte de forme carrée à pans coupés, en jaspe marbré, avec monture ciselée en or. Long. 5 c. 1/2 Larg. 5 c.

2349. — Tabatière d'or à cage octogone, avec plaques en bois pétrifié, montée à jour. Travail du XVIIIe siècle. H. 33 mill. Larg. 74 mill.

2350. — Boîte de forme ovale en jaspe sanguin, avec fleurs en relief en pierres dures de différentes couleurs. La monture en or, de couleur ciselée et champlevée. Travail de Dresde du XVIIIe siècle. H. 40 mill. L. 95 mill.

2351. — Tabatière de forme ronde, montée en or, décorée sur les deux faces et sur le pourtour de peintures en grisailles sous verre, par Langlois.

Le sujet du dessus est la Marchande d'amour essayant de remplir sa cage qui est ouverte et vide. Une foule d'Amours semblent se jouer de ses gestes suppliants; l'un d'eux est grimpé dans un arbre aux branches duquel sont appendus l'arc et le carquois. Sujet du dessous : Amour dessinant et copiant deux tourterelles qui se becquètent. Sur le cippe qui le porte, on lit : *Ce modèle me plaît.* Le pourtour est décoré de paysages animés par des animaux. Diam. 6 cent. Épaiss. 2 cent.

2352. — Tabatière en or, de forme rectangulaire, à coins coupés, s'ouvrant sur les deux faces et décorée de miniatures sous verre en camaïeu. 1° Homère aveugle et mendiant; le poëte est assis au pied de la statue de Jupiter; des guerriers s'approchent de lui. 2° Virgile lisant l'Énéide devant Auguste et la famille de l'empereur. Une statue de Mars décore la salle. Sur le premier côté, on lit la signature du peintre : PARANT. Sur les socles des statues, le chiffre du premier possesseur de ce bijou : G. M. Longueur 9 cent. Largeur 3 c. 1/2. Épaisseur 2 cent.

Le peintre Parant, auquel on doit la décoration de cette boîte, était attaché à la manufacture de Sèvres. Il fut professeur de dessin de l'impératrice Marie-Louise.

2353. — Boîte d'écaille, montée en or, de forme oblongue, à pans coupés, plate, décorée de deux miniatures sous verre, par Langlois. Dessus : Vénus victorieuse, assise dans un char traîné par deux béliers que dirige un Amour, précédée par un Amour portant un drapeau et suivie par un autre Amour qui sonne de la trompette. Dessous : l'Hyménée, son flambeau sur l'épaule, mène à l'autel un couple enfantin qu'il tient en laisse. Deux Amours, dont l'un a le carquois sur l'épaule, apportent des fruits. Larg. 3 cent. Long. 8 cent. Épaiss. 1 c. 1/2.

2354. — Tabatière en or, de forme oblongue, arrondie aux extrémités, ornée de ciselures très-fines. Époque de Louis XVI. Long. 9 cent. Larg. 2 c. 1/2. Épaiss. 2 cent.

2355. — Tabatière en or, de forme ovale, décorée de ciselures très-fines. Sur le dessus, un médaillon ovale en hauteur destiné à recevoir un chiffre. Époque de Louis XVI. Long. 6 c. 1/2. Larg. 4 c. 1/2. Épaiss. 2 cent.

2356. — Tabatière de forme rectangulaire à coins coupés, en or, décorée d'émaux représentant une guirlande de fleurs, dans le sens de la longueur, qui court sur toute la boîte entre deux baguettes enroulées d'émaux bleus. Travail moderne. Long. 8 cent. Larg. 4 cent. Épaiss. 1 c. 1/2.

2357. — Boîte à odeur, en vermeil, en forme de barillet. Long. 4 cent. Circonf. 6 cent.

2358. — Boîte à fiches, de forme oblongue, bombée, en écaille, divisée en quatre compartiments qui contiennent chacun une boîte remplie de fiches, jetons et contrats également en écaille. On lit sur les jetons des devises plaisantes. La signature de l'habile fabricant auquel on doit ce précieux petit meuble se lit à l'intérieur des petites boîtes : J. SARAO F. A NAPLES. Cette boîte est décorée d'incrustations de nacre et d'or. Sur le dessus, bergers et bergères dans un paysage. Les personnages sont en or. A l'intérieur, un plateau aussi en écaille, incrusté de nacre, sur lequel paraissent trois personnages mythologiques, sans doute Jupiter, Cérès et l'Amour. Long. 18 cent. Larg. 13 cent. Épaiss. 4 cent.

2359. — Souvenir en or, carré long, avec émaux bleus semés d'étoiles d'or. On lit cette inscription en relief partagée sur les deux faces : SOUVENIR D'AMITIÉ. Travail du commencement du XIXe siècle. H. 8 c. 1/2.

2360. — Boîte d'or à cage octogone, avec émaux. Les plaques se composent de laque de Chine sable d'or. Époque du XVIIIe siècle. H. 25 mill. Larg. 74 mill.

2361. — Boîte d'écaille, de forme carrée, à coins arrondis, galonnée d'or ; le dessus et le dessous de piqué d'or sur fond d'écaille. H. 26 mill. L. 82 mill.

2362. — Boîte ronde en écaille noire. Sur la partie supérieure, paysage en laque de Chine sable d'or. Diam. 9 cent.

PEINTURE

TABLEAUX.

2363. — La Vierge, tenant le corps de son divin Fils dans ses bras, lève les yeux au ciel avec une admirable expression de douleur. La Madeleine agenouillée baise les pieds du Sauveur. Cette Pietà est attribuée à Augustin Carrache. Panneau de bois. H. 18 cent. L. 13 cent. Voy. le pendant n° 2364.

2364. — Le cordon de saint François. Un pécheur, revêtu du froc de saint François, implore l'entrée du paradis et montre à saint Pierre qu'il a l'humble ceinture de corde qui ouvre le ciel aux pécheurs qui la ceignent sur l'habit des Franciscains. Attribué à Aug. Carrache. Panneau de bois. H. 18 cent. L. 13 cent. Pendant du n° 2363.

2365 et 2366. — Volets en bois d'un tableau d'église. Sur l'un sont figurés le donateur et ses cinq fils ; sur l'autre, sa femme avec ses quatre filles. Au revers, les patrons de ces deux personnages ; sur le panneau du mari, saint Philippe, reconnaissable à la longue croix qu'il tient à la main ; sur le panneau de la femme, saint Martin à cheval, partageant son manteau avec un pauvre. Les donateurs sont peints avec la richesse de couleurs de l'école flamande. Les revers sont en grisaille. H. 96 cent. L. 43 cent.

Ces panneaux, remarquables par leur belle exécution et par leur conservation qui est parfaite, accusent nettement le style flamand de la fin du XVIe siècle et la manière de Porbus, auquel on peut les attribuer sans témérité. Plus heureux cette fois que pour certaines armoiries qui paraissent sur d'autres objets de la collection et qui m'ont fait compulser inutilement de volumineux in-folio, j'ai réussi, grâce aux armoiries qui paraissent ici sur la cotte d'armes du seigneur, à découvrir les noms des personnages représentés ici. Le mari se nommait Philippe de Maldeghem ; la femme Martine de Boncem. On peut voir dans la *Flandria illustrata*, de Sanderus, t. Ier, p. 326, une vue du château de Maldeghem enrichie d'un écusson sur lequel paraît la croix cantonnée de merlettes qui est répétée sur les cottes d'armes du père de famille et de ses cinq fils. La maison de Maldeghem était une des plus anciennes et des plus riches de la Flandre ; cependant dès 1631, elle ne possédait plus le château dont elle portait le nom. D'après Sanderus, ce château avait passé à la maison de Noyelle ; en effet, dans le nobiliaire des Pays-Bas, Philippe de Maldeghem est qualifié seigneur de Leyschot, et non de Maldeghem ; d'après la même autorité (t. II, p. 531) il fut maître d'hôtel et gentilhomme de la chambre de l'électeur de Cologne, fut créé chevalier le 21 mai 1605 et mourut en 1611. Sa femme, Martine de Boneem, dame d'Averleghem, mourut en 1607. Nos volets, qu'il est temps de décrire, complètent ces renseignements en nous apprenant qu'elle donna au moins neuf enfants à son mari, puisque nous voyons ici cinq fils et quatre filles agenouillés pieusement derrière le prie-Dieu de leurs parents. Je crois qu'il subsiste des rejetons de cette nombreuse postérité, mais ce qui est certain, c'est qu'en 1685, l'arrière-petit-fils de notre Philippe de Maldeghem, Eug.-Ambroise de Maldeghem, baron et seigneur de Leyschot, célèbre général de cavalerie au service du roi d'Espagne, fut créé comte de Steenuffel par le roi Charles II, et qu'en 1717 il y avait un comte de Maldeghem conseiller d'État de Brabant.

Revenons à notre description : Philippe de Maldeghem, seigneur de Leyschot, chevalier, est représenté revêtu de son armure ; il porte une cotte à ses armes, d'or à la croix de gueules, cantonnée de douze merlettes de même mises en orle. A sa ceinture, sur le flanc droit, est suspendue une clef dorée de maître d'hôtel et gentilhomme de la chambre. Il est agenouillé devant un prie-Dieu, au pied duquel sont son casque, ses gantelets et son chien; derrière lui, ses cinq fils, aussi agenouillés, vêtus comme leur père, sauf qu'ils portent les armoiries de la maison différenciées, le deuxième fils par un lambel, un autre par l'écu des armes maternelles, de Boneem, d'or au chevron de sable ; les autres par diverses brisures. L'aîné seul paraît porter les armes pleines. Au revers, comme je l'ai dit, paraît saint Philippe debout, peint en grisaille. Sur le second volet, on voit Martine de Boneem, agenouillée comme son mari devant un prie-Dieu; elle est vêtue d'une robe noire, par-dessus laquelle paraît un riche manteau doublé d'hermine à ses armes et à celles de son mari. A son cou paraît une croix suspendue à une riche chaîne ; sa ceinture est formée par une autre chaîne d'or à laquelle pend un joyau analogue à celui conservé dans la collection, sous le n° 1816, et qu'on peut voir gravé pl. XXIX. A ses pieds, un chien griffon. Ses quatre filles, agenouillées derrière elle, sont également parées de magnifiques joyaux. Au revers du panneau, le patron de la dame de Leyschot, saint Martin.

Philippe de Maldeghem, maître d'hôtel et gentilhomme de la chambre d'Ernest de Bavière, comte palatin du Rhin, électeur de Cologne et évêque-prince de Liége, avait épousé Martine de Boneem, issue comme lui d'une noble maison du Franc de Bruges, dont il eut au moins les neuf enfants qui paraissent sur notre panneau. Ce seigneur, qui passa sa vie dans ses terres, à la cour de l'électeur de Cologne, ou à Bruges, ne fut pas seulement un courtisan, il voulut ajouter la gloire des lettres à celle des armes qui avait fait, dès le XIIIe siècle, l'illustration de sa famille ; on trouve un Philippe de Maldeghem fait prisonnier à Bovines avec le comte de Flandre. Notre Philippe utilisa les loisirs que lui firent, non pas la paix, mais bien au contraire, comme il l'a dit lui-même, les troubles qui désolèrent la Belgique pendant les dernières années du XIVe siècle, en cultivant les lettres. Il a donné une traduction en vers français de Pétrarque, dont la première édition, conservée à la Bibliothèque impériale, est datée de 1600, et a été imprimée à Bruxelles chez Rutger Velpius. Le titre est le *Petrarque en rime françoise avecq ses commentaires, traduit par Philippe de Maldeghem.* L'épître dédicatoire, adressée à Maximilien, comte palatin du Rhin, etc., et datée de Bruges, août 1597, est curieuse par le style et les détails qu'elle fournit sur la vie de ce poëte oublié par les biographies[1]. J'en citerai quelques passages : « Les « troubles l'ayant privé, par l'espace de quatorze ans, « de la jouissance du meilleur et principal de son patrimoine, et ensemble du déduit et de la hantise de la « campagne, deux points dépendant de la conduite et de « la vie des gentilshommes vivant noblement,... pour se « distraire, n'ayant pu résoudre de choisir le hasard « de la guerre, de ce diverti par ma consorte, et un « grand nombre de petit peuple domestique, l'usure du « sacré mariage, » (les neuf enfants du tableau) « il « est advenu que ses humeurs, tant naturellement qu'accidentellement mélancoliques, ont choisi, pour vaincre « la mortifère tristesse, la récréation et exercice de la « poésie française, jusques à là que d'oser embrasser « la traduction en rime française des œuvres vulgaires « du très-moral, très-honneste et vertueusement amoureux « Pétrarque. »

Dans l'excuse du *translateur aux poëtes français,* il nomme ses charges de cour, et, quelque part, il parle de sa charge de maître d'hôtel et de la clef dorée que nous lui voyons au côté dans le tableau.

« . . . . A Liége. . . .
« Où du prince me fut lors la charge donnée
« De son maître d'hôtel avec la clef dorée. »

Cette traduction de Pétrarque, dont le style est un peu trop flamand pour plaire aux oreilles françaises, eut assez de succès pour être réimprimée à Douai en 1606 (voy. *l'ancien Catalogue imprimé de la Bibl. imp. de Paris*); cependant, Marsand, qui a publié une *Bibliotheca Petrachesca,* n'a connu ni l'un ni l'autre de ces ouvrages. Pour compléter les renseignements que j'ai pu réunir sur ce personnage, il me reste à dire qu'il fut inhumé, ainsi que sa femme, dans l'église des Frères-Prêcheurs, à Bruges, dans la chapelle de Saint-Philippe, son patron, qu'il avait fondée. Près de l'autel principal, nous apprend la deuxième

1. Il y avait longtemps que cet article était écrit lorsque parut le t. XXXII de la biographie publiée par MM. Didot, sous la direction de M. Hoefer. Le dernier article de ce volume est consacré à Philippe de Maldeghem. Cet article, exact malgré sa brièveté, me permet d'ajouter ici la date de la naissance de notre gentilhomme-poëte. Il était né le 27 décembre 1547, et avait par conséquent 64 ans lorsqu'il mourut à Bruges, le 24 février, en 1611.

édition de Sauderus, tome I, pag. 109 et 110, on voyait la chapelle de la famille de Maldeghem, *où est peint Philippe de Maldeghem avec sa femme*. Ces portraits, signalés par la *Flandria illustrata*, sont probablement ceux-là mêmes qui ont donné lieu à cet article. L'église des Frères-Prêcheurs n'existe plus.

2367. — Le Cerf forcé, par Wouwermans. « Riche et vaste paysage de site montueux : on voit, au milieu, un reste de ferme à colombier; la base est dégarnie de pierres et de briques, et descend sur le bord d'une rivière formant torrent, et dont les eaux se frayent un passage à travers les rochers; des voyageurs, accompagnés de dames, observent les effets pittoresques et le mouvement des eaux, tandis que d'intrépides chasseurs, suivis de leurs chiens, poursuivent un cerf et sont prêts de l'atteindre. » (Extrait du Catalogue des tableaux de l'Élysée-Bourbon.) H. 2 m. 8 c. L. 2 m. 67 c.

M. Louis Fould avait acquis ce magnifique et important tableau à la vente de madame la duchesse de Berry.

2368. — Intérieur de cabaret, par David Teniers. Quatre personnages; deux assis, dont l'un bourre sa pipe tandis que l'autre se chauffe; les deux autres sont debout : l'un, adossé au manteau de la cheminée, fume sa pipe; le dernier s'est éloigné et est tourné discrètement vers le mur. Signature : *D. Teniers. f.* H. 21 cent. L. 17 cent. La gravure de ce tableau, dont la composition rappelle beaucoup celui si connu sous le nom de l'*Homme à la chemise blanche* qui figurait dans la collection de madame la duchesse de Berry, ne se trouve pas dans l'œuvre de Teniers à la Bibliothèque impériale.

2369. — L'Ouïe, par Teniers. Ce tableau, ainsi que le n° 2370, fait partie d'une suite des cinq sens gravée par J.-Ph. Lebas en 1736, de la grandeur de l'original. Cette suite faisait partie du beau cabinet de la fameuse comtesse de Verrue. A sa vente, en 1737, les cinq tableaux furent vendus 395 livres. (Voyez, *Trésor de la curiosité,* par M. Ch. Blanc.) Le sens de l'ouïe est figuré par un vieux joueur de vielle. Signature D. T. F. Le T dans le D. V. n° 2370. H. 16 cent. L. 10 cent.

2370. — Le Toucher, par Teniers. Un paysan se grattant la main. Voyez sur ce tableau, qui a fait partie d'une suite des cinq sens, ce qui a été dit à propos du sens de l'Ouïe au n° 2369.

2371. — La Coquette de village. Paysage par Téniers, connu sous ce nom, parce qu'il est ainsi désigné sur la gravure qu'en a faite au siècle dernier P. Chenu, alors que cette jolie peinture était dans le Cabinet d'Eisen, le célèbre dessinateur de vignettes. Cette dénomination est un peu forcée, car les personnages ne sont ici que l'accessoire. Sur le premier plan une maison, à la fenêtre de laquelle parait la femme dont Chenu a voulu faire une coquette. Deux paysans causent au bas de cette fenêtre; un troisième s'éloigne : c'est le mari, si le petit roman indiqué par le titre a été en effet dans la pensée de Teniers. Dans le fond, le village dont on distingue le clocher. A droite, des eaux. Un grand arbre occupe à peu près le milieu de la toile sur le premier plan. Peint sur tôle. H. 13 c. 1/2. L. 19 cent.

2372. — Femme assise sur un coffre près d'une fenêtre à petits grillages, par Van Ostade. H. 27 cent. L. 25 cent.

2373. — Nature morte, par van Kessel. Dans un paysage animé par des oiseaux de proie, amas de légumes, de fruits, coquillages et poissons. Le milieu de la toile est occupé par un monceau d'armes offensives et défensives, casques, cuirasses, arquebuses, etc. H. 2 m. 8 c. L. 2 m. 67 c.

2374. — Nature morte, par Sneyders et Rubens. Au bord de la mer, amas de poissons énormes et de coquillages. Le tableau est animé par deux Tritons dont l'un porte des poissons au bout d'une perche, tandis que l'autre montre des coraux à son compagnon. Dans le fond, le char de Neptune avec son cortége de Tritons. H. 2 m. 8 c. Larg. 3 m. 40 c.

2375. — Combat de cavalerie, par Van der Meulen. Sur le premier plan, à gauche, des cavaliers, dont le chef monté sur un cheval blanc est revêtu d'une casaque rouge, débusquent d'un bois dans une plaine où combattent de nombreux escadrons qui se perdent dans la fumée de la mousqueterie. A l'horizon, des montagnes. A droite, sur le premier plan, un cheval tué. H. 58 cent. L. 68 cent.

2376. — Paysage, par Moucheron. Un seigneur qui vient de descendre de cheval salue la dame du château qui vient à sa rencontre sur un pont jeté sur un ruisseau. Un valet tient les chevaux du visiteur. Un garde-chasse revêtu d'une casaque rouge assiste à cette scène. Sur le premier plan, à droite, une paysanne et un enfant. Sur le deuxième plan, le château au milieu de grands arbres. Effet de soleil couchant. Les figures sont de très-petite proportion; ce sont des accessoires. H. 63 c. L. 79 cent.

2377. — Suzanne surprise au bain par les deux vieillards, par Corneille Poelenburg. Dans le fond, paysage sévère. Sur des hauteurs, dans l'éloignement, pâtres et troupeaux. Panneau de bois. H. 36 cent. L. 27 cent.

2378. — Bouquet de fleurs dans un vase de marbre, par Marguerite Haverman, la meilleure des élèves de Van Huysum. Signé : *Margareta Haverman fecit a* 1716. H. 79 cent. Larg. 60 cent.

2379. — Autre du même auteur, avec signature mais sans date. H. 77 cent. L. 60 cent.

2380. — Bouquet de fleurs dans un vase de cristal; attribué à Rachel Ruysch. H. 95 cent. Larg. 74 c.

2381. — Pendant du précédent, par le même artiste. Même sujet varié.

2382. — Jeune femme tricotant, assise dans un fauteuil et revêtue d'un déshabillé blanc. Peint sur tôle par Lépicié. H. 15 cent. L. 10 c. 1/2.

2383. — Tête par Greuze. Jeune paysan vêtu d'une veste grise et d'un gilet jaune; il lève les yeux au ciel. H. 53 cent. L. 45 cent.

2384. — L'Abandon, par Drolling. Au milieu des bois, une jeune femme en pleurs, assise, son enfant sur les genoux et tenant à la main le portrait de son séducteur qu'elle va rejeter loin d'elle. H. 39 cent. L. 31 cent.

2385. — Vénus et Adonis. La déesse, près de laquelle voltigent deux colombes, cherche à retenir Adonis qui, armé d'un épieu et accompagné de son chien, part pour la chasse. Peinture du temps du premier Empire. H. 22 cent. L. 18 c.

2386. — Paysage avec figures, par Hackert. Paysans arrêtés devant une chaumière. Peint sur tôle. H. 19 cent. Larg. 24 cent.

2387. — Le roi de Thulé; répétition de cette célèbre composition. Signé : *Ary Scheffer*, 1850. H. 46 cent. L. 35 cent.

2388. — La Vierge assise au pied d'un arbre tenant l'enfant Jésus debout sur ses genoux. Sainte Élisabeth assise près de sa céleste cousine tient saint Jean-Baptiste enfant qui adore le Sauveur. Derrière la Vierge, saint Joseph lisant. Malgré l'absence de signature, on peut donner avec certitude cette petite toile à Achille Devéria. H. 16 cent. L. 21 cent.

2389. — Paysage avec animaux, par M. Brascassat, membre de l'Institut. Une Prairie. Sur le premier plan, taureau et vache. A droite, chèvre et moutons. Dans l'éloignement, un pâtre. Signature : *J. R. Brascassat*, 1842. H. 1 m. 48 c.

Ce tableau a été lithographié dans une série intitulée : Salon de 1842, par le journal *le Charivari*.

MINIATURES.

2390 à 2393. — Quatre miniatures peintes à l'huile sur argent. On y reconnaît les portraits de quatre sœurs; la ressemblance de ces charmantes têtes, toutes du même type, à des âges gradués, ne peut laisser de doute sur ce point. Il n'y a pas lieu de chercher à reconnaître les noms de ces portraits qui peuvent appartenir à une famille obscure, et il n'est pas plus facile de désigner le peintre auquel on doit ces joyaux. Cependant, le peu qu'on voit des costumes, car il n'y a que des têtes et la naissance du buste, annonce l'Italie, et le faire décèle sinon Allori lui-même, au moins quelque habile homme dont la manière rappelle ce maître qui mourut en 1621. Tel est au moins l'avis de plusieurs artistes éclairés que j'ai consultés. Ces quatre portraits sont placés dans les cadres n°s 2311-2312. H. de chacun des portraits, 2 cent. L. 18 mill.

2394-2395. — Portraits de saint Ignace de Loyola et de saint François Xavier, renfermés dans des cadres en cuivre émaillé parfaitement semblables et qui ont été exécutés, ainsi que les miniatures, dans le XVIIe siècle. Un zélé partisan des Jésuites a voulu rapprocher ainsi les deux plus grandes illustrations de la fameuse société. Les deux portraits sont d'une ressemblance frappante. Le fondateur de la Compagnie de Jésus est peint en buste, de trois quarts, la tête nue, avec l'habit de son ordre. L'apôtre des Indes est vu de face; il lève les yeux vers le ciel; par-dessus l'habit noir de son ordre, il porte un manteau rouge, qui, avec le bourdon de pèlerin qu'on distingue à gauche, rappelle les longs et périlleux voyages accomplis par l'illustre Jésuite pour la propagation de la foi catholique. H. avec le cadre, 7 cent.

2396. — Portrait de femme, dans le costume de l'époque de Louis XV, coiffée en cheveux. Buste de femme. Miniature de forme ovale sur cristal dans un cadre en cuivre doré. Époque moderne. H. 4 c. 1/2. Larg. 4 cent.

2397. — Une jeune femme de face, en buste, avec manteau bleu à fourrures et capuchon. Miniature sur vélin. Médaillon ovale. H. 4 c. 1/2.

2398. — Une dame d'âge moyen, la tête presque de face, en buste, avec capuchon noir et robe blanche garnie de fourrures. Miniature sur vélin. Médaillon ovale. H. 3 c. 1/2.

2399. — Une dame vue de trois quarts, en buste, avec robe bleue garnie de fourrures, et une fanchon de soie noire. Miniature sur vélin. Médaillon ovale. H. 3 cent.

2400. — Les Balances. Jeune marchande à son comptoir pesant des fruits; un homme fait prix avec elle. On lit sur le comptoir la signature : MOLITOR PINXIT. Miniature sur ivoire. H. 15 cent. L. 10 cent.

2401. — Panneau de bois sur lequel sont peints en miniature des sujets de l'Écriture avec légendes en russe. H. 25 cent. L. 22 cent

SIXIÈME PARTIE

ARMES DE DIVERSES CONTRÉES

DE L'EUROPE ET DE L'ASIE

MILAN.

2402-2403. — Une paire de pistolets en acier, ornés d'ornements gravés et ciselés en relief. On lit sur le canon la signature : *Lazaro Lazarino,* et sur la bande d'acier qui réunit la gâchette à la crosse la signature : *Otavio Zucholi in Milano.* Long. 47 cent. Il est probable que Lazaro Lazarino est l'armurier qui fabriqua ces armes, et que Octave Zucholi fut le ciseleur auquel on doit les élégantes arabesques qui font de ces pistolets de Milan un objet d'art remarquable que l'on peut attribuer au XVIIe siècle.

ALBANIE.

2404. — Sabre albanais, à lame de Damas recourbée, avec poignée et garniture de fourreau en argent ciselé. Fourreau en velours vert. Long. 76 cent.

SYRIE.

2405. — Casque sarrasin en damas, avec damasquinures en or. H. 22 cent. Il est décoré d'une inscription arabe damasquinée en or. C'est le verset 256 du IIe chapitre du Coran :

بسم الله الرحمن الرحيم

الله لا اله الا الله هو الحي القيوم لاتأخذه سنة ولا نوم
له ما في السموات وما في الارض من ذا الذى يشفع عنده
الا باذنه يعلم ما بين ايديهم وما خلفهم ولايحيطون
بشئ من علمه الا بما شاء وسع كرسيه السموات والارض
ولا يوده حفظهما وهو العلى العظيم

« Au nom de Dieu, clément et miséricordieux !
« Dieu ! Il n'y a de Dieu que lui ; il est le vivant, l'Éternel. Il n'est « assujetti ni à l'assoupissement, ni au sommeil. Il est le maître de tout « ce qui existe dans les cieux et sur la terre. Qui peut intercéder « auprès de lui, si ce n'est par son autorisation ? Il sait ce qui est devant « et derrière les hommes qui n'embrassent de sa connaissance que ce « qu'il a bien voulu leur faire connaître. Son trône s'étend sur les cieux « et la terre dont la garde ne lui cause aucune peine. Il est le très-haut, « le tout grand. »

2406. — Marteau d'armes, en acier damasquiné en or. Poignée comme le marteau. Hampe en bois, revêtue de velours et garnie d'une étroite bande d'acier damasquinée en or. Fabrique de Beirout. Long. 63 cent.

TURQUIE.

2407. — Yatagan, à lame de Damas. On y lit en arabe :

عمل حسن صاحب
يا محمد قيل شفاعت
١٢٣٨

« Fait par Hassan Sahib. O Mohammed, exerce ton intercession !
« L'an 1238 (1822 de J.-C.). »

Poignée en ivoire; fourreau en chagrin, avec garniture damasquinée en or. Long. 77 cent.

2408. — Poignard, à large lame de Damas légèrement recourbée. Poignée en dent de morse, ou vache marine. Pas de fourreau. Long. 48 cent.

2409. — Couteau-poignard, lame en acier, avec ornements et surtout inscriptions en langue turque damasquinées en or :

زهی کارد شاهنشه نامدار
که برسلك کوهرش کوهرنثار

دم معرکه چون شده تشنه کام
کلورا کند ترکند زآبش مدام

« Qu'il est beau ce couteau destiné à un souverain glorieux ! Sur « l'arête de sa lame damasquinée on a répandu des perles. Au moment « de l'action, lorsque le palais est desséché, les ondes de son poli « servent à le désaltérer.

Poignée en écaille, avec piqué d'or. Le long de la lame et de la poignée sont pratiquées des cavités remplies de ces perles roulantes dont parle l'inscription. Fourreau en velours vert brodé d'or. Long. 36 cent.

2410. — Couteau, dit poignard de sultane. Lame en damas; poignée en jade. Fourreau en velours vert. Longueur, 37 cent.

2411. — Autre semblable. Fourreau en velours rouge. Long. 36 cent.

2412 et 13. — Deux fers de lance en acier damasquiné en argent. Long. 46 cent.

2414. — Masse usitée dans les cérémonies, en cuivre doré ciselé. La boule est décorée d'une émeraude, ou plutôt d'une imitation d'émeraude. Long. 74 cent.

2415. — Poire à poudre en argent, chargée d'ornements ciselés dorés et ornée de grosses perles de corail. Longueur, avec la chaîne et l'aiguillette, 45 cent.

2416. — Chargette en argent, avec quelques dorures et un bouquet de perles de corail. Long. 25 cent.

INDE.

2417. — Sabre à lame en damas recourbée. On y lit ces inscriptions en arabe damasquinées en or :

ب د
و ح
عمل سليمان اسفهانى
نصر من الله وفتح قريب لا فتا الا على لا سيف الا
ذو الفقار

« Bedouh.

« Fait par Suleyman d'Ispahan. L'aide vient de Dieu et la victoire « est proche. Il n'y a de héros que Aly, de sabre que Zoulfekar. »

Fourreau en chagrin doré. Long. 93 cent.

Le mot intraduisible Bedouh qui commence cette inscription est un de ces termes symboliques que les orientaux emploient en mainte occasion et dont l'origine n'est pas bien connue. Ce qui est certain, c'est qu'ils s'en servent comme d'un merveilleux talisman et qu'ils le regardent comme une source de bénédictions. On le rencontre sur les intailles, les casques et les sabres. Voyez à ce sujet le savant ouvrage de M. Reinaud, membre de l'Académie des inscriptions et belles-lettres, intitulé : *Description des monuments musulmans du cabinet de M. le duc de Blacas*, Paris, 1828, cf., t. II, n° 101, p. 240 et suiv.

2418. — Poignard, dit cathar; monture ciselée en fer, plaquée d'or. Fourreau de velours violet. Long. 50 cent. Le Grand-Mogol, Châh Djihan, est représenté avec un poignard semblable à celui-ci sur le remarquable camée décrit plus loin, n° 2483.

2419. — Sabre à lame droite en damas, avec ornements damasquinés en or. Poignée en ivoire, avec garniture damasquinée en or. Fourreau en chagrin vert, avec garniture en argent. Long. 92 cent.

2420. — Poignard à poignée de jade vert d'eau sculptée, et représentant des fleurs et des fruits, avec garniture en or et rubis. Fourreau de velours rouge, garni en argent ciselé. Long. 37 cent.

2421. — Cuirasse en acier formée de quatre pièces, dont deux échancrées, couvertes d'inscriptions en langue arabe et d'ornements damasquinés en or. Toutes ces plaques sont munies de leurs boucles. Les inscriptions qui couvrent cette cuirasse se composent de versets du LXVIII° chapitre du Coran : *Le Calam*, ou *la Plume*, et du LXXXV° chapitre : *Les vignes du Zodiaque*. H. 37 mill. L. 37 mill.

2422. — Petite cuirasse composée de quatre pièces, comme celle dont il vient d'être fait mention, décorée d'arabesques damasquinées en or, mais avec plus de sobriété. H. 29 cent. L. 20 cent.

2423. — Brassard en damas, avec inscriptions et ornements damasquinés en or. On y lit :

نصر من الله وفتح قريب

« Le secours vient de Dieu et la victoire est proche. »

Un tissu de mailles protége le commencement de la manche en étoffe à fleurs de Perse. Longueur totale, 51 cent.

2424. — Rondache, ou bouclier rond, en damas, avec quatre bossettes et ornements damasquinés en or. Diamètre, 55 cent.

2425 et 2426. — Deux lances, dont les hampes en bois chargées d'ornements laqués sont garnies en bas d'une pointe en acier. Le fer de chacune de ces lances, également en acier, est flamboyant. Long. 2 m. 23 cent.

2427. — Fusil de Delhi ; canon en damas, damasquiné en or; monture et crosse laquées, en couleur verte, avec d'élégants fleurons d'or et rouge. Long. 1 m. 68 cent.

2428. — Croc de cornac en cuivre, enrichi d'incrustations en argent de la plus grande élégance ; manche en bois d'ébène. Long. 36 cent.

2429. — Béquillon en ébène pour reposer le bras à cheval, avec poignée en jade, enrichie d'incrustations en or et de turquoises. Long. 49 cent.

2430. — Trousse hindoue ; fourreau en cuir contenant un poinçon en argent, un couteau et une sorte de petite fourchette. Long. 29 cent.

JAVA.

2431. — Poignard à lame flamboyante, richement damasquinée en or; un dragon ciselé et doré est découpé sur la lame, près de la poignée. Fourreau garni en or. Longueur, 48 cent.

2432. — Poignard, à lame flamboyante; poignée et fourreau en bois. Long. 51 cent.

PERSE.

2433. — Hache d'armes, ornée d'arabesques en or ciselées en relief, avec quelques turquoises et rubis. Le manche, en bois bleu à fleurons d'or, est monté aux deux extrémités en acier damasquiné d'or. Long. 47 cent.

2434. — Hache d'armes, presque semblable au n° 2433. Le bois du manche est jaune, avec arabesques noires. Les ornements du tranchant sont aussi riches, sauf les pierreries. Long. 47 cent.

2435. — Hache d'armes en damas, enrichi de damasquinures en or. Manche en bois noir. On y lit ce distique persan :

تبرزین بخون یلان گشته غرق
چو تاج خسروان جنگی بفرق

« Cette hache d'armes se plonge dans le sang des héros : elle brille « au-dessus des têtes comme la couronne des souverains belliqueux. »

Long. 58 cent.

2436. — Hache d'armes damasquinée en argent. Manche en bois revêtu de cuir. Long. 40 cent.

2437. — Masse d'armes persane en damas, damasquinée en or. Long. 65 cent.

2438. — Poignard à lame de Damas légèrement recourbée ornée de damasquinures en or, avec poignée en jade ornée de trois rubis avec garniture damasquinée en or. Fourreau en velours vert brodé d'or. Long. 42 cent.

2439. — Poignard ; poignée et fourreau en damas richement damasquinés d'or. Une petite balle de plomb roule dans l'intérieur de la poignée qui est à jour. Long. 32 cent.

2440. — Poignard à lame de damas, à poignée de jade décorée de ciselures, avec fourreau de velours rouge et monture en or. Long. 38 cent.

2441. — Poignard à lame de damas, avec poignée en agate, monture damasquinée en or. Fourreau de velours rouge avec garniture en or. Long. 35 cent.

2442. — Poire à poudre ou amorçoir en acier avec ornements damasquinés en or. On lit en arabe :

توكلت على الله
مبارك باد يا اسير مراد

« J'ai mis ma confiance en Dieu ! qu'elle soit bénie pour toi, ô Essir « Murad. »

Long. 16 cent.

CIRCASSIE.

2443. — Sabre à lame légèrement recourbée. Poignée et garniture du fourreau (de velours vert et rouge) dorées et niellées. Long. 99 cent.

2444. — Poignard à lame droite en damas, avec deux rainures et d'élégantes arabesques damasquinées en or. Sur la lame, près de la poignée en dent de morse ornée de deux bossettes en fer damasquinées en or, deux inscriptions damasquinées en or, l'une, qui se rapporte à l'armurier, signifie : *fait par Goulham Aly ;* l'autre, qui désigne l'ouvrier, auteur des incrustations, signifie : *fait par maître Mohammed.* Fourreau en velours vert avec garniture en fer damasquiné d'or et broderies d'argent ; la pointe en ivoire. Long. 61 cent.

2445. — Poignard, à lame droite en acier, damasquinée en or. Poignée en ivoire ou dent de morse à deux bossettes. Fourreau en velours rouge avec garniture en cuir doré. Long. 54 cent.

2446. — Carabine enrichie de damasquinures en or, monture garnie en argent doré et niellé. Canon en acier. Crosse en bois et ivoire. Long. 1 m. 39 cent.

2447. — Une paire de pistolets avec canon et platine damasquinés en or. La monture et la crosse chargées d'ornements d'argent doré et niellés. Long. 54 cent.

2448. — Poire à poudre en dent de morse, garniture en argent doré et niellée. Ressort en fer damasquiné d'or. Long. 20 cent.

2449. — Corne à boire, munie de sa chainette, avec monture en argent ciselé. Long. 46 cent.

TARTARIE.

2450. — Poignard à lame de Damas, à poignée de cristal vert avec fleurons dorés en relief. Fourreau de velours rouge avec monture en cuivre doré et ciselé. Long. 36 c.

2450 *bis*. — Poignard à lame de Damas avec poignée en cristal rouge brun, garniture en cuivre ciselé. Fourreau de velours rouge avec garniture en cuivre ciselé. Long. 37 cent.

CHINE.

2450 *ter*. — Trousse chinoise; fourreau en bois de santal finement sculpté contenant deux baguettes en ivoire et un couteau. Long. 31 cent.

SEPTIÈME PARTIE

MONUMENTS DE L'ORIENT

AU MOYEN AGE ET DANS LES TEMPS MODERNES

PIERRES GRAVÉES EN CREUX

2451. — Talisman avec cette inscription qui forme un distique persan :

کر بلای پیشت آید این بخوان هفتاد بار
لا فتا الا علی لا سیف الا ذو الفقار

« Si un malheur vient à te menacer, répète ceci soixante et dix fois :
« Il n'y a de héros que Aly, de sabre que Zoulfekar. »

Cornaline. Diam. 35 cent.

2452. — Talisman en forme de cœur, chargé d'inscriptions arabes :

Au centre :

ويسبح الرعد بحمده والملائكه من خفيته ياغفار

« Le tonnerre célèbre sa louange et les anges l'adorent pénétrés de
« terreur. O toi qui pardonnes ! »

Autour :

قل الله احد الله الصمد لم يلد ولم يولد ولم يكن له كفوا احد

« Dis : Dieu est unique, Dieu est éternel ; il n'enfante point et n'est
« point enfanté. Il n'a pas d'égal. »

الله لا اله الا الله محمد رسول الله وعلى ولى الله

« Dieu ! Il n'y a d'autre Dieu que Dieu. Mohammed est l'envoyé de
« Dieu. Aly est l'ami de Dieu. »

الله لا اله الا هو الحى القيوم العلى العظيم يا غفار

« Dieu ! Il n'y a de Dieu que lui. Il est celui qui donne la vie, qui
« ressuscite, il est élevé, il est sublime. O toi qui pardonnes ! »

Calcédoine. H. 55 cent. Larg. 48 cent.

2453. — Talisman avec inscription arabe :

Au centre :

الملك لله

« La royauté appartient à Dieu ! »

Autour :

قل الله احد الله الصمد لم يلد ولم يولد ولم يكن له كفوا
احد

« Dis : Dieu est unique, Dieu est éternel : il n'enfante point, et n'est
« point enfanté. Il n'a point d'égal. »

Sardoine. H. 25 cent. L. 30 cent.

2454. — Talisman avec inscription arabe :

ناد عليا مظهر العجائب
تجده عونا لك فى النوائب
كل هم وغم سينجلى يا محمد
بولايتك ياعلى ياعلى ياعلى

« Invoque Aly qui te fera voir des merveilles : tu trouveras en lui « secours dans toutes les calamités.

« Tous les chagrins, tous les soucis seront dissipés, ô Mohammed, « par ta protection, ô Aly, ô Aly, ô Aly ! »

Sardoine. H. 15 cent. Larg. 20 cent.

2455. — Talisman avec inscription arabe :

اللهم صلى على محمد المصطفى وآله وعلى الانبياء المرسلين
و الملائكه المقربين و على العباد الصالحين برحمتك
يا ارحم الرحمين

« O mon Dieu, sois propice à Mohammed et à sa famille ! Que les « bénédictions soient répandues sur tous les prophètes envoyés de Dieu, « sur les anges qui approchent de son trône, sur les justes ses ser- « viteurs. Qu'il en soit ainsi par l'effet de ta miséricorde, ô le plus « miséricordieux des miséricordieux ! »

Sardoine. H. 20 cent. L. 33 cent.

2456. — Talisman avec inscription arabe :

الملك لله

بسم الله الرحمن الرحيم قل الله احد الله
الصمد لم يلد ولم يولد ولم يكن له
كفوا احد

« La royauté est à Dieu.

« Au nom du Dieu puissant et miséricordieux, dis : Dieu est un; « Dieu est éternel ; il n'a pas engendré et n'a pas été engendré; aucun « ne lui ressemble. »

Sardoine. H. 20 cent. L. 30 cent.

VASES ET OBJETS DIVERS

DE TRAVAIL ARABE.

2457. — Flambeau de bronze à large base ronde, décoré de sujets et d'inscriptions damasquinés en argent. Le soleil, la lune, des rosaces et des animaux s'y répètent à plusieurs reprises. Le principal ornement de la base est une large zone composée des douze signes du zodiaque. L'inscription principale est :

العز الدائم والاقبال له

« Puisse (le possesseur de ce flambeau) jouir d'une gloire perpé- « tuelle et d'un bonheur (sans fin) ! »

H. 21 cent. Diam. à la base, 19 c. 1/2.

2458. — Flambeau de bronze de la même forme que le précédent, avec ornements et inscriptions damasquinés en argent. Sur la base, trois médaillons sur chacun desquels est figurée une femme assise jouant d'un instrument. On y lit :

العز والنصر والاقبال والجود و الفضل والاحسان
و الكرم و العلم و الحلم له

« Puisse-t-il (le possesseur de ce flambeau) avoir en partage la con- « sidération, l'assistance divine, le bonheur, la libéralité, la vertu, les « faveurs de Dieu, la noblesse du caractère, la science et la douceur ! »

Sur le fût :

العز الدائم و العمر السالم و الاقبال له

« Qu'il jouisse d'une considération éternelle, d'une vie exempte de « maux, et que le bonheur l'accompagne ! »

H. 18 c. 1/2. Diam. à la base, 19 cent.

2459-60. — Une paire de flambeaux de bronze avec ornements et inscriptions damasquinés en argent et en or. Ces flambeaux diffèrent des précédents; ils ne posent pas sur une base ronde, mais sur trois pieds; ils sont munis de la pointe destinée à porter la bougie. On lit la même inscription sur chacune des faces :

الملك الناصر

« El-Melik-Ennassir. »

Plusieurs souverains musulmans ont porté ces noms. Le travail de ces flambeaux peut faire supposer qu'ils ont été fabriqués à Damas, soit pour Melik-Ennassir-Salah-Eddin-Youssouf (Saladin), à la fin du XIIe siècle, soit pour Melik-Ennassir-Salah-Eddin-Daoud, fils de Issa qui régna à Damas dans la première moitié du XIIIe siècle. H. 31 cent. Diam. du porte-lumignon : 11 cent.

2461. — Vase à anse circulaire, en forme de seau, décoré de sujets divers traités avec un art exquis. On y remarque des chasses à cheval, des oiseaux buvant dans un vase, etc. Ce vase, dont l'ornementation est des plus riches, est émaillé ou du moins colorié par un procédé particulier. Il est couvert d'inscriptions persanes dont les caractères sont tellement mêlés par une excessive recherche d'élégance, qu'on n'a pu les comprendre en totalité. Diam. à l'orifice, 20 cent. H. sans l'anse, 20 c. (V. le bois p. 179.)

2462. — Écritoire de bronze, en forme de carré long, qui, d'après les inscriptions, a appartenu au sultan Mohammed, fils du sultan Kelaoun. Ce prince monta sur le trône le samedi 16 moharrem 692 (1294 de J.-C.) Il fut dépouillé de la souveraineté le 11 de moharrem 694 (1295) après un règne d'un an moins trois jours. Il remonta sur le trône le lundi 6 djaumazi auleuwel 698 (1299), et il abdiqua le pouvoir dans la ville de Karak, le 15 chewal 708 (1309). Voici les inscriptions de ce précieux monument.

Côté opposé à la serrure.

عز لمولانا السلطان الملك الناصر العالم العامل الغازى المجاهد المرابط
المثاغر المويد والمنصور ناصر الدنيا والدين قاتل الكفره والمشركين محى العدل
فى العالمين منصور للمظلومين من الظالمين سلطان الاسلام والمسلمين
محمد ابن السلطان الملك المنصور قلاون الصالحى

« Gloire à notre seigneur, le sultan Melik-Ennassir, qui possède la « science, qui pratique les bonnes œuvres. Il combat et il remporte la « victoire pour la foi; il est affermi et protégé par le Très-Haut. Il « extermine les infidèles et ceux qui ne reconnaissent pas l'unité de « Dieu : il fait revivre la justice dans le monde. Il est secouru par « l'assistance divine pour protéger les opprimés contre leurs oppres- « seurs. Il est le sultan de l'Islamisme et des musulmans, Mohammed, « fils du sultan, Melik-El-Mansour-Essalihy. »

Côté de la serrure.

عز لمولانا السلطان الملك الناصر العالم العامل العادل الغازى
المجاهد المرابط المثاغر المؤيد المنصور ناصر الدنيا و الدين قاتل
الكفره والمشركين محى العدل فى العالمين سيد الطغاة والمتمردين
منصور للمظلومين من الظالمين محمد ابن السلطان الملك المنصور قلاون
الصالحى عز نصره

« Gloire à notre seigneur le sultan, Melik-Ennassir, qui possède la « science, qui gouverne sagement, le juste qui combat et remporte la « victoire pour la foi, qui est affermi et protégé par le Très-Haut,

« Qui est assisté par le secours de Dieu, Nassir-Eddounia-we-Eddin. « Il extermine les infidèles et ceux qui ne reconnaissent pas l'unité de « Dieu. Il fait revivre l'équité dans le monde. Il est le maître des « rebelles et de ceux qui se sont révoltés, Mohammed, fils du sultan « Mélik-El-Mansour-Kelaoun ; que ses victoires soient glorifiées! »

Sur le plat.

عز لمولانا السلطان الملك الناصر ناصر الدنيا و الدين محمد ابن
قلاون الصالحى

« Gloire à notre seigneur le sultan, Melik-Ennassir, Nassir-Eddounia- « we Eddin-Mohammed, fils de Kelaoun-Essalihy. »

Dans les rosaces.

الملك الناصر

« El-Melik-Ennassir. »

H. 8 cent. Long. 35 cent. Larg. 10 cent.

2463. — Vase de bronze d'une forme qui rappelle celle du sablier, chargé d'ornements et d'inscriptions. Ce pourrait être un pied de flambeau de grande dimension. H. 30 c. Diam. 26 cent.

Les inscriptions de cet objet, celles des n° 2464, 2466, 2467, 2469, 2472 et 2474 sont à peu près identiques et indiquent que ces objets ont été fabriqués pour le sultan Melik-Ennassir-Mohammed, fils du sultan Kelaoun. (Voir aussi les n°s 2462 et 2476.)

2464. — Vase de bronze, à peu près de la même forme que le précédent, mais cependant moins étroit au centre; il est de même chargé d'ornements et d'inscriptions. (Voir au sujet des inscriptions ce qui a été dit plus haut, au n° 2463.) H. 23 c. 1/2. Diam. 24 c. 1/2.

2465. — Vase de bain, en bronze foncé, décoré d'ornements de la plus grande finesse, mais sans inscriptions. H. 9 cent. Diam. 17 cent. Diam. de la base, 22 cent.

N° 2461.

2466. — Vase de la même forme que le précédent, avec inscription damasquinée en argent, à peu près identique à celles déjà signalées plus haut, n° 2463, et qui nous apprennent que ce vase a été fabriqué pour le sultan Melik-Ennassir-Mohammed. L'inscription est séparée en trois par des médaillons sur lesquels sont figurés les canards du blason de ce prince. (V. n° 2476.) H. 8 cent. Diam. 17 c. 1/2.

2467. — Autre vase de même forme que le précédent, et avec inscription au nom du même prince, mais au lieu des canards quatre rosaces coupent la légende. H. 8 cent. Diam. 17 cent. Base 21 cent.

2468. — Vase de bain, avec goulot, chargé d'ornements damasquinés en argent. Sans inscriptions. H. 6 c. Diam. 11 c. 1/2. Long. avec le goulot, 18 cent.

2469. — Vase de la même forme que le précédent, mais plus grand. Les inscriptions nous apprennent qu'il a été fabriqué pour le sultan Melik-Ennassir-Mohammed. (Voir n°s 2460, 63, 64, 66, 67, 72 et 76.) H. 8 cent. Diam. 13 c. 1/2; avec le goulot, 22 cent.

2470. — Boule en bronze, creuse, décorée de médaillons à jour, d'inscriptions et d'ornements damasquinés en argent. Les armoiries du possesseur de ce singulier objet paraissent sur dix des médaillons à jour; c'est un aigle à deux têtes. La circonférence de cette boule, qui est faite de deux parties soudées, est de 57 cent. Voici l'inscription :

مما عمل برسم المقر الكريم العالى المولوى الاميرى الكبيرى
المحترمى المخدومى الاسفهسلارى المجاهدى المثاغرى
المؤيد المظفرى المنصورى بدر الدين الظاهرى
السعدى الشمسى

« Fait pour le grand émir, le généralissime, celui qui possède la « science, qui gouverne sagement, le juste, qui combat, celui qui est « victorieux et qui est secouru par Dieu, Bedr-Eddin-Eddahery, « Essaady-Echchemsy. »

2471. — Cercle de bronze provenant sans doute d'un flambeau avec sujets et inscriptions damasquinés en argent. Les médaillons représentent des musiciennes et sont presque identiques à ceux qui décorent le flambeau décrit n° 2458. On lit en arabe :

العز والاقبال داما والبقا لك ايها المولى الكبير الشان

« Puisses-tu jouir d'une gloire et d'une félicité perpétuelles ! puisses-tu « vivre longtemps, ô seigneur illustre ! »

H. 5 c. 1/2. Diam. 10 c. 1/2.

2472. — Boîte ronde à couvercle surmonté d'une boule en forme de minaret. Les inscriptions damasquinées en argent qui ornent cette boîte portent le nom du sultan Melik-Ennassir-Mohammed. (V. n°s 2462, 2464, 2466, 2467 et 2476.) H. jusqu'au sommet de la boule, 27 cent. Diam. 31 cent.

2473. — Grand bassin de bronze décoré d'inscriptions damasquinées en argent. Au bord, autres inscriptions en creux :

مما عمل برسم الملك فخر الدين عبد يا سين ابن السلطان
المظفر خلد الله ملكه

« Fait pour le roi Fakhr-Eddin-Abd-Ya-Sin, fils du sultan Modhaffer ; « que Dieu éternise son règne ! »

برسم المولى امير داوود ابن الملك الصالح

« Pour le seigneur, l'émir Daoud, fils de Melik-Essalihy. »

عز لمولانا السلطان الملك المالك العالم العادل
المجاهد المرابط المؤيد المنصور الملك فخر الدنيا
و الدين سيد الملوك والسلاطين محيى العدل فى العالمين
القائم بأوامر الدين حامى بلاد المسلمين ناصر بالحق
والدهر الخان قرا ارسلان بن ابك غازى

« Gloire à notre maître le sultan, le roi, le souverain, le savant, le « juste, qui combat pour la cause de Dieu, qui suit les préceptes de la « religion, celui qui est secouru et assisté par Dieu, El-Molik-El-« Modhaffer (le roi victorieux), Fakhr-Eddounia-we-Eddin ; il est le sei-« gneur des rois et des sultans ; il fait revivre l'équité dans le monde ; « il fait exécuter les ordres de la religion ; il protége les amis des « musulmans. Il a l'aide de Dieu pour faire triompher la vérité dans le « siècle, Cara-Arslan, fils de Abek Ghazi. »

H. 11 cent. Diam. 30 cent.

2474. — Bassin de cuivre jaune, décoré d'inscriptions et de rosaces. L'inscription du fond est divisée en 6 parties par 6 médaillons ronds sur lesquels sont représentés alternativement des fleurs et des canards. La bordure est décoré par des séries d'animaux qui alternent avec des inscriptions. Six petites rosaces divisent cette bordure en six compartiments. Voici l'inscription principale :

المقر العالى المولوى المالكى العالمى العاملى العادلى
ظهير المسلمين العونى الغياثى الكاملى الهمامى النظامى
القوامى المحترمى المخدومى الملكى الصالحى

« Ce bassin a été fait pour la majesté de celui qui est notre maître, « notre souverain, qui a toute science en partage, qui gouverne sage-« ment, le juste, le soutien des musulmans, celui qui aide et secourt, « le parfait, le héros, celui qui tout dispose et dirige, le très-digne, le « seigneur, Melik-Essalihy. »

On retrouve le nom de Melik-Essalihy, Imad-Eddin-Ismael, fils de Melik-Ennassir-Mohammed, ainsi que les canards de son blason sur le tambour n° 2476. Voyez aussi n°s 2462-63-64-66-67-69 et 2472. Ce prince mourut en 746, l'an 1345 de Jésus-Christ. H. 3 cent. Diam. 28 cent.

2475. — Bassin en cuivre jaune, sans inscriptions. Le fond est orné d'arabesques en relief damasquinées en argent. Travail syrien. H. 4 c. 1/2. Diam. 27 cent.

2476. — Petit tambour ou *thablezin* qui se portait à l'arçon de la selle, pour faire lever le gibier, rappeler le faucon ou en guerre rallier la cavalerie. La peau n'y est plus.

المقر العالى المولوى المالكى العالمى الملكى الناصرى

« (Fait pour) la majesté de celui qui est notre maître, notre souverain, « qui a toute science en partage, Melik-Ennassir. »

L'inscription en beaux et grands caractères est divisée en plusieurs sections par des rosaces où figurent des canards qui indiquent avec la dernière certitude qu'il a appartenu à Melik-Ennassir-Mohammed, fils du sultan Kelaoun. Kelaoun en mogol signifie *canard*, et cet oiseau se retrouve sur tous les monuments élevés par Kelaoun et son fils, et sur tous les objets qui ont été fabriqués pour eux. Voyez n°s 2462-63-64-66-69-72 et 2474. H. 15 cent. Diam. 26 c.

2477. — Petit tambour ou timbale (*thablek*) en bronze avec sa peau, sans autre ornement que cette inscription gravée en creux.

الفقير الشيخ محمد العجمى الشافعى الصارى القادرى

« (Fait *par* ou *pour*) le pauvre, le cheikh Mohammed-El-Adjy, du rite « de l'iman Echafèy, de l'ordre d'Abdou-Cadir-Guilany. »

Ce tambour sert à marquer la mesure pour le chant et les exercices religieux des derviches Cadirys. H. 15 cent. Diam. 22 cent.

2478. — Boîte ronde à couvercle, avec ornements damasquinés en argent. Travail du XIVe siècle. H. 7 cent. Diam. 13 cent.

2479. — Petite plaque de cuivre rouge, provenant d'un coffret, revêtue d'arabesques en émaux champlevés, de diverses couleurs, jaune, blanc, bleu, rouge et couleur de chair. On croit cette plaque, dont le revers est revêtu d'un émail verdâtre, originaire de Bagdad. Le travail paraît remonter à la fin du xvᵉ siècle de notre ère. H. 46 mill. L. 67 mill.

2480. — Bracelet arabe, en pâte de verre bleu foncé. Diam. 6 cent.

2481. — Corbeille de forme ovale, à bords renversés et festonnés en filigrane d'or. Travail moderne; peut-être imitation génoise. H. 2 cent. Long. 14 cent. Larg. 12 cent.

ART SICULO-ARABE

2482. — Trépied ou brûle-parfums, décoré d'ornements damasquinés en argent. On distingue des sujets chrétiens et des lettres coufiques qui ne donnent pas de sens. Ce curieux monument doit appartenir à l'art siculo-arabe du xiiiᵉ siècle. H. 20 cent.

CAMÉE DE TRAVAIL PERSAN

2483. — Le Grand Mogol, Châh Djihan, coupant en deux d'un coup de sabre un lion qui dévore un homme terrassé. Ce prince, de la race des Timourides, est revêtu d'un costume fort analogue à celui des Persans; il porte à la ceinture un *cathar*. (Voyez, dans la section des Armes, nº 2418, un poignard semblable.) L'artiste a inscrit sur cette pierre son nom, ainsi que celui du souverain dont il retraçait l'image, en caractères persans microscopiques :

عمل کن اتم

« Fait par Kan-Atem. »

شبیه صاحبقران ثانی شاه جهان پادشاه غازی

« Portrait du second Sahib-Kiran, Châh-Djihan, empereur victorieux. »

Sardonyx à trois couches. Diam. 5 cent.

Il serait difficile, je crois, de citer, dans une collection européenne, un camée analogue à celui-ci. Exécuté par un habile artiste persan pour ces monarques fastueux de Delhi que nous nommions *Grands Mogols* et dont la magnificence était devenue proverbiale, ce camée, sur une admirable matière, n'est arrivé dans la collection de M. Louis Fould qu'après avoir passé par Londres, l'entrepôt naturel des merveilles de l'Inde. L'empereur mongol qui y est représenté, Châh Djihan, fils de Djehanghir, était le petit-fils du grand Akbar; comme son père et son illustre aïeul, il se distingua par son amour pour les lettres, mais il se rendit surtout célèbre par son faste et

Nº 2483.

sa prodigalité. Châh Djihan mourut en 1656. J'ignore si l'artiste a représenté un fait réel de la vie de Châh Djihan, ou s'il a voulu simplement figurer la générosité et la valeur du monarque; mais on ne peut se dispenser de faire remarquer que ce monument dont le travail est exquis nous montre encore une fois la perpétuité des traditions dans l'Orient. On sait que le combat du roi contre un lion est un des types les plus fréquents dans les monuments antiques de l'Asie.

VASES ET OBJETS DIVERS DE LA PERSE

2484. — Petite coupe de cristal de roche, ornée de sculptures en relief à l'extérieur. Les motifs de ces ornements sont, au fond, une rosace, et, sur les bords, six rosaces inscrites dans des losanges. H. 3 cent. Diam. 96 mill. Travail persan.

2485. — Petite coupe de cristal de roche, ornée, comme la précédente, de scupltures en relief à l'extérieur. Au fond, rosace inscrite dans une figure octogone. Les rosaces des bords comme à la coupe nº 2484. Voyez nº 2484. H. 22 mill. Diam. 8 cent.

L'ornementation de ces coupes n'est pas sans analogie avec celle de la célèbre coupe de Cosroès Ier, roi de Perse, conservée à la Bibliothèque impériale; n° 2538 du *Catalogue des camées, pierres gravées*, etc., par M. Chabouillet.

2486. — Autre coupe du même travail que les deux décrites n° 2484 et 2485, mais plus profonde. H. 4 cent. Diam. 8 c. 1/2.

2487. — Coupe peu profonde, ou bassin en cuivre jaune, avec pied. Dans le fond, rosace fort élégante. Sur le bord extérieur, inscription en persan. Tout le reste entièrement décoré de rosaces. H. 6 cent. Diam. 22 cent.

FAIENCE DE PERSE.

2488. — Coupe en faïence de forme hémisphérique, avec fleurs et feuillage de couleurs vives. En bas, une grecque. H. 13 cent. D. 21 cent.

2489. — Assiette en faïence, décorée de fruits et de rinceaux de couleurs vives rehaussées d'or. Diamètre, 26 cent.

2490. — Assiette de faïence de Perse, décorée de fleurs et de grenades. Couleurs vives, rehaussées d'or. D. 30 cent.

CURIOSITÉS DE L'INDE

2491. — Coupe de forme semi-ovoïde, avec son couvercle. Jade vert, décoré d'ornements légèrement en relief. Monture moderne en vermeil. H. 12 cent. D. 17 c. 1/2.

2492. — Couvercle d'un vase en jade vert. Le bouton est orné d'un rubis. Diam. 8 cent.

2493. — Coupe à bords évasés. A la base sont figurées en relief des feuilles formant une guirlande régulière. Jade vert. H. 4 c. 1/2. Diam. 10 cent.

2494. — Boîte ou coupe de forme ronde, divisée intérieurement en quatre compartiments, avec couvercle, dont le bouton figure une rosace. Jade vert. H. 2 cent. D. 9 c.

2495. — Boucle de ceinture, de forme rectangulaire, à coins arrondis, en jade vert. Le milieu figure un bouquet de fleurs découpées à jour, orné de rubis et d'émeraudes. La monture est en vermeil ciselé et découpé à jour. Longueur, 7 cent. Larg. 6 cent.

2496. — Burette à long col recourbé dont la panse est de forme ovoïde aplatie. Jade blanc laiteux, décoré de rubis incrustés sur or et émaux de couleur verte figurant des fleurs et des feuilles. Travail remarquable. H. 18 cent.

2497. — Présentoir de forme ronde et plate, incrusté de filets d'or et de fleurs en rubis, émeraudes et autres pierres fines. Diam. 23 cent.

2498. — Coupe de forme ovale à godrons, munie d'une anse. Jade gris. H. 2 c. 1/2. Long. 11 c. Larg. 6 c. 1/2.

2499. — Coupe ovale, à godrons fleuronnés. Jade gris. H. 3 cent. Long. 10 cent. Larg. 6 cent.

2500. — Coupe sans anses. Agate orientale blanche mamelonnée. H. 10 cent. Diam. 13 cent.

2501. — Coupe sans anses. Agate orientale mamelonnée avec cercle et piédouche en argent doré. H. 10 cent. Diam. 12 cent.

2502. — Cuiller en cornaline, agate mamelonnée. Un manche de la même matière y est adapté au moyen d'une monture dorée avec ornements estampés. Le manche se termine par une fleur à six pétales. Long. 21 cent.

2503. — Main en agate-cornaline, avec manche en agate rubanée adapté par une monture en argent doré, avec ornements estampés. Ces mains servaient à se gratter. Longueur totale, 11 cent.

2504. — Bague en or. L'anneau, très-finement ciselé, est soudé à un chaton qui serait disproportionné pour nos habitudes occidentales. Ce chaton en or figure une rosace découpée à jour, ornée d'un gros saphir cabochon. Autour de ce saphir, un cercle de petits grenats, un deuxième cercle de grenats plus gros alternés de saphirs; puis, enfin, aux extrémités de la rosace, huit autres saphirs. Fabrique de Delhi. Diamètre du chaton, 38 mill.

2505. — Collier composé de quarante et un chaînons de six fils de perles d'argent posés sur un dé cylindrique et de sept grosses boules du même travail. Long. 90 cent.

2506. — Intaille de forme carrée, sur laquelle Vichnou est représenté debout avec les quatre bras symboliques. Dans le champ, croissant de la lune et disque du soleil. Lapis-lazuli. Monture moderne en or. On peut comparer cette représentation de Vichnou avec celle qui paraît sous le n° 3, p. VIII, dans Ed. Moor, *The Hindu Pantheon*. H. 14 mill. L. 15 mill.

2507. — Chien chimérique couché. Cristal de roche

enfumé. Les yeux sont formés par des rubis; une turquoise décore l'extrémité de la queue qui se replie jusque sur la tête de l'animal. H. 4 cent. L. 12 cent.

2508. — Aiguière à une anse, à large panse aplatie, avec son couvercle. Jade vert. H. 16 cent.

2509. — Vase en forme de pomme, à côtes, avec petites anses feuillées prises dans la masse. Le col et la base sont décorés de palmettes en relief d'un beau travail. Le couvercle, orné de la figure d'une fleur travaillée en relief, a pour bouton un fruit en cornaline rouge et blanche. Jade vert. H. 15 cent.

STATUETTES DE DIVINITÉS, EN BRONZE.

2510. — Nara-Siñha ou Narsiñha, ou l'homme-lion, le 4ᵉ des avataras ou incarnations de Vichnou. Notre statuette représente Narsiñha accroupi sur un lotus, avec tête de lion et quatre bras. A l'un de ses bras, on distingue un bracelet en or. Voyez Ed. Moor, *The Hindu Pantheon*, p. 184, pl. LX; *Collection des dessins du Brame Sami*, au Cabinet des estampes, p. 4, et les *Religions de l'Antiquité*, par Creuzer, trad. et commenté par M. Guigniaut, pl. X, nº 51. Voyez le commentaire de notre nº 2512. H. 34 mill.

2511. — Garuda, l'homme-aigle; divinité inférieure qui sert de monture à Vichnou. Notre statuette représente Garuda à genoux, les mains jointes en signe d'adoration. On le distingue à sa tête d'aigle et à ses ailes; à ses jambes s'enroule un *naga* ou serpent. Voyez Ed. Moor, *The Hindu Pantheon*, p. 334, pl. LXXXIV. Voyez le commentaire de notre nº 2512. H. 6 cent.

2512. — Krichna ou Bala-Krichna, un des avataras de Vichnou, ou ce dieu enfant. Notre statuette le représente sous les traits d'un enfant qui danse, tenant une balle à la main. Cette balle est, selon les uns, l'image de la terre, selon d'autres, tout simplement un jouet. Voyez Ed. Moor, *The Hindu Pantheon*, p. 197 et pl. LX. H. 65 mill.

Le travail de cette statuette est des plus fins. C'est un précieux échantillon de l'art de l'Inde. Bien que je n'aie pas assez de points de comparaison pour fixer une date à l'exécution de cette figure, je crois qu'elle doit remonter au XVIᵉ siècle. Les deux figures précédentes sont plus modernes, mais quoique leur patine ne soit pas aussi fine que celle de la statuette de Krichna, elles sont également d'un très-beau travail et ont été fondues avec la plus grande habileté. Ed. Moor, dans son excellent ouvrage, *The Hindu Pantheon*, nous apprend que l'on ne peut trouver un second exemplaire absolument identique d'une figurine hindoue à cause du procédé employé dans le pays. L'artiste fait en cire son modèle; il l'enduit d'argile très-fine en laissant quelque part une petite ouverture; quand cet enduit est sec, il place sa figure au feu, avec le trou en bas, et naturellement la cire en découle. L'argile devient un moule, et reçoit à l'ouverture le métal en fusion; on brise ensuite le moule, et la statuette sort ordinairement assez bien pour n'exiger aucune réparation ni ciselure. C'est, au reste, ce que nous appelons fondre à *cire perdue*.

HUITIÈME PARTIE

MONUMENTS DE LA CHINE

OBJETS DE MATIÈRES PRÉCIEUSES

STATUETTES.

2513. — King-Yeou, personnage dont le nom signifie l'ami du bonheur; il est assis, a la figure riante et est remarquable par son embonpoint. Cornaline rouge veinée de blanc. V. n°s 2514, 15 et 16. H. 5 cent.

2514. — King-Yeou assis. Jade violacé. Sur la base, caractères. V. n°s 2513, 2515 et 16. H. 7 cent.

2515. — King-Yeou assis. Cornaline blanche et rouge. Figurine sur socle en bois rouge sculpté. V. n°s 2513, 2514 et 2516. H. totale : 6 cent.

2516. — King-Yeou assis ; de la main gauche il tient une gourde. Cristal de roche. V. n°s 2513, 14 et 15. H. 8 cent.

2517. — Personnage barbu, debout, portant un enfant du bras gauche et un rameau chargé de fruits de la main droite. Jade vert. H. 8 cent.

2518. — Personnage debout sur un animal chimérique. Cornaline rouge. H. 5 cent.

2519. — Figurine d'homme debout, revêtu d'une longue robe, tenant un fruit dans la main droite. Cornaline sur socle en bois noir. H. totale : 8 cent.

2520. — Chinois debout, tenant des pièces de monnaie enfilées. Un crapaud grimpe contre le fil des monnaies. Lapis-lazuli. H. 7 cent.

2521. — Chinois debout, ouvrant sa robe sur sa poitrine. Lapis-lazuli. H. 6 cent.

2522. — Chinois debout, tenant un chasse-mouches derrière le dos. Lapis-lazuli. H. 6 cent.

2523. — Chinois accroupi. Cornaline rouge et blanche. H. 3 cent.

2524. — Chinois accroupi, tenant un sceptre. Lapis-Lazuli. H. 4 cent.

N° 2525.

2525. — Chinois accroupi, portant un vase dans ses bras. Lapis-lazuli. Bois dans le texte. H. 6 cent.

2526. — Chinoise assise, un genou replié, la tête couverte d'un voile qui descend jusqu'au milieu du dos ; de la main gauche elle tient une sorte de chapelet, dit *Soutchou* et de la droite un volume. Bois dans le texte. Cristal de roche. H. 14 cent.

2527. — Groupe composé de deux enfants, dont l'un porte un rameau sur l'épaule. Cornaline rouge. H. 5 c.

2528. — Enfant chinois, vêtu d'une longue robe, portant une corbeille sur l'épaule. Agate blanche sur socle en bois rouge, travaillé à jour. H. 14 cent.

N° 2526.

2529. — Lionne et lionceau accroupis. Cornaline rouge et blanche. H. 2 cent. L. 4 cent.

2530. — Animal chimérique accroupi. Cornaline rouge et blanche. H. 3 c. 1/2. L. 3 c. 1/2.

2531. — Chinois assis, la tête nue, revêtu d'une robe à capuchon, dont la bordure porte un dessin de broderie très-finement gravé. Il tient d'une main une fleur et de l'autre une sorte d'anguille. Sur le dos de ce personnage, deux caractères. Agalmatolithe. Travail exquis; ancienne fabrique. H. 6 cent.

OBJETS DIVERS EN CORNALINE.

2532. — Fruit entouré de feuilles, sur lequel se trouve un scarabée. Cornaline-onyx. Long 5 cent. Épaiss. 3 cent.

2533. — Feuille de lotus sur laquelle est sculpté en relief un crabe. Cornaline rouge. H. 4 cent. L. 3 cent.

2534. — Feuille de lotus sur laquelle sont sculptées en relief deux sarcelles. Cornaline rouge et blanche. H. 4 cent. L. 4 cent.

2535. — Bouquet de trois fleurs diverses sculptées en relief. Cornaline rouge et blanche. H. 4 cent. L. 5 cent.

2536. — Plaque de ceinture sur laquelle sont figurés en relief léger une biche constellée et des caractères. Au revers, autres caractères. Cornaline rouge et blanche. H. 6 cent. L. 8 cent.

2537. — Fruit. Cornaline blanche et rouge. Long. 3 cent. Épaisseur, 1 cent.

2538. — Autre fruit. Long. 3 cent. Épaisseur, 2 cent.

2539. — Autre fruit. Long. 3 cent. Épaisseur, 1 cent.

JADE.

2540. — Plaque rectangulaire. D'un côté, au milieu d'un cartouche festonné, dragon découpé et gravé. Les coins sont décorés de fleurs découpées à jour. Au revers, branchages finement découpés à jour. Jade vert. H. 7 cent. L. 5 cent.

2541. — Plaque carrée. D'un côté, un dragon sculpté paraît au milieu de fleurs découpées à jour. Au revers, des rameaux très-fins découpés à jour. Jade vert. H. 7 c. 1/2. L. 6 cent.

2542. — Courge, autour de laquelle sont sculptées en relief deux autres courges de moindre dimension, ainsi que la tige et la feuille de la plante. Jade vert. H. 8 cent.

2543. — Vase, dont l'ouverture forme un quatre-feuilles allongé, avec panse divisée en quatre lobes, chargé de palmettes gravées et d'ornements découpés en relief dans la masse. Jade vert. H. 5 cent. Long. 7 cent. Larg. 5 cent.

2544. — Coupe figurant une fleur de lotus épanouie dans son calice, sur un pied figurant les pétales de la même fleur retournés. Jade verdâtre. H. 10 cent. Diam. 13 cent.

2545 et 2546. — Une paire de présentoirs, à bords divisés en six cartouches d'ornements travaillés à jour, sur pied cylindrique également travaillé à jour. Jade blanc opaque. H. 6 cent. Diam. 15 cent.

2547. — Vase formé d'une large feuille repliée sur elle-même qui s'élève d'un rocher et entourée d'arbrisseaux découpés en relief dans la masse. On distingue deux oiseaux sur les arbustes. Jade vert. H. 21 cent. Circonf. 27 cent.

2548. — Théière en forme de disque. L'anse est figurée par un dragon sculpté et découpé dans la masse. Le goulot est formé par un oiseau chimérique. Sur chacune des faces est sculpté en relief le dragon impérial. Sur le couvercle sont sculptés des nuages de fumée qui figurent les vapeurs du thé bouillant. Jade vert. H. 18 cent. Diamètre du disque. 11 cent.

2549. — Vase de forme aplatie, avec anses prises dans la masse, ornées d'anneaux mobiles. Autour du col sont sculptées en relief des palmettes; sur la panse, une bande d'ornements. Le bouton du couvercle figure une fleur. Jade blanc. H. 22 cent. Larg. 14 cent.

2550. — Coupe en forme d'écuelle. Les anses, découpées à jour dans la masse, figurent des branches et des fleurs de pêcher. Un paysage sculpté en relief léger décore la panse. Jade vert d'eau. H. 3 c. 1/2. Diam. 8 cent.

2551. — Coupe ronde, forme de nos écuelles, à deux anses formées de branches et de fleurs de pêcher travaillées à jour dans la masse. La coupe est décorée extérieurement de paysages légèrement en relief. Jade verdâtre. H. 4 cent. Diam. 8 cent.

2552-2553. — Deux clavettes semblables pour fermer un coffret. Jade blanc. Long. 5 cent.

2554. — Plaque hémisphérique, travaillée à jour et figurant une fleur. Jade verdâtre. Long. 3 cent. Larg. 2 c.

2555. — Coupe de forme ronde évasée sur pied cylindrique. Jade blanc laiteux. H. 10 cent. Diam. 12 cent.

2556. — Coupe représentant une fleur de lotus à demi épanouie. Jade sur socle en bois noir sculpté et représentant la même fleur. Hauteur totale, 14 cent. Long. 23 cent. Larg. 20 cent.

AGATE.

2557. — Coupe sans anses, en agate orientale, mamelonnée et striée de veines rougeâtres, ou arborisée; pied dans la masse. H. 9 cent. Diam. 87 mill.

2558. — Tasse de forme semi-ovoïde, en agate mamelonnée et arborisée, avec la soucoupe en pareille matière, mais dont les bords sont garnis en vermeil. H. 4 cent. Diam. 7 cent. Soucoupe, diam. 11 cent.

2559. — Tasse de forme semi-ovoïde, en agate blanche mamelonnée, avec sa soucoupe de même matière, mais de plus arborisée. Hauteur de la tasse, 5 cent. Diam. 9 cent. Diamètre de la soucoupe, 11 cent.

2560. — Coupe lobée, munie d'une anse formée par des branches découpées à jour et prises dans la masse. La panse est décorée de fleurs sculptées en relief. Agate mamelonnée et arborisée. H. 4 cent. Long. 14 cent. Largeur 8 cent.

2561. — Coupe de forme hémisphérique, en agate mamelonnée et arborisée. H. 6 c. 1/2. Diam. 11 cent.

2562. — Gobelet. Agate mamelonnée, arborisée et enfumée. H. 11 cent. Diam. 9 cent.

2563. — Tasse de forme hémisphérique, sans anses, avec bordure en vermeil. Agate brune et blanche, mamelonnée et arborisée. H. 4 cent.

2564. — Tasse de forme semi-ovoïde, en agate veinée gorge de pigeon. H. 5 cent. Diam. 8 c. 1/2.

2565. — Soucoupe en agate mamelonnée, avec bordure festonnée en vermeil. Diam. 12 cent.

2566. — Tasse de forme semi-ovoïde, en agate enfumée. H. 4 c. 1/2. Diam. 8 c. 1/2.

2567. — Tasse de forme semi-ovoïde, en agate enfumée. H. 4 c. 1/2. Diam. 7 cent.

N° 2573.

2568. — Tasse de forme hémisphérique. Agate mamelonnée. H. 3 cent. Diam. 6 cent.

2569. — Tasse à deux anses formées par des dragons et prises dans la masse. Agate mamelonnée. H. 4 cent. Diam. 6 cent.

2570. — Plateau ovale à godrons. Agate veinée blanche et brune. Long. 14 cent. Larg. 10 cent.

2571. — Flacon pour tabac à priser figurant un fruit oblong. Agate rouge et blanche. H. 7 cent.

2572. — Flacon pour tabac à priser figurant un scarabée. Agate veinée à plusieurs couches. H. 2 cent. Longueur, 5 cent.

CRISTAL DE ROCHE.

2573. — Flacon de forme ovoïde allongée, dont l'anse sculptée et découpée dans la masse représente un lion qui plonge son mufle dans une gourde au-dessous de laquelle est placée une bourse brodée, qui elle-même cache à moitié une chimère. Cristal de roche en partie enfumé. Hauteur, 10 c. 1/2.

2574. — Sorte de sceptre, en chinois Jou-i, figurant une branche d'arbuste. Cristal de roche. Long. 38 cent.

2575. — Vase à panse ronde aplatie; le col, très-court, est décoré de deux dragons en relief travaillés dans la masse. Le couvercle est décoré d'un dragon travaillé de même. Cristal de roche. H. 17 cent. V. le bois p. 187.

2576. — Vase à eau, pour artiste, représentant un fruit, entouré de branchages et de deux chimères travaillées à jour, avec couvercle. Cristal de roche enfumé. H. 6 cent. Diam. 10 cent.

2577. — Vase à eau, pour artiste, représentant une orange entourée de rameaux sculptés à jour, au milieu desquels paraît un écureuil. L'anse est figurée par une petite orange. Le couvercle est percé d'un trou, et son bouton est un second écureuil. Cristal de roche. H. 6 cent. Long. 9 cent. Larg. 8 cent.

2578-2579. — Une paire de coupes de forme ronde évasée, avec leurs couvercles. Cristal de roche neigeux. H. 7 cent. 1/2. Diam. 13 c. 1/2.

2580. — Cachet de forme carrée, allongée, en cristal de roche. Sur l'un des bouts, caractères. H. 6 cent. L. 3 cent.

2581. — Socle carré, en cristal de roche. H. 3 c. 1/2.

MALACHITE.

2582. — Groupe de deux fruits (la main de Fô). Malachite. H. 7 cent.

2583. — Feuille de vigne sur laquelle se trouve un écureuil. Malachite. H. 7 cent.

AGALMATOLITHE.

2584. — Grappe de raisin en haut-relief sur une feuille de vigne. Agalmatolithe transparente. H. 7 cent. L. 17 cent.

PIERRE TENDRE.

2585. — Écran en schiste argileux, sculpté en relief comme un camée. Sujet principal : une pagode sur un îlot. En bas, deux pavillons. H. avec le pied en bois, 89 cent. Larg. 53 cent.

CORNE DE RHINOCÉROS.

2586. — Coupe figurant le calice d'une fleur dont la tige est sculptée à jour et figure un arbuste. Corne de rhinocéros. H. 18 cent. Long. de l'orifice, 11 cent. Larg. 9 cent.

2587. — Coupe figurant une fleur épanouie. L'anse est formée par plusieurs chimères sculptées à jour. Corne de rhinocéros. H. 20 cent. Long. de l'orifice, 7 cent. Larg. 10 c.

2588. — Coupe en corne de rhinocéros, décorée de raisins et de pampres en relief. On distingue, au milieu du feuillage, un écureuil, sur socle en bois, à jour. H. 6 cent. L. 17 cent.

OBJETS EN BRONZE

STATUETTES.

2589. — Déesse vêtue d'une longue robe, le cou orné d'un collier, coiffée d'une couronne de fleurs. Un enfant nu et tenant un livre ouvert est assis sur le genou replié de la divinité, dont le bras droit est appuyé sur une tablette ornée d'un vase près duquel est un oiseau. Bronze. H. 28 cent.

2590. — Déesse assise à peu près dans la même pose que la précédente. Elle porte une sorte de diadème élevé et un riche collier; dans la main gauche, elle tient une gourde. Socle en bois noir. H. totale : 16 cent.

2591. — Le Philosophe Laô-Tseu assis sur un buffle et tenant un volume roulé. Socle en bois. H. 17 cent. (Voy. n° 2592.)

2592. — Chinois assis sur un buffle; son chapeau tenu par un cordon est placé sur ses épaules. Socle en bois. Pendant du n° 2591. H. 16 cent.

2593. — Chinois debout, avec une longue barbe, revêtu d'une robe richement brodée et portant une ceinture ornée de feuilles, à laquelle est suspendue une petite gourde. Bronze. Bon style; ciselures d'une grande finesse. H. 19 cent.

2594. — Guerrier tartare, barbu, assis sur un rocher couvert d'une peau de lion; un rubis décore sa cuirasse qui rappelle l'égide antique. Bronze d'ancien style. Patine noire. H. 15 cent.

2595. — Soldat tartare, le casque en tête, s'appuyant sur sa lance qui a disparu. H. 15 cent.

2595 *bis*. — Chinois accroupi, tenant une boule dans la main droite. H. 6 cent.

2596-2597. — Une paire de poulains accroupis. Bronze brun. H. 7 cent.

2598-2599. — Deux cerfs accroupis se faisant pendant. Bronze brun. H. 8 cent.

2600-2601. — Une paire de flambeaux de bronze composés d'une tige en balustre sur laquelle s'enroule un dragon ciselé en relief. La base est un large plateau orné de feuillages et de fruits ciselés en creux. H. 66 cent. Diam. à la base, 33 cent.

2602. — Tam-tam mâle avec son pied en bois. Diam. 50 c.

2603. — Ting, vase à parfums, forme d'abricot-pêche, avec couvercle composé de fruits. Pied en bois noir, figurant des branches. Bronze. H. 26 cent. L. 35 cent.

2604. — Ting, représentant le fruit de longévité. Bronze rouge brun, sur son plateau de bronze figurant une feuille. H. totale, 11 cent.

2605. — Ting ou vase à parfums, forme de fruit, dit la *main de Fô*. Socle en bois noir. H. 11 cent.

2606. — Ting ou vase à parfums, forme d'abricot-pêche. Socle en bois noir. H. 10 cent.

2607. — Cassolette figurant une chimère; le couvercle est formé par la tête de l'animal. Bronze revêtu de dorures. H. 14 cent.

2608. — Brûle-parfums figurant un crapaud symbolique à trois pattes. H. 11 cent. L. 16 cent.

2609. — Vase à parfums en forme de chimère accroupie. Ciselures d'une grande finesse. Socle en bois. H. 13 cent.

2610. — Vase en forme de chimère, debout sur ses quatre pattes qui reposent sur un socle en bois noir portant une corne renversée sur le front et un collier. Bronze. H. totale, 17 cent.

2611-2612. — Une paire de vases de forme ovoïde allongée; les anses sont figurées par des branches de pêcher en fleur et des feuilles de bambou ciselées. Pied en bois noir. H. 27 cent.

2613. — Vase à long col en bronze, de patine noire, avec taches dorées. Sur socle en bois sculpté à jour. H. 16 cent.

2614-2615. — Une paire de vases de forme hexagone allongée, décorés d'un côté d'une chimère gravée et dorée et de l'autre d'une fleur. Des têtes de dragons forment les anses auxquelles sont suspendus des anneaux mobiles. H. 23 cent.

2616-2617. — Une paire de vases en bronze, à patine rougeâtre, à pans; sur l'une des faces, en relief, un oiseau sur une branche; sur l'autre, collines. Le col est décoré d'une sorte de grecque en relief et est muni de petites anses. H. 14 cent.

2618. — Vase à panse aplatie et long col, ornée de deux oreilles. Bronze rouge pâle, sur socle en bois. H. 14 cent.

2619. — Bassin de forme hexagone, figurant presque une rosace gothique, porté sur cinq pieds et décoré de méandres ciselés en relief. Bronze. H. 8 cent. Diam. 24 c.

ÉMAUX

2620. — Vase piriforme à base circulaire, décoré de trois bandes circulaires, sur lesquelles sont figurées des fleurs épanouies de couleurs vives. Des filets de métal doré cloisonnent ces fleurs qui se détachent sur un fond bleu d'azur. Deux mufles de lion en bronze doré, avec anneau mobile, figurent les anses. H. 56 cent. Circonf. 1 m. 25. (Voy. le numéro suivant qui est le pendant.)

2621. — Vase semblable au précédent, sauf la dimension qui est un peu moindre. H. 54 cent. Circonf. 1 m. 15.

2622. — Vase de forme et fabrique semblables aux nos 2620-2621, mais plus riche. La décoration consiste : 1° en trois bandes circulaires étroites, ornées de fleurs sur fond noir; sur le col, raisins et fleurs épanouies; sur la panse, dragons au milieu de nuages, et rochers portant des madrépores. Les anses sont formées par un papillon en cuivre émaillé, auquel est suspendu un anneau également émaillé. H. 55 cent. Circonf. 1 m. 20 c. (V. n° 2623 son pendant.)

2623. — Vase presque semblable au précédent, dont il ne diffère que par un centimètre de moins en hauteur, et, par les anses, qui ici, sont formées comme aux nos 2620 et 2621, par un mufle de lion, avec anneau mobile chargé d'ornements gravés au burin. H. 55 cent. Circonf. 1 m. 16 c.

2624. — Bassins de forme ronde à bords aplatis, avec sujet. Devant un pavillon, un philosophe, peut-être Confucius, entouré de disciples. On distingue un daim. Fond bleu. Diam. 36 cent. H. 6 cent.

Ce magnifique échantillon de l'art chinois est gravé, pl. XXXIX.

2625. — Assiette à bords festonnés, décorée d'ornements de diverses couleurs, au milieu desquels on distingue une cigogne et trois fleurs. Cet émail à fond bleu doit être distingué des émaux dits cloisonnés; de minces filets de métal doré dessinent les ornements et sont posés sur l'émail. Diam. 27 cent. (Voy. pendant n° 2626.)

2626. — Assiette semblable à celle décrite sous le n° 2625, avec cette différence qu'à l'intérieur, au lieu d'une cigogne, on distingue un bouquet de fleurs. Diam. 27 cent.

2627 et 2628. — Deux plateaux semblables en forme de quatre-feuilles à bords droits, avec rinceaux de diverses couleurs sur fond bleu. H. 3 cent. L. 13 cent.

2629. — Vase piriforme à col allongé décoré, d'un côté, de l'arbuste qui porte le fruit nommé main de Fô, et de l'autre d'un grenadier. Fond bleu H. 35 cent.

2630. — Vase dont la base est hémisphérique et le col en forme de cornet. Dragons, feuillages et fleurs en émaux cloisonnés de diverses couleurs sur fond bleu. H. 34 cent.

2631-2632. — Une paire de vases, piriforme, à couvercle, en émaux cloisonnés. Fond bleu, orné de fleurons et de palmettes de couleurs vives, sur socle en bois. Hauteur totale 33 cent.

2633-2634. — Une paire de flambeaux de forme conique, avec large bobèche, décorée de rosaces et de rinceaux de couleurs diverses sur fond bleu. Socles en bois rouge de Chine. H. 18 cent. Diam. 10 cent.

2635. — Gaîne en émaux cloisonnés fond bleu, renfermant un étui en cuivre doré avec coulants en soie jaune. H. 12 cent. L. 3 cent.

2636. — Corbeille de forme ronde, avec deux rangées d'anneaux entrelacés découpés à jour, et décorée de guirlandes de fleurs de couleurs diverses. Fond blanc. H. 15 c. Diam. 30 cent.

OBJETS EN BOIS

STATUETTES.

2637. — Empereur de la Chine, assis sur un banc avec marchepied; il porte la couronne et est revêtu des habits impériaux. Bois de sandal. Sa robe de dessous est ornée des insignes impériaux brodés en relief. Bon travail. H. 15 c.

2638. — Chinois, la tête nue, riant, assis sur un crapaud à trois pattes. Socle en bois noir sculpté à jour. Hauteur totale 13 cent.

2639. — Chinois, la tête nue, barbu, debout, tenant le fruit de longue vie dans la main gauche. Racine de bambou, sur socle en bois noir. H. 14 cent.

2640. — Chinois debout, tenant un chasse-mouche. Bois de sandal. H. 16 cent.

2641. — Chinoise debout, tenant d'une main une corbeille de fruits et de l'autre un sceptre. Bois de bambou. H. 16 cent.

2642. — Enfant couché sur le dos d'un buffle. Groupe en racine de bambou, sur socle en laque d'or. Hauteur totale 5 cent. Larg. 7 cent.

OBJETS DIVERS.

2643. — Sceptre ou *jou-i* en bois noir, avec ornements très-fins incrustés en argent, décoré de trois plaques en lapis-lazuli, chargé de symboles et de caractères, avec glands en soie bleue. Long. 48 cent.

2644. — Sceptre ou jou-i en bois de sandal figurant une tige sarmenteuse, sculptée à jour. Long. 33 cent.

OBJETS EN LAQUE

2645. — Boîte de forme rectangulaire en laque noire; le dessus est orné d'un paysage disposé en hauteur. L'intérieur est aventuriné. Long. 8 cent. Larg. 5 cent. 1/2. Épaiss. 2 cent.

2646. — Boite de forme rectangulaire en laque noire; le dessus est orné d'un paysage en longueur. L'intérieur aventuriné contient quatre petites boîtes en laque d'or. Long. 13 c. 1/2. Larg. 6 c. 1/2. Épaiss. 2 cent.

PORCELAINE

FIGURES.

2647-2648. — Groupe de deux hommes assis, en bleu turquoise. Devant, tube pour recevoir les bâtons de parfums. H. 7 cent.

2649. — Chimère en porcelaine en deux couleurs au grand feu, violet et turquoise; une petite chimère lèche la patte de la grande; socle carré en porcelaine de couleur violette qui fait corps avec l'animal. Voyez nº 2650. H. 46 cent.

2650. — Pendant du nº 2649. Au lieu d'une petite chimère, une boule mobile à jour sous la patte.

2651. — Chimère semblable à celle décrite nº 2649, sauf qu'on distingue un petit flambeau qui part de la queue. H. 14 cent.

2652. — Chimère, en bleu turquoise, assise, la griffe gauche posée sur une boule. Derrière, un petit vase hexagone destiné à contenir soit des bâtons de parfums, soit des fleurs. Socle carré en porcelaine violette. V. nº 2653. H. 19 cent.

2653. — Chimère presque semblable à la précédente: à la place de la boule on voit une petite chimère grimpant. Pendant du nº 2652.

2654-2655. — Une paire de chimères accroupies. Bleu turquoise, avec tubes pour l'encens. V. numéros précédents. H. 3 cent.

2656-2657. — Une paire de chimères semblables aux numéros précédents.

2658. — Chimère accroupie. Porcelaine bleu turquoise. H. 5 cent.

2659. — Autre chimère. H. 5 cent.

2660. — Chimère assise, le pied sur une boule. Porcelaine bleu turquoise. Socle violet. H. 19 cent.

2661. — Autre presque semblable au numéro précédent. H. 20 cent.

2662-2663. — Une paire de chimères accroupies, en bleu turquoise. Derrière, tube pour recevoir des baguettes de parfums. H. 5 cent.

2664. — Perroquet de couleur violette, avec bec et pattes blanches, posé sur un rocher en bleu turquoise. H. 19 cent.

2665. — Perroquet en céladon, H. 5 cent.

2666. — Moineau en gros bleu flambé. H. 8 cent.

2667-2668. — Une paire de chats assis, en bleu turquoise. V. nºˢ 2669-2670. H. 7 cent.

2669-2670. — Une paire de chats semblables aux numéros 2667-2668.

2671. — Porte-pinceau figurant un poisson chimérique. Bleu turquoise. H. 6 cent.

2672-2673. — Une paire de porte-pinceaux, en bleu turquoise, en forme de poissons chimériques. H. 6 cent.

2674-2675. — Une paire de porte-pinceaux semblables aux nºˢ 2672-2673.

VASES.

2676. — Vase piriforme allongé, fond bleu turquoise, décoré en relief. Vers la base, flots et madrépores, et dans le haut, dragons à cinq griffes dans des nuages. Pied en bois noir. Hauteur totale, 68 cent.

2677-2678. — Une paire de vases, fond bleu clair au grand feu, de forme ovoïde, à long col évasé, avec deux oreilles en méandres en relief de couleur brune. Le col est décoré d'une bande circulaire représentant sur fond brun vermicellé, d'un côté, un vase à parfums et des fruits; de l'autre, une coupe contenant des fruits auprès de laquelle est un glaive dans son fourreau. Sur la panse, une autre bande circulaire divisée en quatre cartouches; sur ceux des faces sont figurés des vases de fleurs, des tables et des arbustes; sur les cartouches des côtés, rosace entourée de chauves-souris. Ces sujets sont en relief et peints de diverses couleurs; le fond est semblable à ceux des cartouches des faces. Le col est orné d'une bordure fond brun fleuronné en relief, sur laquelle sont figurées en relief et en couleurs des parties de rosace. H. 86 cent. Circonf. 1 m. 12 cent.

2679. — Vase de forme ovoïde, fond bleu clair au grand feu, avec trois bandes circulaires fond noir; la première est décorée d'une couronne de feuilles chargée de caractères et surmontée de méandres; la deuxième est entièrement décorée de méandres; la troisième est décorée de fleurons en arcades. Des dragons forment les oreilles qui sont également noires. Socle en bronze. H. 83 cent.

2680-2681. — Une paire de vases, de forme ovoïde allongée, fond bleu turquoise, décoré de carreaux irréguliers dessinés par des lignes violettes et formant une sorte de craquelé; sur ce fond sont semées des fleurs de pêcher. Sur la panse, d'un côté, dans un encadrement formé par une guirlande de fleurs, une peinture représentant l'Empereur à cheval, accompagné de l'Impératrice assise dans une brouette que pousse un de ses serviteurs, et suivi de sa cour. On remarque dans la foule des personnages un porte-enseigne à cheval. Au revers, l'Impératrice, assise sur son trône et entourée de sa cour, recevant les hommages d'un vieillard amené par un officier tartare. Sur le col, un cartouche dessiné par des méandres de couleur rouge, des oiseaux voltigeant, ou posés sur des arbustes. Hauteur sans la monture 63 cent. Circonf. 84 cent.

Les sujets de ces deux vases sont semblables, mais disposés de façon à se faire pendant. Les peintures sont de la plus grande finesse d'exécution et d'un dessin très-correct. Les couleurs sont des plus vives et des plus harmonieuses.

2682-2683.—Une paire de vases, *biforme,* à angles aigus. Fond gris craquelé, décoré de pagodes au milieu de paysages peints en gros bleu au grand feu. Les anses figurent une tête et trompe d'éléphant en porcelaine bleue. Monture en bronze doré. H. 58 cent.

2684. — Vase de forme ovoïde à bords évasés, décoré de bouquets de fleurs et de papillons gros bleu se détachant sur le fond bleu tendre. Petites anses en méandres. Monture en bronze doré. Pendant du n° 2685. Hauteur totale 55 cent.

2685. — Vases de mêmes forme et grandeur que le précédent. Fond bleu clair jaspé.

2686-2687. — Une paire de vases, forme cornet, avec renflement au milieu, fond céladon, décoré de fleurs et rinceaux gravés à la pointe. Monture en bronze doré. H. 52 cent. Circonf. 46 cent.

2688. — Vase de forme ovoïde à côtes, avec deux anses carrées, en violet jaspé. Monture en bronze doré et ciselé. H. 50 c. Circonf. 69 c.

2689. — Vase de forme semi-ovoïde, à col allongé et orifice campanulé. Fond rouge violet, jaspé au grand feu. Monture en bronze doré; deux figures de Pan assis sur une guirlande de vigne et jouant de la syrinx figurent les anses. Hauteur totale 47 cent. Circonf. 62 cent.

2690. — Vase de forme ovoïde à col allongé, fond bleu turquoise craquelé, flambé de gros bleu. Monture en bronze doré, ciselé avec une grande finesse. Matière de premier ordre et de grande rareté. Hauteur totale, 45 cent.

2691. — Vase avec couvercle, de forme ovoïde tronquée; fond gros bleu au grand feu, semé de fleurettes et de papillons en émail de couleurs. Monture en bronze doré. Rare et d'ancienne fabrique. Hauteur totale, 44 cent. Circonf. 75 cent.

2692-2693. — Une paire de vases de forme ovoïde, fond bleu clair, semé de mouchetures en léger relief, en émail vert d'eau, au milieu desquelles se détachent des chrysanthèmes. Le couvercle est décoré de la même manière. Monture en bronze doré. Hauteur totale, 42 cent.

2694. — Vase du même genre que les vases n°s 2692-2693. H. 20 cent.

2695. — Vase de forme carrée allongée, gros bleu; deux mufles de lion avec anneau figurent les anses; sur socle en bois noir travaillé à jour. Hauteur totale, 40 c.

2696. — Vase piriforme, sans anses, en céladon tirant sur le gris, décoré sur chacune des faces de chimères ailées la tête en bas, et de nuages et de foudres de diverses couleurs, parmi lesquelles dominent le rouge et le vert. Monture en bronze doré et ciselé. H. 34 c. Circonf. 51 c.

2697. — Vase figurant une courge à côtes, en céladon, à deux petites anses en méandres. Belle monture en bronze doré et ciselé du temps de Louis XV. Rare et précieux. Hauteur totale, 33 cent. Circonf. 36 cent.

2698-2699. — Deux vases semblables, piriformes, avec petites anses en forme de tête et trompe d'éléphant, en craquelé. Un paysage dans lequel on remarque un pont se détache en bleu sur le fond des vases. Monture en bronze ciselé et doré. H. 35 cent. Circonf. 74 cent.

2700. Vase en céladon, de forme ronde, aplati sur ses quatre faces qui sont décorées de nuages et de flots légèrement en relief. Le couvercle est décoré d'une rosace légèrement en relief et muni d'un bouton. Monture en bronze doré. Hauteur totale, 35 cent. Circonf. 63 cent.

2701-2702. Une paire de vases en porcelaine, à panse comprimée, à long col, fond jaune impérial, décoré du dragon impérial à cinq griffes, gravé et peint en vert au milieu d'un semis de nuages et de fleurons gravés et peints de diverses couleurs. A la base, des flots gravés et peints en vert et des madrépores en blanc. H. 27 cent. Circonf. 66 cent.

Ces vases, d'ancien style, méritent d'être signalés pour leur beauté comme pour leur rareté.

2703-2704. — Une paire de vases, forme semi-ovoïde à col étroit, en céladon, à côtes légèrement indiquées. Monture en bronze doré. Hauteur totale, 29 cent. Circonf. 29 c.

2705. Vase de forme ovoïde, en bleu jaspé. H. 24 cent.

2706-2707. Une paire de vases, hexagone allongé, fond bleu turquoise décoré d'ornements et de fleurs gravés à la pointe. A la base, une couronne de feuilles. Monture en bronze doré sur socle en porphyre oriental. Hauteur avec les couvercles, 28 cent.

2708. Vase fond bleu turquoise légèrement craquelé; large panse, col évasé. H. 26 cent.

2709-2710. — Une paire de vases, forme dite gourde à deux nœuds, fond céladon gaufré de fleurs rehaussé de bouquets, d'oiseaux, dragons et de corbeilles de fleurs de diverses couleurs parmi lesquelles domine le rouge. Monture en bronze doré. H. 26 cent.

2711. — Vase forme cornet avec renflement vers la base. Bleu d'empois. H. 24 cent.

2712-2713. — Une paire de vases d'applique formés par des tiges de bambou, sur lesquels court une branche feuillée en bleu et une autre tige destinée à recevoir des baguettes parfumées. A la base, un champignon teinté de rouge. Monture en bronze doré. H. 21 cent.

2714-2715. — Deux vases semblables, gros bleu jaspé, à panse sphérique avec col piriforme. H. 21 cent.

2716. — Vase de forme ovoïde allongée, coquille d'œuf. Un personnage, au moment de monter à cheval, reçoit les adieux de sa femme; une servante apporte le thé. Un serviteur barbu tient la bride du cheval; plus loin, un jeune valet est appuyé sur le dossier de la chaise roulante de la dame. La scène se passe dans un paysage accidenté, rochers, arbres, etc. Cette peinture est de la plus grande finesse. Ancienne fabrique. H. 21 cent.

2717-2718. — Une paire de vases décorés de fleurons ménagés en blanc et rehaussés de traits de couleur rouge rouille qui se détachent sur un fond de la même couleur. Couvercles décorés de même. Monture en bronze doré. Hauteur totale, 20 cent.

2719-2720. — Une paire de vases, fond rouge orné de grecques en relief et de médaillons dorés également en relief. Intérieur bleu turquoise. Forme ovoïde. H. 20 c.

2721. — Vase de forme cylindrique, violet, avec palmettes gravées. Monture en bronze doré et couvercle. Hauteur totale, 33 cent. Diam. 20 cent.

2722-2723. — Une paire de vases, de forme hexagone à deux petites anses, en céladon. Monture en bronze doré. H. 19 cent. Circonf. 24 cent.

2724. — Vase à six pans, forme dite cornet. Bleu turquoise avec feuillages en relief. H. 15 cent.

2725. — Vase rustique de forme carrée, porté sur quatre pieds, fond violet, décoré d'anses figurées par des branches de pêcher fleuries et feuillées qui s'étendent sur toutes les parties du vase. Socle en bois rouge. H. 13 c. Long. 13 c. Larg. 8 c. 1/2.

2726. — Vase en craquelé truité, de forme ronde avec renflement au milieu et anses figurées par des têtes d'éléphants. Les deux zones de la panse sont décorées de chevaux dans diverses poses, de couleurs bleue, blanche et brune. Socle en bois noir. H. 13 cent. Circonf. 46 cent.

2727. — Vase en bleu turquoise, de forme ovoïde, sans anses. H. 14 cent.

2728. — Vase de même forme que le précédent, mais de couleur verte. H. 14 c. 1/2.

2729. — Vase dit Pi-tong, ou porte-pinceaux, composé de bambous liés par des branchages. Bleu turquoise. H. 11 cent. Diam. 9 cent.

2730. — Coupe en forme de coquillage, sur trois pieds. Bleu turquoise. H. 13 cent. L. 20 cent.

2731. — Coupe en forme de feuille à bords festonnés en céladon. On distingue au revers les nervures de la feuille en relief; à l'intérieur, elles paraissent tracées à la pointe. Un scarabée de ronde bosse paraît posé sur la feuille. Long. 11 cent. Larg. 7 cent.

2732. — Coupe forme semi-ovoïde, sur laquelle est représentée une feuille avec ses nervures en relief. Bleu turquoise. H. 12 cent. L. 25 cent.

2733-2734. — Deux coupes pareilles, forme d'abricot-pêche, en rouge jaspé au grand feu. L'anse est formée par la tige feuillée de l'arbuste. Socle et couvercle en bronze doré et ciselé à jour. H. 5 cent. Longueur 12 cent. Largeur 11 cent.

2735. — Urne de forme ronde comprimée, en craquelé gris, avec deux mufles de lion de couleur bronze figurant les anses. Couvercle de la même matière. Hauteur totale, 12 cent. Diam. 20 cent.

2736. — Théière en forme d'abricot-pêche, en bleu turquoise; l'anse et le goulot représentent les tiges de l'arbuste dont les feuilles en relief décorent le haut de la théière. L'anse et le goulot sont de couleur violette; les feuilles, vertes et violettes. Cette théière, de très-ancienne fabrication, s'emplit par le dessous. H. 15 cent.

2737. — Bowl avec soucoupe. Fond jaune avec ornements gravés à la pointe et fleurs peintes. Ces deux pièces portent une marque de fabrique. H. 7 cent. Diam. 15 c.

2738 à 2740. — Trois bowls avec leurs soucoupes. Truité rose et craquelé. H. 7 cent. Diam. 17 cent.

2741-2742. — Deux bowls avec leurs soucoupes en porcelaine fond blanc. Les tasses sont décorées à l'intérieur de fleurs de couleurs diverses et à l'extérieur de paysages à personnages. Chacune des soucoupes est décorée à l'intérieur d'un scène galante. Hauteur des bowls, 6 cent. Diam. 15 cent. Soucoupe : Diam. 16 c. 1/2.

2743. — Bowl avec soucoupe, porcelaine légère, fond blanc, décoré sur le pourtour de deux sujets : 1° une jeune femme montée sur un bélier; 2° une jeune femme en marche avec une corbeille de fleurs, et un bâton sur l'épaule. La bordure intérieure est un quadrillé rouge avec quatre petits médaillons. Sur la soucoupe, le même sujet qu'aux n°s 2741-2742. H. 6 cent. Diam. 14 cent. Soucoupe : Diam. 16 cent.

2744. — Bowl avec soucoupe; fond blanc avec peintures sur le pourtour semblables à celles du n° 2743. Le sujet de la soucoupe est une famille chinoise réunie dans un jardin. H. 5 cent. 1/2. Diam. 11 cent. 1/2. Soucoupe : Diam. 15 c. 1/2.

2745. — Bowl avec sa soucoupe, fond blanc. Sur le pourtour : 1° une dame et un enfant auprès d'une table ; 2° une dame debout auprès d'un tabouret et d'autres siéges. A l'intérieur du bowl, bordure de quadrillés roses et de cartouches noirs. Dans le fond, fleur rouge. H. 6 cent. Diam. 12 cent. Soucoupe : Diam. 16 cent.

2746. — Bowl avec son couvercle et sa soucoupe. Fond blanc décoré de peintures; sur le pourtour, une dame assise à sa fenêtre et dans un paysage deux autres femmes qui conversent près d'un rocher. Dans la soucoupe, le sujet galant mentionné plus haut, n°s 2741 à 2743. H. 8 cent. Diam. 12 cent. Soucoupe : Diam. 16 cent.

2747. — Bowl de forme hémisphérique, à bords renversés, en gros bleu violacé au grand feu. Belle monture en bronze doré du siècle de Louis XV; un trépied orné de têtes de béliers supporte le vase. Hauteur totale, 15 cent. Diam. 18 cent.

2748. — Tasse avec couvercle et soucoupe, fond craquelé truité, décoré sur toutes faces de divers ustensiles, livres, rouleaux, vases, etc. Haut. de la tasse avec son couvercle, 7 c. 1/2. Diam. 9 c. 1/2. Soucoupe : Diam. 13 cent.

2749. — Tasse avec couvercle et soucoupe, fond blanc décoré d'arbustes en fleurs et de papillons peints de diverses couleurs. Hauteur avec le couvercle, 8 cent. Diamètre 10 cent. Soucoupe : Diam. 15 cent.

2750-2751. — Une paire de plateaux ronds, à fond amaranthe; au centre, médaillon à fond blanc sur lequel est peint un coq au milieu de fleurs. Diam. 40 cent.

2752-2753. — Une paire de plateaux ronds, fond blanc décoré de sujets presque semblables. — 2752. A l'intérieur, deux cavaliers, hommes et femme, qui semblent s'entretenir; l'un d'eux porte sur le bras un instrument à cordes dans son étui. Sur les bords, trois branches de fleurs. — 2753. Deux femmes à cheval, une dame et sa suivante. Diam. 34 cent.

2754. — Plateau semblable au n° 2753; la pose des personnages est légèrement modifiée. Diam. 36 cent.

2755. — Plateau de la même forme que le précédent, mais avec sujet différent. Ici, on voit un officier tartare à cheval armé d'un arc et d'une épée, accompagné d'un soldat aussi à cheval armé d'une lance; le cheval de l'officier est richement caparaçonné; il y a quelques rehauts d'or dans les peintures. Sur les bords, trois branches d'arbustes en fleurs. Diam. 35 cent.

2756-2757. — Deux plateaux ronds, fond bleu imitant le lapis. Au milieu, sur un cartouche octogone, sujet peint sur fond blanc : dragon dans les airs menaçant de fondre sur une chimère. Sur les bords, huit petits médaillons sur lesquels sont représentées des chimères qui alternent avec des vases et autres ustensiles, livres, porte-pinceaux et instruments de musique. Diam. 40 cent.

2758-2759. — Deux plateaux de forme semblable aux n°s 2756-2757, et également à fond bleu lapis. Le sujet du milieu représente un paysage avec pagode au milieu de rochers; on distingue deux personnages sur un pont et deux autres sur le rivage. Sur les bords, huit médaillons chargés de paysages et de fleurs. Le fond est rehaussé de cartouches peints au trait en or et de fleurs et de plantes d'un effet aussi riche qu'élégant. Diam. 41 cent.

2760. — Plateau analogue aux précédents. Le sujet du fond est une scène galante. Un enfant caché dans une fente de rocher épie deux amants. Les bords sont ornés de médaillons blancs avec fleurs en couleur qui alternent avec d'autres médaillons ornés de fleurs en or. Un semis de fleurons et de rinceaux entoure le sujet principal. Diam. 40 cent.

2761. — Plat creux. Dans le fond, fleurs peintes de diverses couleurs rehaussées d'or et deux scarabées. Deux bordures : 1° bouquets de fleurs en camaïeu bleu; 2° rinceaux et fleurons rouge et or. Diam. 38 cent.

2762 à 2765. — Quatre assiettes à fond blanc. A l'intérieur, une dame assise auprès d'une table chargée de vases et de livres; à ses pieds, ses deux enfants qui jouent et un grand vase de forme ovoïde. Les bords sont décorés d'ornements et de cartouches de diverses couleurs disposés en bandes. A l'extérieur, une bordure en rouge amaranthe. Ces assiettes dont les peintures sont rehaussées d'or sont de la plus grande beauté. Diam. 21 cent. H. 3 cent.

2766-2767. — Deux assiettes semblables, à fond blanc;

sujet de l'intérieur : un fleuve sur lequel on voit, près d'un rocher, deux barques contenant la famille d'un pêcheur qu'on distingue retirant un poisson de son filet. Sur les bords, des fleurs. Au revers, bordure de couleur amaranthe. Diam. 21 cent.

2768. — Assiette semblable aux deux précédentes, à la différence du sujet qui représente ici un rocher escarpé sur le bord d'un fleuve où l'on remarque une barque montée par trois personnages.

2769-2770. — Deux assiettes de la même forme que les n°s 2762-2763 et décorées dans le même système. Le sujet du fond diffère ; on y voit trois cailles auprès d'un rocher sur lequel poussent des arbustes et des fleurs. Diam. 21 c. 1/2. H. 3 cent.

2771. — Assiette dans le même système d'ornements que les numéros précédents, mais avec sujet différent. Ici, sur un fond blanc, corbeille de fruits et vase de fleurs. Les bords sont ornés de bandes variées, une de quadrillés verts, une de rosaces violettes avec cartouches de fleurs, et enfin d'un quadrillé bleu. Diam. 21 cent.

2772-2773. — Deux assiettes décorées d'une peinture représentant une jeune mère assise sur un canapé et entourée d'une console et de vases ; à ses pieds, trois enfants qui jouent aux dames. Sur les bords, quatre branches de fleurs. A l'extérieur, bordure amaranthe. Diam. 24 c.

2774-2775. — Deux assiettes semblables aux précédentes, mais avec sujet varié. La jeune mère est assise sur un banc ; trois enfants jouent à ses pieds, un quatrième se tient près d'elle. Diam. 24 cent.

2776-2777. — Deux assiettes, peinture sur fond blanc. Dame assise sur un tabouret de porcelaine, dans un jardin ; un enfant monté sur un siége cueille des fruits. Diam. 21 c.

2778. — Assiette à fond blanc ; sujet : deux dames debout sous un arbre près d'une balustrade. Sur les bords, des fleurs. Diam. 21 cent.

2779. — Assiette à bords festonnés, décorée d'un bouquet de fleurs dans un cartouche, et de fleurs sur les bords. Diam. 22 c. 1/2.

2780-2781. — Deux assiettes à bords festonnés, décorées de fleurs rouges, rehaussées d'or et d'ornements de diverses couleurs. Diam. 23 cent.

2782-2783. — Deux assiettes décorées de bouquets de fleurs sur fond blanc. Diam. 20 c. 1/2.

2784 à 2788. — Cinq assiettes blanches, décorées de fleurs et de rosaces en blanc mat, et de trois cartouches sur lesquels sont figurés des bouquets peints en or. Bordure de quadrillés d'or. Diam. 12 cent.

GRÈS

2789. — Vase de grès, forme gourde, à côtes. Bleu jaspé. H. 25 cent.

2790. — Vase piriforme, gris rosé et craquelé. Grès fin. Goulot garni d'un cercle en bronze. H. 23 cent.

2791. — Vase forme cornet cylindrique à côtes. Craquelé bleu clair. H. 22 cent. Diam. 21 cent.

2792. — Coupe en terre très-fine, craquelée, de couleur gris perle, de forme hémisphérique, portée sur trois pieds en forme de mamelons. Monture en bronze doré et ciselé. Couvercle à jour. H. 7 cent. Diam. 12 c. 1/2.

NEUVIÈME PARTIE

MONUMENTS DU JAPON

OBJETS EN BRONZE

STATUETTE.

2793. — Déesse assise par terre, revêtue d'une longue robe ouverte sur la poitrine, dont la collerette est brodée avec une grande finesse. Elle tient de la main gauche un volume. Bronze de belle patine jaune et de bon travail. Gravé pl. XXXIX. H. 15 cent.

VASES.

2794. — Vase en forme de cornet évasé, à renflement orné de deux boutons en relief. Bronze décoré de palmettes et fleurons damasquinés en argent. H. 25 cent.

2795. — Vase à panse aplatie, à long col, auquel sont adaptés deux tubes. Bronze de très-ancienne fabrique décoré de rinceaux et d'ornements damasquinés en argent. H. 14 cent.

2796. — Vase de forme ovoïde avec rinceaux damasquinés en argent. H. 14 cent.

2797. — Vase à couvercle décoré d'ornements et de grecques damasquinés en argent; le couvercle est d'une autre couleur que le vase auquel est attachée au moyen de deux têtes de dragon une anse mobile également damasquinée en argent. Ancien style. H. 21 cent.

2798. — Vase de forme ovoïde, à long col, décoré de feuilles de bambou et de grecques finement damasquinées en argent. H. 11 cent.

2799-2800. — Une paire de vases de forme cylindrique, à couvercle; chacun de ces vases est décoré de deux bas-reliefs représentant des animaux et des arbustes. H. 10 c.

2801. — Brûle-parfums de forme ronde avec deux oreilles, sur trois pieds cylindriques, revêtu d'ornements damasquinés en argent. Couvercle en bois noir à jour. H. 18 c. Diam. 12 cent.

2802. — Autre sur trois pieds, à deux anses. Bronze décoré de rinceaux et de grecques damasquinés en argent. Socle et couvercle en bois noir, sculpté à jour. Hauteur totale, 13 cent.

2803. — Cassolette de forme ronde, en bronze, damasquinée en or, portée sur trois pieds, avec deux oreilles. Couvercle en bois noir sculpté et découpé à jour, surmonté d'un bouton en agalmatolithe. Socle en bois noir découpé à jour comme le couvercle. Travail très-fin. Hauteur totale, 14 cent. Diam. 10 cent.

2804. — Plateau décoré d'une grecque damasquinée en argent sur les bords; à l'intérieur, une guirlande de feuilles de bambou et un cartouche de fleurs également damasquinées en argent. Diam. 11 cent.

2805. — Plateau décoré de rinceaux damasquinés en argent. Diam. 9 cent.

2806. — Plateau de bronze décoré d'une grecque et de rinceaux damasquinés en argent. Diam. 14 cent.

2807. — Pi-tong, ou porte-pinceaux, de forme cylindrique. Bronze décoré de caractères et de tiges de bambou damasquinés en argent. H. 9 cent.

OBJETS DIVERS EN LAQUE

2808-2809. — Deux tables de forme basse, de forme rectangulaire, à quatre pieds, en laque à fond noir décoré de paysages avec fabrique. H. 14 cent. Long. 39 cent. Larg. 25 cent.

2810. — Autre à peu près semblable aux précédentes, mais de moindre dimension. H. 35 mill. Long. 15 cent. Larg. 8 cent.

2811. — Barque sur laquelle est placée une maison qui forme une boîte à trois compartiments. Le toit de la maison contient quatre petits plateaux; la maison est décorée en or et burgau. Laque fond noir décoré d'ornements et de fleurettes d'or. H. 17 cent. Long. 40 cent. Larg. 21 cent.

2812. — Cantine de forme rectangulaire, composée d'une sorte de tonnelet, d'une boîte à quatre compartiments superposés et d'un plateau à bords droits. Fond noir décoré de fleurs d'or et de couleurs légèrement en relief. H. 27 cent. Long. 28 cent. Larg. 15 cent.

2813-2814. — Une paire de vases de forme carrée, arrondis au sommet avec petit goulot, décorés sur chaque face de chrysanthèmes, bambous, roses, et de fleurs de pêcher. Fond noir. H. 27 cent.

2815. — Vase de forme cylindrique à couvercle en laque aventuriné sur lequel sont dessinés en or des thuyas et des bambous dont quelques-uns sont en argent. Monture en bronze doré de travail européen moderne. H. totale, 22 cent.

2816. — Vase piriforme à couvercle. Laque fond noir décoré de chrysanthèmes et d'oiseaux en or. H. 16 cent.

2817-2818. — Deux cassolettes de forme octogone. Laque à fond noir décoré d'un paysage au milieu duquel on distingue trois lions. Le couvercle, sur lequel est figurée en or la fumée des parfums, est évidé en forme de chrysanthème. H. 9 cent. Diam. 9 cent.

2819. — Boîte à parfums de forme carrée; fond aventuriné, décoré de paysages. L'intérieur est doublé en cuivre doré. H. 8 cent. Diam. 5 cent.

2820. — Boîte à parfums de forme carrée, en laque usé, fond noir, décoré de paysages. H. 8 cent. Diam. 6 c.

2821. — Boîte à parfums hexagone, composée de cinq compartiments superposés de laque usé, décorée de paysages. H. 10 cent.

2822. — Boîte à deux compartiments de forme carrée; le compartiment du bas est muni d'un petit plateau; celui du haut de trois boîtes superposées en laque d'or. Laque veiné, rehaussé de rosaces d'or. H. 11 cent. Diam. 6 cent.

2823. — Boîte de forme carrée en laque aventuriné contenant un plateau et six petites boîtes du même laque. A l'extérieur, cette boîte est ornée de petits médaillons en or et burgau dont plusieurs sont les marques de la fabrique impériale. H. 11 cent. Longueur, 14 cent. Largeur, 12 cent.

2824. — Boîte de forme carrée, à couvercle bombé, en laque aventuriné orné de petits fleurons d'or en relief. H. 6 cent. Larg. 6 cent.

2825. — Boîte de forme carrée en laque aventuriné. Sur le couvercle, corbeille de fleurs. H. 4 cent. Longueur 5 cent.

2826. — Boîte carrée en laque usé, décorée sur toutes ses faces de paysages, sur socle à quatre pieds en laque. H. totale, 13 cent. D. 10 cent.

2827. — Boîte de forme carrée, en laque aventuriné, à deux compartiments décorée sur toutes ses faces de thuyas et autres arbustes au milieu desquels on distingue des grues. H. 13 c. Long. 13 c. Larg. 12 c.

2828. — Boîte en laque noir décoré d'arbustes en or sur une terrasse aventurinée; l'intérieur contient un tiroir en forme de lit; le dessus et l'une des faces sont décorés de caractères découpés à jour. Ces sortes de boîtes servent d'accoudoir. H. 11 cent. Long. 22 cent. Larg. 12 cent.

2829. — Boîte de forme rectangulaire avec coins arrondis. Laque fond noir; le biseau du couvercle est décoré d'une grecque en argent et le plat de vagues aventurinées sur lesquelles brillent un croissant d'argent en relief et de petits clous également d'argent. H. 10 cent. Long. 17 cent. Larg. 11 cent.

2830. — Boîte ronde en laque à fond noir, décorée sur le couvercle de trois cigognes et sur les côtés d'arbustes en or légèrement en relief. L'intérieur contient un petit plateau sur lequel paraît un kiosque dans un paysage. Socle à trois pieds en laque semblable décoré comme le plateau. Hauteur totale, 10 cent. Diam. 12 cent.

2831. — Boîte ronde en laque, décorée de rosaces et de feuillages. H. 8 cent. Diam. 12 cent.

2832. — Boîte en laque usé, ornée de kiosques et d'arbustes, sur socle à quatre pieds en laque semblable. Hauteur totale, 11 cent. Long. 11 cent.

2833. — Boîte de forme oblongue, à coins arrondis, en laque aventuriné, contenant un plateau. Sur le couvercle et sur les faces sont figurés en relief une charrette d'or contenant un vase de fleurs et des arbustes rehaussés de feuilles et de fleurs en argent oxydé. H. 11 c. Long. 18 c. Larg. 10 cent.

2834. — Boîte oblongue à contours festonnés ; laque à fond noir décoré de paysages et de personnages en or. H. 11 cent. Long. 30 cent. Larg. 20 cent.

2835. — Boîte en losange, en laque aventuriné. Sur le couvercle, trois groupes de deux grues en or légèrement en relief; à l'intérieur du couvercle sont figurées deux barques de pêcheurs et sur le rivage un tronc d'arbre auquel sont suspendus des filets ; toutes les faces de cette boîte sont également décorées de groupes de grues. Travail très-fin. H. 11 cent. L. 20 cent.

2836 à 2839. — Deux paires de gaînes à ustensiles en laque usé, de forme pyramidale renversée, décorées de dragons et d'arbustes. H. 11 cent.

2840-2841. — Deux plateaux sur pied conique portant une petite coupe; l'ensemble figure un champignon. Laque rouge décoré de paysages et oiseaux en or. H. 13 c. Diam. 16 cent.

2842. — Plateau carré. Fond noir décoré d'un paysage en or. 8 cent. sur 9 cent.

2843. — Plateau en laque noir; paysage en relief en or, animé par deux oiseaux. Bordure, fleurons et losanges. Diam. 33 cent.

2844. — Plateau de même fabrique que le précédent; le sujet du fond est varié; il n'y a pas d'oiseaux. Diamètre, 33 cent.

2845. — Plateau presque entièrement semblable au n° 2843. Les oiseaux sont à gauche et se suivent. Diamètre, 33 cent.

2846. — Plateau analogue aux précédents; deux musiciens dont l'un joue de la flûte et l'autre d'un instrument à cordes figurent dans la décoration. Diam. 34 c. 1/2.

2847. — Plateau analogue aux précédents; kiosque sur un rocher; arbres, et dans les airs deux oiseaux. Diamètre, 33 cent.

2848. — Plateau analogue aux précédents. Paysage ; rochers au bord de l'eau sur lesquels sont perchées deux sarcelles. Diam. 33 cent.

2849. — Coupe en laque rouge décorée à l'intérieur d'un pêcher et de tiges de thuyas en or. H. 4 cent. Diamètre, 11 cent.

2850. — Autre analogue ; à l'intérieur éventail en or. H. 3 cent. Diam. 11 cent.

2851. — Autre semblable à la précédente. H. 2 cent. Diam. 10 cent.

2852. — Autre semblable aux précédentes. H. 2 cent. Diam. 8 cent.

2853-2854. — Deux autres décorées comme le n° 2849. H. 3 cent. Diam. 8 cent.

2855. — Coupe sans anses, de forme semi-ovoïde, avec couvercle. Laque brun décoré d'éventails; l'intérieur est rouge. H. 8 cent. Diam. 12 cent.

2856. — Coupe de forme ronde, en laque rouge; à l'intérieur, en relief, un pêcher en fleurs et trois cigognes en or. H. 3 cent. Diam. 11 cent.

2857-2858. — Deux coupes de forme ronde, avec couvercle, en laque rouge, décorées d'une sorte de rave et de fleurs en relief et en or. H. 10 cent. Diam. 12 cent.

2859-2860. — Deux coupes de forme ronde avec couvercle. Laque noir extérieurement décoré de rosaces d'or; rouge à l'intérieur. H. 7 cent. Diam. 12 cent.

2861-2862. — Deux théières en terre rouge revêtue de laque noir avec paysages en or. Sur le couvercle, ornements en or. H. 14 cent.

PORCELAINE ET GRÈS FIN

2863-2864. — Une paire de vases approchant de la forme dite Médicis. A l'extérieur, fleurs sur fond gros bleu et quatre cartouches de forme irrégulière ornés d'arbustes en fleurs. A l'intérieur, deux arbustes en fleurs sur fond blanc. Monture européenne en bronze doré. H. 32 cent. Diam. 38 cent.

2865-2866. — Une paire de vases de forme ovoïde allongée; céladon à côtes. H. 28 cent. Circonf. 32 cent.

2867. — Vase à une anse, piriforme, à fond blanc, décoré d'arbustes et de fleurs, divisé en trois cartouches par des bandes perpendiculaires bleues rehaussées d'or. A la base, couronne de feuilles tracées en bleu. H. 23 cent. Diamètre de l'ouverture, 10 cent. Circonf. 40 cent.

2868. — Vase de même forme que le précédent, mais décoré de deux cartouches au lieu de trois. H. 22 cent. Diam. 9 cent. Circonf. 40 cent.

2869. — Coupe de forme semi-ovoïde en craquelé truité. Dans le fond on distingue une fleur gravée au trait. Socle en bois noir sculpté et découpé à jour. Cette coupe est d'une parfaite exécution et remonte à une haute antiquité. Haut. 7 cent. Diam. 16 cent.

2870. — Plateau rond, muni au milieu d'une poignée de forme conique, décoré sur fond bleu de fleurs rouges et d'ornements gros bleu rehaussés d'or; autour de la poignée, quatre petits cercles en saillie destinés à recevoir des vases. Hauteur avec la poignée, 13 cent. Diam. 26 c.

2871. — Plat avec peintures. Une femme debout devant un pavillon avec sa suivante et un serviteur tenant un éventail. Les bords sont décorés de fleurs et d'arbustes de couleurs vives rehaussées d'or. Diam. 35 cent.

2872-2873. — Assiettes, fond rouge amaranthe. Le fond représente un volumen déroulé sur lequel sont peints deux coqs. Sur les bords, quatre cartouches avec paysages animés de personnages. Diam. 23 cent.

2874. — Assiette, fond blanc; sur le fond oiseau sur une branche d'alisier en fleurs. Coquille d'œuf. Diamètre, 21 cent.

2875-2876. — Assiettes. Paysages, îlots, barques, personnages. Au centre, un écusson armorié européen portant trois lions passant d'or sur champ de gueules avec cimier et lambrequin. Porcelaine dite coquille d'œuf. Ces jolies assiettes ont été exécutées au Japon sur commande des Hollandais au XVIIIe siècle. Diam. 20 c.

2877-2878. — Une paire de théières de forme ronde aplatie, avec leur couvercle, en grès fin gris, craquelé. Anse en osier. H. 13 cent.

OBJETS DE DIVERSES CONTRÉES

TUNQUIN.

2879. — Boîte en bronze à six pans inégaux, avec couvercle orné d'arbustes en relief sur fond d'or; sur les faces de petits cartouches avec ornements analogues. H. 3 cent. Long. 13 cent.

CIRCASSIE.

2880. — Tapis en maroquin rouge, orné de rosaces et autres ornements en relief d'argent. Diam. 67 cent.

AMÉRIQUE MÉRIDIONALE.

2881. — Vase d'or de forme allongée, sans anses ni couvercle. Une tête humaine, travaillée par le procédé du repoussé, décore la panse; sur l'autre face, ornements ou caractères également façonnés au repoussé. Or fin. On ne peut se dispenser de faire remarquer que ce vase, exécuté au Mexique ou au Pérou, rappelle certains vases grecs dont la panse est, comme celui-ci, formée par des têtes humaines. Voyez, plus haut, n°s 1416 et 1417. H. 24 cent.

AMÉRIQUE DU NORD.

2882 à 2925. — Panoplie dans laquelle figurent des armes et divers ustensiles des peuplades sauvages de l'Amérique.

FIN

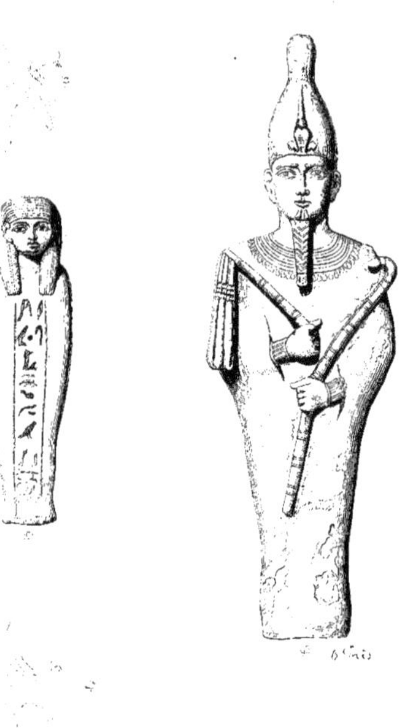

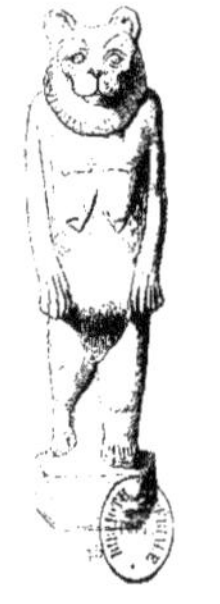

ANTIQUITÉS ÉGYPTIENNES.

Coll.on Louis Poulo. Pl. I

Au. Varin del. et sc.

Paris Imp. P. Charlon [illegible]

ANTIQUITÉS ÉGYPTIENNES.

Coll[n] Louis Bond. Pl. 1

859

[illegible] GROUPE ANTIQUE DE MARBRE.

[illegible]

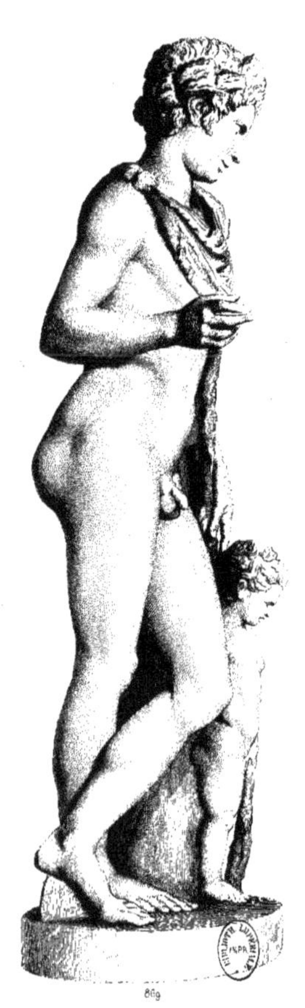

869

GROUPE DE LA PL. IV, VU DE PROFIL.

Col.on Louis Fould. Pl. V.

OCTAVIE. BUSTE ANTIQUE DE BASALTE.

Coll[n] Louis Fould. Pl. VI.

Am. Verin del. et sc.

Paris. Imp. Chardon Aî. 30, r. Hautefeuille.

879

FRAGMENT D'UN VASE ANTIQUE DE MARBRE.

Coll.on Louis Fould. Pl. VII.

Am. Varin del. et sc.

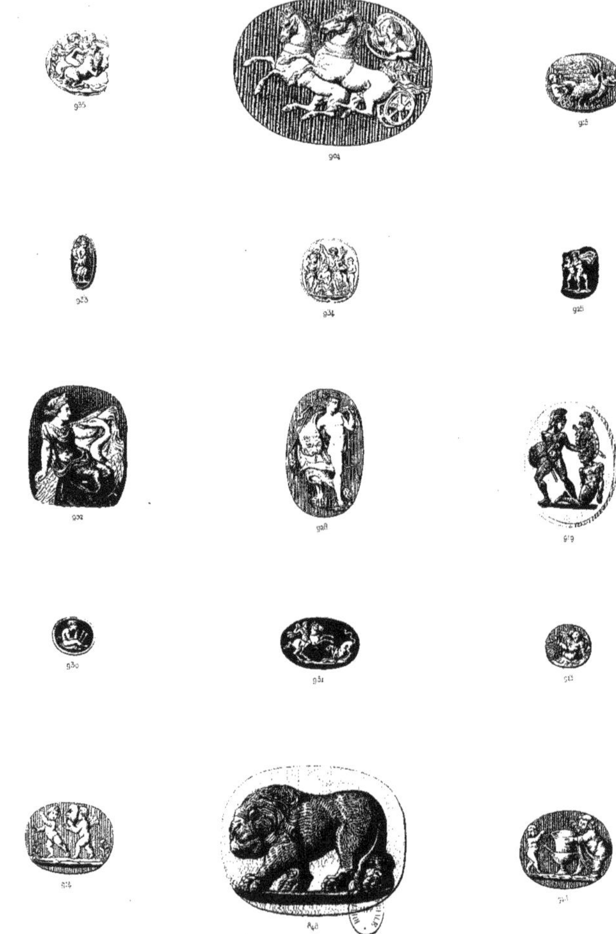

CAMÉES ANTIQUES.

Collⁿ Louis Fould. Pl. VIII.

Ant. Varin del. et sc.

Paris Imp. Chardon [illegible] r. Hautefeuille

917

907

CAMÉES ANTIQUES.

Collⁿ Louis Fould. Pl. IX.

[illegible]

[illegible]

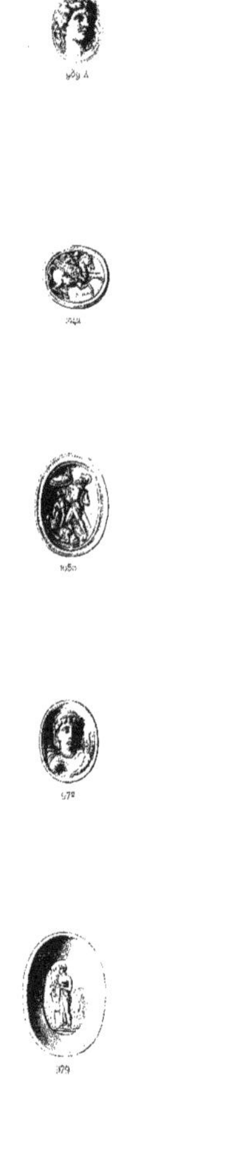

909 A — 909 — 1024

1042 — 1058 — 1055

1080 — 1069 — 1053

972 — 989 — 1079

979 — 969 — 974

INTAILLES ANTIQUES

Coll[n] Louis Fould. Pl. X.

Ad. Varin del. et sc. — Paris. Imp. F. Chardon Aîné, r. Hautefeu.

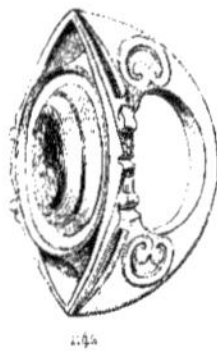

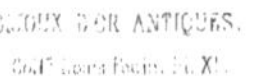

BIJOUX D'OR ANTIQUES.

Coll^n Louis Fould. Pl. XI.

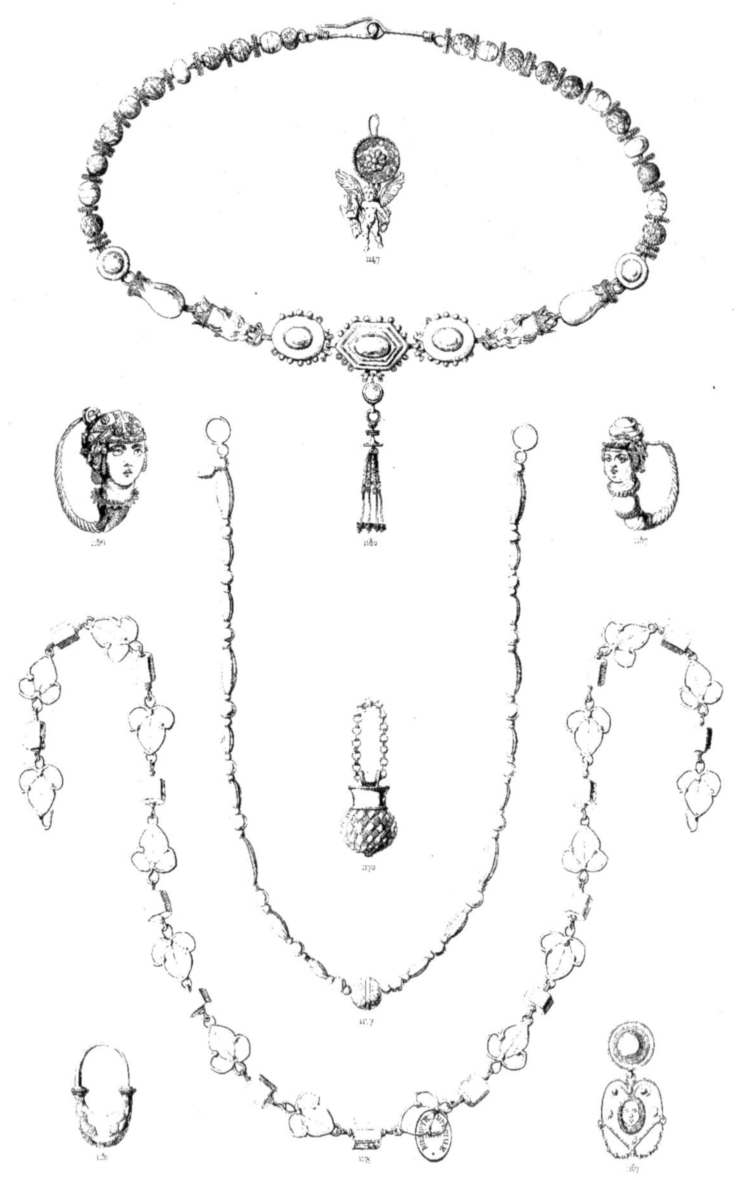

BIJOUX D'OR ANTIQUES.

Coll.on Louis Fould. Pl. XII.

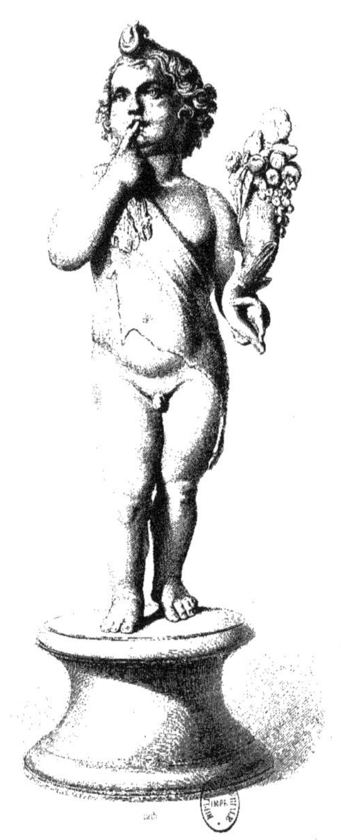

HARPOCRATE STATUETTE DE BRONZE.
(Grandeur de l'original.)
26e livr. Pl. XIII

Ém. Varin del. et sc.

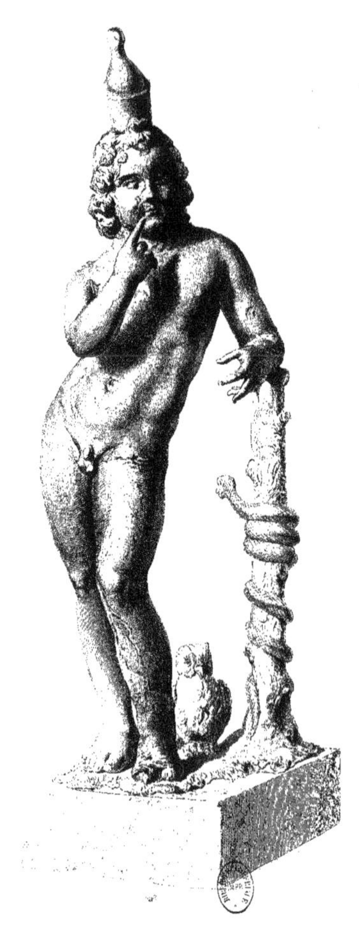

HARPOCRATE. FIGURE DE BRONZE.

Colln Louis Fould. Pl. XIV.

CANDELABRE ETRUSQUE DE BRONZE

Coll.[n] Louis Fould. Pl. XV.

CANDÉLABRE ÉTRUSQUE DE BRONZE

Coll^n Louis Fould. Pl. XVI

1239

PATERA TYRRHÉNIENNE DE TERRE PEINTE ET LAMPE ROMAINE DE BRONZE.

Coll.on Louis Fould. Pl. XVII.

Paris, imp. F. Chardon Aî. 30, r. Hautefeuille.

1366

VASES ÉTRUSQUES, TERRE PEINTE

[illegible] XVIIE.

[illegible]

1267

VASE ÉTRUSQUE. TERRE PEINTE.

Coll[?] Louis Feuill. Pl. XIX.

Ant. Martin del. lith. — Paris, Imp. Chauson [illegible]

1464

1480

IMITATIONS ANTIQUES DE CAMÉES ET D'INTAILLES EN PÂTE DE VERRE.

Coll.n Louis Fould. Pl. XX.

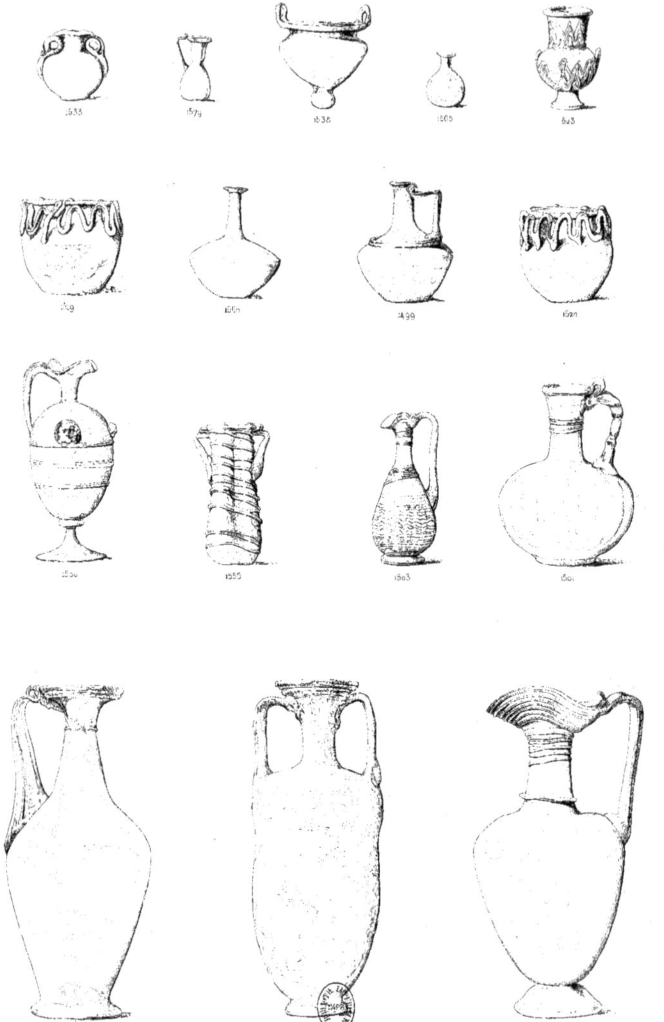

VASES ANTIQUES DE VERRE.

Collⁿ Louis Fould. Pl. XXI

Ant. et Eug. Vaïsse del. et sc. — Paris. Imp. F. Chardon

1664

1673

SCULPTURE ET ORFÈVRERIE DU MOYEN-AGE.

Collⁿ Louis Fould. Pl. XXII.

Am. et Saty. Varin del. et sc.

Paris, Imp. E. Chardon Aî, 3 r. Hautefeuille

1068

RELIQUAIRE, ORFÈVRERIE DU MOYEN-AGE.

Coll.ⁿ Louis Fould. Pl. XXII.

Ant. Varin del. et sc.

CALICE, ORFÈVRERIE DU MOYEN ÂGE.

Coll[n] Louis Fould. XV.S.

ORFÈVRERIE ET SCULPTURE EN IVOIRE (MOYEN ÂGE.)

Collon Louis Fould. Pl. XXV.

[illegible] del. et sc.

Paris Imp. F. Chardon [illegible] Hautefeuille

689

SCULPTURE EN IVOIRE. (MOYEN AGE.)

Coll[n] Louis Fould. Pl. XXV.

Am. et Eug. Varin del. et sc.

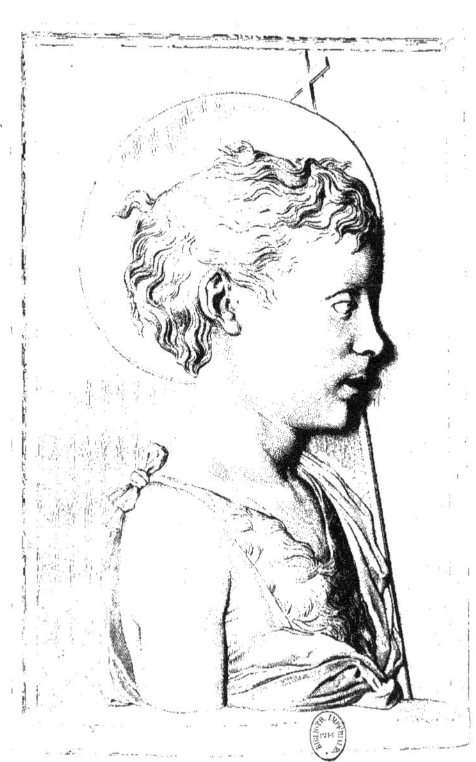

ST JEAN-BAPTISTE. BAS-RELIEF DE MARBRE. RENAISSANCE

[illegible]

1731

1845

BAS-RELIEFS DES XVI ET XVIII SIÈCLES.

Coll. Louis Fould. Pl. XXVIII.

ORFEVRERIE DE LA RENAISSANCE

Coll.^{n} Louis Fould. Pl. XXIX.

Am. et Eug. Varin del. et sc.

Paris. Imp. F. Chardon A^{é} 30, r. Hautefeuille

ORFEVRERIE DE LA RENAISSANCE.

Coll[n] Louis Fould. Pl. XXX

Lith. et Imp. Vacin del. et sc.

ORFÈVRERIE DE LA RENAISSANCE.

Coll.on Louis Fould. Pl. XXXI.

SCULPTURE EN IVOIRE. (RENAISSANCE)

Coll[on] Louis Fould. Pl. XXXI.

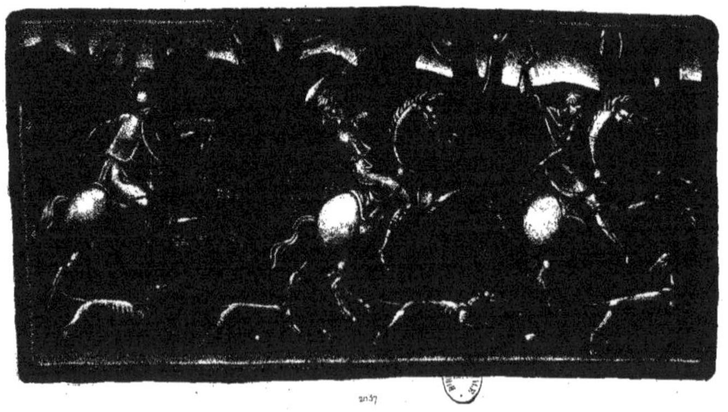

2037

EMAUX DE LIMOGES.

PL. XXIII.

2035

ÉMAUX DE LIMOGES.

Colln Louis Fould Pl. XXXIV

BAS-RELIEF DE LUCA DELLA ROBBIA

Coll^on Louis Fould. Pl. XXXV

2084

2084

COUPE DE FAYENCE D'URBINO.

Coll.on Louis Fould. Pl. XXXVI.

Ad. Varin del. et sc.

Paris. Imp. F. Chardon Aî 30 r. Hautefeuille

2263 250 2261

VASES EN VERRE DE VENISE

Collⁿ Louis Fould. PL. XXXVII.

Am. et Eug. Lévin del. et sc.

Paris Imp. F. Chardon Aîné 30 r. Hautefeuille.

FLAMBEAU ARABE.

Coll[n] Louis Fould. Pl. XXXVIII.

Am. et Eug. Varin del. et sc.

Paris Imp. F. Chardon A[é] Sor Hautefeuille

2624

2593 2591 2592

BASSIN ET STATUETTES DE LA CHINE ET DU JAPON.

Collⁿ Louis Fould. Pl. XXXIX.

Am. Varin del. et sc.

www.ingramcontent.com/pod-product-compliance
Ingram Content Group UK Ltd.
Pitfield, Milton Keynes, MK11 3LW, UK
UKHW020204250726
13967UKWH00003B/1265

9 782012 867932